基于工作任务教学改革系列教材

常用信息技术

Chang Yong XinXi JiShu

谢 刚 骆 敏／主 编

朱谦 丰娟娟 吴黎琴 郭道猛／副主编

经济科学出版社

Economic Science Press

图书在版编目（CIP）数据

常用信息技术／谢刚，骆敏主编 . —北京：经济科学出
版社，2009.12
　　基于工作任务教学改革系列教材
　　ISBN 978 - 7 - 5058 - 8958 - 3

　　Ⅰ.①常…　Ⅱ.①谢…②骆…　Ⅲ.①电子计算机 – 高等学校：
技术学校 – 教材　Ⅳ.①TP3

　　中国版本图书馆 CIP 数据核字（2009）第 240925 号

责任编辑：凌　敏
责任校对：王肖楠
版式设计：代小卫
技术编辑：李长建

常用信息技术

谢　刚　骆　敏　主编

经济科学出版社出版、发行　新华书店经销

社址：北京市海淀区阜成路甲 28 号　邮编：100142

教材编辑中心电话：88191343　发行部电话：88191540

网址：www. esp. com. cn

电子邮件：esp@ esp. com. cn

北京密兴印刷厂印装

787 ×1092　16 开　19. 5 印张　460000 字

2010 年 2 月第 1 版　2010 年 2 月第 1 次印刷

印数：0001—5000 册

ISBN 978 - 7 - 5058 - 8958 - 3　定价：35. 00 元

前　言

我们生活在一个信息爆炸的社会，信息技术正在改变着人类的生活。在我国，信息技术尚处于蓬勃发展的阶段，新的构思和新的应用不断涌现，其进展可谓日新月异。为适应信息化的发展，为满足工作、生活和学习的需要，培养学生获取、传播、处理和应用信息的能力，本书基于任务导向，面向信息技术未来的发展趋势，既对基本知识和内涵有系统的、简要的、清晰的论述，又有及时总结前沿的发展成果和方向，配以实践内容，使读者在获得和巩固基础知识的同时，通过实践活跃思维，培养其应用及创新技能。

同时，为更好地服务教与学，遵循"学中做、做中学"以实现"教学做一体化"的思想，本书配备了辅助教学的专题网站 www.51xxjs.com，提供电子课件、课程资料和题库等资源，提供网络交流、在线作业管理、在线测试等功能。

全书共 10 章，各章内容简述如下：

第 1 章介绍了信息、信息技术、信息化和信息社会的基本概念，使学生初步了解信息技术的起源和发展情况。

第 2 章介绍了网站信息浏览的基本方法和技能。

第 3 章介绍了利用搜索引擎等工具快速、准确地获取信息。

第 4 章介绍了信息识别技术和应用。

第 5 章介绍了信息的传播和存储技术，并结合当前最新应用进行了详细介绍。

第 6 章通过案例介绍了图像处理技术，着重介绍了照片处理、利用网络在线制作图片。

第 7 章对当前最新音频和视频设备的基本原理和使用进行了介绍。

第 8 章介绍了信息、信息技术、信息化和信息社会的基本概念，使学生初步了解信息技术的起源和发展情况。

第 9 章主要介绍了信息技术在商务、教育、管理等领域的应用，着重介绍了电子商务、商务智能、办公系统等应用。

第 10 章选取部分优秀内容引导学生进一步了解信息技术发展趋势及其应用。

因内容涉及面较广，各校可根据专业、课程目标及学生的具体情况选取和组织相关内容进行教学。

本书由谢刚、骆敏担任主编，朱谦、丰娟娟、吴黎琴、郭道猛担任副主编，朱谦编写第 1 章，余正编写第 2 章、参编第 3 章部分内容，戴晓明编写第 3 章、参编第 9 章部分内容，丰娟娟、王宇编写第 4 章和第 10 章主要内容，吴黎琴编写第 5 章，朱梦编写第 6 章，骆敏编写第 7 章、参编第 10 章部分内容，郭道猛编写第 8 章，谢刚编写第 9 章，翟培甫、冯益鸣参编了第 3 章、第 10 章部分内容。王宇、余正协助完成了统稿工作。

在本书的撰写过程中，我们参阅了大量的网上网下资源，访问了一些专家和学者，考察了一些企事业单位，谨在此一并表示最诚挚的谢意。由于网页内容的变更，有些网上参考文献来源无法标出，也无法与这些原作者取得联系，对此，我们除了对原作者表示衷心感谢之外，还希望能获得他们的多多原谅。

由于编者水平有限，加之时间仓促，且涉及内容较多，书中难免有错误或不当之处，敬请读者来电、来函或登录专题网站批评指正。

编　者

2010 年 2 月

目　　录

第1章 常用信息技术概述

【学习目标】掌握信息、信息技术的定义；了解信息、信息技术的产生与发展历程；理解信息化和信息社会的含义；理解信息产业与信息人才的含义。

【技能目标】能够获取、理解和运用日常生活中的各种信息；认识日常生活中的各种信息技术；结合某具体行业，分析其信息化的能力。

【工作任务】列举日常生活中的各种信息技术。

1.1 信息技术基础知识

1.1.1 信息

1.1.1.1 认识信息

电子商务已非新生事物，它与我们的生活相伴相生，无论是哪一笔电子商务交易，都包含三种基本流，即"信息流"、"资金流"、"物资流"，其中的"信息流"即包括商品信息的提供、促销营销、技术支持、售后服务等内容，也包括诸如询价单、报价单、付款通知、转账通知等商业贸易单据，还包括交易方的支付能力、支付信誉、中介信誉等。在一个电子市场中，每个参与者面对的都是电子市场，其中承载着交易的内容与交易的对象，即交易信息。

那么何谓信息？何谓信息技术呢？我们可以从信息这一名词说起。常见的信息理解有如下几种：

（1）"信息"一词有着很悠久的历史，早在两千多年前的西汉，即有"信"字的出现。唐代大诗人杜牧曾写到"塞外音书无信息，道傍车马起尘埃"，"信息"二字也已跃然纸上。

（2）信息作为日常用语，经常指"音讯、消息"的意思，但至今信息还没有一个公认的定义。

（3）2006 年，《医学信息》杂志中记录，信息是物质、能量、信息及其属性的标志。

（4）信息是事物现象及其属性标志的集合。

（5）信息以物质介质为载体，传递和反映世界各种事物存在方式、运动状态的表征。

（6）信息是客观事物状态和运动特征的一种普遍形式，客观世界中大量地存在、产生和传递着以这些方式表示出来的各种各样的信息。

（7）信息又称资讯，是一种消息，通常以文字或声音、图像的形式来表现，是数据按有意义的关联排列的结果。信息由意义和符号组成。

（8）信息是抽象于物质的映射集合。

1.1.1.2　信息的定义

众多的学者、专家、机构或组织给出了众多的定义，我们可以拿出两个经典定义与大家分享。

1948 年，美国数学家、信息论的创始人香农（L. E. Shannon）在题为《通讯的数学理论》的论文中指出："信息是用来消除随机不定性的东西。"

1948 年，美国著名数学家、控制论的创始人维纳（N. Wiener）在《控制论》一书中指出："信息就是信息，既非物质，也非能量。"

（1）本体论中的信息。在最一般的意义上，即没有任何约束条件，我们可以将信息定义为事物存在的方式和运动状态的表现形式。这里的"事物"泛指存在于人类社会、思维活动和自然界中一切可能的对象。"存在方式"指事物的内部结构和外部联系。"运动状态"则是指事物在时间和空间上变化所展示的特征、态势和规律。

（2）认识论中的信息。主体所感知或表述的事物存在的方式和运动状态。主体所感知的是外部世界向主体输入的信息，主体所表述的则是主体向外部世界输出的信息。

在本体论层次上，信息的存在不以主体的存在为前提，即使根本不存在主体，信息也仍然存在。在认识论层次上则不同，没有主体，就不能认识信息，也就没有认识论层次上的信息。

综上所述，我们认为，信息是普遍存在于自然界和社会界中的一切事物存在和变化的特征性反应，是事物相互作用和相互联系的表征，是人类感知到的事物的普遍属性。

1.1.2　信息的特性

信息是客观事物运动状态和存在方式的反应，信息的产生源于事物运动变化过程中形成的差异，它是人类认识客观事物的前提和基础。

信息一般具有以下特性：

1.1.2.1　普遍性和客观性

世界是物质的，物质是运动的，运动的物质既产生也携带信息。无论是自然界还是人类社会，对客观物质世界间接和概括反映的人类思维都处于永恒的运动之中，因而信息是普遍存在的。由于宇宙空间的事物是无限丰富的，所以它们所产生的信息也必然是无限量的。诚然，由于人类在一定历史阶段认识领域的有限性，在此阶段获得的信息也只能是有限的，但并不能由此否认信息资源的无限性。人类所获得的信息总量与人类认识能力有关，随着人类认识能力的不断提高，人类不仅能增加其获得的信息量，更为重要的是，他们可以更加深入地揭示信息本身的内在规律。同时，普遍存在着的信息又是客观的。客观世界的一切事物都在不断地运动变化着，并表现出不同的特征和差异。这些特征变化就是客观实在，并通过各种各样的信息反映出来。从有人类存在以前直至今天，人类及人类以外的各种生物就利用着客观存在的大自然中无穷无尽的信息资源。信息的客观性还表现为它是以物质的客观存在为前提的，即使是主观信息，如决策、判断、指令、计划等，也有它的客观实际背景，并受客观实践的检验。

1.1.2.2 可知性和可度量性

信息，作为人的认识的结果，是人的大脑关于客观事物运动状态和方式的再现，毫无疑问，它是可以由事物的其他运动形式呈现出来的，如口头表达、书面表达等；它也可以是由人脑这种特殊物质的其他运动形式再现的，如大脑的存储记忆等。而这种再现的物质属性是可知的，可以被识别和认识。信息也是可以度量的。信息论的创始人香农，舍去事件发生的时间、地点、内容以及人的情感等因素，只考虑事件发生的状态数目及每种状态发生的可能性大小，给出用以度量信息的熵函数，这是信息度量最基本的一种方法。虽然这种信息度量的方法有其局限性及其适用的条件和环境，但信息论、信息科学的发展也正是以此为起点，并在发展过程中不断改进和创新信息的度量方法，扩大度量信息的范围和层次。

1.1.2.3 可转换性和可传递性

任何信息都是以某种物质的特定运动形式表现出来的。所以，信息必须依附于物质载体而存在，但这种依附性也具有一定的相对性，同种意义的信息可以通过不同的物质载体来表现，不同种意义的信息也可以由同一种物质载体来表现。信息在变换载体时的不变性，使得信息可以从一种形态转换为另一种形态。如物质信息可以转换为语言、文学、数据、图像等形式，也可转换为计算机代码、电信信号等。由此可知，信息对于载体的可选择性使得如今的信息传递不仅可以在传播方式上加以选择，而且在传递时间和空间上提供了极大的方便，并使得人类开发和利用信息资源的各项技术的实现成为可能。

任何信息只有从信源出发，经过信息载体传递才能被信宿接收并进行处理和利用。所谓信息的运动过程，就是信息的传递与反馈过程。因此，信息的获取必须依赖于信息的传递。信息在时间上的传递通常被称为信息的存储。信息的传递是同物质和能量的传递相关的，其传递过程中必将伴有一定的物质及其运动的传递或变换、能量的传递或能量形式的变换。同时，信息的传递并不是被动地依赖于物质及其运动间的相互反映，尤其是人类进行信息交流、传递的时候，可根据自己的目的选择适当的物质载体及其运动形式。

人们要换取信息必须依赖于社会信息的传递。人与人之间信息传递一般依赖语言、文字、表情、动作，社会信息的传递则通过报纸、杂志、文件等，随着现代通信技术的发展，信息可以通过电话、电报、广播、通信卫星等通信手段进行传递。在现代化大生产条件下，个体的、自发的信息交流形式，已远远不能适应经济发展的要求，因而社会信息的传递，应通过宏观信息网络系统有计划、有组织、连续不断地进行。

1.1.2.4 超前性和滞后性

一般说来，人们对于事物运动状态和方式的认识，即有关事物的信息，总是产生在事实之后。先有了事实，而后才有认识，才可能有信息，信息再快，也有滞后性。即使大脑，它在获取一定信息的基础上，经过思维，产生新的思想，发出指令并最终表现在行动上也需要一个过程，思想和指令是在思维之后，而关于行动的信息又在行动之后。

然而，信息的这种滞后性，并不意味着人类不能产生和利用超前于事实发生的信息。因为人们了解和认识已经发生的事实其目的并不在于承认既成事实，被动地等待下一次的接受和承认，而在于积累经验，摸索事物发生和发展的规律，以便能主动地或迎接、改变，或消除同类事件的再次发生。即使是动物，出于本能，也会对将要到来的事实作出一定的准备，昆虫在夏秋季知道应该储备过冬的食物，看到老虎的羊群一定会逃跑。

预测性信息来源于大量滞后信息的积累和人的主观能动性，它的有用性建立在对事物发生、发展的运动规律的认识和探索的基础上，它的准确性受到所积累的信息的质量、对信息的处理分析和利用能力、预测方法、即将发生的事物所处的环境条件变化等多方面的影响，需要实际发生和发展的事物来验证。而验证的结果、验证的方法等又将为预测其他同类事物发生和发展提供信息的积累。

信息的超前性是相对的，信息的滞后性是绝对的，即使是对几十年、几百年后事物发生、发展的预测，它也是人脑物质运动后的思维结果。信息的滞后性和超前性构成了信息同时间的异步性，因此导致了信息具有很强的时效性。

1.1.2.5 可存储性和可处理性

任何信息都是以某种物质的特定的运动形式表现出来的，它不能独立存在于某种物质之外，必须依附于物质载体而存在，需要物质承担者。也就是说，信息能够以一定的方式存储在某种物质载体之中。人类除运用大脑进行信息存储外，一般要运用语言、文字、图像、符号等记载信息，并通过声波、光波、电波等信息媒体进行传递。如果要使信息长期保存下来以便日后查询，还必须采用纸张、胶卷、磁带、磁盘等实物作为它的载体加以存储。

人们存储信息的目的在于利用信息，使信息成为一种造福社会的资源。信息是可经处理并加以运用的。人类能够按照既定目标要求，对信息进行收集、加工、整理、归纳、概括，通过筛选和处理，去粗取精、去伪存真，由此及彼，由表及里，使信息或者精炼浓缩，或者扩值放大，变成对人类有用的资源。对于暂时不用的信息，人们照样可以把它存储起来，加以积累，以资日后利用。

因此，信息可以压缩、扩充和叠加，也可以变换形态。在流通、使用过程中，经过综合分析，再加工，原始一次信息可以变成二次信息和三次信息，原有的信息价值也可以实现增值。当然，在传递、流通或转换过程中，信息有可能产生变形的失真。但是，这是可以有效控制的。

另外，信息还具有无限性、动态性、时效性、共享性、真伪性、层次性、可还原再现性、扩散性和可共享性、可重复利用性、信息是可以转换的、信息是有价值的等，这些特性与信息的其他特性一起构成信息在运动中能够发挥其独特作用的基础。

1.1.3　信息的表达形态和类型

信息是一个复杂的研究对象，其表现形式多种多样，其表达形态可以归结为数据信息、文本信息、声音信息、图像信息。

按照不同的分类标准，可以得出不同的分类结果。

（1）按照信息的来源可分为：自然信息、社会信息和知识信息。

（2）按照其重要性程度可分为：战略信息、战术信息和作业信息。

（3）按照其应用领域可分为：管理信息、社会信息、科技信息和军事信息。

（4）按照信息的加工顺序可分为：一次信息、二次信息和三次信息等。

（5）按照信息的反映形式可分为：数字信息、图像信息和声音信息等。

（6）按照其性质可分为：定性信息和定量信息。

1.1.4　信息的传播

信息需要传播。如果不能传播，信息的存在就失去了意义。那么什么是信息传播呢？发出信息与接受信息就是信息的传播。我们说话、写文章、做事情，就是在进行传播；我们听别人讲话，看别人写的文章，了解别人所从事的工作，就是在接受传播。我们所以有知识，是因为我们生活在一个信息传播的社会里。

在人类社会中，传播似乎是一个幽灵，它无时不在，无处不在。因此，没有传播，也就没有社会，人类也就无法生存下去。

当一个人独处时，传播其实也在进行。沉思冥想是一种内心的传播；思考是自己和自己进行讨论，并传达某种信息；写日记或者阅读书籍，那就更是一种传播了。在人类社会中，传播是普遍存在的。

1.1.5　信息技术

1.1.5.1　认识信息技术

信息技术（Information Technology，IT），是主要用于管理和处理信息所采用的各种技术的总称。它主要是应用计算机科学和通信技术来设计、开发、安装和实施信息系统及应用软件。它也常被称为信息和通信技术（Information and Communications Technology，ICT），主要包括传感技术、计算机技术和通信技术。

对于信息技术，我们从不同的角度会有不同的描述：

（1）信息技术是指有关信息的收集、识别、提取、变换、存储、处理、检索、检测、分析和利用等的技术。

（2）信息技术是指利用电子计算机和现代通信手段获取、传递、存储、处理、显示信息和分配信息的技术。[①]

（3）我国有专家学者认为，信息技术是指研究信息如何产生、获取、传输、变换、识别和应用的科学技术。

（4）信息技术的研究范围包括科学、技术、工程以及管理等学科，信息技术的研究内容是这些学科中的信息管理，信息传递和信息处理，相关的软件和设备及其相互作用。

（5）信息技术的应用包括计算机硬件和软件技术，网络技术和通信技术，应用软件开发工具等。计算机和互联网普及以来，人们日益普遍地使用计算机来生产、处理、交换和传播各种形式的信息（如书籍、商业文件、报刊、唱片、电影、电视节目、语音、图形、影像等）。

（6）在企业、学校和其他组织中，信息技术体系结构是一个为达成战略目标而采用和发展信息技术的综合结构。它包括管理和技术的成分。其管理成分包括目标、职能与信息需求、系统配置和信息流程；技术成分包括用于实现管理体系结构的信息技术标准、规则等。由于计算机是信息管理的中心，计算机部门通常被称为"信息技术部门"。有些公司称这个部门为"信息服务"（IS）或"管理信息服务"（MIS）。另一些企业选择外包信息技术部门，以获得更好的效益。

1.1.5.2 信息技术的组成

信息技术主要包括以下几方面技术：

（1）信息感测与识别技术。它的作用是扩展人获取信息的感觉器官功能。它包括信息识别、信息提取、信息检测等技术。这类技术的总称是"传感技术"。它几乎可以扩展人类所有感觉器官的传感功能。传感技术、测量技术与通信技术相结合而产生的遥感技术，使人感知信息的能力得到进一步的加强。信息识别包括文字识别、语音识别和图形识别等。通常是采用一种叫做"模式识别"的方法。

（2）信息传递技术。它的主要功能是实现信息快速、可靠、安全的传递。各种通信技术都属于这个范畴。广播技术也是一种传递信息的技术。由于存储、记录可以看成是从"现在"向"未来"或从"过去"向"现在"传递信息的一种活动，因而也可将它看做是信息传递技术的一种。

（3）信息处理与再生技术。信息处理包括对信息的编码、压缩、加密等。在对信息进行处理的基础上，还可形成一些新的更深层次的决策信息，这称为信息的"再生"。信息的处理与再生都有赖于现代电子计算机的超凡性能。

（4）信息施用技术。它是信息过程的最后环节，包括控制技术、显示技术等。

信息技术是人们用来获取信息、传输信息、保存信息和分析处理信息的技术。信息就在我们身边：淘宝网上的"皇冠"代表着用户的信用等级；QQ上的"小太阳"代表着用户的在线时间。总之，作为一名当代大学生，我们需要利用信息技术获得丰富的信息才能跟得上时代的步伐。

相关内容将在后续章节中陆续介绍。

---

① 《新华词典》（修订版），商务印书馆2001年版。

1.2 信息化和信息社会

我国《2006~2020 年国家信息化发展战略》中提到，信息化是充分利用信息技术，开发利用信息资源，促进信息交流和知识共享，提高经济增长质量，推动经济社会发展转型的历史进程。

20 世纪 90 年代以来，信息技术不断创新，信息产业持续发展，信息网络广泛普及，信息化成为全球经济社会发展的显著特征，并逐步向一场全方位的社会变革演进。进入 21 世纪，信息化对经济社会发展的影响更加深刻。广泛应用、高度渗透的信息技术正孕育着新的重大突破。信息资源日益成为重要生产要素、无形资产和社会财富。信息网络更加普及并日趋融合。信息化与经济全球化相互交织，推动着全球产业分工深化和经济结构调整，重塑着全球经济竞争格局。互联网加剧了各种思想文化的相互激荡，成为信息传播和知识扩散的新载体。电子政务在提高行政效率、改善政府效能、扩大民主参与等方面的作用日益显著。信息安全的重要性与日俱增，成为各国面临的共同挑战。信息化使现代战争形态发生重大变化，是世界新军事变革的核心内容。全球数字鸿沟呈现扩大趋势，发展失衡现象日趋严重。发达国家信息化发展目标更加清晰，正在出现向信息社会转型的趋向；越来越多的发展中国家主动迎接信息化发展带来的新机遇，力争跟上时代潮流。全球信息化正在引发当今世界的深刻变革，重塑世界政治、经济、社会、文化和军事发展的新格局。加快信息化发展，已经成为世界各国和地区的共同选择。

1.2.1 社会信息化

1.2.1.1 社会信息化的概念与沿革

从严格意义讲，作为概念的社会信息化有广义和狭义之分。广义指整个人类社会历史发展进程中的信息化问题；狭义则指 20 世纪中叶逐步兴起的信息技术革命所引发的社会信息化问题。

社会信息化的概念用语产生于日本。1962 年，文明形态史学者梅棹忠夫（Tadao Umesao）首次提出"信息产业"的概念。1963 年年初，此概念被《放送朝日》杂志刊发而流传于社会。1964 年 1 月，同一杂志又推出以日本立教大学教授神岛二郎（Kamishima）来稿为基础改写的文章《信息社会的社会学》，"信息社会"一词也因之见诸媒体。1967 年年初，日本科技与经济研究会推出"社会的信息化"语句，以表述人类社会正迈向未来信息社会这一过程。

支撑社会信息化的技术基础，事实上早于日本出现在美国。首先是电子计算机的发明，微电子技术的创新；其次是个人计算机出现，硬件制造成本及购买费用不断降低，升级换代频率进入加速度，以及程序语言推陈出新和应用软件层出不穷；再其次是计算机技术与电视、卫星通讯技术的结合；最后则是网络技术诞生、互联网应用普及和无线网络崛起等，构成了社会信息化的关键性技术内核。美国自 20 世纪 40 年代始，以计算机为标志的信息科技领域的创新与进步，带动了 50 年代日本计算机技术的研发，由此激发了日本社会创造信息化概念用语的思想火花。

社会信息化的理论前提，在梅棹忠夫提出"信息产业"一词之前便已在美国发展起来。1948 年，贝尔电话实验室数学家香农率先在通信领域定义了信息概念，开创了运用概率论和数理统计方法研究信息处理及传递的信息理论。1948～1954 年间，麻省理工数学系教授维纳从控制论角度对信息理论加以拓展和完善，揭示出"信息"概念的人文和社会内涵。

20 世纪 60 年代起，越来越多的经济学家、社会学家和未来学家置身于社会信息化理论的探索。代表人物及相关理论有：

（1）1961 年，美国经济学家乔治·斯蒂格勒（George J. Stigler）发表的论文《信息经济学》，成为信息理论同经济学交叉的崭新学科——信息经济学诞生的标志。

（2）奥地利裔美籍经济学家弗利兹·马克卢普（Fritz Machlup）著、1962 年出版的《美国知识的生产和分配》一书，提出"知识产业"概念，就与之相关的信息、信息设备或设施、信息组织机构等展开系统阐述，被西方社会奉为宏观角度研究信息产业和信息社会的先河。

（3）美国社会学和未来学家丹尼尔·贝尔（Daniel Bell），1962 年在波士顿"技术和社会变革"研讨会上发表题为《后工业社会：推测 1985 年及以后的美国》论文，首次从智能、技术和科学角度给"后工业社会"概念作出界定。10 年后，其总结性著作《后工业社会的来临：对社会预测的一项探索》出版。该书指出，后工业社会的标志在于产业结构以服务业为主；生产工具以计算机使用为主；生产者以白领阶层为主；生产力则以知识为主。贝尔就为何没有使用"信息社会"概念作出解释，认为"后工业社会"其实已将信息社会现象纳入其中。

（4）1977 年，美国另一位经济学家马克·U·波拉特（Marc Uri Porat）所撰 9 卷本《信息经济：定义与测量》出版。其在发展弗利兹·马克卢普信息经济学说的基础上，明确把信息产业界定为国民经济"第四产业"，并提出信息经济测度模式"波拉特体系"。此研究成果很快在世界范围内引起重视，被经济合作与发展组织指定为测算其成员国信息经济发展程度的权威方法。

上述学者的著述，从不同侧面揭示了其所处时代社会信息化演变的进程。

社会信息化概念涵盖的具体构建，是在 20 世纪 70 年代，由法国人将西方正在发展的新技术，同东方的思想火花加以整合而完形。首位提出信息化问题的法国政界要人是米歇尔·波尼亚托夫斯基（Michel Poniatowski）。20 世纪 60 年代末，身为国会议员的波尼亚托夫斯基撰写《希望的选择》一书时便论及信息化问题。70 年代中期，他又以内政部长身份促成相关立法，接着作为总统智囊团核心成员，令法国政府最高决策层对信息化进程给予了高度重视。1976 年底，吉斯卡尔·德斯坦总统给财政部总稽核西蒙·诺拉（Simon Nora）下达任务，要求其探讨引导"社会信息化"的可行性和相关方法。诺拉同阿兰·孟克（Alain Minc）联手展开调研，很快在 1978 年 1 月将研究报告上呈总统。4 个月后，该报告以《社会的信息化》作为书名公之于世。

诺拉－孟克报告首次明确界定了"社会信息化"概念，将泛泛的宏观"过程"微观化到技术层面，即：一种正在形成中的由远程数据处理技术所引发，以计算机为核心、数据库为基础、多种通信手段为联结纽带、具备音频播放和视频显示终端功能的网络，以及这种网络在社会各个领域推广普及的过程。这种表述比日本的更明晰和具体，有很强的可操作性，因而能对此后的历史发展起到更为积极的推动作用。

北美的加拿大，亚洲的韩国、新加坡、印度和中国（包括香港、台湾地区），欧盟其他成员国，在促进信息化的实践中也就其内涵的确立和完善，进行了不同程度的探索。仅就中国而言，大陆印刷品中"信息化"中文词出现情况有：

（1）权威性新闻媒体上的首次使用，是1980年《人民日报》一篇介绍西方汽车工业的文章。

（2）公开出版译著上的首次使用，是由齐沛合翻译、世界知识出版社1981年出版的波尼亚托夫斯基著作《变幻莫测的未来世界》。而上面论及的诺拉－孟克报告，被译成简体中文版后由商务印书馆出版发行，则是1985年之事。

此外，台湾地区将信息化称之为"资讯化"，发生于20世纪70年代中期。

1.2.1.2　我国近年信息化建设的成果

信息网络实现跨越式发展，成为支撑经济社会发展重要的基础设施。2006年电话用户、网络规模已经位居世界第一，2008年互联网用户和宽带接入用户均位居世界第一，广播电视网络基本覆盖了全国的行政村。

（1）信息技术在国民经济和社会各领域的应用效果日渐显著。农业信息服务体系不断完善。应用信息技术改造传统产业不断取得新的进展，能源、交通运输、冶金、机械和化工等行业的信息化水平逐步提高。传统服务业转型步伐加快，信息服务业蓬勃兴起。金融信息化推进了金融服务创新，现代化金融服务体系初步形成。电子商务发展势头良好，科技、教育、文化、医疗卫生、社会保障、环境保护等领域信息化步伐明显加快。

（2）电子政务稳步展开，成为转变政府职能、提高行政效率、推进政务公开的有效手段。各级政务部门利用信息技术，扩大信息公开，促进信息资源共享，推进政务协同，提高了行政效率，改善了公共服务，有效推动了政府职能转变。金关、金卡、金税等工程成效显著，金盾、金审等工程进展顺利。

（3）信息资源开发利用取得重要进展。基础信息资源建设工作开始起步，互联网上中文信息比重稳步上升，信息资源开发利用水平不断提高。

（4）信息安全保障工作逐步加强。制定并实施了国家信息安全战略，初步建立了信息安全管理体制和工作机制。基础信息网络和重要信息系统的安全防护水平明显提高，互联网信息安全管理进一步加强。

（5）国防和军队信息化建设全面展开。国防和军队信息化取得重要进展，组织实施了一批军事信息系统重点工程，军事信息基础设施建设取得长足进步，主战武器系统信息技术含量不断提高，作战信息保障能力显著增强。

（6）信息化基础工作进一步改善。信息化法制建设持续推进，信息技术标准化工作逐步加强，信息化培训工作得到高度重视，信息化人才队伍不断壮大。

1.2.2 信息社会

信息社会也称信息化社会，是脱离工业化社会以后，信息将起主要作用的社会。在农业社会和工业社会中，物质和能源是主要资源，所从事的是大规模的物质生产，而在信息社会中，信息成为比物质和能源更为重要的资源，以开发和利用信息资源为目的的信息经济活动迅速扩大，逐渐取代工业生产活动而成为国民经济活动的主要内容。信息经济在国民经济中占据主导地位，并构成社会信息化的物质基础。以计算机、微电子和通信技术为主的信息技术革命是社会信息化的动力源泉。信息技术在生产、科研教育、医疗保健、企业和政府管理以及家庭中的广泛应用对经济和社会发展产生了巨大而深刻的影响，从根本上改变了人们的生活方式、行为方式和价值观念。

自 1964 年日本的梅棹忠夫第一次使用了"信息社会"后，这一概念已被越来越多的人所接受。

信息社会作为一个新的社会形态，各方面发展并没有完全成熟，人们对于信息社会的本质特征，如信息社会与农业社会、工业社会本质区别是什么，还没有清楚的认识。从生产力的构成要素来看，脑力劳动者、智能工具和数字化信息是信息社会区别于其他社会形态的本质特征。由于构成信息社会的劳动者、劳动工具和劳动对象的内容和性质发生了很大的变化，作为社会形态演进中的最根本的因素，生产力性质的改变对于整个社会的政治、经济、文化、军事等都产生了深远的影响，而使信息社会呈现新的特点和发展趋势。

（1）新型的生产力与生产关系。人类社会形态从生产力的角度看，可以分为农业社会、工业社会、信息社会。若从生产关系的角度看，人类社会的历史发展，则分为原始社会、奴隶社会、封建社会、资本主义社会、共产主义社会。生产关系的发展是由生产力所决定的，这两种不同社会形态划分标准之间有着内在联系。农业社会基本上是与封建社会相对应的；工业社会基本上是与资本主义社会相对应的，只是到了 20 世纪才出现了社会主义社会。从生产关系的角度看，未来的信息社会相对应的是什么社会？在一个较长的历史时期仍将是资本主义和社会主义。信息社会阶段的资本主义将是在新的生产力条件下不断调整其生产关系的新资本主义，资本主义在发展过程中再次有了新的突破，在新的生产力条件下进一步释放了资本主义社会的制度潜能，延长了资本主义的寿命；而信息社会的到来也使得生产力水平较低的社会主义国家有可能实现跨越式发展，信息社会的社会主义将是生产力更加发达的社会主义。

（2）新的社会组织管理结构。在不同的社会形态条件下，不同的生产力基础上形成了与之相适应的组织管理结构。农业社会的生产组织形式是以有血缘关系的家庭为基本的生产单元，金字塔形的集权式的权力结构是社会宏观管理的基本特征；工业社会的生产组织形式是以企业为单元的社会化大生产，形成了以政党及代议制民主为特征的社会宏观管理体制；在未来的信息社会，信息技术极大地促进了文化、知识、信息的传播，为人们充分表达意愿提供了技术条件，促进了民众的民主意识、民主观念、民主要求。同时，传统的管理层垄断信息的局面被打破，丧失了从垄断信息到垄断决策管理权力的优势，传统的科层制所固有的或衍生的理性化、部门分割的管理体制将受到冲击，工业社会所形成的代议式民主正在受到挑战。在信息社会，社会组织管理中的代议式民主、间接民主开始向参与民主、直接民主演变，由传统的金字塔形组织管理结构向网络型的组织管理结构转变。

（3）新型的社会生产方式。生产力的技术工艺性质的重大变化总会导致人们的生产活动方式的变化。正如机器的普遍采用将手工工场的生产方式改造成为机器大工业的生产方式一样，信息社会也形成了新的生产方式。它表现在：一是传统的机械化的生产方式被自动化的生产方式所取代，自动化的生产方式进一步把人类从繁重的体力劳动中解放出来；二是刚性生产方式正在变化为柔性生产方式，它使得企业可以根据市场变化灵活而及时的在一个制造系统上生产各种产品；三是大规模集中性的生产方式正在转变为规模适度的分散型生产方式；四是信息和知识生产成为社会生产的重要方式。

（4）新兴产业的兴起与产业结构演进。信息社会将会形成一批新兴产业，并促进新的产业结构的形成。一是信息技术革命催生了一大批新兴产业，信息产业迅速发展壮大，信息部门产值在全社会总产值中的比重迅速上升，并成为整个社会最重要的支柱产业；二是传统产业普遍实行技术改造，降低生产成本、提高劳动效率，而通过信息技术对传统能量转换工具的改造，使传统产业与信息产业之间的边界越来越模糊，整个社会的产业结构处在不断地变化过程中；三是在信息社会智能工具的广泛使用进一步提高了整个社会的劳动生产率，物质生产部门效率的提高进一步加快了整个产业结构向服务业的转型，信息社会将是一个服务型经济的社会。

（5）数字化的生产工具在生产和服务领域广泛普及和应用。工业社会所形成的各种生产设备将会被信息技术所改造，成为一种智能化的设备，信息社会的农业生产和工业生产将建立在基于信息技术的智能化设备的基础之上。同样，信息社会的私人服务和公众服务将或多或少建立在智能化设备之上，电信、银行、物流、电视、医疗、商业、保险等服务将依赖于信息设备。由于信息技术的广泛应用，智能化设备的广泛普及，政府、企业组织结构进行了重组，行为模式发生新的变化。

（6）新型就业形态与就业结构的出现。伴随着产业结构的演变，当人类迈向信息社会时，新的就业方式开始形成，就业结构将发生新的变化。从波拉特统计体系来看，社会经济活动可以划分为四大产业部门，即农业、工业、服务业和信息业。随着社会经济形态的演进，劳动力人口依次从农业部门流动到工业部门，在工业化后期，农业人口和工业人口又流向服务业部门，在工业社会向信息社会转型的过程中，信息技术的发展催生了一大批新的就业形态和就业方式，劳动力人口主要向信息部门集中。传统雇佣方式受到挑战，全日制工作方式朝着弹性工作方式转变。信息劳动者的增长是社会形态由工业社会向信息社会转变的重要特征。

（7）产生了新的交易方式。分工和专业化是经济增长的主要动力，分工扩大生产的可能性边界，推动了人类社会的发展。有分工就会有交易，信息社会中信息技术的扩散使得交易方式出现新的变化。一是信息技术的发展促进了市场交换客体的扩大，知识、信息、技术、人才市场迅速发展起来；二是信息技术的发展所带来的现代化运输工具和信息通信工具使人们冲破了地域上的障碍，使得世界市场开始真正形成；三是信息技术提供给人们新的交易手段，电子商务成为实现交易的基本形态，这也扩展了市场交易的空间。

（8）城市化呈现新特点。随着工业化的完成，城市成为人类居住主要聚集地，完成工业化的国家城市化率都已达到80%以上。随着工业社会向信息社会的演进，人类以大城市聚集为主的方式正在发生变化，城市人口在经历了几百年的聚集之后开始出现扩散化的趋势，中心城市发展速度减缓，并出现郊区化现象。大城市人口的外溢使城市从传统的单中心向多中心发展。若干中心城市通过增长轴紧密联系，整个区域成为一个高度发达的城市化地区。不同规模和等级的城市之间通过发达的交通网络和通信网络，形成功能上相互补充、地域上相互渗透的城市群（都市连绵区），城市群（都市连绵区）在整个国民经济发展中的地位和作用越来越突出，影响及支配着世界经济的发展。

（9）数字化生活方式的形成。如同 19 世纪的工业化进程瓦解了农业社会的生活方式，建立了工业社会的生活形态一样，信息社会新的生活方式也正在形成。在信息社会，智能化的综合网络将遍布社会的各个角落，固定电话、移动电话、电视、计算机等各种信息化的终端设备将无处不在。"无论何事、无论何时、无论何地"人们都可以获得文字、声音、图像信息。信息社会的数字化家庭中，易用、价廉、随身的消费类数字产品及各种基于网络的3C 家电将广泛应用，人们将生活在一个被各种信息终端所包围的社会中。

（10）产生了新战争形态。在信息社会，随着传统的工业社会时代的武器被智能化的系统所控制，人类社会进入了信息武器时代。在信息社会的战争形态主要体现在信息战上，它是对垒的军事（也包括政治、经济、文化、科技及社会一切领域）集团抢占信息空间和争夺信息资源的战争。在信息社会战争呈现出新的特点：一是在信息社会，战争将最终表现为对信息的采集、传输、控制和使用上，获得信息优势是参战各方的主要目标；二是武器装备呈现出信息化、智能化、一体化的趋势，打击精度空前提高、杀伤威力大大增强；三是战争形态、作战方式也随之出现一些新的特征，战场空间正发展为陆、海、空、天、电五维一体，全纵深作战、非线式作战正成为高技术条件下战争的基本交战方式；四是为适应战争形态的变化，作战部队高度合成，趋于小型化、轻型化和多样化，指挥体制纵向层次减少，更加灵便、高效。

可以看出，信息社会不是工业社会发展的高级阶段，而是一个与工业社会有着本质区别的新的社会形态。对信息社会及其规律问题的研究有利于进一步理解中国的信息化和中国的新型工业化道路，并从人类社会形态演进的角度分析及描述中国未来的发展趋势，提出合适的路径选择及战略举措。

1.3 信息产业与信息人才

改革开放以来，我国电子信息产业实现了持续快速发展，特别是进入 21 世纪以来，产业规模、产业结构、技术水平得到大幅提升。2001 ~ 2007 年销售收入年均增长 28%，2008 年实现销售收入约 6.3 万亿元，工业增加值约 1.5 万亿元，占 GDP 比重约 5%，对当年 GDP 增长的贡献超过 0.8 个百分点，出口额达 5 218 亿美元，占全国外贸出口总额的 36.5%。我国已成为全球最大的电子信息产品制造基地，在通信、高性能计算机、数字电视等领域也取得一系列重大技术突破。但是，受国际金融危机影响，2008 年下半年以来，电子信息产品出口增速不断下滑，销售收入增速大幅下降，重点领域和骨干企业经营出现困难，利用外资额明显减少，电子信息产业发展面临严峻挑战。同时，我国电子信息产业深层次问题仍很突出。必须采取有效措施，加快产业结构调整，推动产业优化升级，加强技术创新，促进电子信息产业持续稳定发展，为经济平稳较快发展作出贡献。

1.3.1 信息产业

前文中提到的"电子信息产业"就是我们将要探讨的信息产业，信息产业这一名词的产生可以追溯到美国商务部的著名研究报告《浮现中的数字经济》中，它把信息技术产业定义为"包括生产、处理和传输信息产品和服务的产业——无论这些产品和服务是作为中间投入物（投入到其他产业的生产中），还是作为最终产品（用于消费、投资、政府购买或出口）"。该报告的信息产业还包括一些通用的和专用的电子元器件生产商、计算机生产商、外围设备生产商、专用的测量和测试仪器生产商、电信设备生产商和套装软件生产商，同时包括计算机、软件和通信服务提供商。美国著名学者波拉特则从与信息活动相关的100多种职业中，识别出美国的信息行业，并且把它们分成一级信息部门和二级信息部门。所谓一级信息部门是指那些向市场提供信息商品或信息服务，参与市场交换的部门。所谓二级信息部门是指那些为满足政府及非信息企业内部消费而提供信息服务的部门。更为广泛应用的信息技术产业的划分要追溯到美国国家管理与预算办公室1987年版《标准产业分类》（SIC）手册的定义，1997年发布的《北美产业分类体系》（NAICS）对信息技术产业作了重新划分，调整了一些小项的分类。我国信息技术产业的权威管理部门——信息产业部，在统计和分析时，通常采用"电子信息产业"一词，具体细分为投资类产品、消费类产品和元器件产品三个大类。出于部门隶属渊源的原因，有时人们分析时也用"电子工业"一词。

总体来讲，信息产业特指将信息转变为商品的行业，它不但包括软件、数据库、各种无线通信服务和在线信息服务，还包括了传统的报纸、书刊、电影和音像产品的出版，而有时我们将计算机和通信设备等的生产将不再包括在内，它被划为制造业下的一个分支。信息产业又称为第四产业。

1.3.1.1 信息产业的类型

信息产业包括三种类型：
（1）生产和分发信息及文化产品的行业；
（2）提供传递或分发这些产品以及数据或通信方法的行业；
（3）处理数据的行业。

信息产业又分四个行业：出版业、电影和录音业、广播电视和通信行业、信息服务和数据处理服务行业。

1.3.1.2 信息产业的范围

信息产业的概念，是在知识产业研究的基础上产生和发展起来的。最早提出与信息产业相类似概念的是美国经济学家普斯顿大学弗利兹·马克卢普教授。他在1962年出版的《美国知识的生产和分配》一书，首次提出了完整的知识产业的概念，分析了知识生产和分配的经济特征及经济规律，阐明了知识产品对社会经济发展的重要作用。尽管马克卢普没有明确使用信息产业一词，并且在所界定的范围上与现行的信息产业有所出入，但不可否认它基本上反映了信息产业的主要特征。

随后，1977年，美国斯坦福大学的经济学博士马克·波拉特，在马克卢普对信息产业研究的基础上，出版了题为《信息经济：定义与测量》的 9 卷本内部报告，把知识产业引申为信息产业，并首创了四分法，为信息产业结构方面的研究提供了一套可操作的方法。

所谓产业，是对国民经济结构的一种描述，在对国民经济的分析过程中，人们习惯上把社会的经济活动按某种标准分成若干部分，将每一部分称为一种产业。传统的产业划分是将国民经济结构分成三个产业，即第一产业、第二产业和第三产业。第一产业指广义的农业，包括林业、畜牧业、渔业、种植业等，第一产业主要与人类从自然界获得基本生活资料的生产活动有关。第二产业以制造业为主，包括工业、矿业、建筑业、交通运输业等，第二产业是在第一产业基础上发展起来的产业。第三产业属服务性行业，包括商业、金融业、保险业、邮电业等，是为满足社会的消费需求而发展起来的产业。马克·波拉特博士把社会经济划分为农业、工业、服务业、信息业四大类，并将信息产业划分为所谓的一级信息部门和二级信息部门。

信息产业作为一个新兴的产业部门，其内涵和外延都会随着该产业的不断扩大和成熟而扩大与变动。自弗利兹·马克卢普首次提出知识产业的概念以来，各国学者都先后对信息产业的概念和范围等问题进行了广泛的理论探讨。但是由于人们出于不同的研究目的和角度，关于信息产业的概念问题目前仍然是众说纷纭。目前国际上关于界定信息产业范围的几种观点有：

美国商务部按照该国 1987 年《标准产业分类》，在其发布的《数字经济 2000 年》中给出的信息技术产业的定义是：信息产业应该由硬件业、软件业和服务业、通信设备制造业以及通信服务业四部分内容组成。美国信息产业协会（AIIA）给信息产业的定义是：信息产业是依靠新的信息技术和信息处理的创新手段，制造和提供信息产品、信息服务的生产活动的组合。北美自由贸易区（美国、加拿大、墨西哥三国）在它们于 1997 年联合制定的《北美产业分类体系》（简称 NAICS）中，首次将信息产业作为一个独立的产业部门规定下来。该体系规定，信息产业作为一个独立而完整的部门应该包括以下单位：生产与发布信息和文化产品的单位；提供方法和手段，传输与发布这些产品的单位；信息服务和数据处理的单位。具体包括出版业、电影和音像业、广播电视和电信业、信息和数据处理服务业四种行业。

欧洲信息提供者协会（EURIPA）给信息产业的定义是：信息产业是提供信息产品和信息服务的电子信息工业。

日本的科学技术与经济协会认为：信息产业是提高人类信息处理能力，促进社会循环而形成的由信息技术产业和信息商品化产业构成的产业群，包括信息技术产业及信息产品化。信息产业的内容比较集中，主要包括软件产业、数据库业、通信产业和相应的信息服务业。

我国信息产业发展的时间不长，对于信息产业的定义和划分，由于分析的角度、标准不同和统计的口径不同，也形成了许多不同的观点。

我国数量经济学家和信息经济学家乌家培教授认为：信息产业是为产业服务的产业，是从事信息产品和服务的生产、信息系统的建设、信息技术装备的制造等活动的企事业单位和有关内部机构的总称。同时，他认为信息产业有广义和狭义之分，狭义的信息产业是指直接或者间接与电子计算机有关的生产部门；广义的信息产业是指一切与收集、存储、检索、组织加工、传递信息有关的生产部门。

我国学者曲维枝认为：信息产业是社会经济生活中专门从事信息技术开发、设备、产品的研制生产以及提供信息服务的产业部门的总称，是一个包括信息采集、生产、检测、转换、存储、传递、处理、分配、应用等门类众多的产业群。基本上主要包括信息工业（包括计算机设备制造业、通信与网络设备以及其他信息设备制造业）、信息服务业、信息开发业（包括软件产业、数据库开发产业、电子出版业、其他内容服务业）。

按一定规模、较大独立性和一定战略意义这三个基本要求，可以将我国信息产业结构划分为以下几部分：

（1）信息技术服务业。这是信息产业的基础设施，主要是提供软件服务和设备服务。它是适应信息产业技术性强的特点而形成的重要部门，对初级信息产品加工和服务以满足不同类型用户信息需求的产业。

（2）信息设备制造业。为信息产业提供所需的硬件设备，即信息采集、处理、存储、传输显示的工具。如同生产工具是生产力发展的水平尺度一样，信息设备是信息产业发展水平的标志，正是信息设备制造技术的进步，才带来了当今信息产业大发展的局面。

（3）信息开发业。包括新信息和信息不同形式的制造业以及对现有信息资源的发掘、采集、制作业。它决定着社会可以利用的信息数量和质量，是信息产业的第一生产环节，从事初级信息产品的生产。

（4）信息传输业。包括电子信息传输业、非电子信息传输业和教育业三大类。这是信息产业赖以发挥社会效益的最终生产环节。

（5）其他信息业。如数据库服务业、咨询业等。

上述信息产业结构的划分，其实质是信息产业的市场或产品结构。信息产业的形成和发展与其他产业的形成一样，都是社会分工和市场交换的必然产物，这是由商品经济的客观规律和内在运行机制决定的。它的建设与发展和具体的管理信息系统的建立是两个不同的问题，应加以区别。同样，信息产业的结构划分与企业内部的联系部门划分也不能等同。

尽管有各种不同的观点，但是概括起来大致有广义、狭义和持中间学派三种不同的观点。广义的观点是在马克卢普和波拉特等人理论的影响下，认为信息产业是指一切与信息生产、流通、利用有关的产业，包括信息服务和信息技术及科研、教育、出版、新闻等部门。狭义的观点是受日本信息产业结构划分的影响，认为信息产业是指从事信息技术研究、开发与应用、信息设备与器件的制造以及为经济发展和公共社会需求提供信息服务的综合性生产活动和基础机构，并把信息产业结构分为两大部分：一是信息技术和设备制造业；二是信息服务业。还有的学者认为信息产业就是信息服务业，它是由以数据和信息作为生产处理、传递和服务为内容的活动构成，包括数据处理业、信息提供业、软件业、系统集成业、咨询业和其他等。

1.3.2 信息人才

1.3.2.1 信息技术人才包括信息产业人才与信息化应用人才

信息产业人才，主要指第一信息部门就业的信息化人才，包括信息技术产业人才（电子信息产业人才含制造业和软件业人才，信息技术服务业人才含通信运营业人才和计算机技术服务业人才）和信息服务业人才（包括信息专业人才、信息咨询服务业人才，以及介于信息服务业与信息技术产业之间的互联网服务业人才）。广播电影电视业、传播与文化业人才（含出版业人才）根据北美产业分类体系，也应算为信息产业人才。

信息化应用人才，主要指第二信息部门就业的信息化人才，包括第二信息部门专业信息技术人才（如传统行业信息中心技术人员）、信息管理人才（如企业 CIO）与信息技术应用人才（拥有信息化素质的普通员工）。

信息对各产业具有通用性，各行各业都可以应用信息技术，开发信息资源，因此各行各业都有自己的"信息人才"，这是通用信息人才；同时，信息技术形成产业，具有专业特殊性，信息技术产业（IT 业）要求的"信息人才"是专业信息人才。通用信息人才与专业信息人才，都是行业奇缺人才。前者是传统产业信息化改造的稀缺人才；后者是信息技术产业发展的稀缺人才。

1.3.2.2　国际社会对信息人才的争夺形势与中国面临的挑战

信息时代，得人才者得天下。对信息人才的争夺，日益成为世界国家竞争力争夺的制高点。

据不完全统计，目前全球对信息人才的需求缺口越来越大。除美国市场上对信息人才高达 85 万名的需求外，据美国微软公司和 IDC 英国市场调查公司进行的一项联合调查显示，欧洲在信息技术人才方面的缺口更大。调查还认为，由于信息技术人才的短缺，许多项目将无法实施。据估计，在今后 3 年里由此给欧洲造成的税收损失将高达 3 800 亿欧元。在日本，今后 10 年科技人才将短缺 160 万～445 万，其中最为紧缺的正是信息技术人才。发达国家尚且如此，广大急于在信息社会中迎头赶上的发展中国家就不用说了。

尽管美国在网络低潮时期忙着精简机构，裁减员工，可高科技产业仍然是买方市场，人才供不应求，其中又以软件设计师、测试工程师和程式人员最抢手。在激烈的信息人才争夺中，美国公司利用它们的经济优势，对它们招募的 IT 人才，不但许以股票期权、丰厚的奖金，还有的公司提供免费宝马车和干洗衣服等福利。德国为了弥补信息技术领域专业人才严重匮乏的局面，不顾国内失业率和外来移民问题的困扰，采取"特事特办"的政策，对信息技术人才网开一面。计划在两年内从欧盟以外的国家和地区引进 2 万名左右的信息技术人才。英国缩短了为信息技术人才发放劳动许可证的时间，从 1 个月缩短为 1 周。

在信息人才的国际竞争中，发展中国家处于劣势。IDC 公司在分析拉美信息人才情况时得出结论：加快网络专业人才的培养已经成为拉美各国的当务之急，否则将影响地区经济融入世界经济的进度。

IDC 公司预测，拉美地区在 2008 年将面临信息技术人才奇缺的问题，短缺人数达 47.5 万，并指出，拉美地区信息网络人才目前已呈现出供不应求的趋势，并且短缺人数将以每年 9% 的速度增长。

发展中国家也开始采取不同的对策，以挽留自己的信息人才。到 2008 年年底，印度在信息产业方面的雇员有百万左右。但是，这个行业的产出每 18 个月就要增加一倍。为了阻止信息技术人才的继续外流，印度政府和有关企业，正在采取高薪和其他优厚待遇，吸引本国人才回流，并争取聘用一些其他国家的专业人才。

在我国，当前需要培养五个方面的信息专门人才：一是适应发展战略研究中信息分析工作需要的高级信息决策专家；二是适应社会主义市场经济发展需要的信息管理与经营方面的专家；三是适应国民经济和社会信息化发展需要的信息技术与通信方面的信息应用专家；四是适应实现信息产业强国目标的高级信息技术人才；五是适应有广泛就业前景的现代服务业发展需求的高素质信息劳动者。

培训是中国信息人才的主要供给方式。人力资源与社会保障部专门发布了《计算机知识普及培训和考核》的规定，推动全国各级干部学习计算机知识。为落实人才强国战略，工业和信息化部颁布了《全国信息技术人才培养实施意见》，宣布于 2004 年 1 月 1 日起，"全国信息技术人才培养工程"正式启动。国内信息技术人才培养的政策与制度，大大刺激了群众，尤其是青年人学习信息技术、特别是计算机技术的热情。过去流传的"学好数理化、走遍天下都不怕"的说法，现在被"学好计算机、工作机会数第一"所取代。

全国企业信息化工作领导小组办公室、国家经贸委经济信息中心资料：为连续、系统地掌握我国企业信息化建设与应用情况，更好地推进企业信息化工作，全国企业信息化工作领导小组办公室、国家经贸委经济信息中心于 2002 年对国有重要骨干企业、520 户国家重点企业、120 户试点企业集团和地方重点企业的信息化建设与应用水平进行了调查，有资料显示，企业对信息化建设的重视程度进一步提高，大多数企业已经为信息化建设做了组织机构、规划、投入预算、人员培训等方面的准备。具体表现：

一是 83.3% 的企业设立了副总裁、副总经理级的信息主管，比 2001 年调查的 638 户企业设立信息主管的比例 69.4% 提高了近 14 个百分点。

二是 89.7% 的企业建立了专门的信息化领导管理机构，比 2001 年调查的 638 户企业建立信息化领导管理机构的比例 76.5% 提高了 13.2 个百分点。

三是 94% 的企业已经制定、正在制定或计划制定企业信息化总体规划；77.4% 的企业建立了统一的信息管理制度。

四是 80% 的企业制定了"十一五"信息化建设投入预算，在"十二五"规划中，很多企业，特别是中小企业将进一步加大信息化建设的投入比例。

五是大多数企业信息系统运行、维护和升级有了保证。89.1% 的企业设有专职信息系统管理和维护人员；86.7% 的企业根据技术发展和业务需求适时进行系统改造和升级。

六是企业信息化"以人为本"的理念深入人心，74.9% 的企业把"信息技术人才培训"列为工作重点。

为弥补国内信息化专业人才队伍的严重短缺，满足各级政府及企、事业单位和社会其他用人单位在发展中对信息化行业专业人才的需求，工业和信息化部电子行业职业技能鉴定指导中心开展国家信息化人才职业技术培训项目，面向全国建立信息化人才培训机构，为各级政府及企、事业单位和社会其他用人单位，培养信息化专业人才队伍，以适应当前和未来社会发展中对信息化行业专业人才的需求。

2008 年 12 月工业和信息化部发布《关于印发〈信息专业技术人才知识更新工程（"653"工程）实施办法〉的通知》，为进一步加强信息专业技术人才队伍建设，推进信息专业技术人才继续教育工作，提高队伍的整体素质和创新能力，特设定信息人才培养目标任务：根据我国信息技术发展和信息专业技术人才队伍建设的实际需要，从 2006～2010 年，在我国信息技术领域开展大规模的专业技术人员继续教育活动，每年开展专业技术人才知识更新培训 12 万人次左右，6 年内共培训信息技术领域各类中高级创新型、复合型、实用型人才60万～70万人次左右。通过专项继续教育活动，使各类信息专业技术人才及时更新专业知识，提高创新能力，进一步健全和完善信息技术领域的继续教育工作体系、服务体系和制度体系，为全面提升我国信息专业技术人员的整体素质提供良好的继续教育和培训服务。

1.4 信息技术的应用案例[①]

在竞争对手看来，海尔最可畏惧的是思维创新的速度和实现创新的能力。当海尔仅仅一只脚踏进物流时，同行就已经隐约感受到逼人的压力，而海尔国际物流中心的开张，则把这种压力变成了现实。海尔国际物流中心坐落在海尔开发区工业园，由国家"863"计划项目海尔机器人有限公司整合国内外资源建设而成。宏伟的中心立体库高22米，拥有18 056个标准托盘位，其中原材料9 768个盘位，成品8 288个盘位，包括原材料和产成品两个自动化物流系统。采用世界上最先进的激光导引技术开发的激光导引无人运输车系统、巷道堆垛机、机器人、穿梭车等，全部实现物流的自动化和智能化。

事实上，庞大的立体库工程仅仅是冰山一角，海尔针对企业的改革则包含了物流进化中更博大深邃的思维。张瑞敏对物流的理解，首先是企业的管理革命。企业发展现代物流不能回避的是流程再造，而流程再造将把原"直线职能式"的金字塔结构改革为"扁平化"的组织结构。这种企业内部的管理再造对企业来讲是一场非常痛苦的革命。而企业要在国际化的竞争中立足，除了这种革命之外别无出路。海尔的流程再造是用"一流三网"来体现现代物流的信息化和网络化。其中"一流"是订单信息流。企业内部信息系统的构造，全面围绕着订单流动进行设计。作为物流的基础和支持的"三网"，则是指海尔的全球供应网络、全球配送网络和计算机管理网络。对于海尔物流来讲，"一流三网"是实现物流革命的必然选择。

对海尔来说，物流还意味着速度。依据张瑞敏的理解，信息化时代企业用以制胜的武器就是速度。对企业来讲，20世纪80年代制胜的武器是品质管理；90年代制胜的武器就是企业流程再造；而21世纪初的10年，对于新经济时代的企业来讲，制胜的武器就是速度。这个速度，就是能够最快地满足消费者个性化的需求。对个性化需求的考虑，在很多企业"纸上谈兵"时，海尔就已经把产品的定位实现了革命性的调整。而对于如何实现这个速度，海尔提出了"同步模式"。在接到订单的那一刹那，所有与这个订单有关系的部门和个人，能够在物流流程明确分工的环节下同步地行动起来，从而实现同步流程、同步送达。

下面的一组组数字可以从侧面说明物流"革命"给海尔带来的变化：整个集团呆滞物资降低73.8%，仓库面积减少50%，库存资金减少67%；7 200平方米的物流中心吞吐能力相当于30万平方米的普通平面仓库；供应商由原来的2 336家优化到978家，同时国际化供应商的比例上升了20%；在中心城市实现8小时配送到位，区域内24小时配送到位，全国4天以内到位；100%的采购订单由网上下达，采购周期由平均10天降低到3天，网上支付已达到总支付额的20%……这些有着惊人变化的数字背后，正是给海尔带来惊人变化的物流"革命"。在专业物流人看来，与其说海尔创新有方，更不如说海尔的胆气让人叹为观

---

① 摘自《海尔的革命时代》，http：//www.zj56.com.cn/zxzx/List02.asp？ID＝5694。

止。从这个意义上看，海尔带来的不仅是企业自身的发展，其革命性的思维方式更将深远地影响到摸索中的中国物流产业。

案例似乎将落脚点放在海尔公司带给物流产业的变革上，但其中无处不透着信息、信息技术、信息化、信息化人才的气息。

"原材料和产成品两个自动化物流系统。采用世界上最先进的激光导引技术开发的激光导引无人运输车系统、巷道堆垛机、机器人、穿梭车等，全部实现物流的自动化和智能化。"标志着物流产业硬件的信息化。

"海尔的流程再造是用'一流三网'来体现现代物流的信息化和网络化。其中'一流'是订单信息流。企业内部信息系统的构造，全面围绕着订单流动进行设计。作为物流的基础和支持的'三网'，则是指海尔的全球供应网络、全球配送网络和计算机管理网络。对于海尔物流来讲，'一流三网'是实现物流革命的必然选择。"标志着全方位、立体化的信息系统的成功构建。

"信息化时代企业用以制胜的武器就是速度。"标志着信息化时代带给我们传统产业的冲击。

本章小结

本章主要介绍了信息的定义、信息的特性、信息技术、信息化和社会、信息产业与信息人才等方面的内容，引领学生逐步进入信息技术相关领域，使他们对常用信息技术有了一个初步认识，为后续的学习奠定基础。

思考题

1. 简述信息的定义以及信息的特征。
2. 简述信息技术的组成要素。
3. 分析信息社会的发展特点以及趋势。
4. 分析我国信息产业的结构划分。

第 2 章 网站信息浏览

【学习目标】掌握网站的基本组成；了解数据库、IP、域名；掌握并能应用常用的网页浏览器；掌握 BBS、BLOG 的使用；了解网站的分类、常用的网站。

【技能目标】通过网站信息的浏览分析网站主要功能的能力；浏览网页获取自己所需信息的能力；将信息发布到互联网上的能力。

【工作任务】博客注册和管理；使用 BBS 发布和查询信息；网站的功能分析。

2.1 网站的组成

2.1.1 网站概述

网站（Website）是指在因特网上，根据一定的规则，使用 HTML 等工具制作的用于展示特定内容的相关网页的集合。简单地说，网站是一种通信工具，就像布告栏一样，人们可以通过网站来发布自己想要公开的资讯，或者利用网站来提供相关的网络服务。人们可以通过网页浏览器来访问网站，获取自己需要的资讯或者享受网络服务。

许多公司都拥有自己的网站，它们利用网站来进行宣传、产品资讯发布、招聘等。随着网页制作技术的流行，很多个人也开始制作个人主页，这些通常是制作者用来自我介绍、展现个性的地方。也有以提供网络资讯为盈利手段的网络公司，通常这些公司的网站上提供人们生活各个方面的资讯，如时事新闻、旅游、娱乐、经济等。

在因特网的早期，网站还只能保存单纯的文本。经过几年的发展，当万维网出现之后，图像、声音、动画、视频，甚至 3D 技术开始在因特网上流行起来，网站也慢慢地发展成我们现在看到的图文并茂的样子。通过动态网页技术，用户也可以与其他用户或者网站管理者进行交流。也有一些网站提供电子邮件服务。

一个网站由域名、网站源程序和网站空间三部分构成。

2.1.2　IP

IP 是英文 Internet Protocol（网络之间互联的协议）的缩写，中文简称为"网协"，也就是为计算机网络相互连接进行通信而设计的协议。在因特网中，它是能使连接到网上的所有计算机网络实现相互通信的一套规则，规定了计算机在因特网上进行通信时应当遵守的规则。任何厂家生产的计算机系统，只要遵守 IP 协议就可以与因特网互联互通。正是因为有了 IP 协议，因特网才得以迅速发展成为世界上最大的、开放的计算机通信网络。因此，IP 协议也可以叫做"因特网协议"。IP 协议中还有一个非常重要的内容，那就是给因特网上的每台计算机和其他设备都规定了一个唯一的地址，叫做"IP 地址"。通俗地讲，IP 地址也可以称为互联网地址或 Internet 地址。它是用来唯一标志互联网上计算机的逻辑地址。每台联网计算机都依靠 IP 地址来标志自己。就类似于电话号码，通过电话号码来找到相应的使用电话的客户的实际地址。全世界的电话号码都是唯一的，IP 地址也是一样。由于有这种唯一的地址，才保证了用户在联网的计算机上操作时，能够高效而且方便地从千千万万台计算机中选出自己所需的对象来。

IP 是怎样实现网络互联的？各个厂家生产的网络系统和设备，如以太网、分组交换网等，它们相互之间不能互通，不能互通的主要原因是因为它们所传送数据的基本单元（技术上称之为"帧"）的格式不同。IP 协议实际上是一套由软件程序组成的协议软件，它把各种不同"帧"统一转换成"IP 数据包"格式，这种转换是因特网的一个最重要的特点，使所有各种计算机都能在因特网上实现互通。

IP 数据包的最大长度可达 65 535 个字节。

目前 IP 协议的版本号是 4（简称为 IPv4），它的下一个版本就是 IPv6。IPv4 是第一个被广泛使用的互联网协议，构成现今互联网技术的基石的协议。它可以运行在各种各样的底层网络上，比如端对端的串行数据链路（PPP 协议和 SLIP 协议）、卫星链路等。

2.1.2.1　IP 地址的基本地址格式

IP 地址是 IP 网络中数据传输的依据，它标志了 IP 网络中的一个连接，一台主机可以有多个 IP 地址。IP 分组中的 IP 地址在网络传输中是保持不变的。IP 地址用二进制来表示，每个 IP 地址长 32 比特（bit），比特换算成字节，就是 4 个字节。例如一个采用二进制形式的 IP 地址是"00001010000000000000000000000001"，这么长的地址，人们处理起来也太费劲了。为了方便人们的使用，IP 地址经常被写成十进制的形式，中间使用符号"."分开不同的字节。于是，上面的 IP 地址可以表示为"10.0.0.1"。IP 地址的这种表示法叫做"点分十进制表示法"，这显然比 1 和 0 容易记忆得多。

IP 地址格式为：IP 地址 = 网络地址 + 主机地址 或 IP 地址 = 网络地址 + 子网地址 + 主机地址。网络地址是因特网协会的 ICANN（the Internet Corporation for Assigned Names and Numbers）分配的，目前全世界共有三个这样的网络信息中心，有负责北美地区的 InterNIC、负责欧洲地区的 RIPENIC 和负责亚太地区的 APNIC。主机地址是由各个网络的系统管理员分配。因此，网络地址的唯一性与网络内主机地址的唯一性确保了 IP 地址的全球唯一性。

2.1.2.2　IP 地址的分类

IP 地址分为五类，A 类保留给政府机构，B 类分配给中等规模的公司，C 类分配给任何需要的人，D 类用于组播，E 类用于实验，各类可容纳的地址数目不同。

A、B、C 三类 IP 地址的特征：当将 IP 地址写成二进制形式时，A 类地址的第一位总是 0，B 类地址的前两位总是 10，C 类地址的前三位总是 110。

① A 类 IP 地址。一个 A 类 IP 地址由 1 个字节的网络地址和 3 个字节的主机地址组成，网络地址的最高位必须是"0"。地址范围：1.0.0.1～126.255.255.254（二进制表示为：00000001 00000000 00000000 00000001～01111110 11111111 11111111 11111110）。可用的 A 类网络有 126 个，每个网络能容纳 1 600 多万个主机。

② B 类 IP 地址。一个 B 类 IP 地址由 2 个字节的网络地址和 2 个字节的主机地址组成，网络地址的最高位必须是"10"。地址范围：128.1.0.1～191.254.255.254（二进制表示为：10000000 00000001 00000000 00000001～10111111 11111110 11111111 11111110）。可用的 B 类网络有 16 382 个，每个网络能容纳 6 万多个主机。

③ C 类 IP 地址。一个 C 类 IP 地址由 3 个字节的网络地址和 1 个字节的主机地址组成，网络地址的最高位必须是"110"。地址范围：192.0.1.1～223.255.254.254（二进制表示为：11000000 00000000 00000001 00000001～11011111 11111111 11111110 11111110）。C 类网络可达 209 万余个，每个网络能容纳 254 个主机。

④ D 类 IP 地址。D 类 IP 地址第一个字节以"1110"开始，它是一个专门保留的地址。它并不指向特定的网络，目前这一类地址被用在多点广播（Multicast）中。多点广播地址用来一次寻址一组计算机，它标志共享同一协议的一组计算机。地址范围：224.0.0.1～239.255.255.254。

⑤ E 类 IP 地址。以"11110"开始，为将来使用保留。地址范围：240.0.0.1～255.255.255.254。

全零（"0.0.0.0"）地址指任意网络。全"1"的 IP 地址（"255.255.255.255"）是当前子网的广播地址。

2.1.3　域名

网络是基于 TCP/IP 协议进行通信和连接的，每一台主机都有一个唯一的标志固定的 IP 地址，以区别在网络上成千上万个用户和计算机。网络在区分所有与之相连的网络和主机时，均采用了一种唯一、通用的地址格式，即每一个与网络相连接的计算机和服务器都被指派了一个独一无二的地址。为了保证网络上每台计算机的 IP 地址的唯一性，用户必须向特定机构申请注册，该机构根据用户单位的网络规模和近期发展计划，分配 IP 地址。网络中的地址方案分为两套：IP 地址系统和域名地址系统。这两套地址系统其实是一一对应的关系。IP 地址用二进制数来表示，每个 IP 地址长 32 比特，由 4 个小于 256 的数字组成，数字之间用点间隔，例如 166.111.1.11 表示一个 IP 地址。由于 IP 地址是数字标志，使用时难以记忆和书写，因此在 IP 地址的基础上又发展出一种符号化的地址方案来代替数字型的 IP 地址。每一个符号化的地址都与特定的 IP 地址对应，这样网络上的资源访问起来就容易得多了。这个与网络上的数字型 IP 地址相对应的字符型地址，就被称为域名。

可见域名就是上网单位的名称。一个公司如果希望在网络上建立自己的主页，就必须取得一个域名，域名也是由若干部分组成，包括数字和字母。通过该地址，人们可以在网络上找到所需的详细资料。域名是上网单位和个人在网络上的重要标志，起着识别作用，便于他人识别和检索某一企业、组织或个人的信息资源，从而更好地实现网络上的资源共享。除了识别功能外，在虚拟环境下，域名还可以起到引导、宣传、代表等作用。

通俗地说，域名就是相当于一个家的门牌号码，别人通过这个号码可以很容易地找到你！近年来，一些国家也纷纷开发使用采用本民族语言构成的域名，如德语，法语等。我国也开始使用中文域名，但可以预计的是，在我国国内今后相当长的时期内，以英语为基础的域名（即英文域名）仍然是主流。

2.1.3.1 域名的构成

一个域名一般由英文字母和阿拉伯数字以及横"－"组成，最长可达 67 个字符（包括后缀），并且字母的大小写没有区别，每个层次最长不能超过 22 个字母。这些符号构成了域名的前缀、主体和后缀等几个部分，组合在一起构成一个完整的域名。

以一个常见的域名为例说明。比如域名 www.baidu.com，是由两部分组成，"baidu"是这个域名的主体，也是主机名，而最后的"com"则是该域名的后缀，代表这是一个 com 国际域名。而前面的 www. 是网络名，baidu.com 为 www 的域名。

2.1.3.2 域名级别

域名可分为不同级别，包括顶级域名、二级域名等。

顶级域名又分为两类：一是国家顶级域名（National Top-Level Domainnames，nTLDs），目前 200 多个国家都按照 ISO 3166 国家代码分配了顶级域名，例如中国是 cn，美国是 us，日本是 jp 等；二是国际顶级域名（International Top-Level Domainnames，iTLDs），例如表示工商企业的 .com，表示网络提供商的 .net，表示非营利组织的 .org 等。

二级域名指形如"bbs.abc.com"的域名，为顶级域名的一种子域名，特征为域名包含两个"."。例如，whicu.com 是顶级域名，jwc.whicu.com、glxy.whicu.com 就是 whicu.com 的二级域名，也叫子域名。

我国在国际互联网络信息中心（Inter NIC）正式注册并运行的顶级域名是 cn，这也是我国的一级域名。在顶级域名之下，我国的二级域名又分为类别域名和行政区域名两类。类别域名共 6 个，包括用于科研机构的 ac；用于工商金融企业的 com；用于教育机构的 edu；用于政府部门的 gov；用于互联网络信息中心和运行中心的 net；用于非营利组织的 org。而行政区域名有 34 个，分别对应于我国各省、自治区和直辖市。三级域名用字母（A～Z，a～z，大小写等）、数字（0～9）和连接符（－）组成，各级域名之间用实点（.）连接，三级域名的长度不能超过 20 个字符。如无特殊原因，建议采用申请人的英文名（或者缩写）或者汉语拼音名（或者缩写）作为三级域名，以保持域名的清晰性和简洁性。

2.1.3.3 注册域名

域名的注册遵循先申请先注册原则，管理机构对申请人提出的域名是否违反了第三方的权利不进行任何实质审查。同时，每一个域名的注册都是独一无二的、不可重复的。因此，在网络上，域名是一种相对有限的资源，它的价值将随着注册企业的增多而逐步为人们所重视。

既然域名是一种有价值的资源，那么，它是否能够成为知识产权保护的客体呢？我们认为，在新的经济环境下，域名所具有的商业意义已远远大于其技术意义，而成为企业在新的科学技术条件下参与国际市场竞争的重要手段，它不仅代表了企业在网络上的独有的位置，也是企业的产品、服务范围、形象、商誉等的综合体现，是企业无形资产的一部分。同时，域名也是一种智力成果，它是有文字含义的商业性标记，与商标、商号类似，体现了相当的创造性。在域名的构思选择过程中，需要一定的创造性劳动，使得代表自己公司的域名简洁并具有吸引力，以便使公众熟知并对其访问，从而达到扩大企业知名度、促进经营发展的目的。可以说，域名不是简单的标志性符号，而是企业商誉的凝结和知名度的表彰，域名的使用对企业来说具有丰富的内涵，远非简单的"标志"二字可以穷尽。因此，目前不论学术界还是实际部门，大都倾向于将域名视为企业知识产权客体的一种。而且，从世界范围来看，尽管各国立法尚未把域名作为专有权加以保护，但国际域名协调制度是通过世界知识产权组织来制定，这足以说明人们已经把域名看做知识产权的一部分。

当然，相对于传统的知识产权领域，域名是一种全新的客体，具有其自身的特性，例如，域名的使用是全球范围的，没有传统的严格地域性的限制；从时间性的角度看，域名一经获得即可永久使用，并且无须定期续展；域名在网络上是绝对唯一的，一旦取得注册，其他任何人不得注册、使用相同的域名，因此其专有性也是绝对的；另外，域名非经法定机构注册不得使用，这与传统的专利、商标等客体不同，等等。即使如此，把域名作为知识产权的客体也是科学和可行的，在实践中对于保护企业在网络上的相关合法权益是有利而无害的。

最为通用的域名 .com/.net 的管理机构是 ICANN，但 ICANN 并不负责域名注册，ICANN 只是管理其授权的域名注册商（注册商如 Godaddy、Enom，也包括国内的注册商如万网、新网等），在 ICANN 和注册商之间还有一个 Versign 公司，注册商相当于从 Verisign 公司批发域名，但管理注册商的机构是 ICANN。

cn 域名的管理机构是 CNNIC，CNNIC 授权注册商，在 CNNIC 和注册商之间就没有类似 Verisign 这样的公司，注册商是直接从 ICANN 批发域名。

域名注册的过程并不复杂，一般程序为：选择域名注册服务商→查询自己希望的域名是否已经被注册→注册用户信息→支付域名注册服务费→提交注册表单→域名注册完成。

2.1.3.4　域名命名的一般规则

由于 Internet 上的各级域名是分别由不同机构管理的，所以，各个机构管理域名的方式和域名命名的规则也有所不同。但域名的命名也有一些共同的规则，主要有：

（1）域名中只能包含以下字符：

① 26 个英文字母；

②"0，1，2，3，4，5，6，7，8，9"十个数字；

③"－"（英文中的连词号）。

（2）域名中字符的组合规则：

① 在域名中，不区分英文字母的大小写；

② 对于一个域名的长度是有一定限制的。

（3）cn 域名命名的规则为：

① 遵照域名命名的全部共同规则。

② 早期，cn 域名只能注册三级域名，从 2002 年 12 月开始，CNNIC 开放了国内 . cn 域名下的二级域名注册，可以在 . cn 下直接注册域名。

③ 不得使用，或限制使用以下名称（以下列出了一些注册此类域名时需要提供的材料）：

注册含有"CHINA"、"CHINESE"、"CN"、"NATIONAL" 等要经国家有关部门（指部级以上单位）正式批准。

公众知晓的其他国家或者地区名称、外国地名、国际组织名称不得使用。

县级以上（含县级）行政区划名称的全称或者缩写要有相关县级以上（含县级）人民政府正式批准。

行业名称或者商品的通用名称不得使用。

他人已在中国注册过的企业名称或者商标名称不得使用。

对国家、社会或者公共利益有损害的名称不得使用。

经国家有关部门（指部级以上单位）正式批准和相关县级以上（含县级）人民政府正式批准是指，相关机构要出具书面文件表示同意××单位注册××域名。如：要申请 beijing. com. cn 域名，则要提供北京市人民政府的批文。

2.1.3.5 中文域名

中文域名是含有中文的新一代域名，同英文域名一样，是互联网上的门牌号码。中文域名在技术上符合 2003 年 3 月 IETF 发布的多语种域名国际标准（RFC3454、RFC3490、RFC3491、RFC3492）。中文域名属于互联网上的基础服务，注册后可以对外提供 WWW、EMAIL、FTP 等应用服务。

现在可以注册中文国际域名（中文 . com）和 CNNIC 中文通用域名（中文 . cn）。在注册的中文域名中至少需要含有一个中文文字。可以选择中文、字母（A～Z，a～z，大小写等价）、数字（0～9）或符号（－）命名此中文域名，但最多不超过 20 个字符。目前有". com"、". cn"、". 中国"、". 公司"、". 网络"等五种以上类型的中文顶级域名供注册。

2008 年，工业和信息化部发布了《关于调整中国互联网络域名体系的公告》，我国互联网络域名体系在顶级域名"cn"之外暂设"中国"、"公司"、"网络"、"政务"和"公益"等中文顶级域名。其中，政务和公益域目前由政务和公益机构域名注册管理中心负责注册管理工作，由于其采取更为严格的审核制度，可有效防止抢注等现象的发生，也更能体现注册单位网站的权威性。

2.1.4　数据库

2.1.4.1　数据库的定义

数据库是按照数据结构来组织、存储和管理数据的仓库。在经济管理的日常工作中，常常需要把某些相关的数据放进这样的"仓库"，并根据管理的需要进行相应的处理。例如，企业或事业单位的人事部门常常要把本单位职工的基本情况（职工号、姓名、年龄、性别、籍贯、工资、简历等）存放在表中，这张表就可以看成是一个数据库。有了这个"数据仓库"，我们就可以根据需要随时查询某职工的基本情况，也可以查询工资在某个范围内的职工人数等。这些工作如果都能在计算机上自动进行，那我们的人事管理就可以达到极高的水平。此外，在财务管理、仓库管理、生产管理中也需要建立众多的这种"数据库"，使其可以利用计算机实现财务、仓库、生产的自动化管理。

总的来说，数据库是存储在一起的相关数据的集合，这些数据是结构化的，无有害的或不必要的冗余，并为多种应用服务；数据的存储独立于使用它的程序；对数据库插入新数据，修改和检索原有数据均能按一种公用的和可控制的方式进行。当某个系统中存在结构上完全分开的若干个数据库时，则该系统包含一个"数据库集合"。

2.1.4.2 数据库种类

数据库通常分为层次式数据库、网络式数据库和关系式数据库三种，而不同的数据库是按不同的数据结构来联系和组织的。目前，比较流行的数据模型有三种，即按图论理论建立的层次结构模型和网状结构模型，以及按关系理论建立的关系结构模型。

（1）层次结构模型。层次模型是数据库系统中最早使用的模型，它的数据结构类似一棵倒置的树，每个节点表示一个记录类型，记录之间的联系是一对多的联系。其基本特征是：

- 一定有一个，并且只有一个位于树根的节点，称为根节点；
- 一个节点下面可以没有节点，即向下没有分支，那么该节点称为叶节点；
- 一个节点可以有一个或多个节点，前者称为父节点，后者称为子节点；
- 同一父节点的子节点称为兄弟节点；
- 除根节点外，其他任何节点有且只有一个父节点。

图 2 - 1 是一个层次模型的例子。

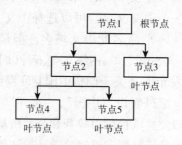

图 2 - 1　层次模型

层次模型中，每个记录类型可以包含多个字段，不同记录类型之间、同一记录类型的不同字段之间不能同名。如果要存取某一类型的记录，就要从根节点开始，按照树的层次逐层向下查找，查找路径就是存取路径。层次模型结构简单，容易实现，对于某些特定的应用系统效率很高，但如果需要动态访问数据（如增加或修改记录类型）时，效率并不高。另外，对于一些非层次性结构（如多对多联系），层次模型表达起来比较烦琐和不直观。

（2）网状结构模型。网状模型可以看做是层次模型的一种扩展。它采用网状结构表示实体及其之间的联系。网状结构的每一个节点代表一个记录类型，记录类型可包含若干字段，联系用链接指针表示，去掉了层次模型的限制。网状模型的特征是：

- 允许一个以上的节点没有父节点；
- 一个节点可以有多于一个的父节点。

图2-2（a）和图2-2（b）都是网状模型的例子。图2-2（a）中节点3有两个父节点，即节点1和节点2；图2-2（b）中节点4有三个父节点，即节点1、节点2和节点3。

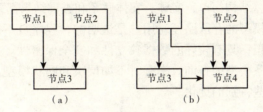

图2-2 网状模型的几个例子

网状模型与层次模型相比，提供了更大的灵活性，能更直接地描述现实世界，性能和效率也比较好。网状模型的缺点是结构复杂，用户不易掌握，记录类型联系变动后涉及链接指针的调整，扩充和维护都比较复杂。

（3）关系结构模型。关系模型是目前应用最多，也最为重要的一种数据结构模型。关系模型建立在严格的数学概念基础上，采用二维表格结构来表示实体和实体之间的联系。二维表由行和列组成。下面以教师信息表（见表2-1，表名为：tea_info）和课程表（见表2-2，表名为 cur_info）为例，说明关系模型中的一些常用术语。

表2-1　　　　　　　　　　　　　教师信息表

TNO（教师编号）	NAME（姓名）	GENDER（性别）	TITLE（职称）	DEPT（系别）
805	李 奇	女	讲师	基础部
806	薛智永	男	教授	信息学院

表2-2　　　　　　　　　　　　　课程表

CNO（课程编号）	DESCP（课程名称）	PERIOD（学时）	TNO（主讲老师编号）
005067	微机基础	40	805
005132	数据结构	64	856

关系（或表）：一个关系就是一个表，如表2-1、表2-2。

元组：表中的一行为一个元组（不包括表头）。

属性：表中的一列为一个属性。

主码（或关键字）：可以唯一确定一个元组和其他元组不同的属性组。

域：属性的取值范围。

分量：元组中的一个属性值。

关系模式：对关系的描述，一般表示为：关系名（属性1，属性2，…，属性n）。

关系模型中没有层次模型中的链接指针，记录之间的联系是通过不同关系中的同名属性来实现的。关系模型的基本特征是：

- 建立在关系数据理论之上，有可靠的数据基础；
- 可以描述一对一、一对多和多对多的联系；
- 表示的一致性，实体本身和实体间联系都使用关系描述；
- 关系的每个分量的不可分性，也就是不允许表中表。

关系模型概念清晰，结构简单，实体、实体联系和查询结果都采用关系表示，用户比较容易理解。另外，关系模型的存取路径对用户是透明的，程序员不用关心具体的存取过程，减轻了程序员的工作负担，具有较好的数据独立性和安全保密性。关系模型也有一些缺点，在某些实际应用中，关系模型的查询效率有时不如层次和网状模型。为了提高查询的效率，有时需要对查询进行一些特别的优化。

2.1.4.3　数据库的主要特点

（1）实现数据共享。数据共享包含所有用户可同时存取数据库中的数据，也包括用户可以用各种方式通过接口使用数据库，并提供数据共享。

（2）减少数据的冗余度。同文件系统相比，由于数据库实现了数据共享，从而避免了用户各自建立应用文件，减少了大量重复数据，减少了数据冗余，维护了数据的一致性。

（3）数据的独立性。数据的独立性包括数据库中数据库的逻辑结构和应用程序相互独立，也包括数据物理结构的变化不影响数据的逻辑结构。

（4）数据实现集中控制。文件管理方式中，数据处于一种分散的状态，不同的用户或同一用户在不同处理中其文件之间毫无关系。利用数据库可对数据进行集中控制和管理，并通过数据模型表示各种数据的组织以及数据间的联系。

（5）数据一致性和可维护性，以确保数据的安全性和可靠性。主要包括：①安全性控制，以防止数据丢失、错误更新和越权使用；②完整性控制，保证数据的正确性、有效性和相容性；③并发控制，使在同一时间周期内，允许对数据实现多路存取，又能防止用户之间的不正常交互作用。

（6）故障恢复。由数据库管理系统提供一套方法，可及时发现故障和修复故障，从而防止数据被破坏。数据库系统能尽快恢复数据库系统运行时出现的故障，可能是物理上或是逻辑上的错误。比如对系统的误操作造成的数据错误等。

2.1.4.4　常用数据库

（1）Access 数据库（见图 2 - 3）。Access 数据库是美国 Microsoft 公司于 1994 年推出的微机数据库管理系统。它具有界面友好、易学易用、开发简单、接口灵活等特点，是典型的新一代桌面数据库管理系统。其主要特点如下：

① 完善地管理各种数据库对象，具有强大的数据组织、用户管理、安全检查等功能。

② 强大的数据处理功能。在一个工作组级别的网络环境中，使用 Access 开发的多用户数据库管理系统具有传统的 XBASE（DBASE、FoxBASE 的统称）数据库系统所无法实现的客户服务器（Cient/Server）结构和相应的数据库安全机制，Access 具备了许多先进的大型数据库管理系统所具备的特征，如事务处理/出错回滚能力等。

图 2 - 3　Access 数据库

③ 可以方便地生成各种数据对象，利用存储的数据建立窗体和报表，可视性好。

④ 作为 Office 套件的一部分，可以与 Office 集成，实现无缝连接。

⑤ 能够利用 Web 检索和发布数据，实现与 Internet 的连接。Access 主要适用于中小型应用系统，或作为客户机/服务器系统中的客户端数据库。

（2）SQL Server。SQL Server 是一个关系数据库管理系统。SQL Server 是一个功能完全的数据库管理系统，它能为任何规模的企业提供比以前的管理方式好得多的数据管理方法，SQL Server 以其强大、灵活以及易于使用的特性雄踞业界榜首。当前 SQL Server 的最新版本是 SQL Server 2008。

（3）MySQL。MySQL 是一个小型关系型数据库管理系统，开发者为瑞典 MySQL AB 公司。目前 MySQL 被广泛地应用在 Internet 上的中小型网站中。由于其体积小、速度快、总体拥有成本低，尤其是开放源码这一特点，许多中小型网站为了降低网站总体拥有成本而选择了 MySQL 作为网站数据库。

（4）Oracle。Oracle Server 是一个对象 - 关系数据库管理系统。它提供开放的、全面的和集成的信息管理方法。每个 Server 由一个 Oracle DB 和一个 Oracle Server 实例组成。它具有场地自治性（Site Autonomy）和提供数据存储透明机制，以此可实现数据存储透明性。Oracle 公司是最早开发关系数据库的厂商之一，其产品支持最广泛的操作系统平台，是目前最流行的客户/服务器（Client/Server）体系结构的数据库之一。

2.1.4.5　数据库未来发展趋势

纵观数据库发展，数据库巨头公司纷纷推出其最新产品，数据库市场竞争日益加剧。根据数据库发展的技术趋势不难看出，整个数据库发展呈现出了三个主要特征：

（1）支持 XML 数据格式。IBM 公司在它新推出的 DB29 版本中，直接把对 XML 的支持作为其新产品的最大卖点，号称是业内第一个同时支持关系型数据和 XML 数据的混合数据库，无须重新定义 XML 数据的格式，或将其置于数据库大型对象的前提下，IBM DB29 允许用户无缝管理普通关系数据和纯 XML 数据。

对于传统关系型数据与层次型数据的混合应用已经成为新一代数据库产品所不可或缺的特点。除了 IBM，Oracle 和微软也同时宣传了它们的产品也可以实现高性能 XML 存储与查询，使现有应用更好地与 XML 共存。

（2）商业智能成重点。为应对日益加剧的商业竞争，企业不断增加内部 IT 及信息系统，使企业的商业数据成几何数量级不断递增，如何能够从这些海量数据中获取更多的信息，以便分析决策将数据转化为商业价值，就成为目前数据库厂商关注的焦点。各数据库厂商在新推出的产品中，纷纷表示自己的产品在商业智能方面有很大提高。如：微软最新版SQL Server 2005 就集成了完整的商业智能套件，包括数据仓库、数据分析、ETL 工具、报表及数据挖掘等，并有针对性地做了一些优化。如何更好地支持商业智能将是未来数据库产品发展的主要趋势之一。

（3）SOA 架构支持。SOA 已经成为目前 IT 业内的一个大的发展趋势，最初 IBM 和 BEA 是该理念的主要推动者，后来有越来越多的企业加入，开始宣称支持 SOA，其中包括 Oracle，而微软开始并不是非常赞同 SOA 的，但是，随着时间的发展，目前国内主流的数据库厂商都开始宣称他们的产品是完全支持 SOA 架构的，包括微软的 SQL Server 2005，从微软态度的转变可以看出，未来 IT 业的发展与融合，SOA 正在成长为一个主流的趋势。并且为了扩大宣传和抢占更多的中小企业市场，各主流数据库厂商还纷纷推出一些提供简单功能的免费数据库产品。

2.1.5　虚拟主机

"虚拟主机"是一般俗称的"网站空间"的意思，就是把一台运行在互联网上的服务器划分成多个"虚拟"的服务器，每一个虚拟主机都具有独立的域名和完整的 Internet 服务器（支持 WWW、FTP、E-mail 等）功能。简单地讲，就是存放网站内容的空间，我们在上网时，通过域名（网址、网站地址）就可以访问到对方的网站内容，然后看对方网站的文章，或下载音乐、电影等。

虚拟主机技术是互联网服务器采用的节省服务器硬件成本的技术。虚拟主机技术主要应用于 HTTP 服务，将一台服务器的某项或者全部服务内容逻辑划分为多个服务单位，对外表现为多个服务器，从而充分利用服务器硬件资源。如果划分是系统级别的，则称为虚拟服务器。

网站建成之后，要购买一个网站空间才能发布网站内容，在选择网站空间和网站空间服务商时，主要应考虑的因素包括：网站空间服务商的专业水平和服务质量，网站空间的大小、操作系统、对一些特殊功能如数据库等是否支持，网站空间的稳定性和速度等。下面是一些通常需要考虑的内容：

（1）网站空间服务商的专业水平和服务质量。这是选择网站空间的第一要素，如果选择了质量比较低下的空间服务商，很可能会在网站运营中遇到各种问题，甚至经常出现网站无法正常访问的情况，或者遇到问题时很难得到及时的解决，这样都会严重影响网络营销工作的开展。

（2）虚拟主机的网络空间大小、操作系统、对一些特殊功能如数据库等是否支持。可根据网站程序所占用的空间，以及预计以后运营中所增加的空间来选择虚拟主机的空间大小，应该留有足够的余量，以免影响网站正常运行。一般来说，虚拟主机空间越大，价格也相应较高，因此需在一定范围内权衡，也没有必要购买过大的空间。虚拟主机可能有多种不同的配置，如操作系统和数据库配置等，需要根据自己网站的功能来进行选择，如果可能，最好在网站开发之前就先了解一下虚拟主机产品的情况，以免在网站开发之后找不到合适的虚拟主机提供商。

（3）网站空间的稳定性和速度。这些因素都影响网站的正常运作，需要有一定的了解，如果可能，在正式购买之前，先了解一下同一台服务器上其他网站的运行情况。

（4）网站空间的价格。现在提供网站空间服务的服务商很多，质量和服务也千差万别，价格同样有很大差异。一般来说，著名的大型服务商的虚拟主机产品价格要贵一些，而一些小型公司可能价格比较便宜，可根据网站的重要程度来决定选择哪种层次的虚拟主机提供商。

2.2　常用网页浏览器

网页浏览器是个显示网页服务器或档案系统内的文件，并让用户与此些文件互动的一种软件。它用来显示在万维网或局域网络等内的文字、影像及其他资讯。这些文字或影像，可以是连接其他网址的超链接，用户可迅速及轻易地浏览各种资讯。网页一般是 HTML 的格式。有些网页需使用特定的浏览器才能正确显示，浏览器是最经常使用到的客户端程序。

网页浏览器主要通过 HTTP 协议与网页服务器交互并获取网页，这些网页由 URL 指定，文件格式通常为 HTML，并由 MIME 在 HTTP 协议中指明。一个网页中可以包括多个文档，每个文档都是分别从服务器获取的。大部分的浏览器本身支持除了 HTML 之外的广泛的格式，例如 JPEG、PNG、GIF 等图像格式，并且能够扩展支持众多的插件。另外，许多浏览器还支持其他的 URL 类型及其相应的协议，如 FTP、Gopher、HTTPS（HTTP 协议的加密版本）。HTTP 内容类型和 URL 协议规范允许网页设计者在网页中嵌入图像、动画、视频、声音、流媒体等。

2.2.1　微软 Internet Explorer

Windows Internet Explorer，原称 Microsoft Internet Explorer，简称 MSIE（一般称为 Internet Explorer，简称 IE），是微软公司推出的一款网页浏览器（见图 2 - 4）。

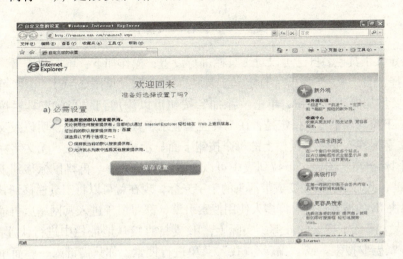

图 2 - 4　IE 7.0

Internet Explorer 是微软的新版本 Windows 操作系统的一个组成部分。在旧版的操作系统上，它是独立且免费的。从 Windows 95 OSR2 开始，它是随所有新版本的 Windows 操作系统附带的浏览器，IE 目前的最高版本为 8.0。

IE 常用的使用技巧：

（1）在计算机上保存完整的网页内容。在 Internet Explorer 中，可以通过"文件"下拉菜单的"另存为"一项将当前页面的内容保存到硬盘上（见图 2 - 5），既能以 HTML 文档（.HTM/.HTML）或文本文件（.TXT）的格式存盘，又能实现完整网页的保存。在"文件名"框中键入网页的文件名，在"保存类型"下拉列表中选择"Web 网页，全部（*.htm；*.html)"选项，选择该选项可将当前 Web 页面中的图像、框架和样式表均全部保存，并将所有被当前页显示的图像文件一同下载并保存到一个"文件名.file"目录下，而且 Internet Explorer 将自动修改 Web 页中的链接，可以方便地离线浏览。最后，单击"保存"按钮即可。

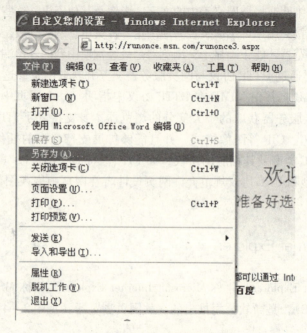

图 2 - 5　另存网页操作

（2）自定义工具栏。自己可以对工具栏进行设置，操作如下：单击"查看"菜单，选择"工具"，选择"自定义"，弹出"自定义工具栏"对话框（见图 2 - 6）。在"可用工具栏按钮"中选择要增加的工具按钮，单击"添加"按钮可以添加到"当前工具栏按钮"中，在"文字选项"下拉列表中可以指定是否在工具栏上显示工具按钮的文字说明以及文字显示的位置，"显示文字标签"是在工具栏上的每个按钮下面显示按钮的名称，"无文字标签"是在工具栏上显示图标。在"图标"下拉列表中可以设置图标的大小。再将鼠标移到工具栏首竖线右侧按住左键，此时鼠标箭头变成带箭头的十字光标，现在就可以将工具栏移到其他位置。

（3）加快 IE 的搜索速度。许多人使用搜索引擎，都习惯于进入其网站后再输入关键词搜索，这样却大大降低了搜索的效率。实际上，IE 支持直接从地址栏中进行快速高效地搜索，也支持通过"转到/搜索"或"编辑/查找"菜单进行搜索，你只需键入一些简单的文字或在

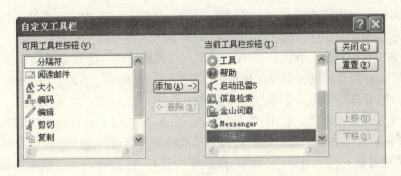

图 2-6　自定义工具栏

其前面加上"go"、"find"或"?"，IE 就可直接从缺省设置的 9 个搜索引擎中查找关键词，并自动找到与你要搜索的内容最匹配的结果，同时还可列出其他类似的站点供你选择。

（4）使用 IE 的快捷键。一般在 IE 中浏览，使用鼠标指指点点就足够了。但是如果你要加快浏览速度，提高上网效率的话，就必须用好 IE 的快捷键。一些快捷键在菜单中都有提示，如上/下一页为"Alt + ←/→"，停止为 Esc 等。下面再介绍几个比较常用的快捷键：

Backspace 键：返回到前页；

Ctrl + O：打开新的网页或活页夹；

Ctrl + N：打开新的浏览器窗口；

Shift + Tab：在网页的下一页和前一页之间转换；

F5：更新当前页；

F6：在地址栏、链接栏和浏览器窗口之间转换；

F11：在全屏显示和窗口之间转换。

（5）其他加速方法。

① 有时我们会碰到网页中的某个图片没有成功下载的情况，此时该图片内容显示成"×"，对此我们可在该图上单击右键，然后选择"显示图片"，就可单独重新下载此图，而不必重新输入 URL 将整个网页再下载一次。

② 为方便浏览，在 IE 中你可以用"查看"菜单中的"文字大小"选项随意调节字体的大小，但下次激活后字体又恢复原状。每次调节自然很麻烦，而且也会因此耽误不少时间，能不能永久改变呢？打开"工具"菜单下的"Internet 选项"，点"字体"钮，你会发现不仅可以改字型的大小，还可改变字体，设置完成后，点一下"确定"就成功了。

（6）FTP 功能。联网的情况下，在 IE 的地址栏里键入 ftp：//个人的上传地址，按回车，等一会儿屏幕上会弹出一个窗口，要求你输入密码，确认密码正确以后，IE 自动变成"我的电脑"样式的窗口，其中列着许多文件，这就是你主页的全部内容。请对文件进行更新。

（7）文件管理。IE 可以如同资源管理器一样快速地完成文件管理的功能。只需在地址输入栏中输入驱动器号或者具体的文件地址，然后按回车，你将会发现 IE 浏览器发生了很大的变化，首先是显示窗口中显示的是该分驱中的内容，其次是浏览器的工具条变得与资源管理器的工具条极为相似。用 IE 进行文件管理时，一切操作跟在资源管理器中操作一样，如拷贝、粘贴、双击打开文件夹等。

用 IE 还可以在浏览器中直接打开桌面应用程序，操作也很简单，只需在地址输入栏中输入桌面应用程序的快捷方式名字就行了。例如，桌面上放有 Microsoft Word 的快捷方式，这时我们只需在地址输入栏中输入 Microsoft Word 就能在浏览器中打开它了。

（8）浏览很长的地址。在浏览器地址栏输入网页地址时可能发生错误，但是 IE 可以帮助你继续浏览。确保你的鼠标定位在地址栏，使用"Ctrl + ←"或者"Ctrl + →"在 URL 地址中由前后分割符分割的每一个部分之间移动。

（9）快速发送电子邮件。在 IE 地址栏中输入 mailto：电子邮件地址（注意冒号要英文半角），回车后就可以立即启动系统默认的电子邮件程序来进行电子邮件的发送工作。

（10）快速设置"控制面板"。在 IE 地址栏中输入"控制面板"，回车后即可进入"控制面板"设置窗口，用户可对所有的控制面板项目进行设置。

2.2.2 TheWorld（世界之窗）浏览器

世界之窗（TheWorld）浏览器是一款采用 IE 内核的多窗口浏览器，它不仅功能强大，具有出色的拦截广告、一键上网、清理上网痕迹等多项特色实用功能，而且身材非常"苗条"，没有任何功能限制，网页速度快，安全性高（见图 2 - 7）。TheWorld 倡导一次点击只弹出一个窗体的浏览原则，这就意味着除非你自己愿意，否则网站将无法自动弹出窗口。另外，TheWorld 把页面上的移动对象也看做是广告窗口。因此，用 TheWorld 浏览网站时，所有弹出广告窗口、浮动广告以及弹出的 Active X 对话框等都将被浏览器禁止。弹出广告窗口有关设定在"TheWorld 设置中心"。

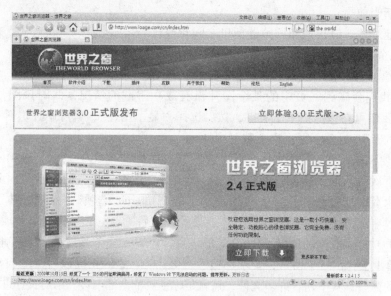

图 2 - 7　TheWorld（世界之窗）

多线程窗口框架：继 IE 浏览器 7.0 版之后，世界之窗 2.0 版是世界上第二款采用多线程窗口框架的浏览器。区别于其他采用单线程的多窗口浏览器，多线程框架可以大幅减少由于某个网页假死导致的整个浏览器假死情况，并且可以在一定程度上提高网页打开速度。同时在使用 TheWorld 时，只要按下 Alt 键并直接点击图片或 Flash 动画即可将其下载到本地硬盘，极大简化了操作。

强大的浏览辅助功能：简化并增强了过滤 Flash，解除页面脚本对用户的限制，网页无级缩放，代理服务器快速切换。网页自动填表，快速保存页面内包括图片、动画、视频等任意内容，增强的页面内容查找和高亮功能，以及隐私保护、地址栏自动完成和链接拖放等功能。

2.2.3　傲游（Maxthon）浏览器

Maxthon 允许在同一窗口内打开任意多个页面，减少浏览器对系统资源的占用率，提高网上冲浪的效率，同时它又能有效防止恶意插件，阻止各种弹出式、浮动式广告，加强网上浏览的安全，Maxthon Browser 基于 IE 内核，并在其之上有创新，其插件比 IE 更丰富（见图 2－8）。傲游的插件按照浏览器可划分为傲游插件和 IE 插件；按照代码的性质可分为 Script 插件（插件模块为脚本）、COM 插件（插件模块为 DLL 的 COM 组件）和 EXE 插件（插件模块为 EXE 程序）；按照功能和位置分为扩展按钮、侧边栏、工具栏、浏览器辅助对象和协议句柄。

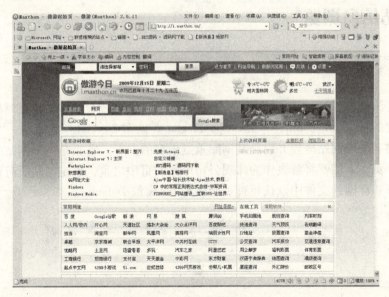

图 2 －8　傲游（Maxthon）

RSS 阅读功能也集成了在了傲游之中。不过要看 RSS 首先需打开傲游侧边栏。软件已内置了 Maxthon、新浪网、百度网、天极网、新华网五个类别，只要打开其中一个列表，就会看到下面它的子类别了。如果在 Maxthon 的 RSS 设置里钩选"自动发现网页上的新闻链接"，它就会自动寻找页面上的 RSS 链接，自动加入到 Maxthon 的 RSS 列表里面去。

2.2.4　腾讯 TT 浏览器

腾讯 TT 浏览器是由腾讯公司开发的一款集多线程、黑白名单、智能屏蔽、鼠标手势等功能于一体的多页面浏览器，具有快速、稳定、安全的特点（见图 2－9）。

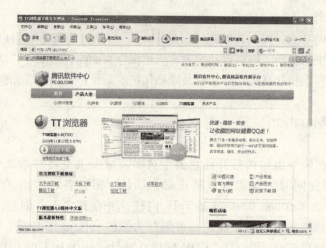

图 2-9　腾讯 TT

2.3　网站信息浏览

2.3.1　首页

首页就是浏览器打开时进入的网站，或报纸的第一页，或者是网站建站时树状结构的第一页，如百度的首页就是：http：//www.baidu.com（见图 2-10）。它是指一个网站的主索引页，是令访客了解网站概貌并引导其调阅重点内容的向导。首页是一个网站的第一页，也是最重要的一页。人们都将首页作为体现公司形象的重中之重，也是网站所有信息的归类目录或分类缩影。在网站文件中默认将首页命名为 Index 或 Default 等。

图 2-10　百度首页

2.3.2　形象页

形象页是指一个网站的欢迎页面,可引入的元素大致有:企业名称、LOGO、形象图片、网址、宣传语、首页链接、其他语种页面链接等。将客户选定的元素创造性地布局后进行整体化设计,建立亲和、亮丽的视觉效果,达到提高企业形象、宣传企业理念的功效。

2.3.3　网站前台与后台

网站前台是面向网站访问用户的,通俗地说,也就是给访问网站的人看的内容和页面,网站前台访问可以浏览公开发布的内容,如产品信息、新闻信息、企业介绍、企业联系方式、提交留言等操作,管理可以通过密码进到后台的网页,来发布新闻、查看留言等操作。网站后台,有时也称为网站管理后台,或网站后台管理,是指用于管理网站前台的一系列操作,如产品、企业信息的增加、更新、删除等。通过网站管理后台,可以有效地管理网站供浏览者查阅的信息。网站的后台通常需要账号及密码等信息的登录验证,登录信息正确则验证而后进入网站后台的管理界面进行相关的一系列操作。当然,前台和后台都是程序人员开发的网站页面,通常开发带网站管理后台功能的网站空间必须支持程序语言和数据开发功能。

2.3.4　网站注册和登录

目前,几乎每个网站都可以让用户注册,当然,也有很多的网站为了自己的后台数据,强迫用户注册。而每个网站的注册方法和程序都是不一样的,但凡注册,第一个让用户输入的就是"用户名",目前一般网站支持的有昵称注册和邮箱注册(见图2-11)。

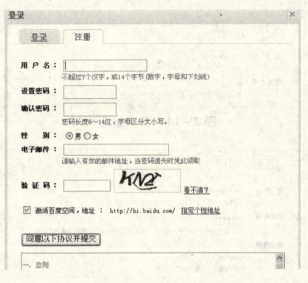

图2-11　网站注册

在注册页面填写完用户名后，无论哪种注册，都不可避免地牵涉到某个用户名已被注册的情况，网站都会检测用户名是否已经被注册了，在用户名的检测上比较典型的有两种做法。

第一种是自动检测。当用户输入完用户名切换填写框后，网站自动检测，并在输入框后给出提示（见图2-12）。

图2-12 用户名验证方式一

第二种是手动检测。在账号输入框旁边有一个手动检测的按钮，需要用户手动去点击（见图2-13）。

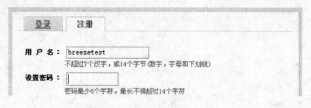

图2-13 用户名验证方式二

在检测完用户名可以注册后，输入初始登录密码，以及进行密码重复验证，网站系统会对密码的长度以及密码的安全程度进行验证（见图2-14、图2-15）。

图2-14 密码验证一

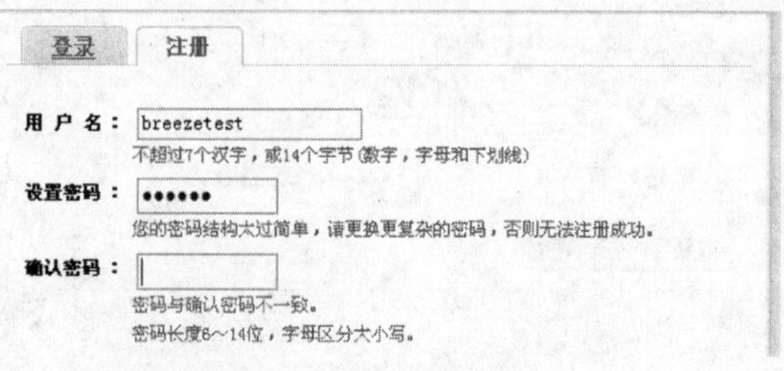

图2-15 密码验证二

根据提示以及自己的习惯设置好登录密码后，填写相关信息，比如邮箱、性别、年龄等。

为了方便用户忘记密码后找回密码，一般网站有设置密码提示问题的功能，可以选择系统给出的问题，然后填写好自己的答案，或者自定义问题，然后给出答案，记住自己设置的密码提示问题以及答案（见图2-16）。

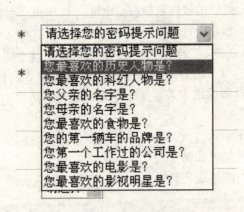

图2-16　设置密码提示问题

为了防止用户的恶意注册，以及在恶意注册之后发布恶意广告，注册时候都会要求输入验证码，输入验证码后，阅读网站须知以及相关协议，选择同意协议并提交注册信息。网站提示注册成功，并跳转到相关信息页面（见图2-17）。

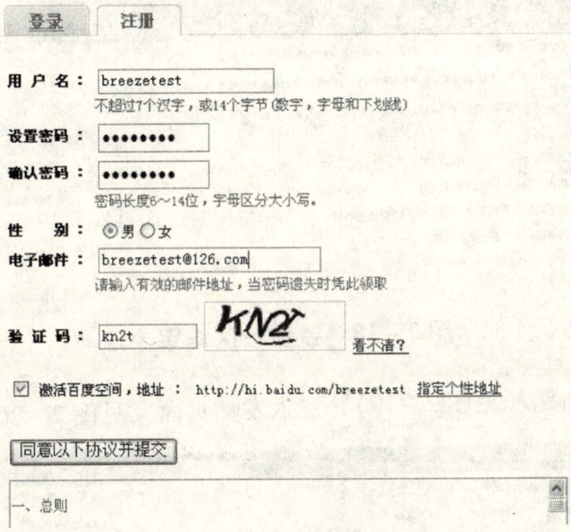

图2-17　提交注册信息

注册完成后，一般为已登录状态，不需要重新登录了，有些网站可能需要重新登录，在登录入口处输入注册时填写的用户名、密码以及验证码后点击登录，进入已登录状态，可以对网站的更多信息进行浏览以及实现更多的功能，比如说在线投稿，评论新闻等。

2.4 BBS 的使用

BBS 的英文全称是 Bulletin Board System，翻译为中文就是"电子公告板"。目前，通过 BBS 系统可随时取得国际最新的软件及信息，也可以通过 BBS 系统来和别人讨论计算机软件、硬件、Internet、多媒体、程序设计以及医学等各种有趣的话题，更可以利用 BBS 系统来刊登一些"征友"、"廉价转让"及"公司产品"等启事，而且这个园地就在你我的身旁。

BBS 按不同的主题、分主题分成很多个版面，版面设立的依据是大多数 BBS 使用者的要求和喜好，使用者可以阅读他人关于某个主题的最新看法，也可以将自己的想法毫无保留地贴到版面中。

下面以铁血社区陆军论坛（http://bbs.tiexue.net/bbs32-0-1.html）为例说明如何在论坛中发帖，以及回复其他人的帖子。

首先，在论坛注册，注册成功后进入论坛（见图2-18）。

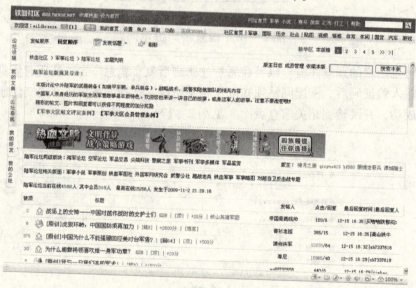

图 2-18 铁血社区陆军论坛

其次，选择发表话题（见图2-19），进入发帖页面（见图2-20）。

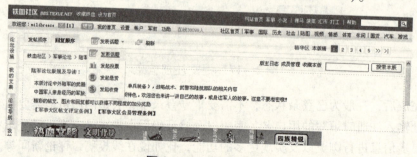

图 2-19 发表话题

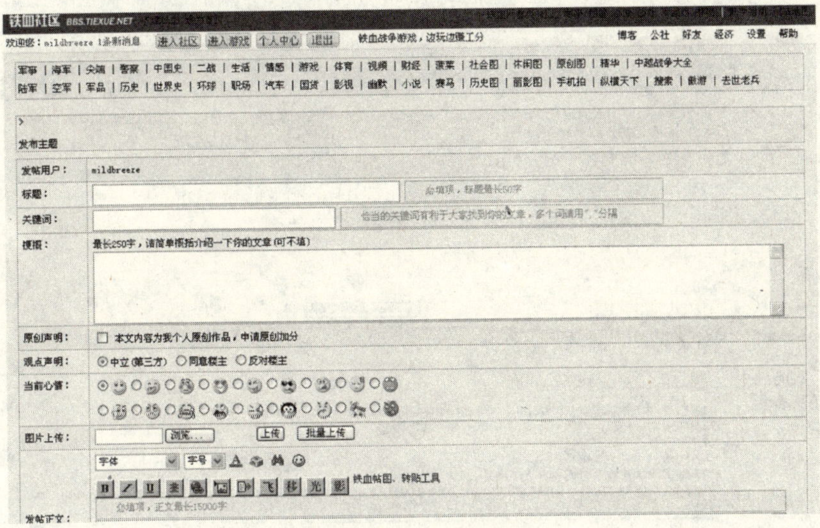

图 2 – 20　发表新帖

最后，根据发表新帖页面中的信息，在文本框中输入发表新帖所需要的信息后，点击发表。在发表之前可以点击预览按钮查看帖子效果，不满意的地方可以继续修改。发帖应遵守论坛各版版规，切勿涉及政治敏感问题、色情内容。帖子发表成功后，进入帖子所在页面（见图 2 –21）。

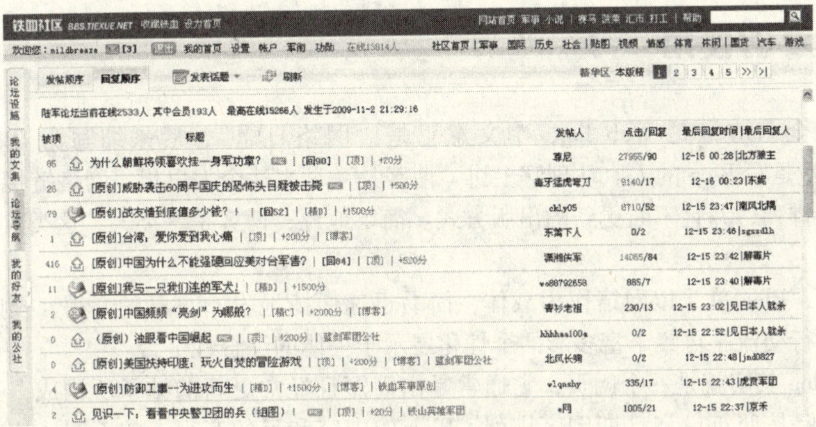

图 2 –21　帖子列表

浏览其他人发的帖子的时候，可以对其内容进行回复，填写回复相关信息后点击回复提交回复内容，在帖子后面相应位置（一般按时间排序）可以看到自己刚才的回复内容（见图 2 –22）。

当今社会，大部分年轻人都不太看电视和报纸，获得资讯的主要途径就是网络。在 BBS 上，大家可以对自己所看到的、听到的、想到的任何一件事作出评论。谁也不知道自己的帖子可能会获得成千上万的人的支持，就像在那遥远的 1997 年。1997 年，在"四通利方"论坛上，一篇名为《大连金州没有眼泪》的帖子就感动了无数的人，仅仅 48 小时就被阅读了

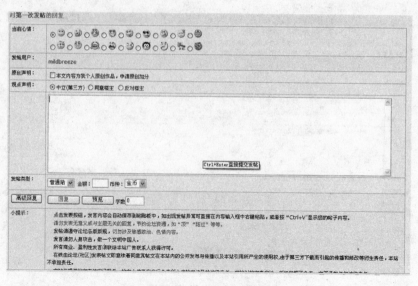

图 2-22　提交回复

两万余次。在 2009 年，BBS 上的帖子阅读两万余次已经算不上什么惊天动地的大事了。BBS 的本身早已由原来的娱乐交流工具转化成了一种新兴媒体：网络媒体。我们的网络媒体在不断发展，不断变革，在不断前进的社会中不断增强其影响力与引导力。

2.5　Blog 的使用

　　Blog 的全名应该是 Web log，中文意思是"网络日志"，后来缩写为 Blog，而博客（Blogger）就是写 Blog 的人。从理解上讲，博客是一种表达个人思想、网络链接、内容，按照时间顺序排列，并且不断更新的出版方式。简单地说，博客是一类人，这类人习惯于在网上写日记。

　　简言之，Blog 就是以网络作为载体，简易迅速便捷地发布自己的心得，及时有效轻松地与他人进行交流，再集丰富多彩的个性化展示于一体的综合性平台。

　　一个 Blog 其实就是一个网页，它通常是由简短且经常更新的帖子所构成，这些张贴的文章一般都是按照年份和日期倒序排列。Blog 的内容和目的有很大的不同，从对其他网站的超级链接和评论，有关公司和个人构想到日记、照片、诗歌、散文，甚至科幻小说的发表或张贴都有。许多 Blogs 是个人心中所想之事情的发表，个别 Blogs 则是一群人基于某个特定主题或共同利益领域的集体创作。

　　随着 Blog 快速扩张，它的目的与最初的浏览网页心得已相去甚远。目前网络上数以千计的 Bloggers 发表和张贴 Blog 的目的有很大的差异。不过，由于沟通方式比电子邮件、讨论群组以及 BBS 和论坛更简单和容易，Blog 已成为家庭、公司、部门和团队之间越来越盛行的沟通工具。

2.5.1 Blog 的种类

（1）基本博客。它是 Blog 中最简单的形式。单个的作者对于特定的话题提供相关的资源，发表简短的评论。这些话题几乎可以涉及人类的所有领域。

（2）小组博客。它是基本博客的简单变形，一些小组成员共同完成博客日志，有时候作者不仅能编辑自己的内容，还能够编辑别人的条目。这种形式的博客能够使得小组成员就一些共同的话题进行讨论，甚至可以共同协商完成同一个项目。

（3）亲朋之间博客。这种类型博客的成员主要由亲属或朋友构成，他们是一种生活圈、一个家庭或一群项目小组的成员。

（4）协作式博客。与小组博客相似，其主要目的是通过共同讨论使得参与者在某些方法或问题上达成一致，通常把协作式的博客定义为允许任何人参与、发表言论、讨论问题的博客日志。

（5）公共社区博客。公共出版在几年以前曾经流行过一段时间，但是因为没有持久有效的商业模型而销声匿迹了。廉价的博客与这种公共出版系统有着同样的目标，但是使用更方便，所花的代价更小，所以也更容易生存。

（6）商业、企业、广告型博客。对于这种类型博客的管理类似于通常网站的 Web 广告管理。

（7）知识库博客，或者叫 K–LOG。基于博客的知识管理将越来越广泛，使得企业可以有效地控制和管理那些原来只是由部分工作人员拥有的、保存在文件档案或者个人电脑中的信息资料。知识库博客提供给了新闻机构、教育单位、商业、企业和个人一种重要的内部管理工具。

2.5.2 Blog 和传统网站的区别

从实用的角度来说，博客比传统的静态网站更加吸引人。博客在你每次访问的时候都会提供可读、可视、可听的新内容，也会使在线联系更加方便和快捷。可以预言不久的将来，博客或者类似博客的事物将会取代类似宣传册的传统网页。博客和传统网站不同，主要体现在：

（1）互动性更强；

（2）内容更口语化；

（3）使用快速发布（Instant-publishing）软件创作，不需要技术经验，也不必有专家或 IT 技术人员支持；

（4）快速把更新内容传递给相关读者，而不需要通过电子邮件的形式；

（5）和静态网站相比，频繁的更新令博客在搜索引擎上的排名更高。

可见，作为一种营销策略，博客会比传统网站更有效率。

2.5.3 博客的使用

目前提供博客功能的网站很多，下面以网易博客（http：//blog.163.com/）为例说明。

（1）开通自己的博客。首先注册网易的通行证，注册成功后进入管理页面，点击激活博客，进入激活页面，输入自己的博客名称，点击激活博客（见图2-23）。

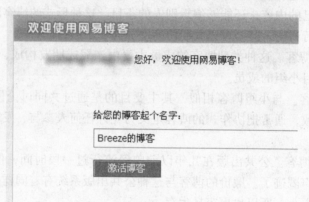

图2-23 设置博客名字，激活博客

激活成功后进入设置页面，第一步设置自己的头像，上传完成后可以根据实际情况调整头像（见图2-24）。

图2-24 上传头像

点击保存头像后进入第二步，完善自己的资料（见图2-25）。

图2-25 完善资料

设置成功后进入第三步，选择模板（见图2-26）。

图2-26　选择模板

选择好自己喜欢的模板后，点击完成激活，进入自己的博客页面。这样就开通了自己的博客了，在其他提供博客功能的网站开通自己的博客步骤类似。

（2）发表文章。博客开通后进入自己的博客首页，点击"发表文章"进入文章发表页面（见图2-27）。

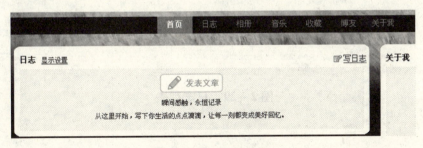

图2-27　发表文章

输入文章标题和正文内容后设置文章的分类，查看权限以及其他设置后点击发表日志，发布完成后进入自己的博客主页面，这时可以看到自己刚才发表的文章（见图2-28和图2-29）。点击自己日志下面的标签可以进入相应的设置，比如重新编辑修改、删除等。

（3）发表评论。在浏览其他人博客的时候，可以对博客中的文章进行评论，点击发表后可以在文章的后面看到自己刚才提交的评论内容，并可以进行回复操作（见图2-30）。

博客是一种满足"五零"条件（零编辑、零技术、零体制、零成本、零形式）而实现的"零进入壁垒"的网上个人出版方式，从媒体价值链最重要的三个环节：作者、内容和读者三大层次，实现了"源代码的开放"。并同时在道德规范、运作机制和经济规律等层次，将逐步完成体制层面的真正开放，使未来媒体世界完成从大教堂模式到集市模式的根本转变。

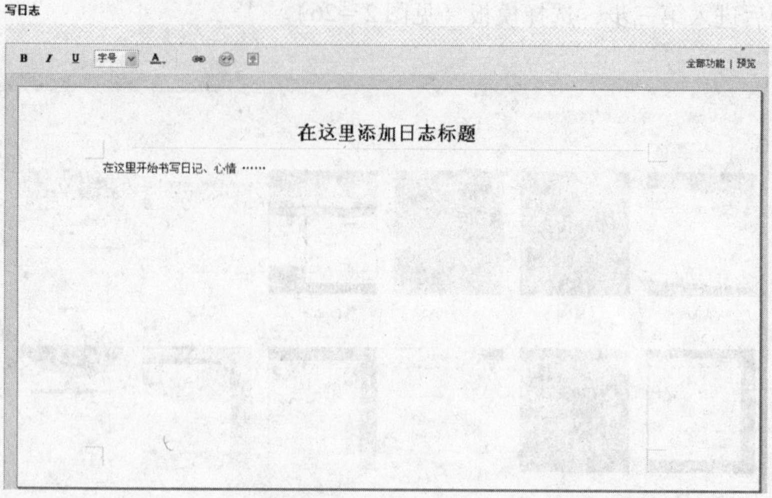
写日志
B I U 字号 A.
全部功能 | 预览
在这里添加日志标题
在这里开始书写日记、心情 ……

图 2－28　发表日志

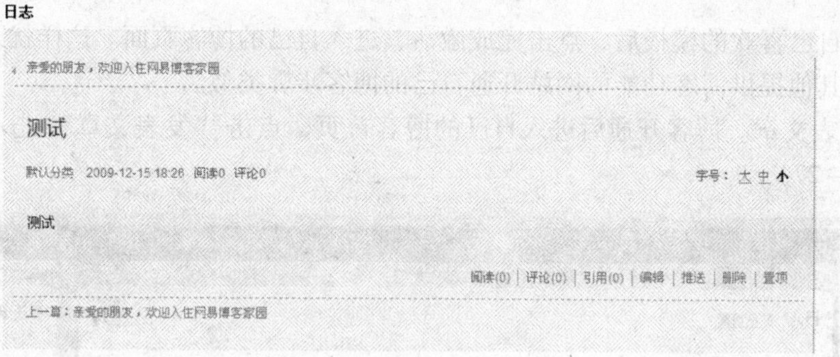
日志
亲爱的朋友，欢迎入住网易博客家园
测试
默认分类　2009-12-15 18:26　阅读0　评论0
字号：大 中 小
测试
阅读(0) | 评论(0) | 引用(0) | 编辑 | 推送 | 删除 | 置顶
上一篇：亲爱的朋友，欢迎入住网易博客家园

图 2－29　日志列表

评论
志
发 表

图 2－30　发表评论

博客秉承了个人网站的自由精神，但是综合了激发创造的新模式，使其更具开放和建设性。要在网络世界体现个人的存在，张扬个人的社会价值，拓展个人的知识视野，建立属于自己的交流沟通的群体，从这个意义上说，博客将会变得越来越普及，越来越为更多的人接受。

博客作为一种新的表达方式，它的传播不仅包括资讯，还包括大量的智慧、意见和思想，某种意义上说，它也是一种新的文化现象，博客的出现和繁荣，真正凸现网络的知识价值，标志着互联网发展开始步入更高的阶段。

2.6 网站的分类和常用网站介绍

2.6.1 网站的分类

（1）根据网站所用编程语言分类，网站可分为静态网站与动态网站。静态网页使用语言：HTML（超文本标记语言）或 XML（可扩展标记语言）；动态网页使用语言：ASP、ASP. NET、PHP、JSP 等。

（2）根据网站的用途分类，网站可分为门户网站（综合网站）、行业网站、娱乐网站等。

（3）根据网站的持有者分类，网站可分为个人网站、商业网站，政府网站等。

（4）根据网站的内容分类，网站可分为网站搜索（如百度）、资讯（如新华网）、下载（如华军软件园）、图片（如图片天下）、网址（如 hao123 265）、音乐（如百度 MP3）、视频（影视）、商务（如阿里巴巴、Needsee）、网店（如淘宝）、黄页（如世界黄页）、问答（如百度知道）、咨询（如威客）、百科（如百度百科）、博客 bsp 平台（如 live spaces 等 bsp或大小独立博客）、个人主页、播客、视客、推客、淘客、格子、sns（如 kaixin. com）、文化（guoxue. com）、企业网站服务（如思洋 www. ciya. cn）等。

2.6.2 常用网站介绍

2.6.2.1 门户网站

门户网站，是指通向某类综合性互联网信息资源并提供有关信息服务的应用系统。门户网站最初提供搜索引擎、目录服务，后来由于市场竞争日益激烈，门户网站不得不快速地拓展各种新的业务类型，希望通过门类众多的业务来吸引和留住互联网用户，以至于目前门户网站的业务包罗万象，成为网络世界的"百货商场"或"网络超市"。从现在的情况来看，门户网站主要提供新闻、搜索引擎、网络接入、聊天室、电子公告牌、免费邮箱、影音资讯、电子商务、网络社区、网络游戏、免费网页空间等。在我国，典型的门户网站有新浪网、网易、腾讯网和搜狐网等。

（1）新浪网：http：//www. sina. com. cn（见图 2 - 31）。新浪是中国的四大门户网站之一。它的创始人是王志东。和搜狐、网易、腾讯并称为"中国四大门户"。

新浪是一家服务于中国及全球华人社群的领先在线媒体及增值资讯服务提供商。新浪拥有多家地区性网站，通过旗下五大业务主线，即提供网络新闻及内容服务的新浪网（SINA. com）、提供移动增值服务的新浪无线（SINA Mobile）、提供 Web 2.0 服务及游戏的新浪互动社区（SINA Community）、提供搜索及企业服务的新浪企业服务（SINA. net）以及提供网上购物服务的新浪电子商务（SINA E-Commerce），向广大用户提供包括地区性门户网站、移动增值服务、搜索引擎及目录索引、兴趣分类与社区建设型频道、免费及收费邮箱、博客、影音流媒体、楚游、分类信息、收费服务、电子商务和企业电子解决方案等在内

图 2 – 31　新浪首页

的一系列服务。

新浪在全球范围内注册用户超过 2.3 亿，日浏览量超过 7 亿次，是中国大陆及全球华人社群中最受推崇的互联网品牌。

凭借领先的技术和优质的服务，新浪深受广大网民的欢迎并享有极高的声誉，在 2003 ~ 2006 年，新浪连续荣获由北京大学管理案例研究中心和《经济观察报》评出的"中国最受尊敬企业"称号。中国互联网协会 2007 年发布的《2007 中国互联网调查报告》中，新浪在门户和博客两大领域的用户年到达率指标中高居榜首。2007 年，新浪还被北京大学新闻与传播学院、信息产业部分别评为"十大创新媒体"及"中国互联网年度成功企业"。

（2）网易：http：//www.163.com（见图 2 – 32）。网易公司是中国领先的互联网技术公

图 2 – 32　网易首页

司，在开发互联网应用、服务及其他技术方面，网易始终保持国内业界的领先地位。网易对中国互联网的发展具有强烈的使命感，网易利用最先进的互联网技术，加强人与人之间信息的交流和共享，实现"网聚人的力量"。

自1997年6月创立以来，凭借先进的技术和优质的服务，网易深受广大网民的欢迎，曾两次被中国互联网络信息中心（CNNIC）评选为中国十佳网站之首。

在开发互联网应用、服务及其他技术方面，网易始终保持业界的领先地位，并取得了中国互联网行业的多项第一：第一家中文全文检索，第一家提供全中文大容量的免费邮件系统，第一个无限容量免费的网络相册，第一个免费电子贺卡站，第一个网上虚拟社区，第一个网上拍卖平台，第一个24小时客户服务中心，第一个成功运营自主研发国产网络游戏并取得白金地位。

（3）其他。腾讯网：http：//www.qq.com；中华网：http：//www.china.com；搜狐网：http：//www.sohu.com；人民网：http：//www.people.com.cn等。

2.6.2.2　政府网站

政府网站是我国各级政府机关履行职能、面向社会提供服务的官方网站，是政府机关实现政务信息公开、服务企业和社会公众、互动交流的重要渠道。

政府网站，即是指一级政府在各部门的信息化建设基础之上，建立起跨部门的、综合的业务应用系统，使公民、企业与政府工作人员都能快速便捷地接入所有相关政府部门的政务信息与业务应用，并获得个性化的服务，使合适的人能够在恰当的时间获得恰当的服务。但是，具体到中央政府和地方政府而言，由于政府职能的巨大差异，中央政府门户网站和地方政府（特别是地级市政府）门户网站在具体功能、体系结构及业务流程等方面存在着很大的不同。就具体功能来说，中央政府门户网站主要是向全社会甚至是世界宣传和展示中国政府形象，让人们能够对中央政府的基本情况有个切实的理解和认识；向公众提供全面、系统、权威、翔实的法律、法规、部门规章以及规范性政府文件及其准确的解读和分析等，让社会有法可依；作为中央门户，向人们提供接入所有中央政府机构和省级地方政府的平台和通道；根据特定内容，向公众提供专门的服务。而地方政府门户网站的主要功能是直接面向本地社会公众处理与人们密切相关的事务，为提高政府行政效率、改善地方经济社会发展环境搭建虚拟平台。

常用政府网站主要有中国政府网（http：//www.gov.cn）。

（1）中国政府网（见图2-33）。中华人民共和国中央人民政府门户网站（简称"中国政府网"）是在党中央和国务院领导同志关怀、指导下，由国家信息化领导小组批准建设的。政府网站是我国各级政府机关履行职能、面向社会提供服务的官方网站，是政府机关实现政务信息公开、服务企业和社会公众、互动交流的重要渠道。

中国政府网作为我国电子政务建设的重要组成部分，是政府面向社会的窗口，是公众与政府互动的渠道，对于促进政务公开、推进依法行政、接受公众监督、改进行政管理、全面履行政府职能具有重要意义。

中国政府网是国务院和国务院各部门，以及各省、自治区、直辖市人民政府在国际互联网上发布政府信息和提供在线服务的综合平台。中国政府网现开通"今日中国、中国概况、国家机构、政府机构、法律法规、政务公开、工作动态、政务互动、政府建设、人事任免、

图 2 - 33　中国政府网

新闻发布、网上服务"等栏目，面向社会提供政务信息和与政府业务相关的服务，逐步实现政府与企业、公民的互动交流。

中国政府网由国务院办公厅牵头并负责内容规划、组织和综合协调，新华社负责运行维护、内容发布更新和技术建设及保障，各地区、各部门共同进行内容保障。

（2）武汉政府网站：http：//www.wuhan.gov.cn/（见图 2 - 34）。武汉政府网站由武汉市人民政府主办，武汉市信息产业局、武汉市信息中心承办。本着以人为本，以服务对象为中心，基于武汉市市民、企业的需求，逐步整合各政府部门和社会机构服务资源，使市政府网站成为公众获取公共服务的"一站式"入口，并以网站为契机，促进政务公开和全市电子政务发展的思想，武汉政府网站目标定位是：①政府面向社会提供服务，创建服务政府的平台；②政府进行政务信息公开，创建透明政府的窗口；③引导公众参与政府决策，实施公共参与的渠道。网站主要设置了四个频道：政务频道、市民频道、企业频道和专题频道。第一个频道服务于"政务公开"，后三个频道服务于"公共服务"。

（3）湖北省国家税务局网站：http：//www.hb-n-tax.gov.cn/（见图 2 - 35）。湖北省国家税务局网站是集税务新闻发布、政务信息公开、税务文化传播、网上办税服务、税收法规查询和税收在线互动等功能于一体的部门服务型网站。既是宣传税收政策法规和征管制度的阵地，又是沟通国税机关与广大纳税人和社会各界之间的桥梁；既是服务纳税人、促进税收征管的载体，也是新时期湖北国税系统开展文明建设、推进国税政务公开和工作信息化的重大工程。

通过湖北省国家税务局网站，我们可以了解到湖北国税系统的职能、机构设置等概况，了解到国家发布的税收法律、法规、规章以及湖北省的具体政策、规定。纳税人可以通过网上办税服务厅办理相关税收事宜，可以方便、快捷地进行征纳沟通互动，还可以了解最新国税工作动态以及纳税人须知、税务案件举报办法等信息资料。湖北省国家税务局网站坚持将纳税人的需求作为网站建设第一目标，强化网上在线办税办事、网上征纳互动、政务信息公开和税收各类查询等功能，竭力为广大纳税人及社会各界提供更具个性化的税收服务，全面

图 2 - 34　武汉政府网站

图 2 - 35　湖北省国家税务局网站

打造网上湖北国税。截至目前，湖北省国家税务局网站设置功能栏目 500 多个，已载入各类税务信息量 4 万多条。网上办税的方便、快捷、节约、高效，吸引越来越多的纳税人采用这一新办税方式，仅 2007 年全省有近 7 万户纳税人实现网上直接办税，通过网上划缴税款达 80 多亿元。

　　湖北省国家税务局网站的不断发展，丰富了纳税服务的方式，拓宽了服务纳税人的渠道，强化了国税部门的社会监督，提高了国税部门的办税效率，也必将给社会大众特别是广大纳税人带来更多方便。

2.6.2.3　行业网站

　　行业网站主要分为：汽车汽配类、商务贸易类、建筑建材类、工业制品类、机械电子类、服装服饰类、农林牧渔类、交通物流类、食品饮料类、环保绿化类、冶金矿产类、纺织皮革类、印刷出版类、化工能源类、原材料类、消费品类、商务服务类等。

（1）中国汽车网：http：//www.chinacars.com/（见图 2 - 36）。中国汽车网是现今中国最大的汽车互联网企业，拥有全球流量最高的汽车类门户网站。作为中国最大的汽车消费社区，中国汽车网注册会员已超过 130 万。各地合作、加盟服务商户超过 4 000 家，覆盖 200个地级以上城市。公司在北京、上海等地同时设有办公机构，建立了完善的运营体系，本地化服务能力出色。作为最具公信力的中国第一汽车专业资讯平台，中国汽车网最大程度为消费者提供买车、试车、修车、二手车、车险、图库、视频等方面的最新资讯和最实用的网上网下汽车交易相关解决方案。通过网站，中国汽车网为广大用户提供了最大程度接触汽车的广阔空间，真正实现以车会友。

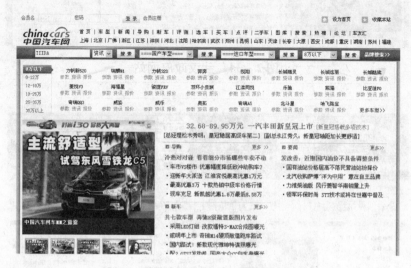

图 2 - 36　中国汽车网

中国汽车网致力于实现汽车行业"网络化立体互动交易"的发展，专注于负载效益的信息传播与客户个人价值实现，力求为中国的汽车行业发展注入新鲜血液，基于这个发展方向，形成了中国汽车网独特的行业特点：

① 全国范围的汽车交易资讯经以"信息橱窗模式"呈现，确保专业及时；

② 专业的汽车及消费产品买卖信息即时发布和购买指导；

③ 商家和客户在线交流，实现互动的沟通平台，为效益放大提供更强劲生命力；

④ 四通发达的汽车行业网站链接系统，一步抵达，搭建四维式资讯模式；

⑤ 开放网络信息载体，确保客户意愿随时体现，为产品注入鲜活的生命力。

（2）中国农业网：http：//www.zgny.com.cn（见图 2 - 37）。中国农业网创建于 1999年，以"传播农业信息，服务农业市场"为宗旨，是根植于中国农业行业，集农业信息与商务服务为一体的行业网络平台。在信息服务方面，中国农业网已经形成了稳定和健全的内容结构，每天都有专业人员负责编辑行业资讯、实用技术、政策法规、行业标准、展会等方面的动态信息。在商务服务方面，中国农业网拥有"农商通"会员、网站建设、网络广告、农产品大超市网店、"易农搜"关键词搜索、企业专题报道等网络产品服务。

目前中国农业网拥有各类注册会员 120 000 余家，涉及农产品生产、加工、经销，以及农业科研、行业协会、农民合作组织与行政管理等单位,涵盖果蔬、花木、中草药、食用菌、粮油、水产、禽畜、农药、肥料、种子、农业机械与设施等细分行业,一个互联网上的农业商务社区已初具规模。

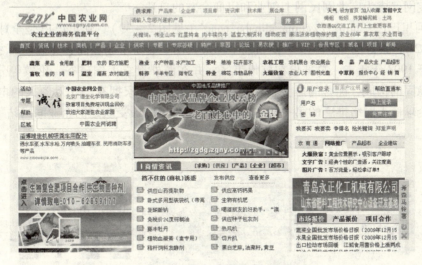

图 2-37　中国农业网

2.6.2.4　商业网站

商业网站是指以营利为目的的网站。

(1)淘宝网:http://www.taobao.com(见图 2-38)。淘宝网的使命是"没有淘不到的宝贝,没有卖不出的宝贝"。淘宝网,亚洲第一大网络零售商圈,致力于创造全球首选网络零售商圈,由阿里巴巴集团于 2003 年 5 月 10 日投资创办。淘宝网目前业务跨越 C2C(消费者间)、B2C(商家对个人)两大部分。

图 2-38　淘宝网

淘宝网提倡诚信、活跃、快速的网络交易文化，坚持"宝可不淘，信不能弃"。在为淘宝会员打造更安全高效的网络交易平台的同时，淘宝网也全力营造和倡导互帮互助、轻松活泼的家庭式氛围。每位在淘宝网进行交易的人，不但交易更迅速高效，而且交到更多朋友。现在，淘宝网已成为广大网民网上创业和以商会友的首选。

（2）阿里巴巴：http：//china. alibaba. com/（见图 2 - 39）。阿里巴巴是全球企业间电子商务（B2B）最好的品牌之一，是目前全球最大网上交易市场和商务交流社区之一。阿里巴巴成立于 1998 年年末，总部设在杭州市区，并在海外设立美国硅谷、伦敦等分支。良好的定位，稳固的构成，优秀的服务使阿里巴巴成为全球首家拥有 220 万商人的电子商务网站，成为全球商人网络推广的第一网站，被商人们评为"最受欢迎的企业间网站"。

图 2 - 39　阿里巴巴

（3）凡客诚品：http：//www. vancl. com/（见图 2 - 40）。2007 年 10 月，选择自有服装品牌网上销售的商业模式，发布 VANCL 凡客诚品。目前已是根植中国互联网上遥遥领先的第一服装品牌。据最新的艾瑞调查报告，凡客诚品已跻身中国网上 B2C 领域收入规模前四位。其所取得的成绩，不但被视为电子商务行业的一个创新，更被传统服装业称为奇迹。2009 年 5 月被认定为国家高新技术企业。

凡客诚品快速崛起的原因，概括如下：

① 技术领先，利用互联网整合先进的中国服装制造业；

② 客户体验至上，以及高性价比的经营之道；

③ 品牌文化顺应互联网时尚消费的潮流；

④ 陈年及其团队多年合作默契，市场敏感度以及突出的执行力。

凡客诚品目前已拓展涵盖至男装、女装、童装、鞋、家纺五大类，随着在各品类间的不断深化，将成为网民服装购买的第一选择。

业务快速成长的同时，凡客诚品在运营初期短短 10 个月里，即获得了 IDGVC、联创策源、软银赛富、启明创投的先后三轮投资。

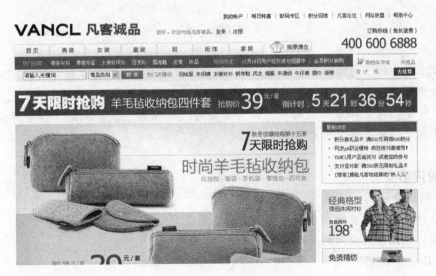

图 2 - 40　凡客诚品

2.6.2.5　其他网站

学生一百：http://www.stu100.cn/（见图 2 - 41），是由兼职大学生组成的创业团队，致力于为企业客户提供完整的互联网应用服务，服务包括域名服务、主机服务、企业邮箱、网站建设、网络营销以及企业电子商务解决方案和顾问咨询服务，以帮助企业客户应用互联网，实现电子商务，提高企业竞争能力。

秉承专业、诚信、服务、进取的价值观，坚持客户第一的服务理念，以"关注企业需求，实现企业价值"为导向，向企业提供全面优质的互联网应用服务。

图 2 - 41　学生一百

本章小结

本章主要介绍了网站的基本组成、IP、数据库、域名、浏览器等相关知识。用户通过网站提供的注册功能注册网站会员后登录网站系统，能够使用网站更多的功能，包括 BBS 的浏览、发帖等，以及 Blog 的使用等，并对常用的门户网站、政府网站、行业网站、商业网站以及其他个人站点做了相关介绍。

实践内容

一、网站分析

1. 分析搜狐网的主要功能和结构。

2. 分析湖北省政府网的主要功能。

二、Blog 的使用

在新浪 Blog 上注册自己的个人 Blog，并将个人 Blog 地址提交给老师。

思考题

1. 简述网站的基本组成。

2. 什么是 IP、域名？说明 IP 与域名的关系。

3. 简述数据库的分类。

4. 简述网站的分类，且举例说明。

第3章 信息检索技术

【学习目标】了解信息检索的概念、类型，熟练掌握信息检索步骤；掌握信息检索的基本原理；掌握常用信息检索技术；了解常用网络信息检索工具并掌握其使用方法；了解站内搜索技术；了解常用专业数据库及其检索方法。

【技能目标】运用信息检索技术解决实际问题；熟练运用 baidu、google 等常用网络检索工具解决实际问题。

【工作任务】利用网络检索工具对所需解决问题进行关键字检索；在中文期刊网内搜索所需的专业性文章。

3.1 信息检索简介

3.1.1 信息检索的起源与发展

信息检索经历了如下几个发展阶段：初始阶段、手工信息检索阶段、计算机脱机批处理信息检索阶段、计算机联机信息检索阶段、计算机光盘信息检索阶段、计算机网络信息检索阶段。

（1）初始阶段。人类产生出的信息是没有规律的，当人们发现过去产生的信息杂乱无章无法再利用时，开始将有用的信息用一定的方法组织起来，以备使用时查找，这就产生了信息的存储与检索。

（2）手工信息检索阶段。信息检索的真正发展大约是在 18 世纪以后。1769 年国外第一种文摘性出版物诞生了——《各学院优秀外科论著汇编》。手工检索是指仅用手工的方式来处理和查找文献工具，如文摘、索引、目录等。它是一种传统而又基础的检索手段。

手工检索的主要优点有：几乎不需要特殊设备，查找方法简单、灵活；可以边查边思考，随时修改检索策略；不需检索经费或费用较低。手工检索的主要缺点是：检索效率低，检索速度慢，所需时间较长；在进行复杂问题的多途径检索时，需要反复查找若干检索工具；查全率一般较低。

（3）计算机脱机批处理信息检索阶段。20 世纪 50 年代中期至 60 年代中后期是信息检索的脱机批处理阶段。脱机批处理检索方式是指定期由专职检索人员把许多用户课题汇总，一次性批量处理提问要求，并把结果提供给用户。与手工检索相比，脱机批处理的优点主要有：批处理可同时进行多项检索；可处理检索关系复杂的检索词汇；一次输入检索提问单，可以多次多种方式输出检索结果。但批处理也有缺点：检索时用户不能进行"人机对话"、浏览文献、修改检索策略；用户不能及时获得检索结果；批处理是委托式检索，信息需求和查询结果之间有一定误差。

（4）计算机联机信息检索阶段。所谓联机检索，就是用户使用终端设备，通过通信线路与中央计算机连接，直接与计算机对话进行检索，结果由终端输出。联机检索有以下特点：用户通过检索终端与通信网络直接与远程中央计算机相连，检索远程数据库内文献信息，这几乎是同时的、直接的，无须委托；在检索过程中是"人机对话"式，可及时修改检索策略，及时显示、浏览文献信息；可根据用户的不同需求进行各种输出，及时取得检索结果；检索指令复杂，多为专业检索人员才能熟练使用。

（5）计算机光盘信息检索阶段。CD - ROM 光盘是 20 世纪 80 年代在计算机技术、激光技术等现代新科技成果的基础上发展起来的新型电子出版物。光盘检索系统除可提供追溯检索、定题服务外，还可用于"自建库"和作联机检索前预处理。光盘检索主要有以下特点：在通信不发达地区、联网较困难的地区，使用网络信息服务比较困难，而使用光盘检索，可以免去联机检索必须支付的联机系统使用费，只需支付数据库生产者收取的数据库费用即可；有些出版商出于保密、版权及控制等方面的考虑，还不可能将收费信息产品很快上网，在这种情况下，CD - ROM 就成为获取此类信息的最佳途径；CD - ROM 可以替代或补充图书情报机构的印刷本收藏，其多媒体的书籍、游戏和参考资料是用户最欢迎的类型之一。

（6）计算机网络信息检索阶段。国际联机检索和光盘检索为我们提供了大量的信息资源，但各自又都有着或多或少的缺点，例如联机检索费用昂贵，指令复杂，而光盘检索得到的信息又不十分及时等。因此，极有必要产生一种新型的信息检索方式。网络联机信息检索是联机信息检索的高级阶段，它的实现使人们可以在很短的时间里查遍全球的信息资料，使人类实现信息资源共享成为可能。除了传统的文献信息，网络信息源还包括电子论坛、各种软件资料、图像文件、声音文件等。可以这么说，网络使计算机信息检索技术进入一个崭新发展阶段，而网络信息检索又使得网上信息源利用率提高，信息组织更为有序和高效。

3.1.2 信息检索的概念

信息检索在学术界有两种概念，一种是广义的信息检索；另一种是狭义的信息检索。

广义的信息检索（Information Retrieval）是指信息存储（Information Storage）与信息检索（Information Retrieval）的全过程，即将信息按照一定的方式组织和存储起来，并根据信息用户的信息需求查找所需信息的过程和技术，所以信息检索的全称又叫"信息存储与检索"。

狭义的信息检索是指信息的检索过程，即用户根据需要，借助于检索工具，从信息集合中找出所需要信息的过程，也就是我们平常所说的信息检索。简单解释，检索就是查找，检索信息即查找所需信息的过程。

3.1.3 信息检索的类型

（1）按照信息检索的对象划分：数据检索、事实检索、文献检索、全文检索、图像检索、超文本检索。

① 数据检索是以数据为检索对象的信息检索，直接查找的是数值型数据。通过检索，用户可以得到经过核实、整理的数据信息，借以进行定量分析或者数字参考。

② 事实检索是以特定的事项为检索对象的信息检索。检索系统中存储的是从原始文献中抽取的各种事实，用户通过检索获得的是有关某一事物的具体答案。

③ 文献检索是以文献线索为检索对象的信息检索。用户通过检索获得的是有关某一问题的一系列相关文献线索，然后再根据检索出的文献线索去获取原文。

④ 全文检索是指对文献全文内容进行字符串的匹配检索，包括字符串检索、截词检索、位置检索、同义词控制以及后控词表等技术。

⑤ 图像检索就是以图形、图像或图文信息为检索对象的信息检索。

⑥ 超文本检索是以超文本信息作为检索对象的信息检索。超文本检索系统可以分为三类：基于浏览的信息检索系统、基于提问的信息检索系统和智能化信息检索系统。

（2）按照是否使用检索工具划分：直接检索、间接检索。

① 直接检索就是利用一次文献信息进行检索。

② 间接检索就是利用各种检索工具获取文献信息线索，再根据线索去查找原始文献信息的方法。在一般的信息检索书中，如果没有特殊的说明，文献检索指的就是间接检索。

（3）按照信息检索手段划分：传统信息检索（手工信息检索）、现代信息检索（计算机信息检索）。

① 传统信息检索——手工信息检索是利用各种专门用于检索的印刷型出版物，即我们常说的检索工具来查找所需信息的手段。其检索方法主要有直接检索和间接检索。这是一种传统的信息检索方式，其优点是检索者可以边查边思考，随时获得反馈信息，及时调整检索策略，避免可能出现的漏检和误检，具有较强的灵活性，不需借助任何辅助设备，因而具有广泛的适应性与方便性。手工检索的缺点是检索速度慢、检索效率低、不容易实现资源共享。

② 现代信息检索是指利用电子计算机及其网络来处理和查找信息的现代化信息检索方式，也叫计算机信息检索。计算机信息检索是以计算机为基础的信息存储与检索。它是在手工检索、机械检索及光电检索基础上演变而来的，而且还在不断地发展。计算机信息检索已从单机检索、联机检索发展到现在的网络检索，并正向着智能化的方向发展。随着计算机技术的普及，通信及网络技术的发展，现代信息检索技术已不再是图书情报专业人员所特有的专长，而是人人都应掌握的一种基本技能。与手工信息检索相比，计算机信息检索具有以下三个特点：一是检索速度快；二是多途径检索；三是数据库更新速度快。

3.1.4　信息检索的步骤

（1）分析研究课题，明确检索要求。明确课题的主题内容、研究要点、学科范围、语种范围、时间范围、文献类型等。

（2）选择信息检索系统，确定检索途径。

① 选择信息检索系统的方法。

- 在信息检索系统齐全的情况下，首先使用信息检索工具指南来指导选择；
- 在没有信息检索工具指南的情况下，可以采用浏览图书馆、信息所的信息检索工具室所陈列的信息检索工具的方式进行选择；
- 从所熟悉的信息检索工具中选择；
- 主动向工作人员请教；
- 通过网络在线帮助选择。

② 选择信息检索系统的原则。

- 收录的文献信息需涵盖检索课题的主题内容；
- 就近原则，方便查阅；
- 尽可能质量较高、收录文献信息量大、报道及时、索引齐全、使用方便；
- 记录来源、文献类型、文种尽量满足检索课题的要求；
- 数据库是否有对应的印刷型版本；
- 根据经济条件选择信息检索系统；
- 根据对检索信息熟悉的程度选择；
- 选择查出的信息相关度高的网络搜索引擎。

③ 选择检索词。确定检索词的基本方法：选择规范化的检索词；使用各学科在国际上通用的、国外文献中出现过的术语作检索词；找出课题涉及的隐性主题概念作检索词；选择课题核心概念作检索词；注意检索词的缩写词、词形变化，以及英、美的不同拼法；联机方式确定检索词。

④ 制定检索策略，查阅检索工具。

- 制定检索策略的前提条件是要了解信息检索系统的基本性能，基础是要明确检索课题的内容要求和检索目的，关键是要正确选择检索词和合理使用逻辑组配。
- 产生误检的原因可能有：一词多义的检索词的使用；检索词与英美人的姓名、地址名称、期刊名称相同；不严格的位置算符的运用；检索式中没有使用逻辑非运算；截词运算不恰当；组号前忘记输入指令"s"；逻辑运算符号前后未空格；括号使用不正确；从错误的组号中打印检索结果；检索式中检索概念太少。
- 产生漏检的原因或检索结果为零的原因可能有：没有使用足够的同义词和近义词或隐含概念；位置算符用得过严、过多；逻辑"与"用得太多；后缀代码限制得太严；检索工具选择不恰当；截词运算不恰当；单词拼写错误、文档号错误、组号错误、括号不匹配等。
- 提高查准率的方法有：使用下位概念检索；将检索词的检索范围限在篇名、叙词和文摘字段；使用逻辑"与"或逻辑"非"；运用限制选择功能；进行进阶检或高级检索。

- 提高查全率的方法有：选择全字段中检索；减少对文献外表特征的限定；使用逻辑"或"；利用截词检索；使用检索词的上位概念进行检索；把（W）算符改成（1N），（2N）；进入更合适的数据库查找。

⑤ 处理检索结果。将所获得的检索结果加以系统整理，筛选出符合课题要求的相关文献信息，选择检索结果的著录格式，辨认文献类型、文种、著者、篇名、内容、出处等项记录内容，输出检索结果。

⑥ 原始文献的获取。

- 利用二次文献检索工具获取原始文献；
- 利用馆藏目录和联合目录获取原始文献；
- 利用文献出版发行机构获取原始文献；
- 利用文献著者获取原始文献；
- 利用网络获取原始文献。

3.2　信息检索模型

计算机技术的不断进步和信息量的成倍增加，使人们对信息检索技术的要求也越来越高，尤其是网络技术和多媒体技术的出现，促使信息检索技术也不断地发展。目前，信息检索技术正向两个方向发展：一是传统信息检索向全文本、多媒体、多载体、多原理等新型信息检索的发展，在深度上提高管理和组织信息的能力，如探索自动抽词、自动索引、自动检索、自动文摘、自动分类、自动翻译等；二是信息资源的网络化和分布化，面向 Internet 中浩瀚无垠的资源，在广度上提高管理和组织信息的能力。在信息检索技术研究领域中，基于概念、超文本信息和多媒体信息检索技术的研究最为活跃，并已取得了突破性发展。网络的发展给信息的获取提供了广阔的空间，而检索技术的发展为人们利用信息提供更方便、快捷的手段。网络信息环境的出现，使信息检索研究对象和范围不断扩大，研究队伍也突破了原有的以图书情报领域的专家学者为主的框架，众多的计算机界专家、信息技术专家也加入到研究开发信息检索系统的行列。可以说，网络使计算机信息检索技术进入一个崭新发展阶段，而网络信息检索又使网上信息资源的利用率提高，信息组织更为有序和高效。基于因特网的检索系统成为网络信息检索系统的代表。

信息检索系统的实际运行性能，在很大程度上依赖于设计过程中所采用的信息检索模型的优劣。因此，信息检索模型是信息检索理论中最重要的研究内容之一。

信息检索的模型，就是运用数学的语言和工具，对信息检索系统中的信息及其处理过程加以翻译和抽象，表述为某种数学公式，再经过演绎、推断、解释和实际检验，反过来指导信息检索实践。

最简单的信息检索模型是单项检索模型。它将文献集合中的每一篇文献用 1 个或多个主题词标引，提问式由单个主题词构成。系统对提问的响应是：检中或不检中。匹配标准是：若提问式中的主题词属于某文献标引词集合中的成员，则该文献为检中；反之，为不检中。此模型由于检索过程简单，较为人们熟知且广泛使用。但此种模型的检索效果往往不好，尤其当文献集合很大时，检中的文献很大部分是无用的文献。

3.2.1　布尔逻辑检索模型（Boolean Model）

布尔检索模型采用布尔代数和集合论的方法，用布尔表达式表示用户提问，通过对文献标志与提问式的逻辑运算来检索文献。在传统的布尔模型中，每一文献用一组标引词表示。如，表达式 $D_i = (T_1, T_2, T_3, \cdots, T_m)$，为文献 i，式中 $T_1, T_2, T_3, \cdots, T_m$ 表示文献 i 中的所有标引词集合。

每个提问式 Q 除表示用户需求中的标引词组合外，还有各标引词的布尔组配。系统在对提问进行处理时，输出一个包含有该提问式的组配元（标引词）且符合组配条件（逻辑运算符）的文献集合。

常用的布尔逻辑组配运算符有：逻辑"与"（AND，常用符号"＊"表示）、逻辑"或"（OR，常用符号"＋"表示）、逻辑"非"（NOT，常用符号"－"表示）。图 3–1 为这些运算符的图解，阴影部分即为两个集合的运算结果。

逻辑"与"　　　　逻辑"或"　　　　逻辑"非"

图 3–1　布尔逻辑运算符文氏图

如，对于一个表示为 $Q_i = (T_1 \text{ AND } T_2) \text{ OR} (T_3 \text{ AND} (\text{NOT } T_4))$ 的提问式，系统的响应必须是这样一组文献集合：这些文献中应同时含有标引词 T_1 和 T_2，或者含有标引词 T_3 但不含有标引词 T_4。

布尔检索模型因其简单、易理解、易实现、能处理结构化提问等优点，在信息检索系统中得到了广泛的实际应用。然而，由于它所采用准确匹配策略太僵硬，将一些有可能满足提问需要的文献排除在命中文献集合之外，所以常常使检索结果不能十分令人满意。传统布尔检索模型的具体缺陷主要表现在以下五方面：

（1）布尔检索式的非友善性，即构造一个好的检索式是不容易的。尤其是对复杂的检索课题，不易套用布尔检索模式。

（2）易造成零输出或输出过量。检索输出完全依赖于布尔提问式与系统倒排档中文献的匹配情况，输出量较难控制。

（3）无差别的组配元，不能区分各组配元的重要程度。

（4）匹配标准存在某些不合理的地方。由于匹配标准是有或无，因此对于文献中标引词的数量没有评判，都一视同仁。

（5）检索结果不能按照重要性排序输出。

为了克服上述缺陷，人们对传统的布尔检索模型进行改进和扩展，也有的建立了新的模型。

3.2.2　向量空间检索模型（Vector Space Model）

向量检索是以向量的方式确定检索内容的方法，系统中的每一篇文献和每个提问均用等长的向量表示。如，文献集合中的第 i 篇文献用 $D_i = (T_1, T_2, T_3, \cdots, T_m)$ 表示，其中 T_1，T_2，T_3，…，T_m 为系统中所有标引词集合；提问集合中的第 j 个提问用 $Q_j = (T_1, T_2, T_3, \cdots, T_m)$ 表示；T_k 表示文献向量或提问向量中的第 k 个分量，即文献表示或提问式中所含的第 k 个标引词或检索词。传统的向量空间模型将 T_k 取值为 "0" 或 "1"，现在大多在 [0, 1] 区间取值。这样，就可以构成一个向量空间，把信息检索中文献与提问的匹配处理过程转化为向量空间中文献向量与提问向量的相似度计算问题。某一文献与某一提问的相关程度通过计算该向量对之间的相似度来测定。这种方法自然引入了检索的柔性和模糊性，从理论上使检索更为合理，一出现即备受关注。

计算相似度的函数式有几十种以上，其中有一些来自数值分类领域，有些是用于文献自动聚类或关键词聚类的，而不是用于检索排序输出的，最简单的计算方法就是用点积函数。较常用的方法是用余弦函数，这种方法的实质就是计算 m 维空间中文献向量与提问向量之间的夹角余弦。当两个向量完全相同时，它们在该空间中相互重叠，即夹角为 "0" 时，函数（相似度）达到最大值。

当全部文献向量与某个提问向量的相似度都计算完毕后，系统就把相似度超过某一规定阈值的文献（或者根据预定要检出的文献数量）按相似度大小降序排列输出。因此，排在最前面的文献从理论上讲是和提问最相关的文献。

采用这种向量检索模型的典型系统就是萨尔顿（G. Salton）等人在 20 世纪 60 年代中期开始研制的实验性系统 SMART（System for the Mechanical Analysis and Retrieval of Text）。与采用布尔检索模型的普通检索系统相比，该系统有以下几个特色：

（1）采用自动标引技术为文献提供标引词。

（2）改变了布尔检索非 "1" 即 "0" 的简单判断，标引词和文献的相关程度可在 [0, 1] 闭区间中取值，使标引者和检索者都比较灵活地定义组配元（标引词）与文献的关系深度，改变了布尔检索模型僵化的缺点。

（3）由于以其相似的程度作为检索的标准，可从量的角度判断文献命中与否，从而使检索更趋于合理。

（4）检索结果可按与提问的相关度排序输出，便于用户通过相关反馈技术修正提问，控制检索量。

（5）布尔检索模型的逻辑关系依然可以使用，保留了直观性和方便性。

向量空间模型为揭示信息检索的基本原理作出了重要贡献。但是，向量模型也存在着某些明显的缺陷，如：检索过程转化为向量的计算方法，不能反映出文献之间的复杂关系；由于对任何一个提问都需要计算全部文献库中的每一篇文献，因此计算量大、算法复杂性较高；由于标引加权和检索加权是分离的，因此随意性较大，难以保证质量。萨尔顿也承认文献中的标引词实际上并不是相互独立的，它们之间存在一定的语义联系。为此，有人又致力于研究基于词相依性的向量模型。例如，有人提出了广义向量空间模型，用一组经过挑选的正交基向量来表示词向量，词间关系可直接由其向量表示给出较为精确的计算，而且没有在假定标引词相互独立的前提下给出文献矩阵和提问向量。

虽然向量空间模型也有缺陷，但其检索方法仍具有一定的科学性，尤其是它引入了模糊相关的概念，将匹配工作定量化，有利于拓展检索自动化的思路。因此，向量空间模型也常用在目前的网络资源检索系统中，如搜索引擎。

3.2.3　概率检索模型（Probabilistic Model）

概率检索模型基于概率排序原理，即文献根据它们与提问的相关概率来排序输出。有证据表示，在一定条件下，它可以产生优良的排序结果。事实上，对于某个特定的检索提问，文献集合中的某一文献是否符合用户的信息需求（即是否是相关文献）可以看成是一个随机事件，每篇文献是相关文献的概率各不相同，综合信息需求的概率和文献与标引的相关概率，才能更为合理地划分检索结果。概率检索模型正是基于这一思想建立起来的。目前提出和建立的概率检索模型大多数建立在 Bayes 概率与统计决策理论基础上的，它基本上是一种决策理论的自适应模型。与前两种模型不同的是，它的提问式不是由用户直接给出，而是由系统通过归纳学习（相关反馈）来构造决策函数表示信息提问。

概率模型主要关心的是对应一个提问 Q，一篇文献 d 出现时它为相关（或不相关）的概率。概率模型正确处理了文献相关的随机性，因而体现了更为先进的检索思想，并且向用户提供文献的分等级输出，因此从客观上讲，概率模型使检索更为合理。其主要优点是：

（1）采用了理论上更为严密的方式来进行决策。

（2）容易与加权方法结合起来使用，为人们提供了一种理论基础。

（3）不设计布尔逻辑运算符，回避了构造布尔提问式的困难。

（4）文献可按用户的期望值输出排序。

（5）吸收了相关反馈原理，可开发出理论上更为合理的方法。

但是，它也有明显的不足，如：增加了存储和计算资源的开销；参数估计问题也增加了该模型使用时的难度。

3.2.4　模糊集合检索模型（Fuzzy-set Mode）

模糊集合模型建立在模糊集合论的基础上。它把"相关性"看做是一个不完全确定的概念，即把文献看做是与某提问在某一程度上相关。人们可以这样设想，在信息检索系统中，对每个标引词，都存在一个模糊的文献集合与之相关，模糊集合模型中不以简单地以文献有或无来判定该文献是否相关，而引入了权值定量地描述标引词与文献的相关程度。

模糊检索的关键是权值的唯一确定。它把权值限定在［0，1］区间中，在标引时用一个权值表示文献与标引词的相关程度，称为隶（归）属度。权值越大表明文献相关度越好，当权值为"1"时，表明最相关。隶属度用词频加权法、反文献频率加权法、词频－反文献频率加权法等方法确定。将标引词和它在对应文献中的隶属度一起作为集合论标引的一个有序对。检索时通过匹配运算，得到检索提问词在每篇文献中的隶属度，根据隶属度的大小对文献排序。由于隶属度是通过标引时给出的权值计算的，从而保持了标引与检索的一致性。

模糊集合模型的优点是：

（1）与布尔检索兼容。当规定隶属度只取"1"或"0"时，就是传统的布尔检索。因此形式简洁易懂，表达力强。

（2）由于隶属度在标引时统一控制，提问时不再加权，因此检索柔性好。

（3）每篇文献的每个词都有隶属度，因此合理性较好。

（4）输出结果可根据隶属度大小排序输出，利于检索者分析检索结果。而且，检索者也可以根据阈值和限定命中文献数来方便地控制输出量。

模糊集合模型的主要缺点是：

（1）在做逻辑与、逻辑或运算时，按隶属度取最小和最大的方法不一定能合理反映出提问词和文献的相关程度。

（2）适应应用中与布尔检索相比，往往效果差异不大，但工作量却比布尔模型大得多。

（3）如何合理地确定隶属度函数，仍是一个待解决的难题。

3.2.5　扩展布尔逻辑检索模型（Extended Boolean Model）

20世纪80年代初，出现了一种更灵活的布尔提问处理技术。它以对布尔算符的一种近似解释系统为基础，被称为扩展布尔模型。在此模型中，能以一种比传统布尔模型限制更小的形式来处理布尔提问式。特别当某一给定文献中出现较多提问词时，它的值就大于含提问词较少的文献。这种扩展布尔检索模型具有以下优点：

（1）它适应常规布尔检索中的标准提问式结构，且通过计算提问－文献的相似度，可以避免潜在的无意义解释。

（2）许可在文献表示和提问式中加入权值。

（3）可以按相似度的大小排列输出文献，因而在响应某一给定提问时，可以控制要检索的文献数量。

（4）便于区分强制性短语和严格的同义解释与试探性短语和较不严格的同义关系。

3.2.6　相关反馈模型（Relevance Feedback Model）

用户在使用信息系统时，需要将自己的信息需求按照系统所使用的概念和表达方式输入到系统中，由于用户表达问题的方式各有不同，在将信息需求表达为提问式时会与原意有一定的出入，这样，就难以保证检索到的文献能非常好地满足用户的需求。因此，一般的信息检索系统中都需要有一种反馈机制，使用户可以通过反馈修改自己的提问式，从而达到较好的检索效果。

对于简单的输入/输出型系统来说，其反馈是用户根据已输出的信息来改进提问式。相关反馈的主要思想是根据已检索出的结果对查询进行自动调整、校正、修改，以达到检索出更多与用户需求相关的文献并排除更多与用户需求无关的文献的目的。

通常的做法是，用户根据系统对检索条件的回应，将相关资料或条件反馈给系统，以引导系统正确的检索方向，并逐渐逼近用户所需要的信息。例如，用户可以根据系统的初步回应，指出那些信息或主题词与信息需求的检索主题相关，而那些又是完全不相关，将此信息反馈给系统，系统根据此信息，再作进一步的检索。因此，相关反馈所表现的方法常被称为渐进式检索（Progressive Query）或范例检索（Query by Example）模式。严格地说，相关反馈并不是检索模型，而是一种指导性自学习技术，需要和检索模型配合起来一起使用以提高检索效率。1998年在MARS系统中首次将相关反馈应用于基于内容的图像检索中，自此人们开始研究将相关反馈技术用于基于内容的多媒体信息检索中。

在 20 世纪 60 年代末、70 年代初，信息检索刚起步的时候，由于人们对基于集合论的布尔检索各方面的缺点表示不满，使得基于代数论、概率论的模型得到飞速发展。除上述几种模型外，还推出了基于代数论的潜语义索引模型、神经网络模型，以及基于概率论的推论网络模型和信任网络模型。然而，经过了 10 多年的理论研究与实验比较，发现所有这些新的理论都无法取代布尔检索，这不仅因为现有的操作系统大都是布尔检索系统，更重要的是由于布尔检索的简单易懂、提问式的方便构造是向量等模型无法比拟的。20 世纪 70 年代末，人们又重新着手对传统的布尔模型进行研究，并对改进布尔检索做了大量的工作。如用截词检索以改进提问式中对同义词列举不全造成的漏检现象，用概念加权检索以弥补传统布尔检索中不能揭示概念与检索主题相关程度的缺陷。因此，在今后信息检索的理论研究中，布尔检索的研究仍将占据十分显著的地位。

目前，商用信息检索系统主要以布尔模糊逻辑加向量空间模型为主，辅以部分自然语言处理。自然语言处理，特别是自然语言理解在信息检索中应用，将大大提高信息检索的精度和相关性。文本检索中常用布尔模型，向量空间、相关反馈模型常被用在多媒体检索、搜索引擎、自动分类、智能检索、数据挖掘等技术中。

3.3 信息检索技术

3.3.1 信息检索常用技术

信息检索常用技术有：布尔检索、截词检索、限制检索、位置检索、加权检索、多媒体检索、超文本检索。

3.3.1.1 布尔检索（Boolean Search）

所谓布尔检索是用布尔逻辑算符将检索词、短语或代码进行逻辑组配，指定文献的命中条件和组配次序，凡符合逻辑组配所规定条件的为命中文献，否则为非命中文献。它是机检系统中最常用的一种检索方法。逻辑算符主要有：AND/与、OR/或、NOT/非，分述如下：

（1）逻辑"与"：运算符为 AND 或 ＊。检索词 A 和检索词 B 用"与"组配，检索式为：A AND B 或者 A ＊ B，它表示检出同时含有 A、B 两个检索词的记录。逻辑与检索能增强检索的专指性，使检索范围缩小，此算符适于连接有限定关系或交叉关系的词。

（2）逻辑"或"：运算符为 OR 或 ＋。检索词 A 和检索词 B 用"或"组配，检索式为：A OR B 或者 A ＋ B，它表示检出所有含有 A 词或者 B 词的记录。逻辑或检索扩大了检索范围，此算符适于连接有同义关系或相关关系的词。

（3）逻辑"非"：运算符为 NOT 或 －。检索词 A 和检索词 B 用"非"组配，检索式为：A NOT B 或者 A － B，它表示检出含有 A 词，但同时不含 B 词的记录。逻辑非和逻辑与运算的作用类似，可以缩小检索范围，增强检索的准确性。此运算适于排除那些含有某个指定检索词的记录。但如果使用不当，将会排除有用文献，从而导致漏检。

对于一个复杂的逻辑检索式，检索系统的处理是从左向右进行的。在有括号的情况下，先执行括号内的运算；有多层括号时，先执行最内层括号中的运算，逐层向外进行。在没有括号的情况下，AND、OR、NOT 的运算次序，在不同的系统中有不同的规定。例如 DIA-LOG 系统中依次为 NOT→AND→OR；STAIRS 系统和 ORBIT 系统中依次为 AND 和 NOT 按自然顺序执行，然后执行 OR 运算。检索时应注意了解各机检系统的规定。

3.3.1.2 截词检索（Truncation Search）

截词检索也是一种常用的检索技术，尤其在西文检索中使用更广泛。它可以一次性地解决词干相同的词、英美不同拼法的词的检索。截词检索按截断的位置来分，有后截断、前截断、中截断三种；按截断的字符数量来分，有有限截断和无限截断两种。

后截断：将截词符放在字符串右方，保持词的前方一致。如：computer＊，可检索出：computeracy；computerise；computerization；computers。

前截断：将截词符放在字符串左方，保持词的后方一致。如：＊computer，可检索出：microcomputer；minicomputer。

前后截断也可同时使用。如＊computer＊。

中截断：又称通用字符法，将截词符放在检索词的中间，主要可解决一个词的英、美不同拼法及有些词的单复数问题。如：organi？ation，可检索：organisation；organization。

有限截断和无限截断的区别在于对被截断部分的字符数是否限制，上述例子中均未限制，因此也为无限截断。

3.3.1.3 限制检索（Range Search）

限制检索是通过限制检索范围，达到优化检索结果的方法。限制检索的方式有多种，例如进行字段检索、使用限制符、采用限制检索命令等。

（1）字段检索，是把检索词限定在某个/些字段中，如果记录的相应字段中含有输入的检索词则为命中记录，否则检不中。例如查找微型机和个人计算机方面的文章。要求"微型机"一词出现在叙词字段、标题字段或文摘字段中，"个人计算机"一词出现在标题字段或文摘字段中，检索式可写为：microcomputer？？/de, ti, ab OR personal computer/ti, ab。又如查找 wang wei 写的文章，可以输入检索式：au = wang wei。

（2）使用限制符。用表示语种、文献类型、出版国家、出版年代等的字段标志符来限制检索范围。例如要查找 1999 年出版的英文或法文的微型机或个人计算机方面的期刊，则检索式为：（microcomputer？？/de, ti, ab OR personal computer/ ti, ab）AND PY = 1999 AND （LA = EN OR FR）AND DT = Serial。

（3）使用范围符号。如：Less than、Greater than、From to 等。如查找 1989~1999 年的文献，可表示为：PY = 1989：1999 或者 PY = 1989 to PY = 1999。又如查找 2000 年以来的计算机方面的文献，可表示为 computer？AND Greater than 1999；查找在指定的文摘号范围内有关地震方面的文献，可表示为 earthquake？/635000 – 800000。

（4）使用限制指令。限制指令可以分为：一般限制指令（Limit，它对事先生成的检索集合进行限制）、全限制指令（Limit all，它是在输入检索式之前向系统发出的，它把检索的全过程限制在某些指定的字段内）。例如，Limit S5/328000 – 560000 表示把先前生成的第 5 个检索集合限定在指定的文摘号内。又如，Limit all/de, ti 表示将后续检索限定在叙词和题名字段。

上述几种限制检索方法既可独立使用，也可以混合使用。

3.3.1.4　位置检索（Position Search）

位置检索是在检索词之间使用位置算符，来规定算符两边的检索词出现在记录中的位置，从而获得不仅包含有指定检索词而且这些词在记录中的位置也符合特定要求的记录。这种方法能够提高检索的准确性，当检索的概念要用词组表达，或者要求两个词在记录中位置相邻/相连时，可使用位置算符。机检系统中常用的位置算符（按限制强度递增顺序排列）如下：

（1）（f）算符 Field：要求被连接的检索词出现在同一字段中，字段类型和词序均不限。例如 happiness（f）sadness and crying。又如 pollution（f）control/ti，ab。

（2）（s）算符 Sub – field/Sentence：要求被连接的检索词出现在同一句子（同一子字段）中，词序不限。例如 machine（s）plant。

（3）（n）算符 Near：（n）要求被连接的检索词必须紧密相连，词之间除允许有空格、标点、连字符外，不得夹单词或字母，词序不限；（Nn）表示两个检索词之间最多可以夹 N 个词（N 为自然数），且词序任意。例如 information（n）retrieval 可以检出 information retrieval 和 retrieval information。又如 econom???（2n）recovery 可以检出 economic recovery、recovery of the economy、recovery from economic troubles。

（4）（w）算符 With：（w）要求检索词必须按指定顺序紧密相连，词序不可变，词之间除允许有空格、标点、连字符外，不得夹单词或字母；（Nw）表示连接的两个词之间最多可夹入 N 个词（N 为自然数），词序不得颠倒。例如 input（w）output 可检出 input output，而 wear（1w）materials 可检出 wear materials、wear of materials。

采用位置算符检索时，通常最严谨的算符放在最左面。例如 european（w）economic（w）community（f）patio，redwood（3n）deck?（s）（swimming（w）pool?）。

注意：不同的机检系统，位置检索的功能及算符不同，应参看机检系统的说明。

3.3.1.5　加权检索（Weight Search）

加权检索与布尔检索、截词检索、位置检索一样，也是信息检索的一个基本检索手段。不同的是，加权检索的侧重点并不在于是否检索到某篇文献，而是对检索出的文献与需求的相关度作评判。因此，加权检索并不是所有信息系统都提供的检索技术。

加权检索中，检索者根据检索词在需求中的重要程度给定一个权值。在检索中，由系统先查找出存在这些检索词的文献，并计算它们的权值总和。然后，检索者在给定一个阈值（Threshold），只有当存在这些检索词的文献的权值之和大于或等于该阈值时，才算命中。加权技术有词加权技术和词频加权技术。前者是由用户在提问式中给定权值，需要人工干预；而后者的权值由词在文献中出现的频率决定，由系统自动赋值，不需要人工干预。

3.3.1.6　多媒体检索（Multimedia Search）

随着多媒体计算技术的迅猛发展，各种音频、图像、视频信息开始层出不穷，人们已不再满足于传统的文字检索，提出了对多媒体信息的检索需求，因此，基于内容的多媒体信息检索应运而生。

基于内容的检索是指根据媒体和媒体对象的内容及上下文联系在大规模多媒体数据库中进行检索。它的研究目标是提供在没有人类参与的情况下能自动识别或理解声音、图像、视频重要特征的算法。

基于内容的声频检索包括以语音为中心，采用语音识别技术的语音检索；以音乐为中心，采用音乐音符和旋律等音乐特征的音乐检索；以波形声音为对象的音频检索。基于内容的音乐检索系统主要研究音高、音长、音强等音乐特征的提取、识别和检索。包括音乐特征的规范化和提取、用户输入识别及特征提取、音乐特征的匹配检索及输出、相关反馈等。

基于内容的图像信息检索的主要工作集中在识别和描述图像的颜色、纹理、形状、空间关系上，对于视频数据，还有视频分割、关键帧提取、场景变换探测以及故事情节重构等问题。由此可见，这是一门涉及面很广的交叉学科，需要利用图像处理、模式识别、计算机视觉、图像理解等领域的知识作为基础，还需从认知科学、人工智能、数据库管理系统、人机交互、信息检索等领域引入新的媒体数据表示和数据模型，从而设计出可靠有效的检索算法、系统结构以及友好的人机界面。

视频结构的模型化或形式化是解决基于内容视频检索问题的关键技术，需要解决关键帧抽取与镜头分割、视频结构重构等技术。

基于内容的多媒体检索技术的日益成熟不仅将创造出巨大的社会价值，而且将改变人们的生活方式。因为它与传统数据库技术相结合，可以方便地实现海量多媒体数据的存储和管理；与传统 Web 搜索引擎技术相结合，可以用来检索 HTML 网页中丰富的多媒体信息。在可预见的将来，基于内容的多媒体检索技术将会在以下领域中得到广泛应用：多媒体数据库、知识产权保护、数字图书馆、网络多媒体搜索引擎、交互电视、艺术收藏和博物馆管理、遥感和地球资源管理、远程医疗、天气预报以及军事指挥系统等。

3.3.1.7　超文本检索（Hypertext Search）

超文本是一种信息的组织方法，它把不定长的基本信息单元存放在节点上，这些基本信息单元可以是单个字、句子、章节、文献，甚至是图像、音乐或录像，节点以链路方式链接，链路可以分为层次链、交叉引用链、索引链等，构成网状层次结构。超文本的特点是以联想式的、非线性的、链路的网状层次关系，允许用户在阅读过程中从其认为有意义的地方入口，直接快速地检索到所需要的目标信息。

超文本检索时其内容排列是非线性的，按照知识（信息）单元及其关系建立起知识结构网络，操作时用鼠标去点击相关的知识单元，检索便可追踪下去，进入下面各层菜单。这种检索方式常用在多媒体电子出版物中，这类出版物不仅采用超文本，而且常采用超媒体（Hypermedia），提供文本和图形接口，Internet 上的 Web 便是典型例子。

3.3.2　信息检索当代技术

信息检索已经发展到网络化和智能化的阶段。信息检索的对象从相对封闭、稳定一致、由独立数据库集中管理的信息内容，扩展到开放、动态、更新快、分布广泛、管理松散的Web 内容、多媒体资源；信息检索的用户也由原来的图书情报专业人员扩展到包括商务人员、管理人员、教师学生、各专业人士等在内的最终用户，他们对信息检索从结果到方式提出了更高、更多样化的要求。适应网络化、智能化以及个性化的需要是目前信息检索技术发展的新趋势。

检索技术的关键热点问题有：并行检索（Parallel Search）、分布式检索（Distributed Search）、基于知识的智能检索（Knowledge-based Search）、知识挖掘（Data Mining）、异构信息整合检索和全息检索（Heterogeneous Platform Search）、自然语言检索（Natural Language Information Retrieval）、跨语言信息检索（Cross-Language Information Retrieval）、问答系统（Question and Answering）、概念空间（Concept Space）。

3.4 常用网络检索工具

3.4.1 Google（http：//www.google.com）

3.4.1.1 Google 简介

Google 是由美国斯坦福大学的两位博士生在 1998 年创建的。1999 年 6 月，Google 通过自己的网站 www.google.com（见图 3 - 2）推出，很快以其特有的技术优势和极佳性能扬名世界。

视频　图片　购物　地图　音乐　翻译　265导航

图 3 - 2　Google 主页

Google 的使命就是要提供网上最好的检索服务，促进全球信息的交流和共享。Google 开发出了世界上最大的搜索引擎，提供了最便捷的网上信息检索方法，通过对 30 多亿网页进行整理，Google 可为世界各地的用户提供所需的搜索结果，而且搜索响应时间通常不到半秒。现在，Google 每天提供的检索服务在 2 亿次以上。

Google 的核心技术称为 PageRank（网页级别），这是一套用于网页评级的系统。Google 并非只使用关键词或代理搜索技术，它将自身建立在高级的 PageRank 技术基础之上，这项已申请专利的技术可确保始终将最重要的搜索结果首先呈现给用户。Google 使用一组独特的高级硬件和软件，其搜索速度一方面归功于高效的搜索算法，另一方面则归功于将数以千计的低成本计算机联网，制造出了一部超高速搜索引擎。虽然每天有很多工程师负责全面改进

Google 系统，但是，Google 仍把网页级别作为所有网络搜索工具的基础。Google 的"蜘蛛"程序名为"Googlebot"，属于非常活跃的网站扫描工具。

网页级别可对网页的重要性进行客观的分析，用于计算网页级别的公式包含 5 亿个变量和 20 多亿个项。作为组织管理工具，网页级别利用了互联网独特的民主特性及其巨大的链接结构对网页进行组织整理。实际上，当从网页 A 链接到网页 B 时，Google 就认为"网页 A 投了网页 B 一票"。Google 根据网页的得票数评定其重要性。然而，除了考虑网页得票数（即链接）的纯数量之外，Google 还要分析投票的网页质量。"重要"的网页所投出的票就会有更高的权重，并且有助于提高其他网页的"重要性"。也就是说，重要的、高质量的网页会获得较高的网页级别。Google 在排列其搜索结果时，都会考虑每个网页的级别。因此，Google 将网页级别与完善的文本匹配技术结合在一起，可找到最重要、最有用的网页。Google 所关注的远不只是关键词在网页上出现的次数，它还对该网页的内容（以及该网页所链接的内容）进行全面检查，从而确定该网页是否满足检索要求。Google 目录中收录的网址已达 10 亿个以上，这在同类搜索引擎中是首屈一指的。这些网站的内容涉猎广泛，无所不有。

Google 复杂的自动搜索方法可以避免任何人为感情因素。与其他搜索引擎相比，Google 的结构设计确保了它绝对诚实、公正，任何人都无法用钱换取较高的排名。因此，使用 Google 可以诚实、客观并且方便地在网上找到有价值的资料。由于 Google 搜索既快又好，因而成为网上搜索的首选引擎。

3.4.1.2　Google 检索方法

Google 支持简单搜索、词组搜索和高级搜索（选搜索框右侧的高级搜索项即可进入），而且以多语种、多媒体兼容为特色，用户键入搜索框中的任何符号均可得到反馈（见图 3 - 3）。如果用户键入了明显的错别字词，Google 会给出提示，显示了一定的智能。

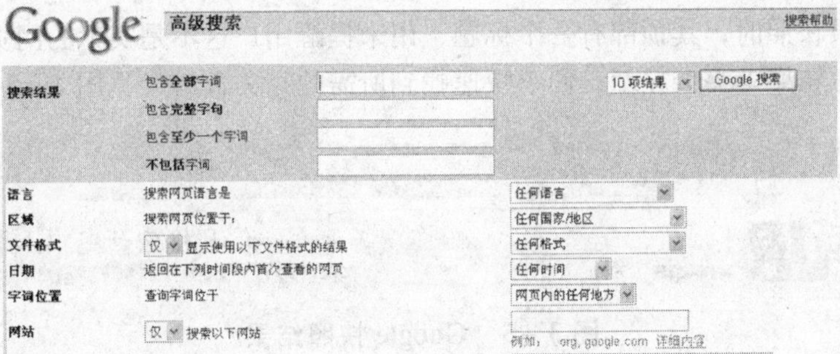

图 3 - 3　Google 高级搜索

Google 还具有以下特殊功能：

（1）图像搜索。Google 的"图像搜索"是网络上现今最好的图像搜索工具，收录有超过 3.3 亿张图像供查看。要进行图像搜索，选择主页上方的图像键或直接用 URL http：//images.google.com 即可进入，在图像搜索框中输入要查找的图像主题或相关关键词，然后单击"搜索"按钮。在检索结果页上单击缩略图即可看到原始大小的图像，同时还可看到该图像所在的网页。但注意由 Google 图像搜索服务提供的图像可能受版权保护，除了可以在网页上查看外。Google 并未授权将这些图像用于其他任何用途。

（2）信息挖掘。如果要查找网络上的 PDF 格式、DOC 格式、GIF 格式等专门格式的文件，只需在检索词后加上 . PDF、. DOC、. GIF 等信息即可，Google 会自动到服务器甚至数据库中去搜寻这些文件，体现了新颖的信息挖掘功能。反之，如果只想查找一般网页而不要 PDF 等文件，则只需在检索词后加上 − filetype：pdf 等就可以了。

（3）手气不错。按下"手气不错"按钮将自动进入 Google 检索到的第一个网页，而完全看不到其他搜索结果。使用"手气不错"进行搜索表示用于搜索网页的时间较少而用于检查网页的时间较多。Google 最擅长于为常见检索找出最准确的搜索结果，用"手气不错"按钮就能直接进入最符合搜索条件的网站，省时又方便。

（4）网页快照。Google 在访问网站时，会将看过的网页复制一份网页快照，以备在找不到原来的网页时使用。单击"网页快照"时，你将看到 Google 将该网页编入索引时的页面。Google 依据这些快照来分析网页是否符合你的需求（见图 3 − 4）。

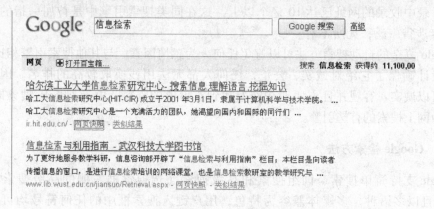

图 3 − 4　Google 快照

在显示网页快照时，其顶部有一个标题，用来提醒用户这不是实际的网页。符合搜索条件的词语在网页快照上突出显示，便于快速找到所需的相关资料（见图 3 − 5）。

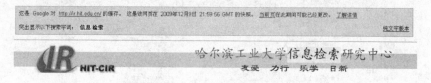

图 3 − 5　Google 快照结果

尚未编入索引的网站没有"网页快照"。另外，如果网站的所有者要求 Google 删除其快照，这些网站也没有"网页快照"。

（5）类似网页。单击"类似网页"时，Google 侦察兵便开始寻找与这一网页相关的网页。Google 侦察兵可以"一兵多用"。如果用户对某一网站的内容很感兴趣，但又嫌资料不够，Google 侦察兵会帮助找到其他有类似资料的网站。例如，如果用户在寻找产品信息，Google 侦察兵就会提供相关信息供比较，使用户能货比三家；如果用户是在某一领域做学问，Google 侦察兵会成为其助手，帮助快速找到大量资料。Google 侦察兵已为成千上万的网页找到了类似网页，但网页越有个性，能找到的类似网页就越少。例如，独树一帜的个人主页就很难有类似网页；有多个网址的公司，Google 侦察兵为各个网址找到的类似网页可能会有所不同。

（6）按链接搜索。有一些词后面加上冒号对 Google 具有特殊的含义。其中的一个词是"link："。检索 link：显示所有指向该网址的网页。例如，"link：www.google.com"将找出所有指向 Google 主页的网页。不能将 link：搜索与普通关键词搜索结合使用。

（7）指定网域。又一个后面加冒号而有特殊含义的词是"site："。要在某个特定的网域或网站中进行搜索，可以在 Google 搜索框中输入"site：xxx.com"。

（8）语句搜索。Google 是最早支持自然语言检索的少数搜索引擎之一，目前这一功能仍在不断改善之中。

（9）Google 资讯。Google 资讯是一个由计算机生成的资讯网站。它汇集了来自中国大陆超过 1 000 多个中文资讯来源的新闻资源，并将相似的报道组合在一起，根据读者的个人喜好进行显示（见图 3－6）。

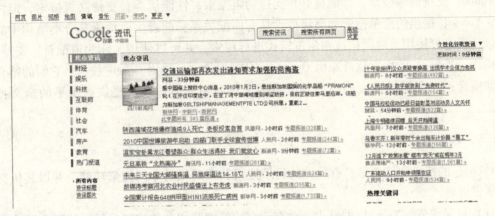

图 3－6　Google 资讯

一直以来，新闻读者都是先挑选一种出版物，然后再寻找所关注的标题。为了向读者提供更加个性化的选项以及更加多样化的视点供其选择，Google 资讯采取的方式略有不同。Google 资讯中为每项报道提供了指向多篇文章的链接，因此你可以先确定感兴趣的主题，然后再选择要阅读每项报道的具体发布者的网页。点击你感兴趣的标题，然后你就可以直接进入发布该报道的网站。

Google 资讯的文章是由计算机进行选择和排名的，它们会评估某项报道在线显示的频率和所显示的网站及其他因素。因此，对报道的排序不涉及政治观点或意识形态，对于任何给定的报道都有多样化的视点供你选择。Google 继续添加新闻来源，优化技术，不断改进 Google 资讯，并努力向更多地区的读者提供这一产品。

Google 资讯的主页面能将当日 24 小时内发生或其他媒体及网站报道的新闻以最快的速度呈现在网络用户眼前。

3.4.2 Yahoo! (http://www.yahoo.com)

3.4.2.1 Yahoo! 简介

Yahoo! 是世界上最早的搜索引擎之一，它是 1994 年 4 月由斯坦福大学的两名博士生研制的，1995 年，两位主要创建人成立了 Yahoo! 公司，该公司营业收入主要来自电子广告。Yahoo! 拥有第一流的 Web 目录和最佳的新闻链接以及许多附加服务，因而也有人将其专门独立为目录索引类搜索引擎（Search Index/Directory）。输入检索词后点击 Search 按钮可进行检索。主页下部是详尽的分类目录，供目录搜索用。页上查看之外，Google 并未授权将这些图像用于其他任何用途。

3.4.2.2 Yahoo! 常用检索

Yahoo! 支持简单搜索，性能良好；支持词组搜索，性能优秀；支持高级搜索，但性能一般。Yahoo! 提供的简单搜索和高级搜索具有匹配关系：前者主要检索其分类结构中的一级目录，后者可使用关键词构成布尔逻辑式进行检索，并可以使用 * 作为通配符。支持 +、－ 词操作。Yahoo! 的检索软件原由 OpenText 公司提供，后采用 Google 技术。它们的结合堪称珠联璧合：一个提供强大的高质量的分类主题目录，另一个则提供高水平的全文搜索引擎。

3.4.2.3 Yahoo! 特色搜索

Yahoo! 的特色和优势是具有独特的目录搜索和系列化的专门搜索功能，并以其优良的性能享誉世界。

（1）目录搜索。Yahoo! 的魅力，就在于它的可浏览式分类主题目录。按照主题建立分类索引，提供全面的分类体系结构，并结合高质量的检索软件，Yahoo! 成功地建立起了一套独特的信息管理和组织机制，使得对网络信息的全面检索变成现实。Yahoo! 包含的主题内容经过精心选择，按字母顺序归为 14 个大类，对每个大类所包含的子类有精练的描述，每个子类与数以千计的互联网网站信息相连，范围广泛，汇集了数百万分类 URL，并且能将搜索限制在某一类别内。Yahoo! 的 14 个基本大类是 Art & Humanities（艺术与人文）、Business & Economy（商业与经济）、Computers & Internet（电脑与网际网路/网络）、Education（教育）、Entertainment（娱乐）、Government（政府）、Health（健康与医药）、News & Media（新闻与媒体）、Recreation & Sports（休闲与运动）、Reference（参考资料）、Regional（国家与地区）、Science（科学）、Social Science（社会科学）、Society & Culture（社会与文化）。Yahoo! 的目录搜索使用很简单，只要进入其网站，选定所查主题，逐级进入即可。这些目录由于是人工参与建立的，故标引较准确，因而查准率较高。无论是偶尔浏览还是专门检索，使用 Yahoo! 都是很好的选择。

（2）专门搜索。Yahoo! 针对各国用户和专门用户设计开发了相应的功能检索界面，例如中文 Yahoo!（http://cn.yahoo.com）、德文 Yahoo!（http://de.yahoo.com）、法文 Yahoo!（http://fr.yahoo.com），以及专门为儿童设计的搜索引擎 Yahooligans!（http://www.yahooligan.

com）等，形成全方位的 Yahoo！搜索网站系列，这在目前所有搜索引擎中是独一无二的。

具体检索操作时值得提醒的事项还有：Yahoo！对大小写字母不敏感，即对输入的检索词大小写字母一视同仁。Yahoo！也支持任意词检索。用户可以控制的选择包括：① 搜索的类型：Web，Usenet 或 Email Address 等；② 搜索词之间的关系：OR 或 AND；③后截词检索（使用通配符 ＊）；④ 控制每页显示的结果数目：10，25，50 或 100。

诚然，Yahoo！在检索方式上存在着一些缺陷，如：只能进行关键词检索，并且只支持布尔逻辑算符 AND 和 OR，未提供 Near 等，高级搜索功能平平，但最近 Yahoo！以 16.8 亿美元收购 Overture 后，估计将推出一系列新举措。虽然目录索引在技术意义上不算严格的搜索引擎，只是按目录分类的网站链接列表，但目录索引在搜索引擎中却具有不可替代性，除大名鼎鼎的 Yahoo！外，采用目录索引的还有 Open Directory Project（DMOZ）、LookSmart、About 等。搜狐、新浪、网易等国内门户网站在发展早期也用过目录索引形式。因此，从总体上看，Yahoo！仍然是 Web 上独具特色的搜索引擎。

3.4.3　百度（http：//www.baidu.com）

3.4.3.1　百度简介

"百度"二字取自辛弃疾的《青玉案》"众里寻她千百度"。2000 年 1 月创立于北京中关村，是全球最大的中文搜索引擎。2000 年 1 月 1 日，公司创始人李彦宏、徐勇携 120 万美元风险投资，从美国硅谷回国，创建了百度公司。

2000 年 5 月，百度首次为门户网站——硅谷动力提供搜索技术服务，之后迅速占领中国搜索引擎市场，成为最主要的搜索技术提供商。2001 年 8 月，发布 Baidu.com 搜索引擎 Beta 版，从后台服务转向独立提供搜索服务，并且在中国首创了竞价排名商业模式，2001 年 10 月 22 日正式发布 Baidu 搜索引擎。2005 年 8 月 5 日，百度在美国纳斯达克上市。现在百度已成为世界上最大的中文搜索引擎，用户能够访问超过 10 亿的中文网页（见图 3－7）。

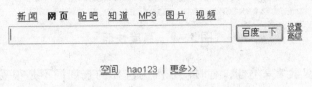

图 3－7　百度主页

3.4.3.2　百度常用检索

（1）常用功能有：①百度快照；②相关搜索；③拼音提示；④错别字提示；⑤英汉互译词典；⑥计算器和度量衡转换；⑦专业文档搜索；⑧股票、列车时刻表和飞机航班查询；⑨高级搜索语法；⑩高级搜索、地区搜索和个性设置（见图 3－8）。

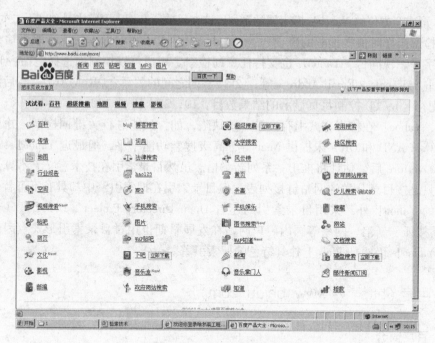

图 3 - 8　百度产品大全

（2）功能介绍。

① 百度快照。每个被收录的网页，在百度上都存有一个纯文本的备份，称为"百度快照"。百度速度较慢，你可以通过"快照"快速浏览页面内容。如果无法打开某个搜索结果，或者打开速度特别慢，"百度快照"能帮你解决问题（见图 3 - 9）。

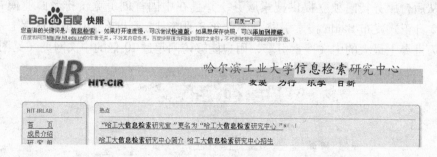

图 3 - 9　百度快照

② 相关搜索。搜索结果不佳，有时候是因为选择的查询词不是很妥当。你可以通过参考别人是怎么搜的，来获得一些启发。百度的"相关搜索"，就是和你的搜索很相似的一系列查询词。百度相关搜索排布在搜索结果页的下方，按搜索热门度排序。

③ 专业文档搜索。很多有价值的资料，在互联网上并非以普通的网页形式出现，而是以 Word、PowerPoint、PDF 等文档格式存在。百度支持对 Office 文档（包括 Word、Excel、PowerPoint）、Adobe PDF 文档、RTF 文档的全文搜索（见图 3 - 10）。

④ 高级搜索。把搜索范围限定在网页标题中——intitle，有时候，你如果知道某个站点中有自己需要找的东西，就可以把搜索范围限定在这个站点中，提高查询效率。使用的方

式，是在查询内容的后面，加上"site：站点域名"（见图 3 - 11）。

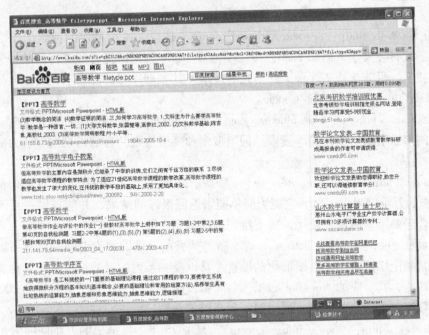

图 3 - 10　专业文档搜索

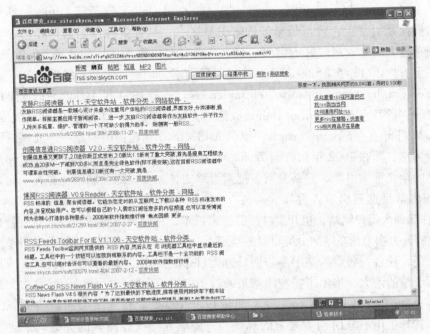

图 3 - 11　高级搜索

3.4.4 其他著名搜索引擎

（1）All the Web（http：//www. alltheweb. com），是当今成长最快的搜索引擎之一，其技术起源于挪威科技大学，后归 Fast 公司，现为 Overture 公司所拥有。支持简单搜索、词组搜索和高级搜索，目前支持 225 种文件格式的搜索，其数据库号称已存有约 50 种语言的 31 亿 Web 网页，性能和名气都直逼 Google。

（2）AltaVista（http：//www. altavista. com），老牌搜索引擎，是 DEC 公司 1995 年 12 月推出的万维网搜索引擎。支持简单搜索、词组搜索和高级搜索，目前仍是富有活力的重要搜索引擎。

（3）Excite（http：//www. excite. com），是基于斯坦福大学 1993 年 8 月创建的 Architext 扩展而成的万维网搜索引擎，它能为简单搜索返回很好的结果，并能提供一系列附加内容，尤其适合经验不多的用户使用，也支持词组搜索和高级搜索。

（4）Hotbot（http：//www. hotbot. com），曾是优秀的万维网搜索引擎，具有一流的高级搜索功能和新闻论坛搜索功能、图形化的搜索工具以及一系列的过滤选项，尤其是有优良的 Usenet 搜索功能，其对应的 NewsBot 数据库每天都及时地更新，提供了来自大约 200 个新闻网点的大量数据。支持简单搜索、词组搜索和高级搜索。

（5）Infoseek（http：//www. infoseek. com），是 1995 年 2 月推出的万维网搜索引擎。它是一个综合网点，提供了很多有用的附加服务，包括通过电子邮件发送新闻、外国语搜索、按地理区域的搜索以及个人的金融文件夹等。它的新闻搜索能访问许多一流的资源，如 Bussinesswire、路透社、CNN 等。也支持简单搜索、词组搜索和高级搜索。

（6）Lycos（http：//www. lycos. com），是 American Online 公司从 Carnegie Mellon 大学收购的万维网搜索引擎。它曾是最早的搜索引擎之一，具有多种搜索选项和内容丰富的目录，执行简单搜索时能返回较好的结果。最大特色是专门整理了一份占前 5% 的热门网址，在其主页右上方选击 Top 5% Sites 进入。支持简单搜索、词组搜索和高级搜索。

（7）Web Crawler（http：//www. webcrawler. com），是 1994 年 4 月入网的最早的万维网搜索引擎之一，1995 年被 American Online 收购。支持简单搜索、词组搜索和高级搜索。

（8）Ask（http：//www. ask. com），原名 AskJeeves，初出道时只是一个元搜索引擎，后以目录搜索为主，而在 2002 年初收购 Teoma 全文搜索引擎后，很快便成为以实现自然语言检索为特色的全文搜索引擎，并跻身著名搜索引擎之林，在国际互联网上赢得一席之地。

（9）国内常见搜索引擎：搜狐（http：//www. sohu. com）和网易（http：//www. nease. com. cn）。作为两大门户网站，也开发自己的搜索技术，在分类目录搜索方面各有特色：搜狐主要把大量的人力物力花在网站分类目录的整理上，建立了分类合理的网站分类目录。网易则网聚人的力量，让各行各业的高手参与网易分类目录的制作，形成开放式目录；网易还进一步挖掘搜索引擎的潜力，推出了把搜索结果通过手机短信发送的功能。而号称中文第一门户网站的新浪（http：//www. sina. com. cn）则依托自身良好的技术实力和新闻优势，推出了综合搜索，省却了用户分门别类搜索的麻烦，只要输入一次想搜索的关键词，就能得到网站、网页、新闻、商品等常用信息，层次分明，一目了然，在保持快速、准确的基础上，给用户提供了更多的选择。这些都是国内搜索引擎在独立发展上进行的有益探索。从发展看，门户网站与搜索引擎的结合很可能成为一种新的技术趋势。

目前国内搜索引擎对潜在价值的开发还不够，短期内可望解决或取得明显进展的是：网页数量、网页缓存、动态摘要、重复网页、数据库更新期、动态网页抓取、自动分类、定制搜索服务、BBS 搜索、Frame 网页、不可索引文件的链接索引、切词、死链接、网页搜索和分类目录的结合、错误关键字的提示、pdf/XML 等特殊格式文件索引。但在技术上，国内搜索引擎在短期内还不会在以下方面有真正的进步，仅停留在一些美好愿望上，如：自然语言检索、语音检索、视频检索、个性化检索、交叉语言检索、具有实用性的模糊检索等。不过，一些中文搜索引擎已宣布支持自然语言检索特性。

尚未商品化的国内搜索引擎技术还有北京大学的天网（http：//e. pku. edu. cn）和上海交通大学的纳讯（http：//naxun. sjtu. edu. cn/search. htm）等。由北京大学计算机系网络研究室开发的天网搜索引擎，收录了大量教育网内资源，使教育网内的资源也能被广泛利用起来，特别是它的 FTP 搜索部分，提供了非常丰富的下载资源。而上海交通大学纳讯高新技术应用研究所开发的纳讯新闻搜索引擎，则以智能化的高速搜索为特色。

3.5　站内搜索技术

3.5.1　站内搜索基础

踏入 2009 年，搜索引擎市场仿佛就成了网络搜索和行业搜索双分天下。但直至 2009 年10 月，站内搜索的应用价值引起 IT 界的重视和关注，搜索引擎市场两极分化之势日趋向三足鼎立之局演化。目前网络搜索技术中网络搜索和行业搜索技术相对成熟。网络搜索聚合了各网站的有限的信息资源成为大量优势资源，满足用户的需求；行业搜索满足了用户对网络信息的专业化和准确度越来越高的要求。例如"中国化工搜索"就是针对某一行业的专业搜索引擎，是搜索引擎的细分和延伸，是对网页库中的某类专门的信息进行一次整合，定向分字段抽取出需要的数据进行处理后再以某种形式返回给用户。

书需要目录，报纸需要导读，这无非是解决如何让读者便捷地了解并找到期望内容的问题，那么网站的资源多了需要什么才能让信息资源尽可能的展现？站内搜索的意义和价值逐渐上升。

（1）站内搜索引擎的基本概念。站内搜索引擎连接着网站自身资源和用户双向利益的共现。网络搜索和行业搜索是对他人信息的汇总利用，而站内搜索是在网站具有高价值的信息资源的前提下，给其用户提供高效的信息查询服务，是对网站服务质量的提升，是网站建设中针对用户使用网站的便利性所提供的必要功能，同时也是研究网站用户行为的一个有效工具。

网络搜索是通过从互联网上提取的网站信息来建立索引数据库，从库中检索与用户查询条件匹配的相关记录，然后按一定的排列顺序将结果返回给用户，包括信息的搜索、索引和检索三个过程。而站内搜索的不同点主要有：①它是数据库检索；②它所检索的范围一般限制在本站点或网站群。因此，对于内容丰富的大型信息类网站和产品丰富的在线销售型网站来说，提供一般性的站内全文检索是远远不够的，很有必要开发能够实现个性化需求的高级搜索功能。

（2）站内搜索同网络搜索和行业搜索的技术比较。国内互联网经过十几年的发展，互联网与现实社会的关联越来越紧密，网站信息的增长和传播速度也越来越快，网站走差异化发展道路具有可行性，也是一种必然结果，但这要求网站提供具有特色的服务。事实上很多网站在特色信息采集方面都相当成功，但由于缺少强有效的站内搜索引擎，用户（包括老用户）永远都只会看首页或相关栏目的第一页，长期积累的高价值信息被尘积在数据库的底部，特色信息对于用户的"特"、"专"的特点被淡化，信息资源被等同于新闻了，而网站管理者只好为了追求首页信息的"新、"快"疲于奔波在收集最新的信息中，网站的经营成本上升，而差异化道路逐渐失去差异的特点，为此快速、精确、智能和人性化的站内搜索引擎越来越得到用户的青睐。探索和应用高效的站内搜索技术将有助于提升国内网站的价值，发挥网站应有的作用。

3.5.2　站内搜索技术

站内搜索引擎一般有三种类型：基于数据库、基于 Spider 抓取和全文检索技术。

（1）基于数据库的搜索。这种站内搜索的数据容量有限，因此检索速度较快，查准率高，但是不具备分词功能，无法完成全文检索，检索功能相对简单，用户对搜索范围、内容和体现的结果无法精确控制。可以用 SQL 的单字索引功能实现最低级的全文检索。但随数据量上升，数据库压力增大，系统面临崩溃的危险。

（2）基于 Spider 抓取的站内搜索。一般用于大中型网站，其技术过程是经 Spider 抓取网页，对 html 解析、分词、索引，实现网页式站内搜索，容量一般在千万级以上，速度在毫秒级，准确度低，支持分词功能；抗压能力强，系统安全系数高；但随数据量增加，搜索结果中垃圾信息比重上升，影响结果的排序和显示效果，严重影响精确度。只对静态页面进行搜索，动态页面数据无法抓取；用户对搜索范围、内容、栏目和体现的结果无法精确、有效地控制，各种垃圾信息过多。

（3）全文检索站内搜索软技术。少量大型网站使用。它对数据库数据进行 html 解析、分词、索引，实现站内搜索；容量在千万级以上，毫秒级速度，支持分词功能，可进行关键字进行检索，可基于内容分析的排序方法。所有动态网页和没有链接的网页均可有效收录，抗压能力强，系统安全系数高，用户可对搜索的内容范围和体现的结果进行精确地控制，可有效控制，栏目控制精准；提供动态摘要，摘要清晰精确，便于用户快速寻找到所需信息。

随着互联网市场竞争加剧，作为网站核心服务之一的搜索引擎越来越被各大网站所重视。数据库搜索已无法满足网站及其用户的需求，众多网站开始寻求提高自身网站站内搜索功能的解决方案，基于 Spider 抓取的站内搜索虽然在一定程度上缓解了问题。

3.5.3　P2P 技术对站内搜索的冲击和机遇

随着 Internet 的强势发展，网上庞大的数字化信息和人们获取所需信息能力之间的矛盾日益突出。由于搜索软件程序只能接受 HTML 格式，这意味着，在企业内部的局域网上，任何没有使用 HTML 格式的信息将无法被外部的搜索引擎查到。这就是为什么像 PPT、

Word、PDF、电子邮件等文件，以及 ERP（企业资源规划）、CRM（客户关系管理）等应用软件的数据库的信息会长期的"沉没"在信息的海底中。如何解决这些难题已成为第三代搜索引擎探索的方向。随着数据库容量的不断膨胀，如何从庞大的企业内部的局域网中精确地找到正确的资料，被公认为是下一代搜索技术的竞争要点。于是 P2P（Peer-to-Peer，即对等网络技术）被认为是实现下一次网络搜索飞跃的关键。

基于 P2P 对等搜索理念的搜索技术会为 Internet 的信息搜索提供全新的解决之道。它使人们在网络上的共享行为被提到一个更高的层次，使人们以更主动深刻的方式参与到网络中去。

但是由此而来的法律问题是：在 P2P 网络传输中，用户可以共享各种音频、视频文件，文档资料及应用程序。这些文件的大量共享可能会包含大量的版权侵权活动，而搜索引擎又无法辨别和控制这些非法行为，这些行为造成众多版权内容私下免费传播，对版权人的利益造成巨大损失。2000 年以来，在 P2P 技术还是搜索引擎的研究发展方向时，美国发生了数十件与 P2P 对等网络有关的法律诉讼。但国内外多家搜索引擎服务提供商依然打算在其桌面搜索工具内包含 P2P 软件，并称其可以通过向网络上其他用户的计算机发送内容检索要求，得到同意后，即可通过 P2P 软件检索下载他人计算机内的文件，并称该检索方式检索的内容将更加丰富和全面，将是搜索引擎未来的发展方向。

3.6　专业数据库检索

对于专业的数据库需采取特殊的检索方法，本节就期刊网展开讲解。

在所有的文献类型中，期刊所占比例最大，占所有文献资源的 65% 左右。期刊出版周期较短，一些最新的研究成果往往发表在期刊上。期刊论文的篇幅虽然短小，也不太系统和全面，但其内容却比较专深，适合于科学研究的参考之用，是获取某一学科领域发展动态信息的重要渠道。

3.6.1　核心期刊及其网上分布

什么是核心期刊？比较一致的定义是：在某一学科中，少数期刊覆盖了该学科的大部分最有参考价值的文献，而多数期刊仅包含该学科的少量最有参考价值的文献，这少数期刊就是该学科的核心期刊。它集中了学术研究的前沿信息，是必不可少的文献信息源。这里根据不同的学科选择推荐最重要的百余种核心期刊，每种期刊均列出其刊名、ISSN 号（国际标准连续出版物编号）、出版年、出版周期、影响因子、电子版情况及被权威检索工具 SCI/SSCI/AHCI 收录的情况。

此外，对于中国的哲学、人文科学和社会科学研究来说，中国人民大学书报资料中心的复印报刊资料系列是一套重要的资料，这套资料选择报刊上已经发表的重要文献按分类编排而成，既是全文汇集，又具有一定可检性，形成一个有代表性的检索文献系统。

3.6.2 国内外电子期刊全文数据库

电子期刊全文数据库既是电子期刊的集成，也是电子期刊提供服务的主要载体和方式。因此，这里对国内外一些主要的电子期刊全文数据库进行简要介绍。

3.6.2.1 中文电子期刊全文数据库

（1）中国知网（http：//www.cnki.net）。由清华同方光盘股份有限公司组织实施的中国知识基础设施工程（China National Knowledge Infrastructure，CNKI）的核心数据库资源之一，也是国内最大型的学术期刊全文数据库之一（见图3-12）。它收录1994年至今的国内6 100种核心与专业特色中英文期刊的全文，积累全文文献800万篇，题录1 500余万条。它分为理工A（数理科学）、理工B（化学化工能源与材料）、理工C（工业技术）、农业、医药卫生、文史哲、经济政治与法律、教育与社会科学、电子技术与信息科学9大专集和126个专题。提供《中国期刊全文数据库（WEB版）》、《中国学术期刊（光盘版）》（简称CAJ-CD）和《中国期刊专题全文数据库（光盘版）》三种形式的产品。因其提供的期刊均已有印刷版，为保证印刷版的发行，电子版的出版晚于印刷版。

图3-12 中国知网首页

中国期刊全文数据库有简单检索和高级检索两种检索方法，并可在一次检索的基础上进行二次检索。它提供了篇名、作者、关键词、机构、中文摘要、引文、基金、全文、中文刊名、ISSN、年、期、主题词13个检索途径，既可以限定检索时段，也可以控制检索结果的排序方式（时间、相关度）。其全文有两种格式：CAJ格式或PDF格式，需要专用的CAJ浏览器或Acrobat Reader软件进行阅读。2003年，CNKI推出跨库检索系统，从而实现了其主要源数据库——中国期刊全文数据库、中国博硕士论文数据库、中国会议论文数据库、中国报纸全文数据库的跨库检索。目前CNKI正在实施中国期刊"世纪光盘"工程，即精选4 000种重要期刊从创刊至现今的全部全文文献进行数字化建库。

（2）中文科技期刊数据库（http：//newweb.cqvip.com）。由重庆维普公司开发，包含1989年以来的经济管理、教育科学、图书情报、自然科学、农业科学、医药卫生、工程技术等学科8 000余种期刊刊载的600余万篇文献，并以每年100万篇的速度递增（见图3-13）。

图 3 – 13　维普资讯首页

中文科技期刊数据库提供了简单检索、复合检索和二次检索等多种检索方法，可检索途径包括：关键词、刊名、作者、第一作者、机构、题名、文摘、分类号、任意字段 9 种。该库检索辅助功能强，可以限定检索的"期刊范围"为全部期刊、核心期刊或者重要期刊；可以限定检索的年代范围；可以调用同义词库和同名作者库来辅助检索。在该库中浏览全文之前也需要安装专用浏览器——维普浏览器。但下载全文时可以保存为维普专用格式，也可以保存为图片格式。

（3）万方数字化期刊（http：//www. wanfangdata. com. cn）。数字化期刊收纳了基础科学、农业科学、医药卫生、工程技术 4 大学科 70 余个类目的 3 000 余种期刊，多为 2000 年以来的文献。该库期刊浏览功能强，可以按从类—刊—期—目录—全文的方式浏览期刊，符合传统的期刊浏览习惯。但其检索功能则相对较弱。其全文采取了国际通行的 PDF 格式，因此，在浏览全文之前，应先下载安装 Acrobat Reader 软件。

以上三个数据库是国内最为主要的电子期刊全文数据库。比较而言，中国期刊全文数据库因发展时间较长，收录期刊比较全面，系统也比较稳定。中文科技期刊数据库则在科技期刊的收录方面较齐全，核心期刊含量高，检索功能较完善，尤其是逻辑组配检索功能完备；缺点是期刊连续性不够，另外全文数据质量不理想，扫描存储的图片格式页面不整洁。万方数字化期刊收录期刊相对较少，收录年代也相对较短，但它提供了较好的期刊浏览方式，是前两种数据库的一个很好的补充。

3.6.2.2　英文电子期刊全文数据库

（1）Elsevier SDOS。荷兰 Elsevier Science 公司是世界著名的学术出版公司，已有 100 多年的历史。除了出版图书外，还出版有近 2 000 多种世界公认的高品位学术期刊。其中许多为核心期刊，并被世界上许多著名的权威检索工具（如 SCI、EI）所收录。1997 年，该公司开始推出名为 Science Direct 的电子期刊计划，将该公司的全部印刷版期刊转换为电子版，同时也推出了其本地服务措施 Science Direct Onsite（SDOS），即在用户本地建立镜像服务器。2000 年 1 月，SDOS 进入中国。"中国高等院校文献保障体系"（CALIS）的多个成员图书馆和国家图书馆、科学院图书馆联合组成了"中国集团"，与 Elsevier Science 公司签订协议，在清华大学图书馆和上海交大图书馆分别设立了镜像服务器。目前 SDOS 收录期刊已达 1 500 多种，分为农业与生物科学（106 种），艺术与人文科学（29 种），生物化学、遗传学和分子生物学（157 种），工商、管理与会计学（84 种），化学工程（93 种），化学（116 种），土木工程（58 种），计算机科学（116 种），决策学（37 种），地球与行星科学（86

种)，经济、经济计量与金融（66 种），能源（53 种），工程与技术（184 种），环境科学（74 种），免疫学与微生物学（93 种），材料科学（115 种），数学（60 种），医学（270 种），神经系统科学（75 种），药理学、毒物学和制药学（51 种），物理与天文学（86 种），心理学（76 种），社会科学（131 种）23 个类目。

（2）IEEE/IEE Electronic Library。IEEE/IEE Electronic Library（简称 IEL）是美国电气电子工程师学会（IEEE）和英国电气工程师学会（IEE）所有出版物的电子版全文数据库，它包括 IEEE 和 IEE 编辑出版的全部学术期刊 120 多种，科技会议录 600 多种和 875 个 IEEE 工业标准。时间跨度是 1988 年至今，也就是说，1988 年以后 IEEE 和 IEE 出版的所有期刊、会议录、工业标准的全文均包括在内，累计有 12 000 个出版物的 400 000 篇文献。通过 IEL 全文数据库，读者可查阅到 IEEE 和 IEE 编辑出版的所有出版物的全文，包括相应的印刷型出版物的全部内容，诸如图表、曲线图、相片等，读者不仅能查阅到它们的学术论文，也能查阅未被文摘摘录的出版物目次、信息交流、新产品评说、编者的话等信息。购买了使用权的单位可以经 IP 控制通过 Internet 查阅 IEL，其 URL 为 http：//intl. ieeexplore. ieee. org。

3.6.3　中国期刊网全文数据库检索方法

中国期刊网于 1999 年 6 月正式开通运行，经过不断地努力和发展，现已升级到 3.0 版本。新版的中国期刊网检索功能与以往相比更强大，更完善，不仅支持跨年度的单个专辑的检索，而且还提供按年、期检索以及跨专辑的检索功能，面向一般读者的初级检索与面向专业人员的高级检索相结合，增加了按更新日期排序输出的功能，可以把最新更新的记录排列在最前面，使读者快速检索到最新更新的文章，使得中国期刊网在使用上具有方便、快捷、高效的特点，成为广大读者学习、研究的得力助手和工具。

3.6.3.1　中国期刊网全文数据库特点

（1）质量高，生产速度快。刻录的数据是出版社上交排好版的磁盘文件，并完全按照原刊排版方式进行，保证了数据的质量。同时，数据的生产速度、数据的增加以入编期刊出版为准，几乎与入编的印刷版期刊同步出版。

（2）检索系统功能强大。以 Windows 为操作平台，使用起来灵活方便，即检即得。检索途径多，可从全文、篇名、机构、作者、关键词、中文摘要、引文、中文刊名、基金进行检索。检索词之间可进行逻辑运算（"AND"；"NOT"；"OR" 等），并可在上一次检索结果范围内用新的检索词，缩小检索范围，进行逐次逼近，使结果更符合检索要求。此外，还可按原版方式在屏幕上显示或用打印机输出，全文显示时可进行拷贝、剪贴、编辑。

3.6.3.2　中国期刊网全文数据库检索方法

（1）登录 CNKI 镜像站主页。登录 CNKI 镜像站有两种途径：

① 先进入主页，然后点击图书馆链接，进入图书馆主页，再点击 CNKI 镜像站链接即可。

② 直接在 IE 浏览器地址栏输入地址：http：//www. cnki. net/，也可直接进入 CNKI 镜像站主页。

（2）下载并安装"全文浏览器"。

① 进入 CNKI 镜像站主页之后，如果是首次使用，请先从主页的左边"敬告读者"栏目点击"下载全文浏览器"，将"全文浏览器"保存到你的硬盘中。

② 双击 Cajviewer 进行自解压（它将会在你保存 Cajviewer 文件的地方自动生成一个 Cajviewer 文件夹）。

③ 进入 Cajviewer 文件夹，双击 Setup 文件（图标为一个电脑），然后按安装程序指示点击"Next"直至出现"Finish"按钮，点击"Finish"安装完毕。

（3）选择检索年限。可以检索某一年的文献，也可以同时检索 1994 年以来的文献。

（4）选择专题数据库。CNKI 共有 9 个专辑，每一个专辑下再分小类，检索时可以对所有专题的数据库进行检索，也可以对某一专辑的数据库进行检索。

（5）选择检索方式。CNKI 设置了两种检索方式：初级检索和高级检索。

初级检索提供了最基本的 8 种检索方法（不支持逻辑检索）。①篇名检索。根据输入的检索词，检索出论文篇名中含有该词的所有论文。②作者检索。输入检索词，检索出作者姓名中含有该检索词的所有论文。③机构检索。根据输入的检索词，检索出作者单位含有该检索词的所有论文。④关键词检索。根据输入的检索词，检索出论文关键词中含有该关键词的所有论文。⑤中文摘要检索。按照输入的检索词，对数据库中所收录论文的中文摘要进行检索。⑥引文检索。以参考文献中的作者姓名、论文篇名或出版物名称作为检索词，对数据库中所收录的论文进行检索。⑦基金检索。按照指定的基金名称对数据库收录的所有论文进行检索。⑧全文检索。根据输入的关键词，检索出全文中含有该关键词的所有论文。

利用初级检索系统能进行快速方便地查询，适用于不熟悉多条件组合查询的用户，它为用户提供了详细的导航内容，最大范围的选择空间。对于一些简单查询，建议使用该检索系统（登录全文检索系统后，系统默认的检索方式即为初级检索方式）。

该查询的特点是方便快速，执行效率较高，但查询结果有很大的冗余，会检索出一大批检索者所不期望的结果。如果能在检索结果中进行二次检索或配合高级检索，则检索命中率会大大提高。例如，检索 2009 年发表在各杂志上且篇名中包含关键词"解码器"的文章。第一步，确定检索词所在的专辑及专辑的年份。对于关键词"解码器"，我们首先估计它应该出现在哪个专辑中，这样就可缩小检索范围，由于"解码器"应该属于电子类产品，所以我们将检索范围定在电子技术及信息科学辑中。由于要检索的是 2009 年发表的文章，所以在年份的下拉框里选择"从 2008 到 2009"。第二步，输入检索词选定专辑后即可输入检索词，当然也可先输入检索词再选定范围。第三步，检索。点击［检索］按钮即可进行检索。

高级检索是在浏览器高级检索界面中，提供多个检索词、检索项目的逻辑组合检索。高级检索能进行快速有效的组合查询。其优点是查询结果冗余少，命中率高。对于命中率要求较高的查询，建议使用该检索系统（登录全文检索系统后，系统默认的检索方式为初级检索方式，要进行高级检索，请点击主页左侧导航栏上部的"高级"，切换到高级检索系统界面）。

高级检索有四个检索框，可以依次输入要检索的字段及条件，进行组合查询。各检索词之间的关系用逻辑算符 AND、OR、NOT 来连接。A AND B 表示被检索的文献记录中必须同时含有 A 和 B；A OR B 表示被检索的文献记录中只含有 A 和 B 中的任一个即可；A NOT B 表示检索结果不能含有条件 B。但如果一个复杂的查询中既包含了 AND 也包含了 OR 和

NOT，则计算机优先执行的顺序是 NOT、AND、OR（注意：查询框的内容要依次填入，否则将不能查询到）。

（6）检索示例。检索出符合条件一或条件二的所有记录：条件一：文章的篇名里包含关键词"矩阵"且文章的作者是"李珍珠"；条件二：2008 年和 2009 年所有发表在信阳师范学报上的文章。

第一步：确定检索词所在的专辑及专辑的年份。对于关键词"矩阵"，我们首先估计它应该出现在哪个专辑中，这样就可缩小检索范围，由于"矩阵"应该属理工类，所以我们将检索范围定在理工 A、理工 B、理工 C 辑中。同时，由于要检索的是 2008 年和 2009 年发表的文章，所以在年份的下拉框里选择"从 2008 到 2009"。

第二步：输入检索词及确定各检索词之间的连接关系。选定专辑后即可输入检索词（也可先输入检索词再选定检索范围），根据检索条件各关键词之间的连接关系应为：篇名 = 矩阵 AND 作者 = 李珍珠 OR 中文刊名 = 信阳师范学报。

第三步：检索。点击［检索］按钮即可进行检索。

高级检索方法比初级检索更快捷、高效。在初级检索及高级检索界面中，都设有二次检索功能，它是指对于第一次检索的结果，可再用新的检索词进行逐次逼近检索，直至满意为止。例如，使用初级检索查找有关体育锻炼对大学生心理健康的影响方面的文章，先输入关键词"心理健康"，选择医药卫生专辑和教育与社会科学专辑，时间范围从 1994 ~ 2009 年，检索，命中结果为 483 篇。为提高查准率，可以在一次检索基础上进行二次检索，在二次检索框中输入关键词"大学生"，命中结果为 281 篇。如不满意，还可再输入关键词"体育锻炼"进一步缩小范围，最后命中结果为 22 篇。

浏览全文：通过以上检索可以检索出很多篇论文，但显示结果只是论文的篇名，如希望浏览某文的全文，则先点击结果栏内的该文篇名，再在下面摘要栏内点击"原文［下载］"。如果是第一次使用，则会弹出一个对话框，要求用户选择是"保存到磁盘"还是"在当前位置打开"。用户可选择在当前位置打开，并将"以后不再提示"选中，系统以后便自动使用此次选择方式。选择在当前位置打开文件即可浏览全文。①保存到磁盘。如果选择"将文件保存到磁盘"，可将原文文献下载到本机磁盘中，也可以拷贝到软盘中带走。②在线打印。单击打印机图标即可打印出该篇论文全文。③编辑。如果只想要论文中的某一部分内容，通过使用"剪切"、"复制"、"粘贴"命令，可以将选择的内容粘贴到指定的文档中，读者可以随意编辑。

3.7 搜索案例

本节将 Google 搜索案例向大家介绍如何使用搜索技巧进行内容检索。

首先登录 Google 的网站——www. google. com，第一次进入 Google，它会根据你的操作系统，确定语言界面。需要提醒的是，Google 是通过 cookie 来存储页面设定的，所以，如果你的系统禁用 cookie，就无法对 Google 界面进行个人设定了。

Google 的首页很清爽，Logo 下面，排列了六大功能模块：网站、图片、视频、地图资讯和音乐。默认是网站搜索。

（1）搜索结果要求包含两个或两个以上的关键字。一般搜索引擎需要在多个关键字之间加上"＋"，而 Google 无须用明文的"＋"来表示逻辑"与"操作，只要空格就可以了。

示例：搜索所有包含关键词"教学设计"和"建构主义"的中文网页。

搜索："教学设计　建构主义"。

结果：如图 3－14 所示。

图 3－14　在 Google 中输入"教学设计　建构主义"关键词的检索结果

注意：文章中搜索语法外面的引号仅起引用作用，不能带入搜索栏内。

（2）搜索结果要求不包含某些关键字。Google 用减号"－"表示逻辑"非"操作。

示例：搜索所有包含"教学设计"而不含"建构主义"的中文网页。

搜索："教学设计－建构主义"。

结果：如图 3－15 所示。

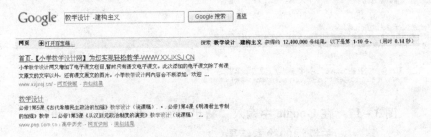

图 3－15　在 Google 中输入"教学设计－建构主义"关键词的检索结果

注意：这里的"＋"和"－"号，是英文字符，而不是中文字符的"＋"和"－"。此外，操作符与作用的关键字之间，不能有空格。比如"易筋经 － 吸星大法"，搜索引擎将视为关键字为易筋经和吸星大法的逻辑"与"操作，中间的"－"被忽略。

（3）搜索结果至少包含多个关键字中的任意一个。

示例：搜索包含"教学设计"或者"建构主义"，或者两者均有的中文网页。

搜索："教学设计 OR 建构主义"。

结果：如图 3－16 所示。

注意：小写的"or"，在查询的时候将被忽略。这样，上述的操作实际上变成了一次"与"查询。

（4）对搜索的网站进行限制。"site"表示搜索结果局限于某个具体网站或者网站频道，

图 3 – 16　在 Google 中输入"教学设计 OR 建构主义"
关键词的检索结果

如"sina. com. cn"、"edu. sina. com. cn",或者是某个域名,如"com. cn"、"com"等。如果是要排除某网站或者域名范围内的页面,只需用"－网站/域名"。

示例:搜索新浪网站(edu. sina. com. cn)上所有包含"鲁迅"的页面。

搜索:"鲁迅 site:edu. sina. com. cn"。

结果:如图 3 – 17 所示。

图 3 – 17　在 Google 中输入"鲁迅 site:edu. sina. com. cn"
关键词的检索结果

注意:site 后的冒号为英文字符,而且,冒号后不能有空格,否则,"site:"将被作为一个搜索的关键字。此外,网站域名不能有"http"以及"www"前缀,也不能有任何"/"的目录后缀;网站频道则只局限于"频道名.域名"方式,而不能是"域名/频道名"方式。诸如"鲁迅 site:edu. sina. com. cn/1/"的语法是错误的。

(5)查询某一类文件。"filetype:"功能已经非常强大,可以做很多意想不到的事情。最重要的文档搜索是 PDF 搜索。PDF 是 ADOBE 公司开发的电子文档格式,现在已经成为互联网的电子化出版标准。目前 Google 检索的 PDF 文档大约有 2 500 万左右。PDF 文档通常是一些图文并茂的综合性文档,提供的资讯一般比较集中全面。

示例:搜索关于电子商务(Ecommerce)的 PDF 文档。

搜索:"ecommerce filetype:pdf"。

结果:如图 3 – 18 所示。

"filetype"的另一个强大用处则在图片搜索。

图 3 – 18 在 Google 中输入 "ecommerce filetype：pdf"
关键词的检索结果

(6) 搜索的关键字包含在 URL 链接中。"inurl" 语法返回的网页链接中包含第一个关键字，后面的关键字则出现在链接中或者网页文档中。有很多网站把某一类具有相同属性的资源名称显示在目录名称或者网页名称中，比如 "MP3"、"GALLARY" 等，于是，就可以用 INURL 语法找到这些相关资源链接，然后，用第二个关键词确定是否有某项具体资料。INURL 语法和基本搜索语法的最大区别在于，前者通常能提供非常精确的专题资料。

示例：查找微软网站上关于 Windows 2000 的安全课题资料。

搜索："inurl：security windows 2000 site：microsoft. com"。

结果：如图 3 – 19 所示。

图 3 – 19 在 Google 中输入 "inurl：security windows 2000 site：
microsoft. com" 关键词的检索结果

本章小结

本章介绍了信息检索的起源发展及其概念，详细分析了信息检索的基本原理及其中包括的几种常用信息检索模型；介绍了常用信息检索技术、网络检索工具及站内搜索技术，并以中国期刊网全文数据库检索为案例介绍了专业数据库的检索。

实践内容

一、网络检索

利用搜索引擎完成以下任务：

1. 请使用常见的搜索引擎（百度或谷歌）搜索以下信息：

（1）本人信息；

（2）同学信息；

（3）任课教师信息（提示：采用关键字搜索并使用不同的搜索引擎进行搜索）。

2. 请使用站内搜索技术搜索以下信息：

（1）请在新浪网主页搜索"大学生就业"的相关新闻；

（2）请在政府网站（后缀名为：gov.cn）内搜索出有关"温家宝总理"的相关新闻；

（3）请在淘宝网（http://www.taobao.com）上搜索出你最想购买的产品。

二、专业数据库检索

请利用本章所学知识在中国知网（http://www.cnki.net）中检索出 2000~2009 年所有关于"信息检索技术"的论文，并参考这些资料，谈谈自己对信息检索技术的理解。

思考题

1. 简述信息检索概念及其步骤。

2. 什么是信息检索模型？请阐述一下常见信息检索的模型。

3. 请画出布尔逻辑运算符文氏图。

4. 简述信息检索常用技术类型并对各种类型加以简单描述。

5. 请列出几种常用网络检索工具。

6. 什么是站内搜索引擎？

7. 请简单描述中国期刊网全文数据库检索方法。

第 4 章 信息识别技术

【学习目标】了解光学字符识别的发展与光学字符识别的应用；掌握射频识别的基本工作原理；了解射频识别分类、应用和优点；了解信息识别实现的四个步骤和常见的信息识别实现技术。

【技能目标】运用信息识别技术解决实际问题；正确识别各种信息。

【工作任务】制定信息识别技术的对比分析表；画出射频识别的基本工作原理图；列举出几种常用的信息识别实现技术。

4.1 光学字符的识别

光学字符识别（Optical Character Recognition，OCR）技术，是指电子设备（例如扫描仪或数码相机）检查纸上打印的字符，通过检测暗、亮的模式确定其形状，然后用字符识别方法将形状翻译成计算机文字的过程，即对文本资料进行扫描，然后对图像文件进行分析处理，获取文字及版面信息的过程。

如何除错或利用辅助信息提高识别正确率，是 OCR 最重要的课题，智能字符识别（Intelligent Character Recognition，ICR）的名词也因此而产生。而根据文字资料存在的媒体介质不同，以及取得这些资料的方式不同，就衍生出各式各样、各种不同的应用。

4.1.1 OCR 的发展

要谈 OCR 的发展，早在 20 世纪 60、70 年代，世界各国就开始有 OCR 的研究，而研究的初期，多以文字的识别方法研究为主，且识别的文字仅为 0 ~ 9 的数字。以同样拥有方块文字的日本为例，1960 年左右开始研究 OCR 的基本识别理论，初期以数字为对象，直至1965 ~ 1970 年间开始有一些简单的产品，如印刷文字的邮政编码识别系统，识别邮件上的邮政编码，帮助邮局做区域分信的作业，也因此至今邮政编码一直是各国所倡导的地址书写方式。

OCR 可以说是一种不确定的技术研究，正确率就像是一个无穷趋近函数，知道其趋近值，却只能靠近而无法达到，永远在与 100% 做拉锯战。因为其牵扯的因素太多了，书写者的习惯或文件印刷品质、扫描仪的扫描品质、识别的方法、学习及测试的样本等，多少都会影响其正确率，也因此，OCR 的产品除了需有一个强有力的识别核心外，产品的操作使用方便性、所提供的除错功能及方法，亦是决定产品好坏的重要因素。

一个 OCR 识别系统，其目的很简单，只是要把影像做一个转换，使影像内的图形继续保存、有表格则表格内资料及影像内的文字，一律变成计算机文字，使能达到影像资料的储存量减少、识别出的文字可再使用及分析，当然也可节省因键盘输入的人力与时间。

从影像到结果输出，须经过影像输入、影像前处理、文字特征抽取、比对识别，最后经人工校正将认错的文字更正，将结果输出。

（1）影像输入。欲经过 OCR 处理的标的物须通过光学仪器，如影像扫描仪、传真机或任何摄影器材，将影像转入计算机。科技的进步，扫描仪等的输入装置已制作的愈来愈精致、轻薄短小、品质也高，对 OCR 有相当大的帮助，扫描仪的分辨率使影像更清晰、扫除速度更增进 OCR 处理的效率。

（2）影像前处理。影像前处理是 OCR 系统中，须解决问题最多的一个模块，从得到一个不是黑就是白的二值化影像，或灰阶、彩色的影像，到独立出一个个的文字影像的过程，都属于影像前处理。它包含了影像正规化、去除噪声、影像矫正等的影像处理，以及图文分析、文字行与字分离的文件前处理。在影像处理方面，在学理及技术方面都已达成熟阶段，因此在市面上或网站上有不少可用的链接库；在文件前处理方面，则凭各家本领了。影像须先将图片、表格及文字区域分离出来，甚至可将文章的编排方向、文章的提纲及内容主体区分开，而文字的大小及文字的字体亦可如原始文件一样地判断出来。

（3）文字特征抽取。单以识别率而言，特征抽取可说是 OCR 的核心，用什么特征、怎么抽取，直接影响识别的好坏，所以在 OCR 研究初期，特征抽取的研究报告特别的多。而特征可说是识别的筹码，简易的区分可分为两类：一为统计的特征，如文字区域内的黑/白点数比，当文字区分成好几个区域时，这一个个区域黑/白点数比之联合，就成了空间的一个数值向量，在比对时，基本的数学理论就足以应付了。二为结构的特征，如文字影像细线化后，取得字的笔画端点、交叉点之数量及位置，或以笔画段为特征，配合特殊的比对方法进行比对，市面上的线上手写输入软件的识别方法多以此种结构的方法为主。

（4）对比数据库。当输入文字算完特征后，不管是用统计或结构的特征，都须有一比对数据库或特征数据库来进行比对，数据库的内容应包含所有欲识别的字集文字，根据与输入文字一样的特征抽取方法所得的特征群组。

（5）对比识别。这是可充分发挥数学运算理论的一个模块，根据不同的特征特性，选用不同的数学距离函数，较有名的比对方法有欧式空间的比对方法、松弛比对法（Relaxation）、动态程序比对法（Dynamic Programming，DP），以及类神经网络的数据库建立及比对、HMM（Hidden Markov Model）等著名的方法，为了使识别的结果更稳定，也有所谓的专家系统（Experts System）被提出，利用各种特征比对方法的相异互补性，使识别出的结果，其信心度特别的高。

（6）字词后处理。由于 OCR 的识别率并无法达到百分之百，或想加强比对的正确性及信心值，一些除错或甚至帮忙更正的功能，也成为 OCR 系统中必要的一个模块。字词后处理就是一例，利用比对后的识别文字与其可能的相似候选字群中，根据前后的识别文字找出最合乎逻辑的词，做更正的功能。

（7）字词数据库。为字词后处理所建立的词库。

（8）人工校正。OCR 最后的关卡，在此之前，使用者可能只是拿只鼠标，跟着软件设计的节奏操作或仅是观看，而在此有可能须特别花使用者的精神及时间，去更正甚至找寻可能是 OCR 出错的地方。一个好的 OCR 软件，除了有一个稳定的影像处理及识别核心，以降低错误率外，人工校正的操作流程及其功能，亦影响 OCR 的处理效率，因此，文字影像与识别文字的对照，及其屏幕信息摆放的位置，还有每一识别文字的候选字功能、拒认字的功能及字词后处理后特意标示出可能有问题的字词，都是为使用者设计尽量少使用键盘的一种功能。当然，不是说系统没显示出的文字就一定正确，就像完全由键盘输入的工作人员也会有出错的时候，这时要重新校正一次或能允许些许的错，就完全看使用单位的需求了。

（9）结果输出。其实输出是件简单的事，有的人只要一般的文字文件，而有的人需要和输入文件一模一样的文件，还有的人需要有表格的文件。无论怎么变化，都只是输出档案格式的变化而已。

4.1.2　中文 OCR

中文 OCR 是一种汉字文稿的自动输入方式，它通过光学扫描仪和计算机的配合，经 OCR 软件将图像数据进行运算分类后，将图像数据转化为计算机内码，可以极大减轻数据录入工作的强度，提高数据录入的速度。

文献资料的数字化录入，一般分为：纯图像方式；目录文本、正文图像方式；全文本方式；全文索引方式，即文本方式和图像方式的混合体。

我国在 OCR 技术方面的研究工作起步较晚，在 20 世纪 70 年代才开始对数字、英文字母及符号的识别进行研究，70 年代末开始进行汉字识别的研究，到 1986 年汉字识别的研究进入一个实质性的阶段，不少研究单位相继推出了中文 OCR 产品。

我国目前使用的文本型 OCR 软件主要有清华文通 TH - OCR、北信 BI - OCR、中自 ICR、沈阳自动化所 SY - OCR、北京曙光公司 NI - OCR（已被中自汉王并购）等，匹配的扫描仪则使用市面上的平板扫描仪。

4.1.3　OCR 技术的应用

4.1.3.1　条形码的识别

条形码（Barcode）可以标出商品的生产国、制造厂家、商品名称、生产日期、图书分类号、邮件起止地点、类别、日期等信息，因而在商品流通、图书管理、邮电管理、银行系统等许多领域都得到了广泛的应用。

条形码是由宽度不同、反射率不同的条和空，按照一定的编码规则（码制）编制成的，用以表达一组数字或字母符号信息的图形标志符，即条形码是一组粗细不同，按照一定的规则安排间距的平行线条图形。常见的条形码是由反射率相差很大的黑条（简称条）和白条（简称空）组成的。

（1）条形码技术的产生与发展。条形码最早出现在 20 世纪 40 年代，但得到实际应用和发展还是在 70 年代左右。现在世界上的各个国家和地区都已普遍使用条形码技术，而且它正在快速地向世界各地推广，其应用领域越来越广泛，并逐步渗透到许多技术领域。早在 20 世纪 40 年代，美国乔·伍德兰德（Joe Wood Land）和伯尼·西尔沃（Berny Silver）两位工程师就开始研究用代码表示食品项目及相应的自动识别设备，于 1949 年获得了美国专利。

该图案很像微型射箭靶，被叫做"公牛眼"代码。靶式的同心圆是由圆条和空绘成圆环形。在原理上，"公牛眼"代码与后来的条形码很相近，遗憾的是，当时的工艺和商品经济还没有能力印制出这种码。然而，10 年后乔·伍德兰德作为 IBM 公司的工程师成为北美统一代码 UPC 码的奠基人。以吉拉德·费伊塞尔（Girard Fessel）为代表的几名发明家，于 1959 年提请了一项专利，描述了数字 0~9 中每个数字可由七段平行条组成。但是这种码使机器难以识读，使人读起来也不方便。不过这一构想的确促进了后来条形码的产生与发展。不久，E. F. 布宁克（E. F. Brinker）申请了另一项专利，该专利是将条形码标示在有轨电车上。20 世纪 60 年代西尔沃尼亚（Sylvania）发明的一个系统，被北美铁路系统采纳。这两项可以说是条形码技术最早期的应用。

1970 年美国超级市场 Ad Hoc 委员会制定出通用商品代码 UPC 码，许多团体也提出了各种条形码符号方案。UPC 码首先在杂货零售业中试用，这为以后条形码的统一和广泛采用奠定了基础。次年布莱西公司研制出布莱西码及相应的自动识别系统，用以库存验算。这是条形码技术第一次在仓库管理系统中的实际应用。1972 年蒙那奇·马金（Monarch Marking）等人研制出库德巴（Code bar）码，到此美国的条形码技术进入新的发展阶段。

1973 年美国统一编码协会（简称 UCC）建立了 UPC 条形码系统，实现了该码制标准化。同年，食品杂货业把 UPC 码作为该行业的通用标准码制，为条形码技术在商业流通销售领域里的广泛应用，起到了积极的推动作用。1974 年 Intermec 公司的戴维·阿利尔（Davide Allair）博士研制出 39 码，很快被美国国防部所采纳，作为军用条形码码制。39 码是第一个字母、数字式相结合的条形码，后来广泛应用于工业领域。

1976 年在美国和加拿大超级市场上，UPC 码的成功应用给人们以很大的鼓舞，尤其是欧洲人对此产生了极大兴趣。次年，欧洲共同体在 UPC – A 码基础上制定出欧洲物品编码 EAN –13 码和 EAN –8 码，签署了"欧洲物品编码"协议备忘录，并正式成立了欧洲物品编码协会（简称 EAN）。到了 1981 年由于 EAN 已经发展成为一个国际性组织，故改名为"国际物品编码协会"，简称 IAN。但由于历史原因和习惯，至今仍称为 EAN（后改为 EAN – international）。

日本从 1974 年开始着手建立 POS 系统，研究标准化以及信息输入方式、印制技术等。并在 EAN 基础上，于 1978 年制定出日本物品编码 JAN。同年加入了国际物品编码协会，开始进行厂家登记注册，并全面转入条形码技术及其系列产品的开发工作，10 年之后成为 EAN 最大的用户。

从 20 世纪 80 年代初，人们围绕提高条形码符号的信息密度，开展了多项研究。128 码和 93 码就是其中的研究成果。128 码于 1981 年被推荐使用，而 93 码于 1982 年使用。这两种码的优点是条形码符号密度比 39 码高出近 30%。随着条形码技术的发展，条形码码制种类不断增加，因而标准化问题显得很突出。为此先后制定了军用标准 1189，X25 码、39 码和库德巴码 ANSI 标准 MH10.8M 等。同时一些行业也开始建立行业标准，以适应发展需要。此后，戴维·阿利尔又研制出 49 码，这是一种非传统的条形码符号，它比以往的条形码符号具有更高的密度（即二维条形码的雏形）。接着，特德·威廉斯（Ted Williams）推出 16K 码，这是一种适用于激光扫描的码制。到 1990 年底为止，共有 40 多种条形码码制，相应的自动识别设备和印刷技术也得到了长足的发展。

从 20 世纪 80 年代中期开始，我国一些高等院校、科研部门及一些出口企业，把条形码技术的研究和推广应用逐步提到议事日程。一些行业如图书、邮电、物资管理部门和外贸部门已开始使用条形码技术。1988 年 12 月 28 日，经国务院批准，国家技术监督局成立了"中国物品编码中心"。该中心的任务是研究、推广条形码技术；同意组织、开发、协调、管理我国的条形码工作。

在经济全球化、信息网络化、生活国际化、文化国土化的资讯社会到来之时，起源于 20 世纪 40 年代、研究于 60 年代、应用于 70 年代、普及于 80 年代的条形码与条形码技术，以及各种应用系统，引起世界流通领域里的大变革正风靡世界。条形码作为一种可印制的计算机语言，未来学家称之为"计算机文化"。90 年代的国际流通领域将条形码誉为商品进入国际计算机市场的"身份证"，使全世界对它刮目相看。印刷在商品外包装上的条形码，像一条条经济信息纽带将世界各地的生产制造商、出口商、批发商、零售商和顾客有机地联系在一起。这一条条纽带，一经与 EDI 系统相连，便形成多项、多元的信息网，各种商品的相关信息犹如投入了一个无形的永不停息的自动导向传送机构，流向世界各地，活跃在世界商品流通领域。常用的条形码扫描器如图 4-1 所示。

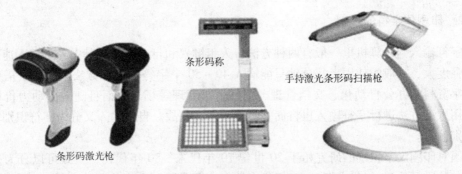

条形码称

手持激光条形码扫描枪

条形码激光枪

图 4-1　条形码扫描器

（2）条形码的分类与特点。

① 条形码的分类。

- 按条形码有无字符符号间隔，可分为连续性条形码和非连续性条形码。
- 按字符符号个数固定与否，可分为定长条形码和非定长条形码。
- 按扫描起点的可选性，可分为双向条形码和单向条形码。
- 按条形码的码制不同，目前世界上流行的有几十种条形码，如 UPC 条形码、EAN 条形码、三九条形码、库德巴条形码、二五条形码、四九条形码、11 条形码、EAN-128 条形码等。

- 按条形码应用的领域不同，可分为消费单元条形码和物流单元条形码。
- 按条形码的维数不同，可分为普通一维条形码、二维条形码和多维条形码。

（2）条形码的特点。

- 条形码技术简单易行，标签易于制作；
- 扫描操作无须培训，简单易行；
- 信息采集速度快且准；
- 经济性好；
- 灵活、实用、自由度大。

（3）应用条形码技术的意义。

首先，其代码全球唯一，通用性好。商品条形码相当于一款服装产品的"全球身份证"，具有全球唯一性。商品条形码已经成为目前全世界公认的最完善的物品标志手段之一，它使全世界无数种商品通过简单的十多位数字全部区分开来，从而使数万种来自全球各地的商品在超市大卖场里同时销售而不引起任何混乱。可以说，没有商品条形码，就没有大规模的连锁超市。

其次，其代码结构简单，管理方便。商品条形码采用位数固定的无含义数字代码，代码结构简单，赋码方便，可以采用计算机自动赋码。

最后，其条形码制作方便，识读容易。零售服装商品条形码符号采用最常用的条形码符号，任何条形码符号生成软件都能生成这种条形码，制作方便。而且，商品条形码的识读也非常容易，对识读设备的要求较低，任何常规的条形码识读设备都能识读这种条形码。质量高的商品条形码符号的误读率可以小至几百万分之一；识读速度快，是人工录入速度的几十倍甚至上百倍。

4.1.3.2　印刷体字符的识别

将字符输入到计算机里一般有两种方法：人工键入和自动输入。其中人工键入速度慢而且劳动强度大，一般的使用者每分钟只能输入 40～50 个字符。这种方法不适用于需要处理大量文字资料的办公自动化、文档管理、图书情报管理等场合。而且随着劳动力价格的升高，利用人工方法进行字符输入也将面临经济效益的挑战。自动输入又分为字符识别输入及语音识别输入。

我国对印刷汉字识别的研究始于 20 世纪 70 年代末、80 年代初，大致可以分为三大阶段：第一阶段是从 70 年代末期到 80 年代末期，主要是算法和方案探索。第二阶段是 90 年代初期，中文 OCR 由实验室走向市场，初步试用。第三阶段也就是目前，主要是印刷汉字识别技术和系统性能的提高，包括汉英双语混排识别率的提高和稳健性的增强。

同国外相比，我国的印刷体汉字识别研究起步较晚。但由于我国政府对汉字自动识别输入的研究从 20 世纪 80 年代开始给予了充分的重视和支持，经过科研人员 10 多年的辛勤努力，印刷体汉字识别技术的发展和应用有了长足进步：从简单的单体识别发展到多种字体混排的多体识别，从中文印刷材料的识别发展到中英混排印刷材料的双语识别。各个系统可以支持简、繁体汉字的识别，解决了多体多字号混排文本的识别问题，对于简单的版面可以进行有效的定量分析，同时汉字识别率已达到了 98% 以上。

清华大学电子工程系、中国科学院计算所智能中心、北京信息工程学院、沈阳自动化研究所等单位分别研制开发出实用化的印刷体汉字识别系统。尤其是由清华大学电子工程系研制的清华 TH – OCR 产品，始终处于技术与产品发展的最前沿，并占据着最大的市场份额，代表着中文 OCR 技术发展的潮流。

这一成就，是对中华文化宝贵遗产的继承和发扬，在世界电脑发展史上，必将留下光辉的一页，同时，这也是造福子孙千秋万代的大事。国家高技术研究发展 "863" 计划、国家重点科技攻关计划、国家自然科学基金和军事基础研究基金都对这一研究课题予以极大的重视和大力的支持。

印刷体字符识别技术主要包括：（1）扫描输入文本图像；（2）图像的预处理，包括倾斜校正和滤除干扰噪声等；（3）图像版面的分析和理解；（4）图像的行切分和字切分；（5）基于单字图像的特征选择和提取；（6）基于单字图像特征的模式分类；（7）将被分类的模式赋予识别结果；（8）识别结果的编辑修改后处理。

4.1.3.3　手写体字符的识别

联机手写字符识别的发展历史可以追溯到 20 世纪 50 年代，伴随着手写板硬件（一种捕捉笔尖轨迹的数字化仪）的出现，人们开始研究联机手写字符识别技术。随着半导体和计算机技术的发展以及模式识别领域理论和方法研究的不断深入和完善，到 80 年代后期，联机手写字符识别技术的研究已经朝着实用的方向努力，特别是英文，已经开始研究完全无限制的整句识别技术。

联机手写汉字识别技术相对起步较晚。1981 年，IBM 公司推出了第一套较为成熟的联机手写汉字识别系统。该系统是基于对汉字进行笔画、字根编码的思想进行识别的。系统中每个汉字用 72 种字根拼成，而每个字根又可分解为 42 种笔画的组合，通过对笔画和字根的判定识别所输入的汉字。而对字根进行的编码树表示又使得系统对通常的笔顺变化具有一定容错能力。

蒙恬科技公司是最早从事汉字识别技术研究、开发、生产的公司之一，早在 1991 年，就正式推出手写汉字识别系统。蒙恬的手写汉字识别技术的发展可分为四个阶段：一是识别规整书写的、具有固定笔顺的楷体阶段；二是识别带有某些连笔、常见笔顺变化的楷体阶段；三是识别带有某些连笔、笔顺自由变化的楷体阶段；四是识别自由连笔、无笔顺限制的行书汉字。

而中科院在 1988 年提出利用笔段为基元的联机手写汉字识别技术。该方法把汉字分为笔段、笔画、字根、单字和词组五个层次，分别用模糊属性文法进行描述，以启发式模板引导匹配。该系统采用了对笔段进行基于位置关系的排序方法，摆脱了对笔顺的依赖。由于对整个字形进行采样后分析，在识别速度上不如按笔顺采样计算识别快。

值得注意的是，国外一些大公司也开始注意联机手写汉字识别这一领域。Motolora、Microsoft、Apple 等大公司均已经投资于该方向的研究。由于资金雄厚，并且具有很强的软、硬件优势，其势头不可小视。国内研究人员应该奋起努力，把这一具有浓厚文化特色的核心技术掌握在中国人自己手中。

识别率是手写汉字识别研究中最重要的环节，影响识别率的因素也是手写识别技术研究中的难点，目前影响识别率的因素主要有以下几个方面：

（1）笔顺问题。由于不同人具有不同的书写习惯，笔画的书写顺序经常发生变化，因此，单纯通过串匹配进行识别难以达到理想效果。对汉字进行描述时，仅仅采用一维串也就显得不够，必须利用一些二维方法来描述，从而又极大地增加了匹配的难度。

（2）连笔问题。一般人写字时都不会一笔一画地书写，为了节省时间，连笔字是自然而然的事情，一些行书连笔甚至完全脱离了楷书的框架。从实用角度讲，连笔问题比笔顺问题具有更重要的意义。对于结构识别而言，连笔一方面使笔画种类大大增加，甚至达到难以归纳的程度；另一方面，连笔又使得笔段抽取难度大增，因为连笔会增加一些冗余笔段，连笔造成的畸变又会使笔段方向严重离散。总之，连笔不论对于基于哪种基元的结构识别都是严峻的挑战。

（3）相似字区分。汉字种类繁多，很多汉字彼此之间非常相似，例如"己、已、巳"三个字相差只在细微之间。手写汉字的变形十分严重，怎样能使识别系统抓住微小的差别，目前还是一个非常值得研究的问题。

（4）对抗干扰能力的要求。抗干扰能力，也称为鲁棒性，对于联机手写识别系统的性能是非常重要的。书写时候，笔画的畸变、丢失，多余笔段（如笔锋）的插入，字的倾斜，部件间相对位置、大小的变化，这些都是经常发生的现象。对于结构识别来说，会造成基元提取和识别的错误。传统的结构识别方法恰好在鲁棒性上是薄弱环节。因此，要想取得好的性能，必须对传统识别方法进行改进，增强其鲁棒性，从而增加实用性。

后 PC 时代，各式各样新奇小巧的 PDA、手机、电子书（E-book）、信息家电（IA）等信息产品被创造出来，但是这些产品几乎都有面板过小、输入不易的问题。就是 PC 的键盘输入，对大多数人来说也不是那么方便容易（见图 4 - 2）。手写输入必然会受到瞩目，因此，将手写识别技术移植并嵌入其他行业领域，将是手写识别技术未来发展的重要方向之一。

图 4 - 2　手写板

4.2　射频识别技术

射频识别技术（Radio Frequency Identification，RFID），又称电子标签，是20世纪90年代开始兴起的一种自动识别技术。射频识别技术是一项利用射频信号通过空间耦合（交变磁场或电磁场）实现无接触信息传递并通过所传递的信息达到识别目的的技术。它是一种非接触式的自动识别技术，通过射频信号识别目标对象并获取相关数据，识别工作无须人工干预，作为条形码的无线版本，RFID技术具有条形码所不具备的防水、防磁、耐高温、使用寿命长、读取距离大、标签上数据可以加密、存储数据容量更大、存储信息更改自如等优点。

4.2.1　射频识别技术概述

4.2.1.1　射频识别技术发展历史

从信息传递的基本原理来说，射频识别技术在低频段基于变压器耦合模型（初级与次级之间的能量传递及信号传递），在高频段基于雷达探测目标的空间耦合模型（雷达发射电磁波信号碰到目标后携带目标信息返回雷达接收机）。1948年哈里斯托克曼发表的"利用反射功率的通信"奠定了射频识别技术的理论基础。

射频识别技术的发展可按10年期划分如下：

1940～1949年：雷达的改进和应用催生了射频识别技术，1948年奠定了射频识别技术的理论基础。

1950～1959年：早期射频识别技术的探索阶段，主要处于实验室实验研究。

1960～1969年：射频识别技术的理论得到了发展，开始了一些应用尝试。

1970～1979年：射频识别技术与产品研发处于一个大发展时期，各种射频识别技术测试得到加速，出现了一些最早的射频识别应用。

1980～1989年：射频识别技术及产品进入商业应用阶段，各种规模应用开始出现。

1990～1999年：射频识别技术标准化问题日趋得到重视，射频识别产品得到广泛采用，射频识别产品逐渐成为人们生活中的一部分。

2000年后：标准化问题日趋为人们所重视，射频识别产品种类更加丰富，有源电子标签、无源电子标签及半无源电子标签均得到发展，电子标签成本不断降低，规模应用行业扩大。

至今，射频识别技术的理论得到丰富和完善。单芯片电子标签、多电子标签识读、无线可读可写、无源电子标签的远距离识别、适应高速移动物体的射频识别技术与产品正在成为现实并走向应用。

4.2.1.2　RFID系统的组成

射频识别系统至少应包括两个部分：一是识读器；二是电子标签（或称射频卡、应答器等，本书统称为电子标签）。另外还应包括天线、主机等（见图4-3）。RFID系统在具体的应用过程中，根据不同的应用目的和应用环境，系统的组成会有所不同，但从RFID系统的工作原理来看，系统一般都由信号发射机、信号接收机、编程器和发射接收天线几部分组成。

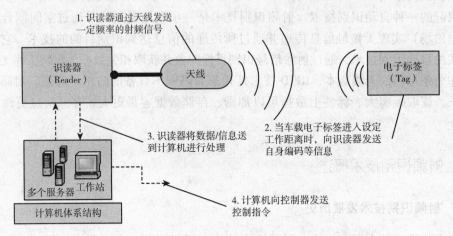

图4-3 RFID基本工作原理和基本组成

（1）信号发射机。在RFID系统中，信号发射机为了不同的应用目的，会以不同的形式存在，典型的形式是电子标签（Tag）。电子标签相当于条形码技术中的条形码符号，用来存储需要识别传输的信息。另外，与条形码不同的是，电子标签必须能够自动或在外力的作用下，把存储的信息主动发射出去。

（2）信号接收机。在RFID系统中，信号接收机一般叫做识读器。根据支持的电子标签类型不同与完成的功能不同，识读器的复杂程度是显著不同的。识读器基本的功能就是提供与电子标签进行数据传输的途径。另外，识读器还提供相当复杂的信号状态控制、奇偶错误校验与更正功能等。电子标签中除了存储需要传输的信息外，还必须含有一定的附加信息，如错误校验信息等。识别数据信息和附加信息按照一定的结构编制在一起，并按照特定的顺序向外发送。识读器通过接收到的附加信息来控制数据流的发送。一旦到达识读器的信息被正确地接收和译解后，识读器通过特定的算法决定是否需要发射机对发送的信号重发一次，或者知道发射器停止发信号，这就是"命令响应协议"。使用这种协议，即便在很短的时间、很小的空间阅读多个标签，也可以有效地防止"欺骗问题"的产生。

（3）编程器。只有可读可写电子标签系统才需要编程器。编程器是向电子标签写入数据的装置。编程器写入数据一般来说是离线（Off-line）完成的，也就是预先在电子标签中写入数据，等到开始应用时直接把电子标签粘附在被标示项目上。也有一些RFID应用系统，写数据是在线（On-line）完成的，尤其是在生产环境中作为交互式便携数据文件来处理时。

（4）天线。天线是电子标签与识读器之间传输数据的发射、接收装置。在实际应用中，除了系统功率，天线的形状和相对位置也会影响数据的发射和接收，需要专业人员对系统的天线进行设计、安装。

4.2.1.3 RFID 系统的分类

根据 RFID 系统完成的功能不同，可以粗略地把 RFID 系统分成四种类型：EAS 系统、便携式数据采集系统、物流控制系统、定位系统。

（1）EAS 系统。EAS（Electronic Article Surveillance）是一种设置在需要控制物品出入的门口的 RFID 技术。这种技术的典型应用场合是商店、图书馆、数据中心等地方，当未被授权的人从这些地方非法取走物品时，EAS 系统会发出警告。在应用 EAS 技术时，首先在物品上粘附 EAS 标签，当物品被正常购买或者合法移出时，在结算处通过一定的装置使 EAS 标签失活，物品就可以取走。物品经过装有 EAS 系统的门口时，EAS 装置能自动检测标签的活动性，发现活动性标签 EAS 系统会发出警告。EAS 技术的应用可以有效防止物品的被盗，不管是大件的商品，还是很小的物品。应用 EAS 技术，物品不用再锁在玻璃橱柜里，可以让顾客自由地观看、检查商品，这在自选日益流行的今天有着非常重要的现实意义。典型的 EAS 系统一般由三部分组成：一是附着在商品上的电子标签、电子传感器；二是电子标签灭活装置，以便授权商品能正常出入；三是监视器，在出口造成一定区域的监视空间。

EAS 系统的工作原理是：在监视区，发射器以一定的频率向接收器发射信号。发射器与接收器一般安装在零售店、图书馆的出入口，形成一定的监视空间。当具有特殊特征的标签进入该区域时，会对发射器发出的信号产生干扰，这种干扰信号也会被接收器接收，再经过微处理器的分析判断，就会控制警报器的鸣响。根据发射器所发出的信号不同以及标签对信号干扰原理不同，EAS 可以分成许多种类型。关于 EAS 技术最新的研究方向是标签的制作，人们正在讨论 EAS 标签能不能像条形码一样，在产品的制作或包装过程中加进产品，成为产品的一部分。

（2）便携式数据采集系统。便携式数据采集系统是使用带有 RFID 识读器的手持式数据采集器采集 RFID 标签上的数据。这种系统具有比较大的灵活性，适用于不宜安装固定式 RFID 系统的应用环境。手持式识读器（数据输入终端）可以在读取数据的同时，通过无线电波数据传输方式（RFDC）实时地向主计算机系统传输数据，也可以暂时将数据存储在识读器中，再一批一批地向主计算机系统传输数据。

（3）物流控制系统。在物流控制系统中，固定布置的 RFID 识读器分散布置在给定的区域，并且识读器直接与数据管理信息系统相连，信号发射机是移动的，一般安装在移动的物体、人体上。当物体、人流经识读器时，识读器会自动扫描标签上的信息并把数据信息输入数据管理信息系统存储、分析、处理，达到控制物流的目的。

（4）定位系统。定位系统用于自动化加工系统中的定位以及对车辆、轮船等进行运行定位支持。识读器放置在移动的车辆、轮船上，或者自动化流水线中移动的物料、半成品、成品上，信号发射机嵌入到操作环境的地表下面。信号发射机上存储有位置识别信息，识读器一般通过无线的方式或者有线的方式连接到主信息管理系统。

4.2.1.4 RFID 系统的优势

与传统条形码识别技术相比，RFID 的优势在于：（1）快速扫描；（2）体积小型化、形状多样化；（3）抗污染能力和耐久性强；（4）可重复使用；（5）穿透性和无屏障阅读；

（6）数据的记忆容量大；（7）安全性。

4.2.2　射频识别技术的应用

4.2.2.1　零售业

据 Sanford C. Bernstein 公司的零售业分析师估计，通过采用 RFID 技术，沃尔玛每年可以节省83.5亿美元，其中大部分是因为不需要人工查看进货的条形码而节省的劳动力成本。尽管另外一些分析师认为80亿美元这个数字过于乐观，但毫无疑问，RFID 有助于解决零售业两个最大的难题：商品断货和损耗（因盗窃和供应链被搅乱而损失的产品），而现在单是盗窃一项，沃尔玛一年的损失就差不多有20亿美元，如果一家合法企业的营业额能达到这个数字，就可以在美国1 000家最大企业的排行榜中名列第694位。研究机构估计，这种 RFID 技术能够帮助把失窃和存货水平降低25%。

4.2.2.2　车辆自动识别

停车场自动管理，是利用高度自动化的机电设备对停车场进行安全、有效的管理。由于尽量减少人工的参与，从而最大限度地减少人员费用和人为失误造成的损失，大大提高整个停车场的安全性与使用效率。

只要把远距离标签与车辆/人员紧密结合，管理系统就能在较大范围内有效、准确地对进出单位的车辆/人员信息进行采集、记录，并按需上传、处理，后台计算机根据上传信息，识别车辆的属性，驱动闸机正确开启，确保门禁系统具有高效放行能力，做到"不停车通行"（见图4-4）。

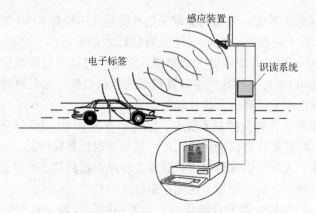

图4-4　车辆自动识别系统

4.2.2.3　在物流和供应链中的应用①

RFID 快速、实时、自动地采集物品周转信息，简化业务操作，提高数据采集的效率与

---

① 摘自 http://www.aclas.cn/blogedu/post/287.html。

准确性。"RFID 系统提高了出入库的效率。"上海现代物流公司副总经理梁宝龙告诉记者，以前现代物流出入库应用 RF 技术，一垛 40 箱，都要经过 RF 扫描。现代物流每天 6、7 万箱的货品进出量，仓库工人劳动强度相当大。RFID 技术将原来 40 次扫描次数缩短为一次，而且减少了拆垛码垛的工作环节，缩短了时间，提高了劳动效率。

"EPC – RFID 系统实施使我们的收货速度加快了四五十倍，让收货人员从原来的 36 个精减到 27 个。"上海现代物流总经理陈道燮给记者算了一笔账，"如果按一个工人一年 3 万元的成本来算，一年就可省下 27 万元，三年省下的人工成本，就可以收回 IT 投资。"

RFID 对现代物流的满意度提升无法评价。应用 RFID 后，现代物流实现同批次商品同质管理到单品信息的全面跟踪。准确度提高了，在与竞争对手"打单"时，底气也厚了许多。陈道燮刚打赢了一个大单。在与 DHL 竞争时，现代物流以高出对手 12% 的价格胜出。

"我们为什么能赢，是因为我们能提供五星级的物流服务。"陈道燮解释说，现代物流的 IT 技术，让他们有胆量向客户保证零破损率，100% 的正确率，并向客户承诺损坏一个，作价 2 000 元的赔偿（见图 4 – 5）。

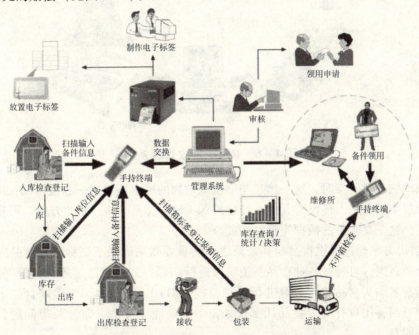

图 4 – 5　RFID 物流解决方案与应用

4.2.2.4　RFID 防伪门票系统

放眼全球，在 RFID 技术出来之前，假票问题无时不困扰着体育赛事、演唱会，这些门票的造假者无所不用其极。依靠先进的工艺，造假者能够仿制出以假乱真的门票。但 RFID 技术的出现，即让造假者无处遁形，除了天生的防伪功能（全球唯一序列号）之外，芯片还可以写入加密数据。RFID 门票还可以做成多种形式，异形，纸质，PVC 卡，钥匙扣等多种形式，无线识别的技术让 RFID 门票防伪能力登峰造极，让造假者无计可施。

4.2.2.5 RFID 畜牧管理系统

近年来涌现的大量食品安全问题主要集中在肉类及肉类食品上。RFID 系统可提供食品链中的肉类食品与来源动物之间的可靠联系，确保到达超市货架及餐馆厨房的肉类食品的来源史是清晰的，并可追踪到具体的动物个体及农场。动物来源识别解决方案，如飞利浦公司的 HITAG 方案，能够通过一个记载每个动物的兽医史及来源的标签，在每个农场的动物与其电子身份之间建立联系（见图 4-6）。

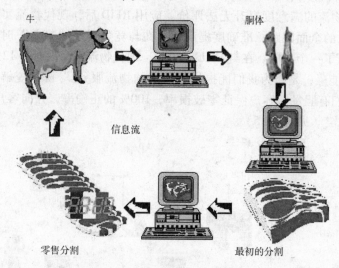

牛　　　　　　　　　　　　　　　胴体

信息流

零售分割　　　　　　　　　　　最初的分割

图 4-6　RFID 畜牧管理系统

当一只动物适宜屠宰时，这一信息与宰杀该动物的屠宰场数据一起被存储在出售该动物肉片的超市展卖标签中。还没有其他系统能够像 RFID 系统这样，如此方便、可靠地在整个供应链中提供这一高水平的数据完整性功能。

RFID 解决方案通过提供食品与其来源之间的重要联系确保了高标准。食品内容或来源史，以及分销数据，可通过各种食品制造阶段进行跟踪，并能够通过餐馆供应网的分销链，或者家庭消费者购买食品的超市等进行精确监控。RFID 是一个 120% 追踪食品来源的解决方案，因而可回答用户有关"食品从哪里来，中间处理环节是否完善"等问题，并给出详尽、可靠的回答。

RFID 解决方案可提供有关供应链性能的丰富而准确的信息，包括转运点、库存情况及运营情况，管理人员可由此快速识别并纠正低效率运作情况，因而可集中资源开发从财务、运营效率及食品安全方面都能提供最佳回报的解决方案，从而实现快速供货并最大限度地减少储存成本，这对于在分销过程中要求高费用冷冻存储的肉类食品尤为重要。

4.3　信息识别实现技术

一个完整的信息识别实现应包括以下四个步骤：

第一，信息采集。信息采集是识别系统最为重要的一部分。一种识别技术的优劣，主要体现在其使用的信息采集手段上，并且它将影响到后面所有的处理步骤。而且，在特征算法稳定的前提下，一种识别技术的发展和进步，也主要体现在信息采集部分。

第二，信息处理。信息处理的时候将识别所需要的部分找出来，这个步骤有时候也被称为"降低噪点"。在经过处理后，我们得到了识别内容（或目标）。识别内容包含的是不含无用部分的完全"纯正"的识别目标的情况。这些"纯正"的数据将为第三步的特征计算提供计算的良好支持。

第三，特征计算。特征计算主要由计算机进行数学计算完成。它的算法将决定特征识别技术的准确性。使用不同的身体特征（比如指纹和虹膜），都将对应不同的算法。而使用同一种人体特征识别也将存在许多不同算法，这些算法各有针对性，可以在不同的情况下通过采用不同的算法来保证识别的有效性和可靠性。

第四，特征对比。特征对比阶段需要特征库的配合。特征库可以提供大量的参比信息。如果是单纯的特征采集的话，那么此阶段也可以录入特征信息。

需要注意的是，这四个过程是作为一个整体存在的，其中任何一个部分都不可或缺，它们组成了最基本的识别系统。一般情况下，识别系统会根据使用情况的变化而对这四个过程稍有更改，但是其本质没有发生任何改变。从另一个方面看，正是由于信息识别技术的模式成熟而固定，才使其可以得到迅速的普及和发展。

4.3.1 自动指纹识别系统

我们手掌及其手指、脚、脚趾内侧表面的皮肤凹凸不平产生的纹路会形成各种各样的图案。这些纹路的存在增加了皮肤表面的摩擦力，使得我们能够用手来抓起重物。人们也注意到，包括指纹在内的这些皮肤的纹路在图案、断点和交叉点上各不相同，也就是说，是唯一的。依靠这种唯一性，我们就可以把一个人同他的指纹对应起来，通过比较他的指纹和预先保存的指纹进行比较，就可以验证他的真实身份。这种依靠人体的身体特征来进行身份验证的技术称为生物识别技术，指纹识别是生物识别技术的一种。

指纹识别技术的发展得益于现代电子集成制造技术和快速可靠的算法的研究。尽管指纹只是人体皮肤的一小部分，但用于识别的数据量相当大，对这些数据进行比对也不是简单的相等与不相等的问题，而是使用需要进行大量运算的模糊匹配算法。现代电子集成制造技术使得我们可以制造相当小的指纹图像读取设备，同时飞速发展的个人计算机运算速度提供了在微机甚至单片机上可以进行两个指纹的比对运算的可能。另外，匹配算法可靠性也不断提高，指纹识别技术已经非常实用。

指纹识别技术很早就被应用于数据加密方面。目前最为常见的是存在于便携式计算机上的指纹识别设备，这样做主要还是为了保证数据安全。相比而言，由于指纹采集相对困难，指纹存在环境也比较复杂，使得各种各样的指纹识别设备层出不穷。

早期的指纹识别设备采用的是光学传感器（见图 4-7）。顾名思义，这种识别方法依据于光的全反射特性：光源发射一束光线，使其照射在手指表面，反射光被 CCD 所接受后转化为图像，并由此来判断指纹的特征。反射光的数量依赖于压在玻璃表面指纹的"脊"和"谷"（即指纹纹路带来的凸起和凹陷）的深度和皮肤与玻璃间的油脂。从实际应用上看，光学式传感器实际上只能得到指纹表面的很少一部分特征（最多扫描到死皮层）。假如我们制作一个精细的指模就完全可以欺骗它，安全性没有预期的高；成像原理也决定了它受环境影响较大，干燥、油腻的手指都会严重影响成像质量，甚至导致识别失败。但是反过来说，光学传感器技术成熟，价格低廉，小型化也做得不错，所以也得到了不错的应用。

图4-7　光学式指纹识别设备

另外一种比较常见的指纹识别设备是电容式传感器（简称电容式）（见图4-8）。电容式识别设备的内部大约有10万个导电金属阵列的传感器，外部有一个绝缘罩表面。当我们的手指放在识别器的绝缘表面上时，由于传感器内部导电金属阵列带电，我们的皮肤和导电金属阵列就组成了一个电容系统。电容容量的大小和两个极板（此处两个"极板"分别为导电金属阵列的每一个单元以及其所对应的指纹）之间的距离有关。而指纹的纹路是由"脊"和"谷"两部分组成，这两部分和导电金属阵列的距离存在微小的不同，这就带来了导电金属阵列不同单元的电容值的不同。于是电容式识别设备就可以得到一个"格子化"的指纹图像，依据这个图像就可以作出指纹识别判断。

电容式传感器和光学传感器的成像过程有点类似，两者都是采用了数学上常用的微积分原理。实际应用中，由于电容式识别设备穿透性良好，基本上可以达到真皮层，从而可以取得较为真实完整的指纹图像，同时也带来了抗干扰能力强、识别成功率较高等优点，这就意味着电容式识别设备很少会由于手的情况不同而出现错误。电容式识别设备的小型化非常容易，耗电也比较低，所以一出世就被广泛使用在便携式计算机的密码防护等应用中（见图4-9）。但是，电容式识别设备比较脆弱，其依靠的电容效应对于静电非常敏感，常常一个微小的静电伤害就可以使其完全报废。所以对于它的有效保护以及其他方面问题还需要进一步地研究。

相对于上述两种常见的指纹识别设备而言，温度式传感器以及超声波式传感器较为少见。温度式传感器主要依靠手指摩擦识别器表面，也是由于指纹的"脊"和"谷"的温度

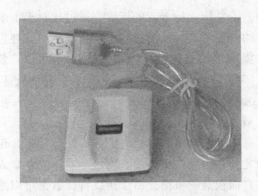

图 4 - 8　电容式指纹识别设备

图 4 - 9　笔记本电脑上的电容式指纹识别

不同，从而识别指纹。这种传感器对于手指的要求很高，也比较敏感，实际应用不多。

超声波式传感器被认为是最有前途的指纹扫描设备之一。它依靠发射超声波并接收回波来确定指纹的特征（有点像蝙蝠）。首先超声波发生器发出超声波，扫描指纹表面。其次接收设备获取反射信号，测量其范围，就可以得到指纹特征。由于超声波有一定的穿透性，所以可以达到真皮层来得到完整而准确的指纹信息，精确度比较高。并且手指上的脏污和其他物体对于获得超声波反射图像影响不大。整个超声波式识别设备可以做得比较小，而且它不像光学设备那样要求严格的反射角度和反射装置，结构也比较简单。但是美中不足的是其成本较高，并且耗电量也比较大。目前应用状况不是很好。但是我们相信，在找到更好的材料后，其成本问题和耗电问题也将得到有效的解决。未来超声波识别系统的应用将非常广泛。

指纹识别技术可以通过几种方法应用到许多方面。上面已经介绍的通过使用指纹验证来取代各个计算机应用程序的密码就是最为典型的实例。可以想象如果计算机上的所有系统和应用程序都可以使用指纹验证的话，人们使用计算机就会非常方便和安全，用户不再讨厌必要的安全性检查，而 IT 开发商的售后服务工作也会减轻许多。IBM 公司已经开发成功并广泛应用的 Global Sign On 软件通过定义唯一的口令，或者使用指纹，就可以在公司整个网络上畅行无阻。把指纹识别技术同 IC 卡结合起来，是目前最有前景的一个方向之一。该技术把卡的主人的指纹（加密后）存储在 IC 卡上，并在 IC 卡的读卡机上加装指纹识别系统，当读卡机阅读卡上的信息时，一并读入持卡者的指纹，通过比对卡上的指纹与持卡者的指纹就可以确认持卡者是否是卡的真正主人，从而进行下一步的交易。在更加严格的场合，还可以进一步同后端主机系统数据库上的指纹做比较。指纹 IC 卡可以广泛地运用于许多行业中，例如取代现行的 ATM 卡、制造防伪证件（签证或护照、公费医疗卡、会员卡、借书卡等）。目前 ATM 提款机加装指纹识别功能在美国已经开始使用。持卡人可以取消密码（避免老人和孩子记忆密码的困难）或者仍旧保留密码，在操作上按指纹与密码的时间差不多。

近年来，自动发送信息的互联网络，带给人们的方便与利益，正在快速增长之中，但也因此产生了很多的问题，尤其在信息安全方面。无论是团体或者个人的信息，都害怕在四通八达的网络上传送而发生有损权益的事情。由于指纹特征数据可以通过电子邮件或其他传输方法在计算机网络上进行传输和验证，通过指纹识别技术，限定只有指定的人才能访问相关信息，可以极大地提高网上信息的安全性，这样，包括网上银行、网上贸易、电子商务的一系列网络商业行为，就有了安全性保障。在 SFNB（Security First Network Bank，安全第一网络银行），就是通过互联网络来进行资金划算的，它们目前正在实施以指纹识别技术为基础的保障安全性的项目，以增强交易的安全性。

在医院里，指纹识别技术可以验证病人身份，例如输血管理。指纹识别技术也有助于证实寻求公共救援、医疗及其他政府福利或者保险金的人的身份确认。在这些应用中，指纹识别系统将会取代或者补充许多大量使用照片和 ID 的系统。

4.3.2　人脸图像识别系统

随着时代的发展和社会的进步，人们对家庭安全的要求越来越高，人们的防范意识越来越强，人们对家庭安全监测系统的需求越来越迫切。又由于计算机技术和模式识别等相关技术的飞速发展，使运用当今先进技术来研制适用于普通家庭的安全监测系统成为可能和一种必然的趋势。家庭安全监测系统中身份识别的一种最方便和直接的方法就是进行人脸识别。由于人脸特征是一种生物特征，它是人的内在属性，具有很强的自身稳定性和个体差异性，因此是身份验证的最理想依据。相比其他人体生物特征它具有直接、友好、方便的特点，易于为用户所接受。

人脸识别技术（Face Recognition）是一种依据人的面部特征，如统计或几何特征来自动进行身份鉴别的一种技术，它综合运用了数字图像/视频处理、模式识别等多种技术。

人脸识别指对人体脸部的识别，特指脸部眼、鼻、口以及面颊等部位的识别。人脸识别技术又称为人像识别、相貌识别、面孔识别、面部识别等。这些叫法的含义有细微的差别，人脸识别一般依据视频中活体人脸进行身份识别，比如门禁等应用；而人像识别则强调的是像，以确定人像图片中人物的身份为主，比如照片比对等应用（见图 4-10）。

人脸识别技术具有性价比高、经济、可扩展性良好的特点。因为人脸识别技术比其他的人体生物特征识别技术的性能要优越，它不要人的行为的配合能方便有效地核查人的身份，而且只需通用的 PC 硬件及相关软件，因而经济、性价比高；由于其直观、准确，且应用更为广泛，因此具有良好的可扩展性能。

传统的人脸图像识别系统都是由大规模或超大规模集成电路来完成，由图形工作站或者微计算机来实现设备的驱动和图像采集，这就使图像采集依赖于较大型设备，速度比较慢，

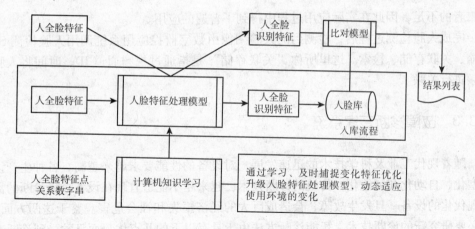

图 4 – 10   人脸识别系统原理

实时性较差，作为小范围内使用价格比较昂贵。新兴的数字信号处理器 DSP（Digital Signal Process）的出现，它以其高速、准确的性能为图像获取带来了新的途径，并且用硬件来实现人脸图像识别价格比较低廉。

由于人脸检测技术是人脸识别系统的基础，因此下面将重点对人脸检测技术的实现展开论述。在此使用的是广义的"人脸检测"概念，包括了图像预处理、人脸粗检、人脸细检、归一化（统一图像规格）、光照补偿（以改善图像质量）等过程。对于智能数字监控系统而言，与人脸检测技术的结合可以实现如下目的：（1）利用人脸检测技术从原始视频流中检测并分离出人脸图像加以保存，可以获得无损的清晰人脸照片，同时为事后通过人脸照片检索视频奠定基础；（2）针对人脸区域进行光照补偿，改善图像关注区域的视觉效果；（3）人脸检测结果可作为音视频压缩卡编码状态转换的触发信号，可有效改善编码质量、提升编码效率。

对于 PC 型数字监控系统而言，其音视频采集、编码过程一般由音视频压缩卡上板载的 DSP（数字信号处理器）完成；应用系统则一般运行于操作系统平台之上，完成录像（存储）、视频预览及回放、视频传输、系统配置等任务。在 PC 型数字监控系统上要实现人脸检测功能有三种途径：

（1）在音视频压缩卡板载的 DSP 上完成人脸检测。这种实现方式的优点是无须通过 PCI 总线传输未经编码的原始视频流到监控主机，减轻了对 PCI 总线的传输压力；其缺点是对 DSP 的音视频编码过程造成一定的性能下降，对于负荷饱和的 DSP 而言，需要减少音视频编码的路数（如四路变为两路）以完成人脸检测。

（2）基于监控主机的 CPU 完成人脸检测。这种实现方式的优点是不影响音视频压缩卡的编码，不会给板载 DSP 带来新的负荷，同时由于目前监控主机一般采用 P4 以上的高性能 PC，与基于 DSP 的人脸检测相比具有一定的效率优势；其缺点是需通过 PCI 总线传输未经编码的原始视频流到监控主机，加重了对 PCI 总线的压力。同时，一定程度上也提升了 CPU 的占用率（一般会达到 60% ~70%）。

（3）结合使用音视频压缩卡的 DSP 及监控主机的 CPU。由板载 DSP 完成图像预处理及人脸粗检，粗检结果由 DSP 通过 PCI 总线传至主机（数据量比未编码的原始视频流少 1 ~ 2 个数量级），最终由 CPU 完成人脸检测。这种方式综合了以上两种方式的优点，同时又避免了二者的不足，因此在实际应用过程中得到了普遍的应用。

完成人脸检测过程后，检测到的人脸图像由数字监控应用系统调用人脸检测 SDK 实现压缩、关联存储、检索。这里所称"关联存储"是指通过视频通道 ID、时间将人脸图像与视频进行关联。

4.3.3　故障诊断专家系统

随着现代工业及科学技术的迅速发展，对设备的性能要求越来越高，各种生产设备日趋大型化、自动化和智能化，传统的诊断技术已越来越不能适宜现在设备故障诊断的需要。同时现代化的设备一旦发生故障，会造成巨大的经济损失和社会危害。鉴于这两方面的原因，有必要研究新的诊断技术。智能诊断方法由于具有以下的几点优势而日益受到诊断专家的青睐：（1）能够有效地利用诊断专家的知识和经验；（2）具有诊断专家般的推理能力，自动实现从故障征兆到故障原因的映射；（3）具备学习机制，能够从过去的诊断实例中获取诊断知识；（4）对诊断结果具有解释能力。

专家系统、模糊理论、神经网络、遗传算法以及它们相互之间和它们与其他信息处理技术的融合是人工智能手段的主要表现方法，在诊断领域中，它们受到越来越广泛的重视。近年来兴起的核方法和支持向量机更是引起了相关领域专家和学者的浓厚兴趣。

故障诊断专家系统，是指计算机在采集被诊断对象的信息后，综合运用各种规则（专家经验），进行一系列的推理，必要时还可以随时调用各种应用程序，运行过程中向用户索取必要的信息后，可快速地找到最终故障或最有可能的故障，再由用户来证实。专家系统故障诊断方法可用图 4 - 11 的结构来说明，它由数据库、知识库、人机接口和推理机等组成。其各部分的功能为：

（1）数据库。数据库通常由动态数据库和静态数据库两部分构成。静态数据库是相对稳定的参数，如设备的设计参数、固有频率等；动态数据库是设备运行中所检测到的状态参数，如工作转速、介质流量、电压或电流等。

图 4 - 11　故障诊断专家系统结构

（2）知识库。存放的知识可以是系统的工作环境、系统知识（反映系统的工作机理及系统的结构知识），以及设备故障特征值、故障诊断算法、推理规则等，反映系统的因果关系，用来进行故障推理。知识库是专家领域知识的集合。

（3）人机接口。这是人与专家系统打交道的桥梁和窗口，是人机信息的交接点。

（4）推理机。根据获取的信息综合运用各种规则，进行故障诊断，输出诊断结果。它是专家系统的组织控制机构。

以上介绍的是专用故障诊断专家系统，本书介绍的故障诊断专家系统是一个通用性开发平台，所有知识获取、被诊断对象模型及故障判定阈值均由用户专家在开发平台上设置产生。它主要由被诊断对象建模模块、算法库模块、知识获取模块和推理机模块等组成。

本章小结

本章介绍了光学字符识别的发展历程及其概念，并通过条形码技术、印刷体识别和手写体识别说明了光学字符识别的应用。射频识别技术作为新一代识别技术，主要被用于畜牧管理系统、车辆管理系统、门禁和安全管理系统、物流系统。信息识别的实现技术包括：信息采集、信息处理、特征计算、特征对比。常见的信息识别实现技术有指纹识别系统、人脸识别系统、故障诊断系统等。

实践内容

1. 寻找身边使用到的条形码案例（至少2个），并分析其用途。
2. 在超市或书店购物时，观察扫描枪、感应设备的工作。
3. 了解一款家庭安全防盗系统，分析其工作原理。

思考题

1. 简单说明光学字符识别的实现原理，并列举几个光学字符识别技术的应用。
2. 射频识别技术与光学识别技术相比有什么优势？
3. 简述信息识别实现技术的四个基本步骤。请列举出几个常见的信息识别实现技术。

第 5 章 信息传输和存储技术

【学习目标】熟悉常见网络类型和常用网络软件；掌握常见即时通讯软件的使用；掌握电子邮件基本原理和使用；掌握常见上传和下载的方法；掌握常见信息存储技术；了解局域网内信息共享的方法。

【技能目标】使用即时通讯软件实现信息传输的能力；使用电子邮件实现信息传输的能力；使用下载工具进行上传下载的能力；选择合适存储设备的决策能力；使用技术实现局域网内信息共享的能力。

【工作任务】使用即时通讯软件和对方沟通和资料传送；使用电子邮件和对方沟通并实现分类管理；使用常用下载软件实现数据的上传和下载；使用远程桌面等技术实现局域网内资源共享。

5.1 互联网

目前世界各地的人们可以利用互联网进行信息交流和资源共享。互联网，即广域网、局域网及单机按照一定的通讯协议组成的国际计算机网络。互联网是指将两台计算机或者是两台以上的计算机终端、客户端、服务端通过计算机信息技术的手段互相联系起来的结果，人们可以与远在千里之外的朋友相互发送邮件、共同完成一项工作、共同娱乐。

在 20 世纪 50 年代，通信研究者认识到需要允许在不同计算机用户和通信网络之间进行常规的通信，这促使了分散网络、排队论和封包交换的研究。1960 年美国国防部国防前沿研究项目署（ARPA）出于冷战考虑建立的 ARPA 网引发了技术进步并使其成为互联网发展的中心。1973 年 ARPA 网扩展成互联网，第一批接入的有英国和挪威计算机。

1974 年 ARPA 的鲍勃·凯恩和斯坦福的温登·泽夫提出 TCP/IP 协议，定义了在电脑网络之间传送报文的方法。1983 年 1 月 1 日，ARPA 网将其网络核心协议由 NCP 改变为 TCP/IP 协议。

1986 年，美国国家科学基金会（National Science Foundation，NSF）建立了大学之间互联的骨干网络 NSFnet，这是互联网历史上重要的一步。在 1994 年，NSFNET 转为商业运营。1995 年随着网络开放予商业，互联网中成功接入的比较重要的其他网络包括 Usenet、Bitnet

和多种商用 X. 25 网络。

1990 年，整个网络向公众开放。在 1991 年 8 月，蒂姆·伯纳斯－李（Tim Berners-Lee）在瑞士创立 HTML、HTTP 和欧洲粒子物理研究所（CERN）的最初几个网页，之后两年他开始宣扬其万维网（World Wide Web）项目。1993 年，Mosaic 网页浏览器版本 1.0 被推出了。1996 年，"Internet"（互联网）一词被广泛的流通，不过是指几乎整个的万维网。

5.1.1　计算机网络

5.1.1.1　计算机网络的定义

计算机网络的精确定义并未统一，从不同的角度来说，有不同的定义。总的来说，计算机网络，是指将地理位置不同的具有独立功能的多台计算机及其外部设备，通过通信线路连接起来，在网络操作系统、网络管理软件及网络通信协议的管理和协调下，实现资源共享和信息传递的计算机系统。

最简单的计算机网络就是只有两台计算机和连接它们的一条链路，即两个节点和一条链路。因为没有第三台计算机，因此不存在交换的问题。最庞大的计算机网络就是互联网。它由非常多的计算机网络通过许多路由器互联而成。因此互联网也称为"网络的网络"。

5.1.1.2　计算机网络的发展过程

计算机网络的发展主要分为四个阶段：远程终端联机阶段、计算机网络阶段、计算机网络互联阶段和国际互联网与信息高速公路阶段。

（1）远程终端联机阶段。第一阶段可以追溯到 20 世纪 50 年代。那时人们开始将彼此独立发展的计算机技术与通信技术结合起来，完成了数据通信与计算机通信网络的研究，为计算机网络的出现做好了技术准备，奠定了理论基础。

（2）计算机网络阶段。20 世纪 60 年代，美苏冷战期间，美国国防部领导的远景研究规划局 ARPA 提出要研制一种崭新的网络对付来自苏联的核攻击威胁。因为当时，传统的电路交换的电信网虽已经四通八达，但战争期间，一旦正在通信的电路有一个交换机或链路被炸，则整个通信电路就要中断，如要立即改用其他迂回电路，还必须重新拨号建立连接，这将要延误一些时间。

要研制的这个新型网络必须满足一些基本要求：不是为了打电话，而是用于计算机之间的数据传送；能连接不同类型的计算机；所有的网络节点都同等重要，这就大大提高了网络的生存性；计算机在通信时，必须有迂回路由，当链路或节点被破坏时，迂回路由能使正在进行的通信自动地找到合适的路由；网络结构要尽可能地简单，但要非常可靠地传送数据。

根据这些要求，一批专家设计出了使用分组交换的新型计算机网络。因为，用电路交换来传送计算机数据，其线路的传输速率往往很低。计算机数据是突发式地出现在传输线路上的，比如，当用户阅读终端屏幕上的信息或用键盘输入和编辑一份文件时，或计算机正在进行处理而结果尚未返回时，宝贵的通信线路资源就被浪费了。

而分组交换是采用存储转发技术，它是将用户传送的数据划分成多个更小的等长部分，每个部分叫做一个数据段。在每个数据段的前面加上一些必要的控制信息组成的首部，就构成了一个分组。首部用以指明该分组发往何地址，然后由交换机根据每个分组的地址标志，将它们转发至目的地，这一过程称为分组交换。进行分组交换的通信网称为分组交换网。分组交换实质上是在"存储—转发"基础上发展起来的。它兼有电路交换和报文交换的优点。在分组交换方式中，由于能够以分组方式进行数据的暂存交换，经交换机处理后，很容易地实现不同速率、不同规程的终端间通信。

（3）计算机网络互联阶段和国际互联网与信息高速公路阶段。Internet 的基础结构大体经历了三个阶段的演进，这三个阶段在时间上有部分重叠。

① 从单个网络 ARPAnet 向互联网发展。1969 年美国国防部创建了第一个分组交换网 ARPAnet 只是一个单个的分组交换网，所有想连接在它上的主机都直接于就近的节点交换机相连，规模增长很快，到 20 世纪 70 年代中期，人们认识到仅使用一个单独的网络无法满足所有的通信问题。于是 ARPA 开始研究很多网络互联的技术，这就导致后来的互联网的出现。1983 年 TCP/IP 协议称为 ARPAnet 的标准协议。同年，ARPAnet 分解成两个网络：一个进行试验研究用的科研网 ARPAnet；另一个是军用的计算机网络 MILnet。1990 年，ARPAnet 因试验任务完成正式宣布关闭。

② 建立三级结构的因特网。1985 年起，美国国家科学基金会 NSF 就认识到计算机网络对科学研究的重要性，1986 年，NSF 围绕 6 个大型计算机中心建设计算机网络 NSFnet，它是个三级网络，分主干网、地区网、校园网。它代替 ARPAnet 称为 Internet 的主要部分。1991 年，NSF 和美国政府认识到因特网不会限于大学和研究机构，于是支持地方网络接入，许多公司的纷纷加入，使网络的信息量急剧增加，美国政府就决定将因特网的主干网转交给私人公司经营，并开始对接入因特网的单位收费。

③ 多级结构因特网的形成。1993 年开始，美国政府资助的 NSFnet 就逐渐被若干个商用的因特网主干网替代，这种主干网也叫因特网辅助提供者 ISP。考虑到因特网商用化后可能出现很多的 ISP，为了使不同 ISP 经营的网络能够互通，在 1994 年创建了 4 个网络接入点 NAP，分别由 4 个电信公司经营。21 世纪初，美国的 NAP 达到了十几个。NAP 是最高级的接入点，它主要是向不同的 ISP 提供交换设备，使它们相互通信。现在的因特网已经很难对其网络结构给出很精细的描述，但大致可分为 5 个接入级：网络接入点 NAP，多个公司经营的国家主干网，地区 ISP，本地 ISP，校园网、企业或家庭 PC 机上网用户。

5.1.1.3 计算机网络的功能

计算机网络的功能主要表现在资源共享、数据传输、分布式数据处理和均衡负载四个方面。

（1）资源共享。资源共享是计算机网络的目的，也是计算机网络最核心的功能。计算机网络中的共享包括网络中的硬件、软件和数据资源。如共享网络中的大容量存储设备、软件、数据库资源等。通过资源共享，可以使网络中各单位的资源互通有无、分工协作，大大提高系统资源的利用率。

（2）数据传输。数据传输是计算机网络最基本的功能，是实现其他功能的基础，主要完成网络中各个节点之间的通信。利用这一功能，地理位置分散的生产单位或业务部门可通过计算机网络连接起来进行集中的控制和管理，如可以通过计算机网络实现铁路运输的实时管理与控制，提高铁路运输能力。

（3）分布式数据处理。分布式数据处理是将分散在各个计算机系统中的资源进行集中控制与管理，从而将复杂的问题交给多个计算机分别进行处理，以提高工作效率。这种协同工作、并行处理要比单独购置高性能的大型计算机成本低，这样不仅充分利用网络资源，而且扩大计算机的处理能力。

（4）均衡负载。利用计算机网络，可以将负担过重的计算机所处理的任务转交给空闲的计算机来完成。这样处理能均衡各个计算机的负载，提高处理问题的实时性。

5.1.2　无线网

随着笔记本电脑和个人数字助理（简称 PDA）等便携式计算机的日益普及和发展，人们经常要在路途中接听电话、发送传真和电子邮件、阅读网上信息以及登录到远程机器等。然而在汽车或飞机上是不可能通过有线介质与单位的网络相连接的，这时候可能会对无线网感兴趣了。虽然无线网与移动通信经常是联系在一起的，但这两个概念并不完全相同。例如当便携式计算机通过 PCMCIA 卡接入电话插口，它就变成有线网的一部分。另一方面，有些通过无线网连接起来的计算机的位置可能又是固定不变的，如在不便于通过有线电缆连接的大楼之间就可以通过无线网将两栋大楼内的计算机连接在一起。

5.1.2.1　无线网的定义

所谓无线网络，既包括允许用户建立远距离无线连接的全球语音和数据网络，也包括为近距离无线连接进行优化的红外线技术及射频技术，与有线网络的用途十分类似，最大的不同在于传输媒介的不同，利用无线电技术取代网线，可以和有线网络互为备份。

无线网特别是无线局域网有很多优点，如易于安装和使用。但无线局域网也有许多不足之处，如它的数据传输率一般比较低，远低于有线局域网；另外无线局域网的误码率也比较高，而且站点之间相互干扰比较厉害。用户无线网的实现有不同的方法。国外的某些大学在它们的校园内安装许多天线，允许学生们坐在树底下查看图书馆的资料。这种情况是通过两个计算机之间直接通过无线局域网以数字方式进行通信实现的。另一种可能的方式是利用传统的模拟调制解调器通过蜂窝电话系统进行通信。目前在国外的许多城市已能提供蜂窝式数字信息分组数据（CDPD）的业务，因而可以通过 CDPD 系统直接建立无线局域网。无线网络是当前国内外的研究热点，无线网络的研究是由巨大的市场需求驱动的。无线网的特点是使用户可以在任何时间、任何地点接入计算机网络，而这一特性使其具有强大的应用前景。当前已经出现了许多基于无线网络的产品，如个人通信系统（PCS）电话、无线数据终端、便携式可视电话、个人数字助理（PDA）等。无线网络的发展依赖于无线通信技术的支持。目前无线通信系统主要有：低功率的无绳电话系统、模拟蜂窝系统、数字蜂窝系统、移动卫星系统、无线 LAN 和无线 WAN 等。

5.1.2.2　无线网的分类

（1）无线个人网。无线个人网（WPAN）是在小范围内相互连接数个装置所形成的无线网络，通常是个人可及的范围内。例如蓝牙连接耳机及膝上电脑，ZigBee 也提供了无线个人网的应用平台。

蓝牙是一个开放性的、短距离无线通信技术标准。该技术并不想成为另一种无线局域网（WLAN）技术，它面向的是移动设备间的小范围连接，因而本质上说它是一种代替线缆的技术。它可以用来在较短距离内取代目前多种线缆连接方案，穿透墙壁等障碍，通过统一的短距离无线链路，在各种数字设备之间实现灵活、安全、低成本、小功耗的话音和数据通信。

（2）无线区域网。无线区域网（Wireless Regional Area Network，WRAN）基于认知无线电技术，IEEE 802.22 定义了适用于 WRAN 系统的空中接口。WRAN 系统工作在 47M ~ 910MHz 高频段/超高频段的电视频段内的，由于已经有用户（如电视用户）占用了这个频段，因此 802.22 设备必须要探测出使用相同频率的系统以避免干扰。

（3）无线城域网。无线城域网是连接数个无线局域网的无线网络形式。

2003 年 1 月，一项新的无线城域网标准 IEEE 802.16a 正式通过。致力于此标准研究的组织是 WiMax 论坛——全球微波接入互操作性（Worldwide Interoperability for Microwave Access）组织。

5.1.3　3G 网络

5.1.3.1　3G 的定义

3G 指的是第三代移动通信（网络有两种类型：电信网和计算机网），3G 属于电信网。

我国 3G 标准有三种：中国移动基于 TD – SCDMA 技术（TD – SCDMA 为我国拥有自主产权的 3G 技术标准）、中国电信基于 CDMA2000 技术和中国联通基于 WCDMA 技术。

5.1.3.2　3G 的应用

（1）宽带上网。宽带上网是 3G 手机的一项很重要的功能，我们能在手机上收发语音邮件、写博客、聊天、搜索、下载图铃等。尽管目前的 3G 网络覆盖率不高，并且资费较贵，但手机变成小电脑就再也不是梦想了。

（2）视频通话。3G 时代，传统的语音通话已经是个很弱的功能了，到时候视频通话和语音信箱等新业务才是主流，传统的语音通话资费会降低，而视觉冲击力强，快速直接的视频通话会更加普及和飞速发展。

3G 时代被谈论得最多的是手机的视频通话功能，这也是在国外最为流行的 3G 服务之一。相信不少人都用过 QQ、MSN 或 Skype 的视频聊天功能，与远方的亲人、朋友"面对面"地聊天。今后，依靠 3G 网络的高速数据传输，3G 手机用户也可以"面谈"了。当你用 3G 手机拨打视频电话时，不再是把手机放在耳边，而是面对手机，再戴上有线耳麦或蓝牙耳麦，你会在手机屏幕上看到对方的影像，你自己也会被录制下来并传送给对方。

（3）手机电视。从运营商层面来说，3G 牌照的发放解决了一个很大的技术障碍，TD 和 CMMB 等标准的建设也推动了整个行业的发展。手机流媒体软件会成为 3G 时代最多使用的手机电视软件，在视频影像的流畅和画面质量上不断提升，突破技术瓶颈，真正大规模被应用。

（4）无线搜索。对用户来说，这是比较实用型的移动网络服务，也能让人快速接受。随时随地用手机搜索将会变成更多手机用户一种平常的生活习惯。

（5）手机音乐。在无线互联网发展成熟的日本，手机音乐是最为亮丽的一道风景线，通过手机上网下载音乐是电脑的50倍。3G时代，只要在手机上安装一款手机音乐软件，就能通过手机网络，随时随地让手机变身音乐魔盒，轻松收纳无数首歌曲，下载速度更快，耗费流量几乎可以忽略不计。

（6）手机购物。不少人都有在淘宝上购物的经历，但手机商城对不少人来说还是个新鲜事。事实上，移动电子商务是3G时代手机上网用户的最爱。目前90%的日本、韩国手机用户都已经习惯在手机上消费，甚至是购买大米、洗衣粉这样的日常生活用品。专家预计，中国未来手机购物会有一个高速增长期，用户只要开通手机上网服务，就可以通过手机查询商品信息，并在线支付购买产品。

（7）手机网游。与电脑的网游相比，手机网游的体验并不好，但方便携带，随时可以玩，这种利用了零碎时间的网游是目前年轻人的新宠，也是3G时代的一个重要资本增长点。3G时代到来之后，游戏平台会更加稳定和快速，兼容性更高，即"更好玩了"，像是升级的版本一样，让用户在游戏的视觉和效果方面感觉更有体验。

5.1.4 网络加速工具

5.1.4.1 ADSL超频奇兵

（1）ADSL超频奇兵功能简介。ADSL超频奇兵为ADSL加速软件。通过修改PC系统注册表中原来专为低速接入而设置的TCP/IP默认参数，以适应PPPoE方式的ADSL接入。实测可以提高1倍左右的下载速度，并解决了ADSL浏览网页速度减慢的问题。

（2）ADSL超频奇兵的安装和程序界面。下载软件后解压到任意文件夹。打开所在文件夹，双击安装文件，出现如图5-1所示的安装向导。单击"下一步"，出现如图5-2所示的《使用许可协议》，钩选"我接受该协议"，再单击"下一步"，此时出现安装目录，默认安装目录为：C:\Program Files\Worldfax\ADSL超频奇兵 V5.6，如图5-3所示。单击"下一步"，此时会有"创建桌面快捷方式图标"和"创建开机自动启动"选项，如图5-4所示。钩选"创建桌面快捷方式图标"，继续单击"下一步"，则会显示如图5-5所示的界面。单击"完成"即可启动"ADSL超频奇兵"。

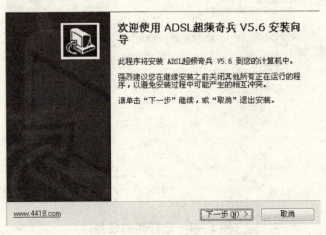

图5-1　ADSL超频奇兵安装向导

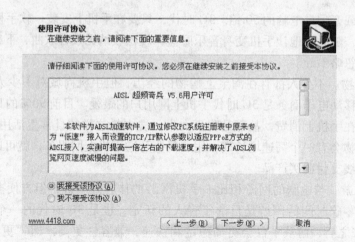

图 5-2　使用许可协议

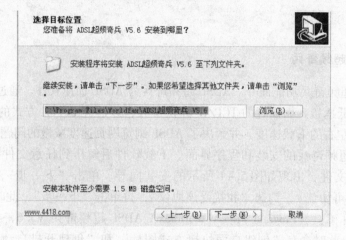

图 5-3　安装程序保存目标位置选择

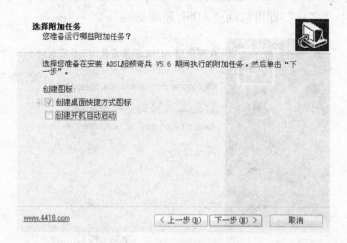

图 5-4　选择附加任务

图 5 - 5　安装完成

（3）ADSL 超频奇兵的基本功能。启动 ADSL 超频后的界面如图 5 - 6 所示。其主要功能有 ADSL 超频、高级超频和测试网速几项功能。

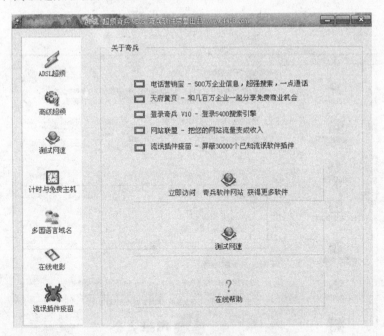

图 5 - 6　ADSL 超频奇兵程序界面

① ADSL 超频。单击"ADSL 超频"图标，会出现如图 5 - 7 所示的界面，单击"普通超频"，即可完成超频。此时"ADSL 超频奇兵"会根据系统和网络的情况，对网络做一个自动的优化，以实现对网速的"超频"。

② 高级超频。如果你对网络很了解，还可以使用"高级超频"来最大化地压榨网络的性能，单击"高级超频"图标，出现如图 5 - 8 所示的界面。如果超频以后觉得网络不正常，也可以使用"系统恢复"按钮来恢复到超频以前的设置。

图 5 -7　ADSL 普通超频

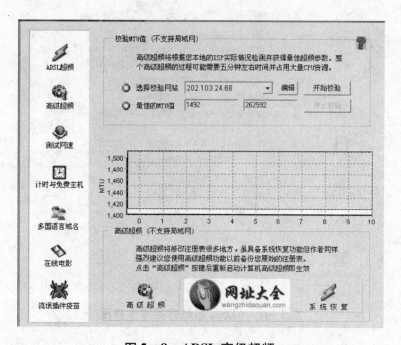

图 5 -8　ADSL 高级超频

③ 测试网速。单击"测试网速"图标，则自动打开 IE：http：//www. dsl-speed. org/
test. htm，在线测试网速，但为全英文。

④ 计时与免费主机。单击"计时与免费主机"图标，出现如图 5 -9 所示的界面，可以
对电脑的上网时间进行统计，而且还提供免费的服务器主机。

图 5 – 9　ADSL 计时与免费主机

5.1.4.2　Net Medic 诊断网速

Net Medic 能通过跟踪上网过程来"诊断"出你的网速慢的真正原因，寻找网上速度慢的真正根结，从而有的放矢地来解决相应问题。

Net Medic 包括 10 个小面板，分别显示 10 个不同的内容。

（1）Active Pane，显示在上网过程中，你的计算机、调制解调器、Internet 连接干线和服务器整个表现情况。如果某个内容（如计算机图标）显示红色则表示工作不正常，而灰色表示工作正常，黄色表示工作一般。这样使你对整个上网连接情况有个总的观察。

（2）Throught Pane，显示服务器与你的计算机传送数据的情况。其中 Speed Limit 是本身能传输的最快速度。而 Recv and Send Graph 显示了你的计算机接收与传送数据的情况。

（3）Retrieval Pane，显示下载网页过程的情况。从 Time 你可以了解根据当前速度下载该网页的时间。Network & Site 则让你了解在下载网页过程中所出现时间延误中，远端 Web 服务器与网络线路哪个负有责任。而 Average Rate 显示下载速度。

（4）Client Pane，显示你的计算机在上网过程中的工作状况。CPU Load 显示 CPU 的占用率，如果显示为红色，表明你的计算机在负荷工作。Cache Hit Meter 表明你的计算机从硬盘的调用缓存内容的能力。

（5）Modem Pane，显示你的 Modem 上网时的工作情况。Compression 表明调制解调器的压缩功能的进行情况。Speed 则动态地显示调制解调器工作速度。

（6）ISP Panel，显示 ISP 服务商提供服务的情况。Delay 显示 ISP 服务商引起的下载数据的延迟情况。Traffic 显示网上的"交通"程度。

（7）Internet Panel，显示 Internet 整个干线情况。Delay 为 Internet 干线在传送数据过程中造成的传送数据的延迟。Traffic 则表示目前主干线拥挤程度。Peak Speed 为当前 Internet

的主干线的速度。

（8）Intranet Pane，主要显示 Intranet 的网络速度的情况。

（9）Server Pane，显示远端 Web 服务器的情况。Delay 为远端服务器造成的数据传送延迟情况。Load 为远端 Web 服务器响应情况。Throughput 为当前远端 Web 服务器的最快响应速度。

（10）Connect Time Pane，显示上网时间。其中 Session 代表这次上网时间，Today 代表今天上网时间，而 This Month 代表当月上网时间。

5.2 即时通讯

5.2.1 即时通讯介绍

即时通讯（IM）是指能够即时发送和接收互联网消息等的业务。自 1996 年面世以来，特别是近几年的迅速发展，即时通讯的功能日益丰富，逐渐集成了电子邮件、博客、音乐、电视、游戏和搜索等多种功能。即时通讯不再是一个单纯的聊天工具，它已经发展成集交流、资讯、娱乐、搜索、电子商务、办公协作和企业客户服务等为一体的综合化信息平台。

随着移动互联网的发展，互联网即时通讯也在向移动化扩张。目前，微软、AOL、Yahoo、UcSTAR 等重要即时通讯提供商都提供通过手机接入互联网即时通讯的业务，用户可以通过手机与其他已经安装了相应客户端软件的手机或电脑收发消息。

5.2.2 即时通讯的行业应用

（1）个人即时通讯。个人即时通讯，主要是以个人用户使用为主，开放式的会员资料，非营利目的，方便聊天、交友、娱乐，如 QQ、雅虎通、网易 POPO、新浪 UC、百度 HI、盛大圈圈、移动飞信等。此类软件，以网站为辅、软件为主，免费使用为辅、增值收费为主。

（2）商务即时通讯。此处商务泛指买卖关系为主。商务即时通讯，如 5107 网站伴侣、企业平台网的聚友中国、阿里旺旺贸易通、擎旗技术 UcSTAR、阿易旺旺淘宝版、惠聪 TM、QQ（拍拍网，使 QQ 同时具备商务功能）、MSN、SKYPE。商务即时通讯的主要功用，是实现了寻找客户资源或便于商务联系，以低成本实现商务交流或工作交流。此类以中小企业、个人实现买卖为主，也方便了外企跨地域交流工作。

（3）企业即时通讯。企业即时通讯，如恒聚 ICC 系统、擎旗技术 UcSTAR，一种是以企业内部办公为主，建立员工交流平台；另一种是以即时通讯为基础。由于企业对信息类软件的需求还在"探索"与"尝试"阶段，所以会导致很多系统不能"互通"，这也成了即时通讯软件的一个使命。当信息软件被广泛使用之后，"互通"接口具备否，将被作为软件被选用的重要条件。

（4）行业即时通讯。主要局限于某些行业或领域使用的即时通讯软件，不被大众所知，如盛大圈圈、奥博即时通讯、螺丝通，主要在相应行业圈内小范围使用，也包括行业网站所推出的即时通讯软件，如化工网或类似网站推出的即时通讯软件。行业即时通讯软件，主要依赖于购买或定制软件，使用单位一般不具备开发能力。

（5）泛即时通讯。一些软件带有即时通讯软件的基本功能，但以其他使用为主，如视频会议。泛即时通讯软件，对专一的即时通讯软件是一大竞争与挑战。

5.2.3　即时通讯的优点和安全问题

即时通讯除了能加强网络之间的信息沟通外，最主要的是可以将网站信息与聊天用户直接联系在一起，通过网站信息向聊天用户群及时发送，可以迅速吸引聊天用户群对网站的关注，从而加强网站的访问率与回头率；即时通讯利用的是互联网线路，通过文字、语音、视频、文件的信息交流与互动，有效节省了沟通双方的时间与经济成本；即时通讯系统不但成为人们的沟通工具，还成为人们利用其进行电子商务、工作、学习等交流的平台。

目前，即时通讯的安全威胁包括：ID 被盗、隐私威胁、病毒威胁等。下面是即时通讯用户应该遵循的一些安全准则，以保护自身的网络安全和隐私。即时通讯安全准则主要包括：不随意泄露即时通讯的用户名和密码；不在第三方网站登录网页版即时通讯软件；定期更改密码；谨慎使用未经认证的即时通讯插件；在即时通讯设置中开启文件自动传输病毒扫描选项；不接收来历不明或可疑的文件和网址链接。

5.2.4　即时通讯软件

最早的即时通讯软件是 ICQ，ICQ 是英文中"I seek you"的谐音，意思是"我找你"。四名以色列青年于 1996 年 11 月发布了最初的 ICQ 版本，在 6 个月内有 85 万用户注册使用。

早期的 ICQ 很不稳定，尽管如此，还是受到大众的欢迎，雅虎也推出 Yahoo! pager，美国在线也将具有即时通讯功能的 AOL 包装在 Netscape Communicator，而后微软更将 Windows messenger 内建于 Microsoft Windows XP 作业系统中。

腾讯公司模仿 ICQ 推出的腾讯 QQ 也迅速成为中国最大的即时消息软件，占据了 80% 以上的个人即时通讯市场。

下面就简单介绍几款常用的即时通讯软件，如腾讯 QQ、MSN、新浪 UC、飞信、阿里旺旺。

5.2.4.1　腾讯 QQ

腾讯 QQ 是目前中国使用人数最多的及时通讯软件，在使用之前可以在 QQ 官方网站 http：//www.qq.com 下载 QQ 聊天软件，下载完成以后进行安装。QQ 官方网站如图 5 - 10 所示。

（1）申请和使用 QQ 号码。要使用 QQ 与朋友聊天，必须先申请一个 QQ 账号。在弹出的"QQ2009"用户窗口中点击"注册新账号"，可链接到申请 QQ 账号的网站进行新账号的申请。申请成功后，在如图 5 - 11 所示的对话框中输入 QQ 账号和 QQ 密码，即可进行登录。

（2）在线聊天。登录 QQ 后，可以看到如图 5 - 12 所示的好友列表，如果没有好友，可以单击"查找"图标，来查找并添加好友。双击某个好友的头像，可以打开如图 5 - 13 所示的聊天对话框。在这个对话框里可以输入表情、文字，还可以进行语音、视频聊天等。

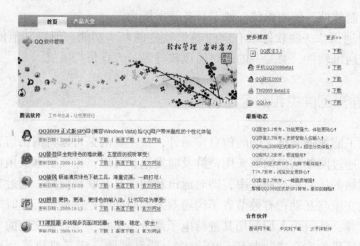

图 5-10　QQ 官方网站界面

图 5-11　QQ 登录界面

图 5-12　QQ 好友面板

图 5-13　QQ 聊天界面

（3）QQ 包含的其他功能。我们不仅使用腾讯 QQ 和好友进行交流信息、自定义图片或相片即时发送和接收、语音视频面对面聊天，这些功能非常全面。此外，QQ 还具有与手机聊天、聊天室、点对点断点续传传输文件、共享文件、QQ 邮箱、备忘录、网络收藏夹、发送贺卡、远程协助等功能。QQ 不仅仅是简单的即时通讯软件，而且它与全国多家呼叫中心、移动通信公司合作，实现传统的无线寻呼网、GSM 移动电话的短消息互联，是国内最为流行功能最强的即时通讯软件。

随着时间的推移，根据 QQ 所开发的附加产品越来越多，如 QQ 游戏、QQ 宠物、QQ 音乐、QQ 空间、QQ 秀等，受到 QQ 用户的青睐。

QQ 空间的页面如图 5－14 所示，可以根据自己的喜好设计 QQ 空间的版式/布局、风格、模块等，可以在 QQ 空间发表日志、添加背景音乐、上传照片到相册供 QQ 好友查看评论。可以应用 QQ 秀设置个人的头像、图片，如图 5－15 所示。

图 5－14　QQ 空间

图 5－15　QQ 秀

为了使 QQ 更加深入生活，腾讯公司开发了移动 QQ 和 QQ 等级制度。只要申请移动 QQ，用户即可在自己的手机上享受 QQ 聊天，每月收取固定的费用。

5.2.4.2 Windows Live Messenger

Windows Live Messenger，老版本叫 MSN Messenger，是一款全球通用的即时通讯软件，新版本增加了线上组群、显示动态头像、单账号多点登录等功能，完善了我们的聊天体验。

（1）下载安装。下载安装有两种方式：一种是下载整个程序；另一种是下载一个 Installer。单击 http://im.live.cn/get.aspx 上的"立即下载"按钮就可以获得最新版本的 MSN Messenger。当出现打开或保存到计算机上的提示后，单击打开就可以自动下载 MSN Messenger。在随后出现的《Microsoft 软件最终用户许可协议》中选择"我接受许可协议中的条款"，然后点击"下一步"、"完成"按钮，结束安装过程。

（2）注册登录。如果你已经拥有 Hotmail 或 MSN 的电子邮件账户就可以直接打开 Live Messenger，输入你的电子邮件地址和密码进行登录了。如果你没有账户，请到 https://reg.msn.cn/ 申请一个 Hotmail 电子邮件账户。登录界面如图 5-16 所示。

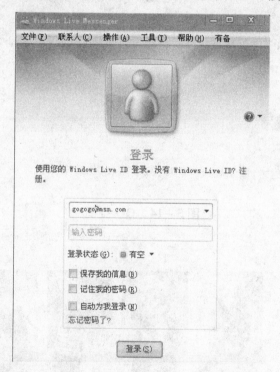

图 5-16　Live Messenger 登录界面

（3）添加新联系人。在 Messenger 主窗口中，单击"我想"下的"添加联系人"，或者单击"联系人"菜单，然后单击"添加联系人"。选择"通过输入电子邮件地址或登录名创建一个新的联系人"，单击"下一步"后输入完整的对方邮箱地址，点击"确定"后再点击"完成"，你就成功地输入一个联系人了，这个联系人上网登录 MSN 后，会收到你将他加入的信息，如果他选择同意的话，他在线后你就可以看到他，他也可以看到你。重复上述操作，就可以输入多个联系人。

（4）管理你的组。在 Messenger 主窗口中，单击"联系人"菜单，指向"对联系人进行排序"，然后单击"组"，将联系人组织到不同的组中。在联系人名单的"组"视图中，右键单击现有组的名称，或者单击"联系人"菜单，指向"管理组"，就可以创建、重命名或删除组以方便你的查找。

（5）发送即时消息。在你的联系人名单中，双击某个联机联系人的名字，在"对话"窗口底部的小框中键入你的消息，单击"发送"。在"对话"窗口底部，你可以看到其他人正在键入。当没有人输入消息时，你可以看到收到最后一条消息的日期和时间。每则即时消息的长度最多可达 400 个字符（低版本 MSN 可能少于 400 个字符）。聊天的界面如图 5 - 17 所示。

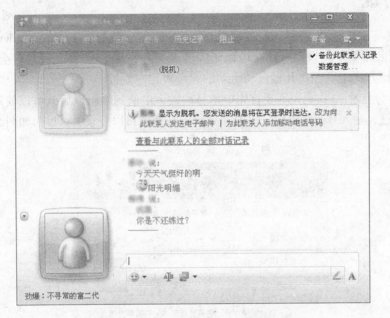

图 5 - 17　Live Messenger 聊天界面

（6）保存对话（此功能需要 IE6.0 或者更高版本）。在主窗口中的"工具"菜单上或"对话"窗口中，单击"选项"，然后选择"消息"选项卡。在"消息记录"下，选中"自动保留对话的历史记录"复选框，单击"确定"后，就可将你的消息保存在默认的文件夹位置；或者单击"更改"，然后选择要保存消息的位置。

（7）更改和共享背景。在"对话"窗口中的"工具"菜单上，单击"创建背景"，可选用一幅你自己的图片来创建背景。单击"浏览"，在计算机中选择一幅图片，然后单击"打开"。从列表中选择一幅图片，然后单击"确定"。若要下载更多背景，请转到 Messenger 背景网站。共享背景时，你的朋友会收到一份邀请，其中带有要共享背景的缩略图预览。如果你的朋友接受了该邀请，则 Messenger 会自动下载该背景并将其显示在你朋友的"对话"窗口中。

（8）使用网络摄像头进行对话。若要在 MSN Messenger 中发送网络摄像头视频，你必须在计算机上连接了摄像头。在对话期间单击"网络摄像头"图标，或者在主窗口中单击"操作菜单"，单击"开始网络摄像头对话"，选择要向其发送视频的联系人的名称，然后单击"确定"。若要进行双向的网络摄像头对话，则两位参与者必须都安装了网络摄像头并且必须邀请对方。

（9）发送文件和照片。在 Messenger 主窗口中，右键单击某个联机联系人的名字，然后单击"发送文件或照片"。在"发送文件"对话框中，找到并单击你想要发送的文件，然后单击"打开"。此外，直接在下方"输入即时消息"的窗口内"粘贴"文件也可以进行发送。

MSN 还具有其他功能，如添加、删除或修改自定义图释，更改或隐藏显示图片，设置联机状态，阻止某人看见你或与你联系，更改你名称的显示方式，语音对话，移动 MSN 等。

5.2.4.3 新浪 UC

（1）下载与安装。可以到 UC 的官方网站下载，下载页面：http：//download. 51uc. com。UC 的安装很简单，只要默认就可以了。需要提醒的是，安装之后，它会在启动组里添加 UC 的快捷方式，不喜欢开机自动启动的，可以把它删掉。

（2）注册与登录。UC 也是需要首先申请号码的，申请到号码以后就可以使用 UC 了。打开登录的对话框，输入号码和密码，单击"登录"按钮就可以登录了。界面如图 5 - 18 所示。

图 5 - 18 UC 登录界面

（3）个人设置和系统设置。在任务栏中，也就是通知区域工具栏里找到 UC 的图标，然后单击鼠标右键，弹出上下文菜单，选择"个人设置"，这样就打开了个人设置的对话框。系统设置方法跟个人设置一样，这里要说的一点就是热键的设置。UC 的热键跟 QQ 的热键是有冲突的，默认情况下，UC 的提取消息的热键就是 QQ 的抓图热键，UC 的抓图热键就是 QQ 的提取消息热键。所以我们根据需要进行修改，否则没办法同时使用这两个软件。具体如图 5 - 19 所示。

（4）添加好友。添加好友比较简单，UC 提供了多种添加好友的方式，可以通过 UC 号码来查找，可以直接查找在线用户，也可以输入昵称来查找。操作方式与 QQ 类似，如图 5 - 20 所示。

（5）文本聊天。UC 的聊天界面和 QQ 也比较类似，这里就不再详细叙述，图 5 - 21 详细地说明了各项按钮的功能。

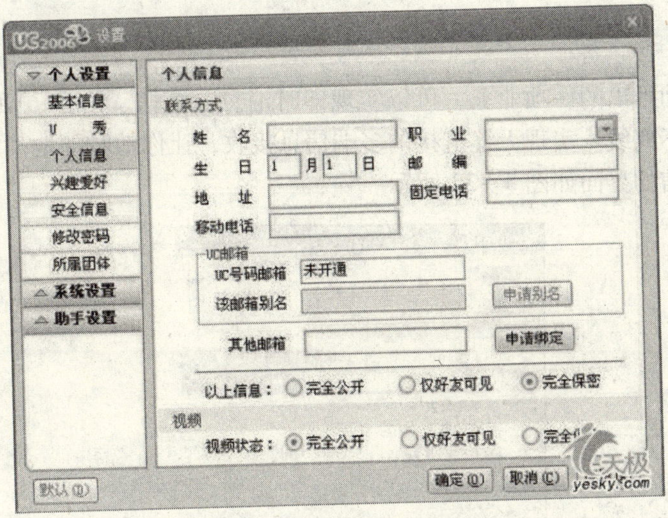

图 5–19 UC 个人与系统设置

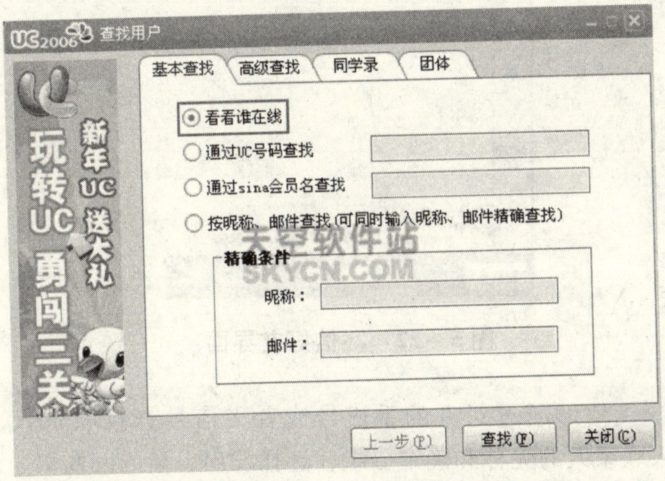

图 5–20 UC 添加好友

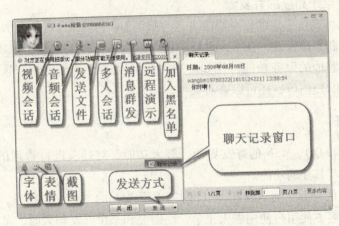

图 5–21 UC 聊天界面

5.2.4.4 飞信

飞信是中国移动推出的一项业务，可以实现即时消息、短信、语音、GPRS 等多种通信方式，保证用户永不离线。实现无缝链接的多端信息接收，让你随时随地都可与好友保持畅快有效的沟通。飞信的界面如图 5 – 22 所示。

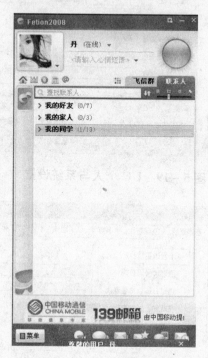

图 5 – 22　飞信好友界面

（1）添加好友。飞信可通过对方的手机号或者飞信号查找联系人，添加好友，如图 5 – 23 所示，输入联系人的昵称和确定分组，选择发出申请的问候语，比如选择"我是丹，正在使用中国移动飞信业务，想加你为好友"，然后点击"确定"。这样对方在收到你发出的信息后会给予相应的答复。

（2）修改信息。飞信提供的信息修改方式与腾讯 QQ 和新浪 UC 的类似，如图 5 – 24 所示，包括个人设置和系统设置，在个人设置中包含"基本资料"、"安全选项"等设置。

飞信还提供了其他的服务功能，比如使用飞信可以进行多人会话、群发短信、群发彩信、飞信语聊、定时短信等，还可以查看天气。

5.2.4.5 阿里旺旺

阿里旺旺软件和 QQ、MSN 的好友界面、聊天功能、对好友进行管理的界面非常相似。除此之外，还有一些其他的功能。

（1）聊天窗口的合并。阿里旺旺可以将多个聊天窗口合并成一个窗口，呈现如图 5 – 25 所示的界面，这样更方便用户使用聊天工具，当需要和某个好友聊天时，鼠标点击聊天窗口上好友的昵称或姓名即可。

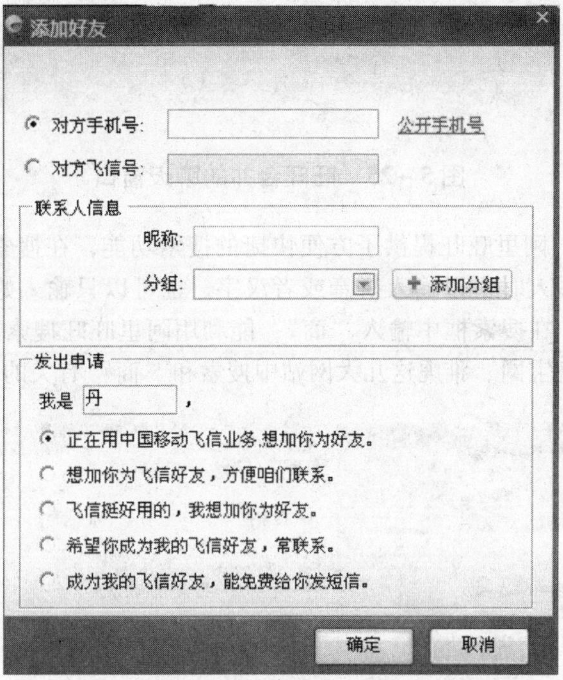

图 5 – 23   飞信添加好友界面

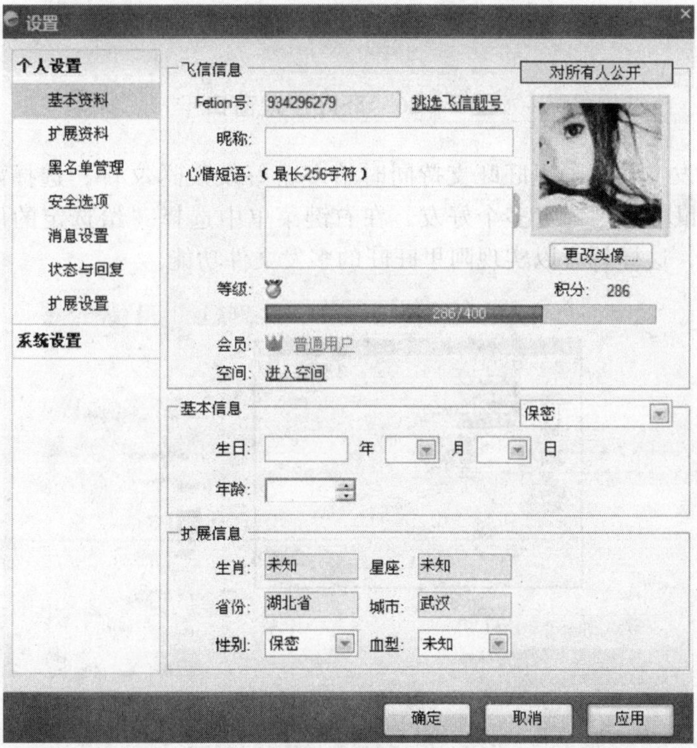

图 5 – 24   飞信信息修改

图 5 – 25 旺旺合并的聊天窗口

（2）方便的搜索。阿里旺旺提供了方便快捷的搜索功能，在搜索框中可以搜索网站信息、联系人，搜索联系人时可以输入拼音或者汉字，也可以只输入姓就能搜索到相关的信息。如图 5 – 26 所示，在搜索框中输入"商"，能利用阿里旺旺搜索到联系人姓"商"，可进一步在阿里巴巴、淘宝网、雅虎这几大网站中搜索和"商"有关的信息。

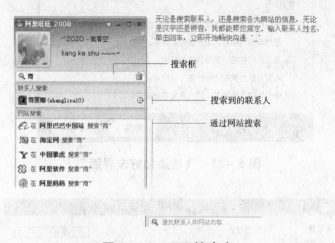

图 5 – 26 旺旺搜索窗口

（3）支持多发文件。阿里旺旺支持同时给多个好友发送文件，选择好要发送的文件后，按住 Ctrl 和鼠标左键选定多个好友，在右键菜单中选择"给选定的用户发送文件"，如图 5 – 27 所示，这样就可以实现阿里旺旺的多发文件功能。

图 5 – 27 旺旺多发文件

阿里旺旺还支持截屏编辑图片功能，可以在截下的图片上修改增加文字说明；还支持多网站用户登录，可以支持来自阿里巴巴中国站、淘宝网、雅虎、旺号等的用户登录，如图 5 - 28 所示，在"账号类型"中选择相应网站的账号，输入账号和密码，选择登录状态，选择是否"保存我的登录信息"、"保存密码"或者"自动为我登录"，即可实现登录。

图 5 - 28 旺旺多网站用户登录

5.3 电子邮件

5.3.1 电子邮件基本知识

（1）电子邮件概述。电子邮件（Electronic mail，简写为 E-mail）是因特网上使用最广泛的一种服务。电子邮件是以电子方式存放在计算机中，称为报文（Message）。计算机网络传送报文的方式与普通邮电系统传递信件的方式类似，采用的是存储转发方式。就如同信件从源地到达目的地要经过许多邮局转发一样。报文从源节点出发后，也要经过若干网络节点的接收和转发，最后到达目的节点，而且接收方收到电子报文阅读后，还可以以文件的方式保存下来，供今后查阅。由于报文是经过计算机网络传送的，其速度要比普通邮政快得多，收费也相对低廉，因而为人们提供了一种人际通信的良好手段。电子邮件报文中除了可包含文字信息外，还可以包含声音、图形和图像等多媒体形式的信息。

（2）电子邮件使用的协议。邮件服务器使用的协议主要有简单邮件传输协议 SMTP（Simple Mail Transfer Protocol）和 POP 协议（Post Office Protocol）。POP 服务需要一个邮件服务器来提供，用户必须在该邮件服务器上取得账号才可使用这种服务。目前使用较普遍的 POP 协议为第 3 版，故又称为 POP3 协议。

（3）信箱地址及其格式。使用电子邮件系统的用户首先要有一个电子邮件信箱，该信箱在因特网上有唯一的地址，以便识别。电子邮件信箱和普通的邮政信箱一样也是私有，任何人可以将邮件投递到该信箱，但只有信箱的主人才能够阅读信箱中的邮件内容，或从中删除和复制邮件。

像传统信件的信封有格式要求一样，电子邮件也有规范的地址格式。电子邮件的信箱地址由字符串组成，该字符串被字符"@"分成两部分（字符"@"在英语中可以读作"at"）：前一部分为用户标志，可以使用该用户在该计算机上的登录名或其他标志，只要能够区分该计算机上的不同用户即可，如"zhangshan"；后一部分为用户信箱所在的计算机的域名，如 ecust. edu. cn（华东理工大学网络中心邮件服务器主机域名）。像 zhangshan@ ecust. edu. cn 就是一个电子邮件的地址。所以，电子邮件地址的一般格式为：〈用户标志〉@〈主机域名〉。

（4）电子邮件的格式。一封完整的电子邮件都有两个基本部分组成：信头和信体。

① 信头一般包括：收信人，即收信人的电子邮件地址；抄送，表示同时可以收到该邮件的其他人的电子邮件地址；主题，是概括地描述该邮件内容，可以是一个词，也可以是一句话。

② 信体是希望收件人看到的信件内容，有时信体还可以包含附件。附件是含在一封信件里的一个或多个计算机文件，可以从信件上分离出来，成为独立的计算机文件。

5.3.2　电子邮件所使用的协议

全球范围内的电子邮件服务器可能采用不同的操作系统平台、不同的程序，为什么能互联互通呢？道理很简单，所有的电子邮件使用标准通信协议，正如 Web 服务使用 HTTP 协议一样，电子邮件也要使用由国际标准化组织制定的电子邮件协议。

（1）SMTP 协议。SMTP 协议即简单邮件传输协议，它是一组用于由源地址到目的地址传送邮件的规则，由它来控制信件的中转方式。SMTP 协议属于 TCP/IP 协议族，它帮助每台计算机在发送或中转信件时找到下一个目的地。通过 SMTP 协议所指定的服务器，我们就可以把 E-mail 寄到收信人的服务器上了，整个过程只要几分钟。SMTP 服务器则是遵循 SMTP 协议的发送邮件服务器，用来发送或中转你发出的电子邮件。

SMTP 是一种提供可靠且有效电子邮件传输的协议。SMTP 是建模在 FTP 文件传输服务上的一种邮件服务，主要用于传输系统之间的邮件信息并提供来信有关的通知。

读者可以这样理解 SMTP 服务器，它是电子邮局中的一个工作人员，只负责接收客户的邮件，或者向别的电子邮局发送邮件，但从不从别的电子邮局接收邮件。

（2）POP3 协议。POP3 即邮局协议的第 3 个版本，它规定怎样将个人计算机连接到 Internet 的邮件服务器和下载电子邮件的电子协议。它是因特网电子邮件的第一个离线协议标准，POP3 允许用户从服务器上把邮件存储到本地主机（即自己的计算机）上，同时删除保存在邮件服务器上的邮件，而 POP3 服务器则是遵循 POP3 协议的接收邮件服务器，用来接收电子邮件的。

POP3 协议是 TCP/IP 协议族中的一员，POP3 服务所用的端口为 110，由 RFC 1939 定义。本协议主要用于支持使用客户端远程管理在服务器上的电子邮件。

5.3.3　抄送和秘密抄送

（1）抄送。在网络术语中，抄送（Carbon Copy，CC）就是将邮件同时发送给收信人以外的人，用户所写的邮件抄送一份给别人，对方可以看见该用户的 E-mail。同收件人地址栏一样，不可以超过 1 024 个字符。

一般来说，使用"抄送"服务时，多人抄送的电子邮件地址使用";"分隔。

（2）秘密抄送。在撰写新邮件时，你可能注意到了"抄送"与"密件抄送"这两栏。所谓抄送其实也就是在你给某人发送邮件时同时将这封信发送给其他更多人。比方说某位主管要告诫各级下属不要在上班时间泡网，他只要写一封邮件，然后将下属们的 E-mail 地址填入抄送栏内，各地址之间用逗号或分号隔开，再将信发出即可。

密件抄送（又称"盲抄送"）和抄送的唯一区别就是它能够让各个收件人无法查看到这封邮件同时还发送给了哪些人。密件抄送是个很实用的功能，假如你一次向成百上千位收件人发送邮件，最好采用密件抄送方式，这样一来可以保护各个收件人的地址不被其他人轻易获得；二来可以使收件人节省下收取大量抄送的 E-mail 地址的时间。

5.3.4　常见邮件服务

现在国内常用的电子邮箱有网易的 126 邮箱、腾讯的 QQ 邮箱、Sina 邮箱等，本部分以 QQ 邮箱为例，说明电子邮箱的使用方法。

（1）邮箱的注册和登录。由于 QQ 邮箱是和腾讯的 QQ 进行了绑定，故在使用 QQ 邮箱之前，需要申请一个 QQ 号码。QQ 号码的申请在前面已有叙述，这里不再重复。QQ 的登录有两种方法：第一种是打开 http：//mail. qq. com/ 可以看到如图 5 – 29 所示的页面，此时输入你的 QQ 号码和密码即可登录；第二种方式更为简便快捷，登录 QQ 以后，单击 QQ 上的邮箱快捷图标，如图 5 – 30 所示，即可快速进入 QQ 邮箱。

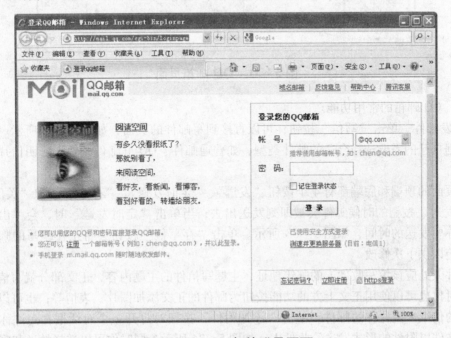

图 5 – 29　QQ 邮箱登录页面

图 5 – 30　快速进入 QQ 邮箱

登录到 QQ 邮箱以后可以看到如图 5 – 31 所示的页面。此时在页面的左边是邮箱的功能区域，我们在左边可以选择写信、收信、联系人等功能。

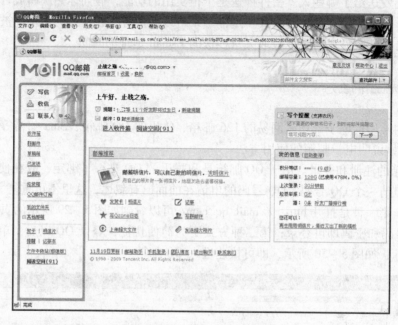

图 5 – 31　QQ 邮箱页面

（2）QQ 邮箱的常用功能。

① 发邮件。单击"写信"按钮，可以直接到写邮件的页面，如图 5 – 32 所示。此时你可以根据自己的需要选择合适的邮件类型，如普通邮件、QQ 群邮件、贺卡、明信片和音视频邮件。

在页面的顶端和底端都有 4 个按钮"发送"、"定时发送"、"存草稿"和"关闭"。当单击"发送"按钮的时候邮件会被即刻发送出去；当单击"定时发送"时，会弹出一个对话框问你要发送的时间，如图 5 – 33 所示。单击"存草稿"按钮会将正在编写的邮件保存到草稿箱以供下次修改。

收件人处应该填写收件人的邮箱地址，主题写信件的主题内容，正文部分就写信件的正文。同时你也可以使用正文上方的功能按钮为邮件的正文添加图片、表情等；也可以选择正文下方的信纸来美化你的邮件。单击"添加附件"按钮对打开一个对话框，允许你把计算机上的文件以附件的形式发送给收件人，如图 5 – 34 所示。同时你可以选择抄送和密送将这份邮件发给多人。

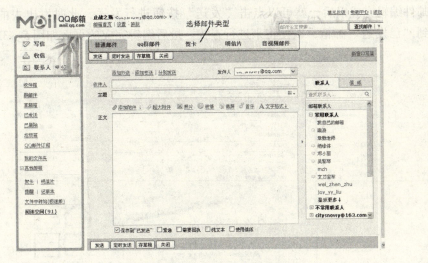

图 5 - 32 "写信"页面

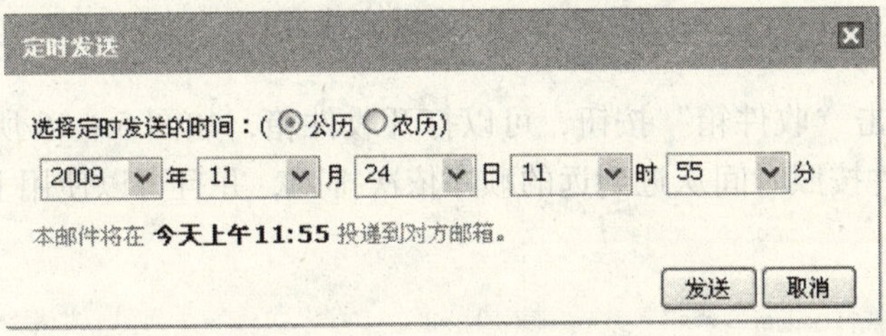

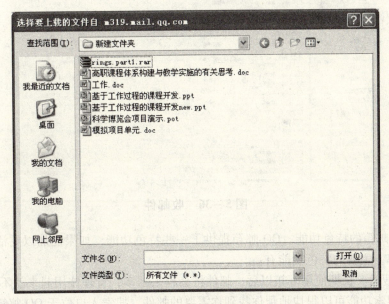

图 5 - 33 定时发送设置

图 5 - 34 添加附件

当邮件编辑完成以后，就可以点击"发送"按钮进行发送，此时发出去的邮件会默认地保存到"已发送"邮箱，以便将来进行查找。最后编辑完成的页面如图5-35所示。

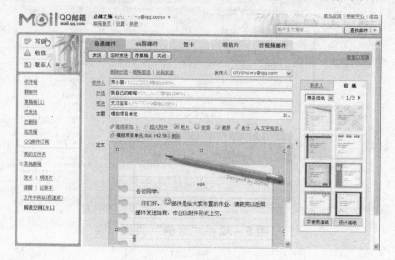

图5-35　编辑完成示例

② 收邮件。单击"收件箱"按钮，可以打开收件箱，如图5-36所示，此时可以看到邮箱里面的所有邮件按照时间从近到远的顺序依次排列，并且可以使用上面的工具按钮对邮件进行相关的管理。

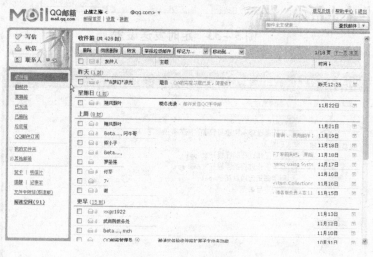

图5-36　收邮件

（3）QQ邮箱的特色功能。QQ邮箱提供了一些特色功能，如果能加以灵活使用，可以提高工作效率。主要的特色功能有：

① 全文搜索。长期使用邮箱以后，邮件将会越来越多，管理使用起来就不轻松了，QQ邮箱的全文搜索功能可以很快地帮你找到你需要的邮件。搜索入口位于QQ邮箱页面右上角位置，如图5-37所示，当输入你要搜索的关键字以后单击"查找邮件"按钮，就可以找到你所需要的邮件。

图 5 - 37　邮件全文搜索

② 邮件撤回。有时候由于操作不当，把邮件误发了，邮件撤回功能可以对已经发送的邮件尝试撤回。对于已发送的邮件，在读信窗口，点击"撤回邮件"即可撤回邮件，如图 5 - 38 所示。

图 5 - 38　撤回邮件

需要注意的是，邮件撤回仅限于发往 QQ 邮箱的邮件，并在对方阅读之前。

③ 文件中转站。邮件的附件大小有限制，当需要上传较大的文件时，文件中转站就可以帮助你。使用文件中转站的方法也很简单，单击页面左侧的"文件中转站"按钮即可打开文件中转站。

5.3.5　常用邮件管理工具

Foxmail 是一款易学易用的免费电子邮件客户端软件，提供基于 Internet 标准的电子邮件收发功能。本节所介绍的 Foxmail 6.5 正式版主要体现了以下功能：（1）优化了 Foxmail 启动和关闭速度；（2）单个本地邮件夹存储容量从 2G 扩展到 4G；（3）加强了 Vista 系统的数据兼容性；（4）加强了 Foxmail 数据丢失的防御；（5）优化了新建账号的自动设置功能；（6）优化了打印功能；（7）优化了保存大附件的速度；（8）优化了独立发送邮件功能；（9）修改了个别邮件出现乱码的问题；（10）修改了个别情况下邮件收取后出现邮件丢失的问题；（11）修正了若干漏洞（bug）。

（1）系统需求。

① 操作系统。适合运行在各个 Microsoft Windows 版本下，包括 Windows 98、Windows Me、Windows NT、Windows 2000、Windows XP、Windows 2003 等平台；IE 版本 5.0 或以上（需要使用嵌入式 IE 浏览器显示 HTML 邮件、RSS 文章等内容）。

② 网络。你可以使用 Windows 自带的"拨号网络"来上网，或在局域网或专线连接下使用 Foxmail 收发邮件。Foxmail 启动时需要 wsock32. dll，如果在 Windows 目录及搜索路径找不到此文件，Foxmail 将不能启动（如果你的系统已经有了 TCP/IP 的网络软件，wsock32. dll

就已经有了）。收发电子邮件，你还必须具有自己的邮件账户，如果没有邮件账户，但拥有QQ号码，即可直接用QQmail免费邮箱，账号即为你的QQ号码，邮箱地址将为：你的QQ号@qq.com，以此设置邮件账户后将自动开通QQmail的免费邮箱。

（2）创建邮件账户。在Foxmail安装完毕后，第一次运行时，系统会自动启动向导程序，引导用户添加第一个邮件账户，如图5-39所示。

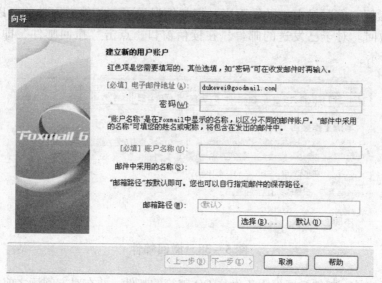

图5-39 建立新用户

图5-39中的电子邮件地址和账户名称是必须填写的。在"电子邮件地址"输入栏输入你的完整的电子邮件地址。在"密码"输入栏输入邮箱的密码，可以不填写，但是这样在每次Foxmail开启后的第一次收邮件时就要输入密码。在"账户名称"输入栏输入该账户在Foxmail中显示的名称，可以按你的喜好随意填写。Foxmail支持多个邮箱账户，通过这里的名称可以让你自己更容易区分、管理它们。在"邮件中采用的名称"输入栏输入你的姓名或昵称。这一内容将用来在发送邮件时追加姓名，以便对方可以在不打开邮件的情况下知道是谁发来的邮件。如果你不输入这一项，对方将只看到你的邮件地址。"邮箱路径"这一栏则是用来设置修改账户邮件的存储路径，一般不需要设置，这样，该账户的邮件将会存储在Foxmail所在目录的Mail文件夹下，以用户名命名的文件夹中。如果你要将邮件存储在自己认为适合的位置，则可以点击"选择"按钮，在弹出的目录树窗口中选择某个目录。接着点击"下一步"按钮。这时Foxmail会判断你的电子邮件地址是否属于互联网上比较常用的电子邮箱，如果是的话，Foxmail会自动相应地设置，继而就可以完成账户的建立，如图5-40所示。

在图5-40完成的窗口中，有设置项"邮件在服务器上保留备份，被接收后不从服务器删除"。如果选中，则邮件收取后在原邮箱中还依然保留备份，你还可以通过其他方式，例如通过IE浏览器方式访问邮箱，或者在另外一台电脑上通过Foxmail获取这些邮件。需要注意保留备份的话，要留意避免出现邮件一直没有清理而造成邮箱空间占满的情况。在图5-40完成的窗口中，你还可以点击"测试账户设置"按钮检查邮箱账户的设置是否成功、邮箱是否可用。如果测试成功，你就可以方便地使用这个邮箱了；如果不成功，你可以返回检查你填写的邮箱账户信息，或者检查电脑的网络环境是否正常。如果你的

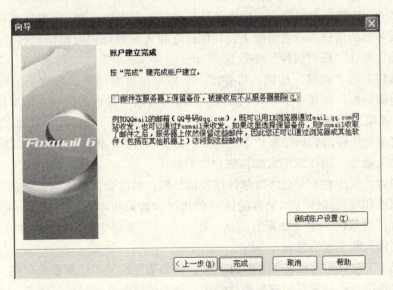

图 5 – 40 账户建立完成

邮件地址 Foxmail 无法进行自动设置，则在完成之前，还会显示"指定邮件服务器"的设置窗口，如图 5 –41 所示。

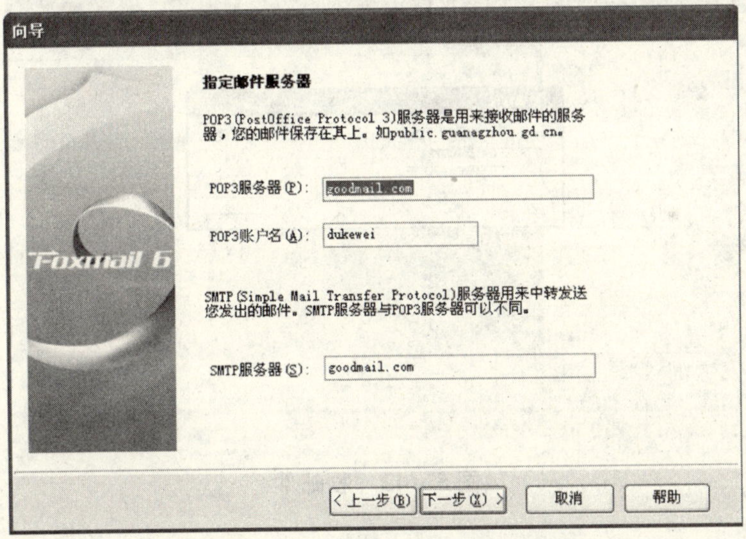

图 5 –41 指定邮件服务器

　　这一步填写"POP3 服务器"、"POP3 账户名"及"SMTP 服务器"。POP3 和 SMTP 服务器一般有以下几种形式：①smtp. xxxx. xxx，pop. xxxx. xxx；②xxxx. xxx，xxxx. xxx；③smtp. xxxx. xxx，pop3. xxxx. xxx。

　　POP3 账户名就是你的邮箱名称，即 E-mail 地址中"@"号前面的字符串（也有的邮件系统要求是整个邮件地址）。点击"下一步"按钮，完成账户的建立。在第一次运行Foxmail 时，会弹出信息窗口，询问是否把 Foxmail 设为默认邮件程序，如果选择"是"，则在其他软件中准备撰写邮件时系统将会自动开启 Foxmail。建议选择"是"。

（3）收取 POP3 邮箱的邮件。在你准备从邮件服务器上接收 POP3 邮箱邮件之前，需要设置好邮件服务器的信息。一般情况下，在你建立相关邮箱账户时该信息已经要求设置了，如果需要调整，可在"账户属性"中设置。

点击工具栏上的"收取"按钮，将弹出一个收取邮件对话框，收取当前邮箱账户的邮件。如果当前邮箱账户包含多个 POP3 邮箱，点击"收取"按钮旁边的下拉按钮，可收取其中一个 POP3 邮箱的邮件；按 F2 键或者单击"文件"菜单的"收取当前邮箱的邮件"命令，则收取之前你所停留的邮箱账户中的邮件；按 F4 键或者单击"文件"菜单的"收取所有邮箱的邮件"命令，则收取所有邮箱账户中的邮件。

收取完毕后，程序右下方会浮出邮件接收信息框，默认会告诉你收到了多少个邮件，以及其中正常邮件和垃圾邮件（如果有的话）的情况。如果收取失败，将提示收信失败的原因。在"新邮件信息栏"中（如果有的话，在"查看"菜单中可以设置该栏）也会滚动显示新邮件的发件人和主题信息。

默认情况下，收到的邮件将放在收件箱中，但如果你定义了过滤器的规则，邮件将根据你设立的过滤规则自动分发到相应的邮件夹中。整个收取邮件的过程如图 5-42 所示。

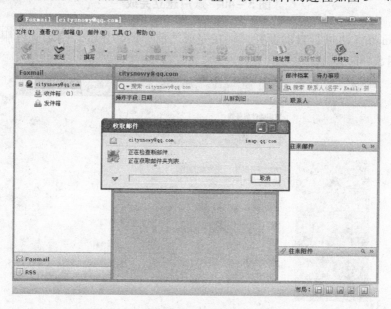

图 5-42　收邮件

（4）撰写邮件。在写邮件窗口的"格式"菜单下，或者在邮件编辑框上方的格式工具栏的下拉框中，选择"HTML 邮件"，就可以撰写 HTML 格式的邮件了。这时格式工具栏将提供丰富的编辑功能，包括：修改字体，改变字体大小、颜色，插入图片、背景、表格、音乐、表情等，并提供屏幕截图功能。

另外，通过"信纸管理器"，可以制作自己的 HTML 信纸。点击主窗口工具栏"撰写"、"回复"或者"转发"按钮右侧的下拉箭头，可选择你喜欢的邮件信纸。你还可以自己设置默认信纸，具体请参考设置默认信纸。

① 添加附件。附件是随附邮件一同寄出的文件，文件的格式不受限制，这样，电子邮件不仅仅能够传送纯文本文件，而且还能传送包括图像、声音以及可执行程序等各种文件。

附件发送功能大大地扩展了电子邮件的用途。

写邮件时，单击按钮工具条上的"附件"按钮，可以选择需要添加的"附件"文件。"附件"文件可以同时选择多个，选取完毕以后，再点击"打开"按钮就完成了添加附件的操作。另外，也可以通过拖放文件的方式添加附件。选中将要作为附件的一个或多个文件，用鼠标把文件拖动到写邮件窗口的主题栏上，放开鼠标，文件就显示在写邮件窗口的附件栏中了。此外，在 Microsoft Word 内还可以调用 Foxmail 发送当前 Word 文档。

如果你需要把一个目录下的所有文件和子目录作为附件发送，可以通过使用 WinZip 等压缩软件把该目录压缩成一个文件，再把压缩文件添加为附件。

Foxmail 6.0 正式版开始支持在写邮件时候按"Ctrl + V"添加附件（如果在文件夹中选择了一些文件，然后复制，那么在写信窗口中可以按"粘贴"菜单项，或者"粘贴"按钮，或者按"Ctrl + V"将这些文件作为邮件的附件）。

② 邮件头信息的填写。邮件头信息包括：收件人、抄送、主题、暗送、发件人和回复。默认只显示前三项，要显示其他项，请使用工具栏的"邮件头"按钮。

"收件人"一栏可以手工填入收信人的 E-mail 地址（如"收件人"为不同的多个地址，则必须用英文的逗号、分号或者回车分隔）；也可以单击"收件人"按钮，这时会弹出"选择地址"对话框，把其中的一个或多个地址名单或者一个组添加到"收件人"列表框即可（在使用"选择地址"以前，你应该先建立一个地址簿）。

"抄送"表示邮件将同时被抄送给其他人。所有"抄送"E-mail 地址都将以明文传送，邮件接收者可以知道此邮件被发送了哪些人。

用"邮件头"按钮可以增加"暗送"、"发件人地址"和"回复地址"栏。"暗送"与"抄送"不同，邮件接收者看不到"暗送"所填写的邮件地址。对曾经输入过的邮件地址，Foxmail 会调用自动补全功能，完成邮件地址输入。"发件人"一栏填写的地址将被收件人视为发送者的 E-mail 地址。"回复"一栏填写的 E-mail 地址将会在收信人"回复"此信时作为收件人地址。如果没有填写，则回复发送者地址。具体的撰写界面如图 5 – 43 所示。

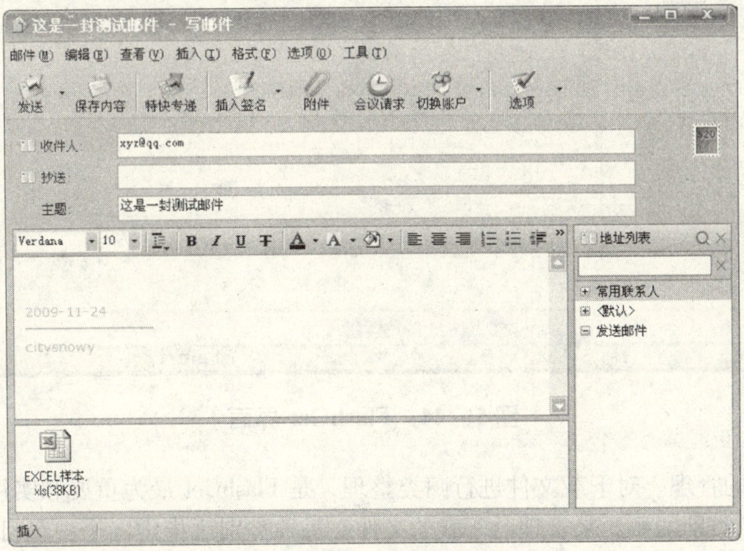

图 5 – 43　撰写邮件

5.4 上传和下载

5.4.1 文件下载工具 FlashGet

FlashGet 是为解决下载速度慢以及下载后的管理问题而专门设计的用于在 Internet 上下载文件的工具软件。它的主要特点是支持断点续传、多点连接和文件管理功能。其中断点续传指掉线后，已经下载的内容仍然存在，下次可以继续下载其余部分，而不需从头开始；多点连接则是指可将文件分为几段同时下载以提高下载速度；文件管理功能则包括允许用户建立不限数目的类别，并可为每个类别制定单独的文件目录以存储相关文件。

（1）FlashGet 的安装。FlashGet 的安装程序可到 http：//www. amazesoft. com/index_cn. htm 网站或者其他网站下载，运行安装程序即可安装，无须人工设定。安装完成以后，可在桌面看到其快捷方式。

（2）FlashGet 的程序界面。图 5 - 44 为启动后的 FlashGet 界面。其界面内容如下：
- 主菜单：主窗口最上面是主菜单；
- 工具栏：工具栏在菜单栏下方；
- 文件管理栏：文件管理栏在工具栏下方的左侧，对下载文件进行分类管理；
- 任务栏：任务栏在文件管理栏右侧，用于显示任务的当前状态。

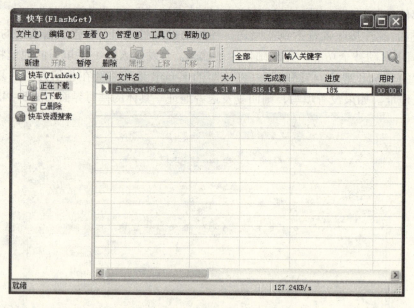

图 5 - 44 FlashGet 界面

（3）文件的管理。对下载文件进行归类整理，是 FlashGet 最为重要和实用的功能之一。FlashGet 使用了类别的概念来管理已下载的文件，每种类别可指定一个磁盘目录，所有指定下载完成后存放到该类别的下载任务，下载文件就会保存到该磁盘目录中。比如对于 mp3

文件可以创建类别"mp3"，指定文件目录"C：\ download \ mp3"，当下载一个 mp3 文件时，指定保存到类别"mp3"中，所有下载的文件就会保存到目录"C：\ download \ mp3"下。如果该类别下的文件太多还可以创建子类别，比如可以在类别"mp3"下创建子类别"Disk1"和"Disk2"等，相应的目录对应"C：\ download \ mp3 \ disk1"和"C：\ download \ mp3 \ disk2"等，FlashGet 允许创建任意数目的类别和子类别。下载文件存在的类别可以随时改变，具体的磁盘文件亦可以在目录之间移动。对于类别的改变 FlashGet 提供了拖曳的功能，只需简单地拖动，就可以把下载的文件进行归类。

　　FlashGet 缺省创建"正在下载"、"已下载"、"已删除"三个类别，所有未完成的下载任务均放在"正在下载"类别中，所有完成的下载任务均放在"已下载"类别中，从其他类别中删除的任务均放在"已删除"类别中，只有从"已删除"类别中删除才会真正地删除，这就和 Windows 的回收站的功能一样。如果下载文件很少就不需改变；如果下载的文件较多，就需要创建新的类别。从主菜单中"类别"或者鼠标右键弹出的菜单可以对类别进行管理，包括"新建类别"、"移动"、"删除"、"属性"。

　　同样在移动和删除任务时，FlashGet 给出了多种选择，下载的文件可以随之被删除或者移动，也可以不移动或者删除，具体设置"选项/文件管理"。

　　有时由于磁盘已满或者其他原因需要移动已下载的文件到其他的磁盘目录，最好通过FlashGet 来完成该功能，否则下载数据库中的信息会与具体的文件不同步。移动下载文件的目录具体操作如下：

　　① 首先创建一个临时类别。

　　② 移动要更改目录的类别（比如"已下载"）中的文件到该临时类别。

　　③ 更改该类别（"已下载"）的文件目录为新的磁盘目录（比如改为"D：\ download"）。

　　④ 移动临时类别的文件到原先的类别（"已下载"）。注意：在类别间移动任务的时候要选择同时移动文件。

　　⑤ 通过几次操作可以移动所有的类别。技巧：下载时不必指定存放的类别，下载完成后使用拖曳功能移动给任务到相应的类别中去。

　　（4）用 FlashGet 下载文件。下面以在腾讯的网站下载 QQ 为例讲解下载步骤。

　　① 打开腾讯网站 http：//im. qq. com/qq/all. shtml，在 QQ2009 处单击下载按钮，如图 5 – 45 所示。

图 5 – 45　腾讯 QQ 下载页面

②此时会自动弹出 FlashGet 的"添加新的下载任务"对话框，此时单击"确定"按钮即可开始下载，如图 5-46 所示。

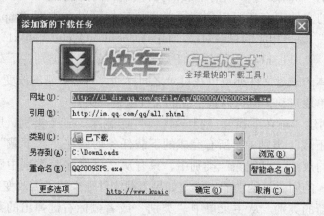

图 5-46　添加新的下载任务

（5）使用 FlashGet 进行 BT 下载。BT 下载是目前网络上最流行的下载方式之一。BT 全名为 BitTorrent，是一个实现多点下载的 P2P（Peer to Peer）软件，在 BT 下载中，用户群形成一个 BT 下载链，用户在下载数据的同时也将已下载到本地的数据提供给其他用户，因此降低了服务器的负担；而传统的方式则是用户越多，服务器上的负担越重。图 5-47 为两种工作方式的工作机制示意图。

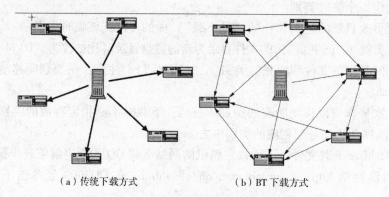

（a）传统下载方式　　　　（b）BT 下载方式

图 5-47　传统下载和 BT 下载方式

FlashGet 经过版本的升级以后也可以支持 BT 下载。下面简单地介绍一下使用 FlashGet 进行 BT 下载的过程。

启动 FlashGet 后，单击文件菜单选择打开 BT 种子文件菜单，此时会打开一个对话框，如图 5-48 所示。选择你需要下载的 BT 种子文件以后单击"打开"按钮，此时会弹出"添加新的下载任务"对话框，如图 5-49 所示。你可以在文件列表里面看到这个种子文件内所包含的所有文件内容，并且可以有选择性地下载。选择完成以后，单击"确定"按钮就会开始下载。

注意：如需要种子文件可以到 www. btchina. net 等网站去查询。

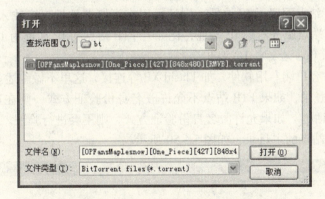

图 5 – 48　打开 BT 种子文件

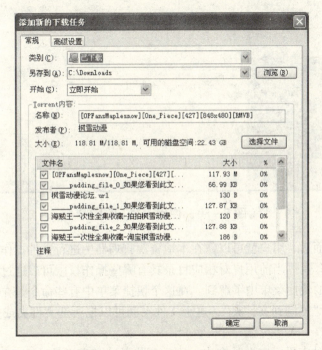

图 5 – 49　添加新的下载任务

5.4.2　FTP 的使用

除了使用 FlashGet 等软件到互联网上进行下载以外，FTP 也是数据共享的一个良好平台。尤其是在局域网内，FTP 有其他共享方式无可比拟的优越性。

使用 IE 浏览器访问 FTP 站点的方式有多种：

（1）在浏览器的地址栏输入 ftp：//FTP 服务器计算机名，如所建 FTP 站点的服务器计算机名为 whicu，则客户端访问问本 FTP 站点时可直接输入 ftp：//whicu，这对于是否分配了 IP 地址都适用。当然如果一个服务器上有多个 FTP 站点，就必须输入相应的 FTP 站点 IP 地址。

（2）如果 FTP 站点配置了 IP 地址，则还可以在浏览器地址栏中输入 FTP 站点的 IP 地址，即 ftp：//FTP 站点服务器的 IP 地址，比如有 FTP 站点的 IP 地址为 172.16.2.30，则需在 IE 浏览器中输入 ftp：//172.16.2.30。

（3）通过 FTP 客户端专用软件，如 FlashFXP 等连接，这里不做叙述。

以上几种方式登录，如果 FTP 站点不允许匿名身份验证方式，则在连接时会弹出一个用于身份验证的对话框。如果允许匿名身份验证方式，则不会进行验证。在成功登录后的窗口中，显示了 FTP 站点的主目录，如图 5-50 所示。

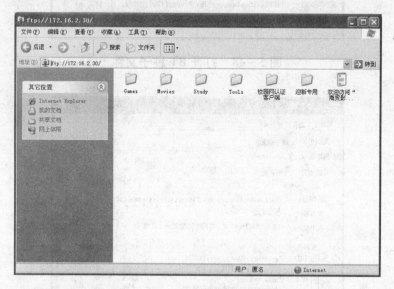

图 5-50　使用 IE 打开 FTP

进入主目录界面后，用户就可以像在本地资源管理器中进行文件操作一样，进行用户相应权限的文件操作。具体当前用户对相应目录具有哪些操作权限可以通过在相应文件夹或文件上右击，在弹出的快捷菜单中了解到。在这个快捷菜单中有些命令是在本地资源管理器中操作所没有的，即"复制到文件夹"，这个文件夹就可以把所选文件夹或文件下载到用户指定的目录中。

如果是在 FTP 站点界面空白处右击，则在弹出的快捷菜单中有一个"登录"命令也是在本地磁盘资源管理器中右键快捷菜单所没有的，它是用来改变当前登录用户的。

如果需要上传文件到 FTP 上，直接用鼠标拖曳需要上传的文件到 FTP 站点窗口即可，前提是需要有上传的权限。

5.5　信息存储技术

在信息社会，大量的数据需要交换和共享时，需要相应的存储设备来存储信息，我们常见的存储设备有光盘、硬盘、USB 与移动存储设备等。

5.5.1 光盘存储系统

利用光的性质来进行数据存储的存储系统统称为光盘存储系统。光驱的核心部件是由半导体激光器和光路系统组成的光学头，光盘片采用激光材料，数据存放在光盘片中的连续的螺旋轨道上。

光盘容量大、保存时间长、价位低。目前广泛使用的光盘有：只读光盘（CD – ROM）、刻录光盘（CD – R）、可擦写光盘（CD – RW）、数字多功能盘（DVD），还有即将普及的蓝光盘（BR – DISC）。

以激光唱片为例来说明光盘的构造。光盘的一面印上商标、内容说明等，另一面则是激光束射入的信息面，这是在透明塑料基片上用模压方法压有螺旋形的纹迹，这纹迹是由一连串宽度 0.4 ~ 0.5 微米的小坑组成的。小坑的深度为 0.1 微米左右，其长度和小坑间的距离则在变化，这些变化就代表所记录的信息。在这压有纹迹的信息面上，蒸镀一层光洁的铝反射面，使小坑的底面和整个信息面都成为能反射光线的镜面，当激光束从透明基片射入时就受到反射。在这反射层外面又是一层很薄的透明塑料，它的作用是保护反射层的铝膜，不致受到尘埃和划伤。在保护层上就可以印上商标、内容说明等，即印刷层。

当在光盘上读数据时，光驱利用光学反射原理，使检测器得到光盘上凹点的排列方式，驱动器中有专门的部件把它们转换成二进制的 0 和 1 并进行校验，然后才能得到实际数据，如图 5 –51 所示。

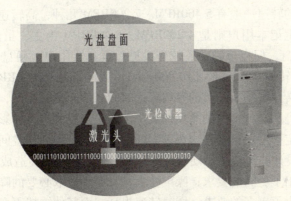

图 5 –51　光盘结构

5.5.2 硬盘

硬盘（Hard Disc Drive，HDD，全名是温彻斯特式硬盘）是电脑主要的存储媒介之一，由一个或者多个铝制或者玻璃制的碟片组成。这些碟片外覆盖有铁磁性材料。绝大多数硬盘都是固定硬盘，被永久性地密封固定在硬盘驱动器中。

硬盘的基本参数有容量、转速、平均访问时间和传输速率。

5.5.2.1　容量

作为计算机系统的数据存储器，容量是硬盘最主要的参数。硬盘的容量以兆字节（MB）或千兆字节（GB）为单位，1GB=1 024MB，但硬盘厂商在标称硬盘容量时通常取1G=1 000MB，因此我们在 BIOS 中或在格式化硬盘时看到的容量会比厂家的标称值要小。

硬盘的容量指标还包括硬盘的单碟容量。所谓单碟容量是指硬盘单片盘片的容量，单碟容量越大，单位成本越低，平均访问时间也越短。

对于用户而言，硬盘的容量就像内存一样，永远只会嫌少不会嫌多。Windows 操作系统带给我们的除了更为简便的操作外，还带来了文件大小与数量的日益膨胀，一些应用程序动辄就要吃掉上百兆的硬盘空间，而且还有不断增大的趋势。因此，在购买硬盘时适当的超前是明智的。

5.5.2.2　转速

转速（Rotationl Speed 或 Spindle Speed），是硬盘内电机主轴的旋转速度，也就是硬盘盘片在 1 分钟内所能完成的最大转数。转速的快慢是标示硬盘档次的重要参数之一，它是决定硬盘内部传输率的关键因素之一，在很大程度上直接影响到硬盘的速度。硬盘的转速越快，硬盘寻找文件的速度也就越快，相对的硬盘的传输速度也就得到了提高。硬盘转速以每分钟多少转来表示，单位表示为 RPM，RPM 是 Revolutions Per Minute 的缩写，是转/分钟。RPM 值越大，内部传输率就越快，访问时间就越短，硬盘的整体性能也就越好。

硬盘的主轴马达带动盘片高速旋转，产生浮力使磁头飘浮在盘片上方。要将所要存取资料的扇区带到磁头下方，转速越快，则等待时间也就越短。因此转速在很大程度上决定了硬盘的速度。

家用的普通硬盘的转速一般有 5 400RPM、7 200RPM 几种，高转速硬盘也是现在台式机用户的首选；而对于笔记本用户则是 4 200RPM、5 400RPM 为主，虽然已经有公司发布了7 200RPM 的笔记本硬盘，但在市场中还较为少见；服务器用户对硬盘性能要求最高，服务器中使用的 SCSI 硬盘转速基本都采用 10 000RPM，甚至还有 15 000RPM 的，性能要超出家用产品很多。较高的转速可缩短硬盘的平均寻道时间和实际读写时间，但随着硬盘转速的不断提高也带来了温度升高、电机主轴磨损加大、工作噪声增大等负面影响。笔记本硬盘转速低于台式机硬盘，一定程度上是受到这个因素的影响。笔记本内部空间狭小，笔记本硬盘的尺寸（2.5 寸）也被设计的比台式机硬盘（3.5 寸）小，转速提高造成的温度上升，对笔记本本身的散热性能提出了更高的要求；噪声变大，又必须采取必要的降噪措施，这些都对笔记本硬盘制造技术提出了更多的要求。同时转速提高，而其他维持不变，则意味着电机的功耗将增大，单位时间内消耗的电就越多，电池的工作时间缩短，这样，笔记本的便携性就受到影响。所以笔记本硬盘一般都采用相对较低转速的 4 200RPM 硬盘。

转速是随着硬盘电机的提高而改变的，现在液态轴承马达（Fluid Dynamic Bearing Motors）已全面代替了传统的滚珠轴承马达。液态轴承马达通常是应用于精密机械工业上，它使用的是黏膜液油轴承，以油膜代替滚珠。这样可以避免金属面的直接摩擦，将噪声及温度减至最低；同时油膜可有效吸收震动，使抗震能力得到提高；更可减少磨损，提高寿命。

5.5.2.3　平均访问时间

平均访问时间（Average Access Time）是指磁头从起始位置到达目标磁道位置，并且从目标磁道上找到要读写的数据扇区所需的时间。

平均访问时间体现了硬盘的读写速度，它包括了硬盘的寻道时间和等待时间，即：平均访问时间＝平均寻道时间＋平均等待时间。

硬盘的平均寻道时间（Average Seek Time）是指硬盘的磁头移动到盘面指定磁道所需的时间。这个时间当然越小越好，目前硬盘的平均寻道时间通常在8ms到12ms之间，而SCSI硬盘则应小于或等于8ms。

硬盘的等待时间，又叫潜伏期（Latency），是指磁头已处于要访问的磁道，等待所要访问的扇区旋转至磁头下方的时间。平均等待时间为盘片旋转一周所需的时间的一半，一般应在4ms以下。

5.5.2.4　传输速率

传输速率（Data Transfer Rate）也称为硬盘数据传输率，是指硬盘读写数据的速度，单位为兆字节每秒（MB/s）。硬盘数据传输率又包括了内部数据传输率和外部数据传输率。

内部传输率（Internal Transfer Rate）也称为持续传输率（Sustained Transfer Rate），它反映了硬盘缓冲区未用时的性能。内部传输率主要依赖于硬盘的旋转速度。

外部传输率（External Transfer Rate）也称为突发数据传输率（Burst Data Transfer Rate）或接口传输率，它是系统总线与硬盘缓冲区之间的数据传输率，外部数据传输率与硬盘接口类型和硬盘缓存的大小有关。目前Fast ATA接口硬盘的最大外部传输率为16.6MB/s，而Ultra ATA接口的硬盘则达到33.3MB/s。

使用SATA（Serial ATA）口的硬盘又叫串口硬盘，是未来PC机硬盘的趋势。2001年，由Intel、APT、Dell、IBM、希捷、迈拓这几大厂商组成的Serial ATA委员会正式确立了Serial ATA 1.0规范。2002年，虽然串行ATA的相关设备还未正式上市，但Serial ATA委员会已抢先确立了Serial ATA 2.0规范。Serial ATA采用串行连接方式，串行ATA总线使用嵌入式时钟信号，具备了更强的纠错能力，与以往相比其最大的区别在于能对传输指令（不仅仅是数据）进行检查，如果发现错误会自动矫正，这在很大程度上提高了数据传输的可靠性。串行接口还具有结构简单、支持热插拔的优点。

串口硬盘是一种完全不同于并行ATA的新型硬盘接口类型，由于采用串行方式传输数据而知名。相对于并行ATA来说，就具有非常多的优势。首先，Serial ATA以连续串行的方式传送数据，一次只会传送1位数据。这样能减少SATA接口的针脚数目，使连接电缆数目变少，效率也会更高。实际上，Serial ATA仅用4支针脚就能完成所有的工作，分别用于连接电缆、连接地线、发送数据和接收数据，同时这样的架构还能降低系统能耗和减小系统复杂性。其次，Serial ATA的起点更高、发展潜力更大，Serial ATA 1.0定义的数据传输率可达150MB/s，这比最快的并行ATA（即ATA/133）所能达到133MB/s的最高数据传输率还高，而在Serial ATA 2.0的数据传输率达到300MB/s，最终SATA将实现600MB/s的最高数据传输率。

5.5.3　USB与移动存储设备

USB是英文Universal Serial BUS（通用串行总线）的缩写，而其中文简称为"通用串行总线"。随着计算机硬件飞速发展，外围设备日益增多，键盘、鼠标、调制解调器、打印机、扫描仪早已为人所共知，数码相机、MP3 随身听接踵而至，这么多的设备，如何接入个人计算机？USB 就是基于这个目的产生的。USB 是一个使计算机周边设备连接标准化、单一化的接口，其规格是由 Intel、NEC、Compaq、DEC、IBM、Microsoft、Northern Telecom 联系制定的。

常见的计算机存储设备都是机内存储设备，如内存和硬盘等。随着信息技术在人类社会生活各个方面的逐渐普及，不少个人和集体都采用数字化手段来管理数据信息，灵活便捷的信息交换就成了现代社会发展的迫切需求。移动存储设备在这种社会需求中应运而生。目前比较常见的移动存储设备主要有闪盘（也叫 U 盘）和移动硬盘。

U 盘，全称"USB 闪存盘"，英文名"USB flash disk"。U 盘的称呼最早来源于朗科公司生产的一种新型存储设备，名曰"优盘"，使用 USB 接口进行连接。USB 接口连到电脑的主机后，U 盘的资料就可放到电脑上了，电脑上的数据也可以放到 U 盘上，很方便。而之后生产的类似技术的设备由于朗科已进行专利注册，而不能再称之为"优盘"，而改称谐音的"U 盘"。后来 U 盘这个称呼因其简单易记而广为人知，而直到现在这两者也已经通用，并对它们不再做区分。其最大的优点就是：**小巧便于携带、存储容量大、价格便宜**。一般的 U 盘容量有 1G、2G、4G、8G、16G 等。U 盘的外形如图 5－52 所示。

图 5－52　U 盘

移动硬盘顾名思义是以硬盘为存储介质，计算机之间交换大容量数据，强调便携性的存储产品。目前市场上绝大多数的移动硬盘都是以标准硬盘为基础的，而只有很少部分的是以微型硬盘（1.8 英寸硬盘等）为基础的，但价格因素决定着主流移动硬盘还是以标准笔记本硬盘为基础。因为采用硬盘为存储介质，因此移动硬盘在数据的读写模式与标准 IDE 硬盘是相同的。移动硬盘多采用 USB、IEEE1394 等传输速度较快的接口，可以较高的速度与系统进行数据传输。

5.6　局域网信息传输技术

5.6.1　远程桌面

（1）远程桌面的功能。远程桌面连接组件是从 Windows 2000 Server 开始由微软公司提供的，在 Windows 2000 Server 中它不是默认安装的。该组件一经推出，便受到了很多用户的拥护和喜好，所以在 Windows XP 和 2003 中微软公司将该组件的启用方法进行了改革，我们通过简单地钩选就可以开启 XP 和 2003 的远程桌面连接功能。

当某台计算机开启了远程桌面连接功能后我们就可以在网络的另一端控制这台计算机了，通过远程桌面功能我们可以实时地操作这台计算机，在上面安装软件、运行程序，所有的一切都好像是直接在该计算机上操作一样。这就是远程桌面的最大功能，通过该功能网络管理员可以在家中安全地控制单位的服务器，而且由于该功能是系统内置的，所以比其他第三方远程控制工具使用更方便、更灵活。

（2）启动远程桌面连接的方法。微软操作系统中常用的操作系统是 Windows 2000 Server，Windows XP 和 Windows 2003 Server，我们可以用这几款操作系统来实现远程桌面功能。这三个系统的开启远程桌面方法各不相同。

① Windows 2000 Server。Windows 2000 系统中 Professional 版本是不能开启远程桌面功能让别人访问的，但 Server 版可以开启，不过需要我们安装相应的 Windows 组件。方法如下：

第一步，通过任务栏的"开始→设置→控制面板"，选择"添加/删除程序"。

第二步，在左边选择"添加/删除 Windows 组件"。

第三步，稍后会出现添加删除 Windows 组件窗口，我们从中选择"终端服务"，然后点击"下一步"进行安装，如图 5－53 所示。这里要注意一点的是，在安装过程中需要我们插入 Windows 2000 Server 系统光盘到光驱中。

第四步，安装完毕后需要重新启动计算机，重启后就完成了在 Windows 2000 Server 下的远程桌面连接功能的安装工作。

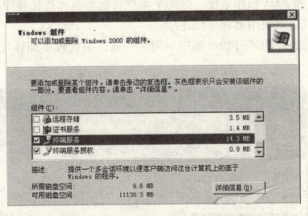

图 5－53　Windows 2000 组件

② Windows XP、Windows 2003。Windows 2000 引入远程桌面连接功能后受到了广大用户的好评，大家普遍认为开启该功能的方法太复杂，而且在使用时不能保证每个人都拥有 Windows 2000 Server 光盘。因此在 XP 和 2003 系统中微软将远程桌面开启的操作进行了简化。

第一步，在桌面"我的电脑"上点鼠标右键，选择"属性"。

第二步，在弹出的系统属性窗口中选择"远程"标签。

第三步，在远程标签中找到"远程桌面"，在"容许用户连接到这台计算机"前打上对钩后确定即可完成 XP 下远程桌面连接功能的启用。如图 5－54 所示。

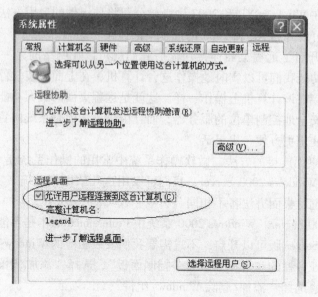

图 5 – 54　Windows XP 远程桌面设置

（3）使用远程桌面连接的方法。使用远程桌面连接的方法很简单，因为一旦连接到服务器上就和操作本地计算机一样了。但是如何连接到开启了远程桌面功能的计算机呢？我们需要远程桌面连接登录器。

① Windows XP 和 2003 操作系统。这两个系统将远程桌面连接程序内置到附件中，我们不用安装任何程序就可以使用远程桌面连接。

第一步，通过任务栏的"开始→程序→附件→通讯→远程桌面连接"来启动登录程序，如图 5 – 55 所示。

图 5 – 55　Windows 远程桌面连接

第二步，在图 5 – 55 界面中的"计算机"处输入开启了远程桌面功能的计算机 IP 地址。

第三步，点击"连接"按钮后我们就可以成功登录到该计算机上了，连接上去后如图 5 – 56 所示，和操作自己计算机一样方便、一样快捷。

② 其他 Windows 操作系统。2000 及以前的 Windows 中系统没有将登录工具放到附件中，我们有两个方法获得登录器并实现远程桌面的连接功能。

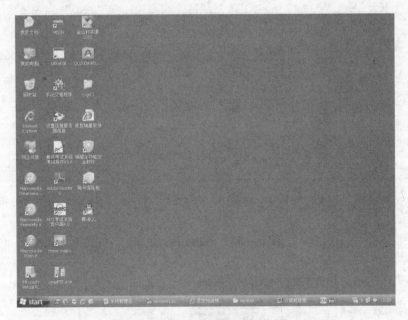

图 5 - 56　Windows 远程桌面

　　方法一：使用 XP 光盘登录器——Msrdpcli。在 XP 系统光盘盘符下 \ Support \ Tools 目录有一个叫做 MSRDPCLI. exe 的程序，该程序实际上是一个远程桌面连接登录器，在 WIN 98/2000 机器上运行 XP 光盘目录下的 Msrdpcli. exe，将自动安装远程桌面连接程序。安装过程非常简单，一路点击"下一步"即可。完毕以后通过"开始→程序→附件→通讯→远程桌面连接"就可以登录网络上开启远程桌面功能的计算机了。

　　方法二：第三方登录器。实际上网络中有很多站点都提供了远程桌面登录器的下载，我们在 98 系统或 2000 系统上下载该登录器就可以完成登录远程桌面的功能。

5.6.2　共享文件夹

　　Windows 操作系统可以对文件夹和驱动器设置共享，不能直接对文件实现共享。如果想要共享文件的话，那么可以新建一个文件夹，保存想要共享的文件，然后将该文件夹共享，从而实现文件的共享。

　　（1）查看共享。打开"计算机管理"，在"系统工具"的"共享文件夹"目录下可以查看计算机中已经实现的"共享"，如图 5 - 57 所示，我们在图中可以看到共享的文件夹有 ADMIN、IPC、test 等，还有驱动器 C。其中在共享的名称后带有符号"＄"的，表示这个共享是隐藏的。

　　（2）创建共享文件夹。Windows 提供了非常简单的创建共享文件夹的方式，我们选择要共享的文件夹，点击鼠标右键，在弹出的快捷菜单中，选择"共享和安全"或者"属性"，对文件夹的共享权限进行设置，如图 5 - 58 所示是 Windows 2003 Server 共享文件夹的对话框。选择"共享该文件夹"，输入共享名（可以和文件夹名不一样），设置"用户数限制"，然后点击"确定"按钮即可。

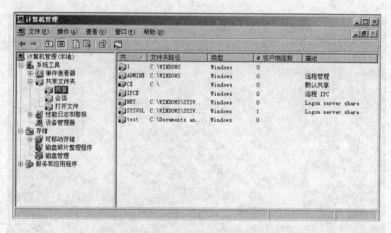

图 5 – 57　Windows 共享

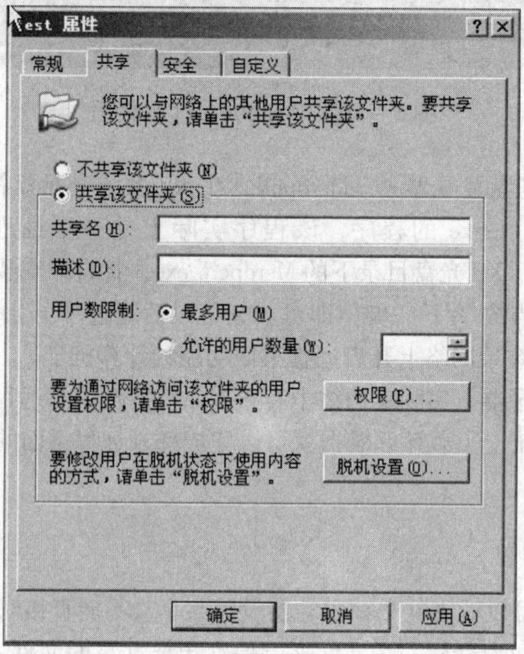

图 5 – 58　创建 Windows 共享文件夹

　　（3）映射网络驱动器。在局域网上，要访问一个共享的驱动器或文件夹，只要在桌面上打开"网上邻居"窗口，然后选择有共享资源的计算机即可。但是，此方法使用起来效果并不是很好，有时还不能解决实际问题。那有没有简单的方法可以来浏览共享文件呢？我们可以通过采用将驱动器符映射到共享资源的方法来简化浏览共享文件的过程。

　　Windows 系统提供了几种"映射网络驱动器"的方法，在命令行模式下，我们可以使用："NET USE \\ 计算机名 \ 共享名 \ 路径"。除了使用命令来实现之外，还可以通过在"开始→网上邻居"点击右键，选择"映射网络驱动器"。在弹出的窗口中，如图 5 – 59 所示，可以直接输入例如"\\ 计算机名 \ 共享路径"映射网络驱动器，也可以点击

图 5 - 59 中的"浏览"来找到目前局域网中存在的共享内容。

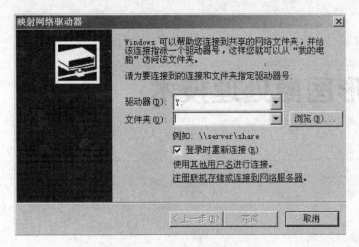

图 5 - 59　映射网络驱动器

除了以上途径之外，在"我的电脑"中的"工具"菜单中也可以设置"映射网络驱动器"。

本章小结

本章主要介绍了信息传输技术与存储技术。信息传输技术主要从网络的类型、网络工具的使用、通讯工具的使用、文件下载工具的使用等方面进行了介绍；存储技术主要从存储技术、存储介质、存储类型等方面进行了介绍。通过本章的学习，能够掌握基本的网络工具的运用，基本了解信息存储技术的类型及其特征。

实践内容

1. 注册并使用飞信（基于移动手机号），体验加好友、发送短信等功能。
2. 使用 QQ 文件中转站，保存一个大于 10M 的文件。
3. 使用 QQ 邮件发送 2 封邮件，使用签名、抄送、密送、附件等功能，并将其中一封邮件撤销。

思考题

1. 即时通讯工具能够实现哪些基本功能？
2. 硬盘存储的基本参数有哪些？
3. 如何设置共享文件夹？

第 6 章 图形图像处理技术

【学习目标】 了解图形与图像基本知识；掌握常用图形图像浏览工具的使用；掌握常用图形图像捕捉工具的使用；掌握常用图形图像编辑工具的使用。

【技能目标】 用 ACDSee 浏览图片；用 HyperSnap 截图；用 Photoshop 和光影魔术手编辑处理图片；利用阿里妈妈网站 DIY 广告牌。

【工作任务】 用 ACDSee 查看图片；用 HyperSnap 截取超长页面；用 Photoshop 处理图片，如去掉图片中多余的文字；用光影魔术手编辑照片，如美白、柔化、加边框等；用阿里妈妈网站 DIY 一个广告牌。

6.1 图形图像基础知识

目前图形及图像处理的重要应用包括：遥感、视觉监视、工业检测与测量、宇宙探险、军事侦察、高精度制导、医疗诊断、通信、影视业、娱乐、公众服务。随着计算机的软件和硬件的不断发展，图形图像处理软件也发生了翻天覆地的变化。今天，图形软件能够提供高级的创作编辑工具、着色工具以及几乎无限制的颜色控制。所到之处，随时可见这些强大工具的作品，它们的效果精致入微，无比逼真。

6.1.1 图形与图像概述

图形包括矢量图形和几何图形。矢量图形是用一组命令来描述图形，这些命令给出构成图形的各种属性和参数，如圆可以是圆心坐标、半径以及粗细和色彩组成的。

图像包括位图图像和点阵图像。位图是指在空间和色彩上已经离散化的图片，它通过描述画面中每一像素的颜色或亮度来表示该图像，非常适合表现包含大量细节的图片（如明暗、浓淡、层次和色彩变化等）。

6.1.2 图形与图像显示原理

计算机描述文字与画面通常采用两种方式。一种是矢量图形或称几何图形法，简称为图形。它是用一组命令或数字化仪、鼠标、光笔等来描述和绘制的，用以表示的方式是点、线、面，如直线、曲线、矩形、圆、椭圆等的形状，以一定的空间关系建立模型，并以一定的数据结构存储于计算机里，若要在计算机的显示器显示出来，又要对各种点、线、面所组成的形状、位置、颜色等各种属性和参数以一定算法转化为图像后才能显示。一个较为复杂的画面若用图形方式来描述，计算机的描述难度和运算量都比较大，因为计算机矢量图形法是采用三维空间关系的模式来定位二维画面并映射合成的。在电脑上能由操作者交互式地进行绘图，或是根据模块库中的一组或几组部分进行放大、缩小、复制、删除、移动、旋转、填色等各种编辑处理的图形工具软件通常称为 Draw 或 Graph。计算机图形处理技术与 CAD（计算机辅助设计）技术是一起发展起来的，CAD 系统于 1962 年诞生，30 多年来 CAD 的发展从机器制造业、建筑业等领域推广到集成电路设计、工厂管道设计等领域。

另一种描述画面的方法是点阵位图图像（Bitmap），简称图像（Image）。主要针对将客观世界存在的物体映像处理成新的数字化图像，即将整幅画面划分为矩形微小区域的像素点的采样过程，及像素点的亮度或色彩取值空间离散为有限个数值的量化级数，再将采样后的脉冲幅度调制信号和量化后的脉冲编码调制信号按某种规律编成二进制数码，以数码表示图像信息。图像处理技术很多，关键的是图像噪声滤去技术、数据图像压缩技术、图像对比增强技术、图像模糊/清晰复原技术等。

6.1.3 常见的图像文件格式

6.1.3.1 BMP 格式

BMP 是英文 Bitmap（位图）的简写，它是 Windows 操作系统中的标准图像文件格式，能够被多种 Windows 应用程序所支持。随着 Windows 操作系统的流行与丰富的 Windows 应用程序的开发，BMP 位图格式理所当然地被广泛应用。这种格式的特点是包含的图像信息较丰富，几乎不进行压缩，但由此导致了它与生俱来的缺点——占用磁盘空间过大。所以，目前 BMP 在单机上比较流行。

6.1.3.2 GIF 格式

GIF 是英文 Graphics Interchange Format（图形交换格式）的缩写。顾名思义，这种格式是用来交换图片的。GIF 格式的特点是压缩比高，磁盘空间占用较少，所以这种图像格式迅速得到了广泛的应用。最初的 GIF 只是简单地用来存储单幅静止图像（称为 GIF87a），后来随着技术发展，可以同时存储若干幅静止图像进而形成连续的动画，使之成为当时支持 2D 动画为数不多的格式之一（称为 GIF89a）。

6.1.3.3　JPEG 格式

JPEG 也是常见的一种图像格式，它由联合照片专家组（Joint Photographic Experts Group，JPEG）开发并命名为"ISO 10918－1"，JPEG 仅仅是一种俗称而已。JPEG 文件的扩展名为 . jpg 或 . jpeg，其压缩技术十分先进，它用有损压缩方式去除冗余的图像和彩色数据，获取极高的压缩率的同时能展现十分丰富生动的图像，换句话说，就是可以用最少的磁盘空间得到较好的图像质量。

6.1.3.4　JPEG 2000 格式

JPEG 2000 同样是由 JPEG 组织负责制定的，它有一个正式名称叫做"ISO 15444"，与 JPEG 相比，它具备更高压缩率以及更多新功能的新一代静态影像压缩技术。

JPEG 2000 作为 JPEG 的升级版，其压缩率比 JPEG 高 30% 左右。与 JPEG 不同的是，JPEG 2000 同时支持有损和无损压缩，而 JPEG 只能支持有损压缩。无损压缩对保存一些重要图片是十分有用的。

6.1.3.5　TIFF 格式

TIFF（Tag Image File Format）是 Mac 中广泛使用的图像格式，它由 Aldus 和微软联合开发，最初是出于跨平台存储扫描图像的需要而设计的。它的特点是图像格式复杂、存储信息多。正因为它存储的图像细微层次的信息非常多，图像的质量也得以提高，故而非常有利于原稿的复制。该格式有压缩和非压缩两种形式，其中压缩可采用 LZW 无损压缩方案存储。

6.1.3.6　PSD 格式

这是著名的 Adobe 公司的图像处理软件 Photoshop 的专用格式 Photoshop Document（PSD）。PSD 其实是 Photoshop 进行平面设计的一张"草稿图"，它里面包含有各种图层、通道、遮罩等多种设计的样稿，以便于下次打开文件时可以修改上一次的设计。在 Photoshop 所支持的各种图像格式中，PSD 的存取速度比其他格式快很多，功能也很强大。由于 Photoshop 越来越被广泛地应用，所以我们有理由相信，这种格式也会逐步流行起来。

6.1.3.7　PNG 格式

PNG（Portable Network Graphics）是一种新兴的网络图像格式。第一，PNG 是目前保证最不失真的格式，它汲取了 GIF 和 JPEG 二者的优点，存储形式丰富，兼有 GIF 和 JPEG 的色彩模式；第二，PNG 能把图像文件压缩到极限以利于网络传输，但又能保留所有与图像品质有关的信息，因为 PNG 是采用无损压缩方式来减少文件的大小，这一点与牺牲图像品质以换取高压缩率的 JPEG 有所不同；第三，PNG 显示速度很快，只需下载 1/64 的图像信息就可以显示出低分辨率的预览图像；第四，PNG 同样支持透明图像的制作。透明图像在制作网页图像的时候很有用，我们可以把图像背景设为透明，用网页本身的颜色信息来代替设为透明的色彩，这样可让图像和网页背景很和谐地融合在一起。

6.1.3.8 SWF 格式

利用 Flash 我们可以制作出一种后缀名为 SWF（Shockwave Format）的动画，这种格式的动画图像能够用比较小的体积来表现丰富的多媒体形式。在图像的传输方面，不必等到文件全部下载才能观看，而是可以边下载边看，因此特别适合网络传输，特别是在传输速率不佳的情况下，也能取得较好的效果。SWF 格式作品以其高清晰度的画质和小巧的体积，受到了越来越多网页设计者的青睐，也越来越成为网页动画和网页图片设计制作的主流，目前已成为网上动画的事实标准。

6.2 图形图像浏览工具

常见的图像浏览工具有 ACDSee、豪杰大眼睛、Win – Tool 等。现在以 ACDSee 为例，介绍一下看图工具。ACDSee 是目前非常流行的看图工具之一。它提供了良好的操作界面，简单人性化的操作方式，优质的快速图形解码方式，支持丰富的图形格式，强大的图形文件管理功能等。

6.2.1 ACDSee 简介

ACDSee 集图像浏览、图像文件的管理、图像文件的修改于一身，是目前最流行的图像浏览工具。利用它不仅可以查看、浏览各种格式的图像文件，还可以进行不同格式的图像转换，功能强大，操作简单。

ACDSee 的功能如下：

（1）能从数码相机和扫描仪高效获取图片，并进行便捷的查找、组织和预览，能识别 50 多种常用多媒体格式。

（2）优秀的看图软件，它能快速、高质量地显示图片，再配以内置的音频播放器，可以播放出精彩的幻灯片效果，还能处理如 Mpeg 之类常用的视频文件。

（3）最得心应手的图片编辑工具，能轻松处理数码影像，能去除红眼、剪切图像、锐化、浮雕特效、曝光调整、旋转、镜像等，还能进行批量处理。

6.2.2 ACDSee 的使用

6.2.2.1 浏览窗口的使用

在主工具栏中提供了很多最为常用的工具按钮，如图 6 – 1 所示。

（1）浏览。ACDSee 启动后，默认地打开浏览器。在浏览器中用户可管理图像文件，浏览图像，也可进入查看器，进行细致的查看。

（2）修改文件查看模式。在浏览器中提供了多种文件显示方式，分别是"缩略图 + 描述"、"缩略图"、"大图标"、"小图标"、"列表"、"详细资料"和"平铺"等方式。需要

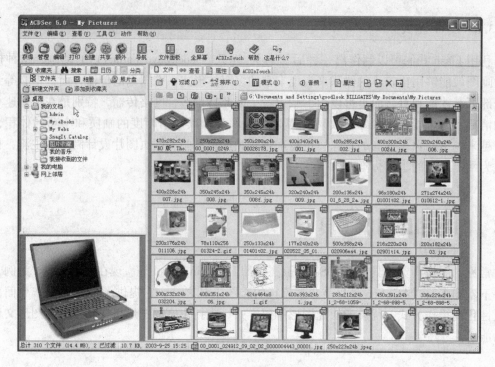

图 6-1　ACDSee 浏览窗口

以某种方式进行查看时，只需单击主工具栏上"模式"下拉列表按钮，如图 6-2 所示，从中选定后，即可改变文件列表方式。

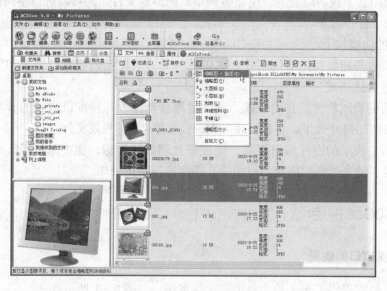

图 6-2　查看模式菜单

单击"缩略图大小"选项，可弹出下一级子菜单，设定显示缩略图时图的比例大小。

（3）打开 ACDSee 查看窗口。双击任何一个图像文件，即可实现由"浏览器"转入"查看器"，进入图片观察状态。单击"浏览"按钮，可返回浏览窗口。

6.2.2.2 查看窗口的使用

（1）图像文件的查看。单击窗口中的主工具栏中的"上一张"和"下一张"按钮，可前后翻看当前文件夹中的所有图片。

（2）图像文件的放大与缩小。单击窗口中的主工具栏中的"放大"和"缩小"按钮，可对图像大小进行一定比例的放大或缩小的调整。单击"缩放"按钮，可以弹出缩放菜单，如图6-3所示。

图6-3　缩放菜单

（3）幻灯片方式查看。单击"幻灯片"按钮，可以按照预定的放映方式，以幻灯片的形式演示当前文件夹中所有图像文件。

单击"工具"菜单中的"选项"命令，弹出"选项"对话框，单击"打开幻灯片"选项，打开"幻灯片"对话框，在其中可以设置演示的次序、每张幻灯片显示的时间，以及是否允许重复和播放音频等项目。

6.3　图形图像捕捉工具

常用的图像捕捉工具有：QQ截图、HyperSnap、SnagIt、红蜻蜓抓图精灵等。下面以QQ截图和HyperSnap为例来讲解。

6.3.1　QQ截图

（1）找到要截图的画面，如图6-4所示。

（2）打开QQ上任意一个好友的对话框，点击"截图"按钮，或按快捷键"Ctrl + Alt + A"，如图6-5所示。

（3）点完"截图"按钮后，会出现一个彩色的小鼠标箭头，按住左键不放拖动鼠标选择截图区域，如图6-6所示。

（4）确定截图区域后，点击右下角的保存按钮 📄，出现如图6-7所示的对话框。

图 6 – 4　要截图的图片

图 6 – 5　QQ 截图按钮栏

图 6 – 6　截图区域

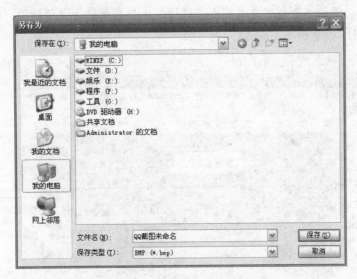

图 6 - 7　保存对话框

（5）在保存类型下拉列表框中选择一种图片类型，给文件命名后，点击保存，截图完成，如图 6 - 8 所示（注意：建议选择 JPEG 格式，其他几种格式生成的图片比较大）。

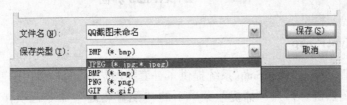

图 6 - 8　保存图片类型

6.3.2　HyperSnap

　　HyperSnap 是一款非常专业的图像捕捉软件，支持众多的捕捉模式，是很多互联网工作者、电脑教程撰写者必备的截图工具。HyperSnap 提供专业级影像效果，也可让您轻松地抓取屏幕画面，支持抓取使用 DirectX 技术之游戏画面及 DVD，并且采用新的去背景功能让您将抓取后的图形去除不必要的背景；预览功能也可以准确地显示您的图打印出来时会是什么模样等。HyperSnap Pro 是一个画面捕获的工具，可以让你捕捉标准画面以外的屏幕图像，包括 DirectX、3Dfx Glide 游戏，以及 DVD 的画面。这个程序可以储存并读取超过 20 种影像格式，包括 BMP、GIF、JPEG、TIFF、PCX 和其他。热键或是自动定时捕图可以用来提取画面上的图像，其他特色包括显示捕捉画面中的光标、切割工具、色盘和分辨率的设定，以及另一个从 TWAIN 设备（扫描器和数字相机）取得数据的功能。

6.3.2.1　HyperSnap 界面

　　启动 HyperSnap 软件后屏幕出现 HyperSnap 窗口。HyperSnap 的窗口界面包括文件、编辑、视图、捕捉、图像、颜色、文本捕捉、选项、工具和帮助等菜单选项，以及常用工具栏和工具按钮，如图6-9所示。

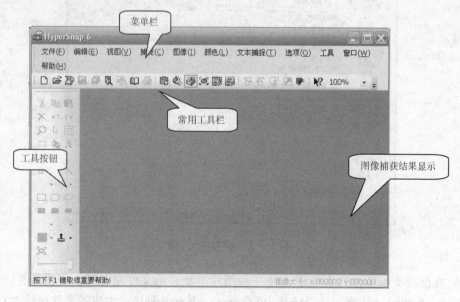

图6-9 HyperSnap 界面

6.3.2.2 设置 HyperSnap

（1）设置抓图热键。HyperSnap 系统提供了一套抓图热键，且允许用户重新定义一套适合自己习惯的抓图热键。打开"捕捉"菜单下的"配置热键"命令选项，就会弹出一个设置热键的对话框，如图6-10所示。在这里你可以按自己的习惯配置各类热键，若你要利用系统缺省设置，可以选中"启用热键"这个选项，即在前面的小方框中打上"√"。

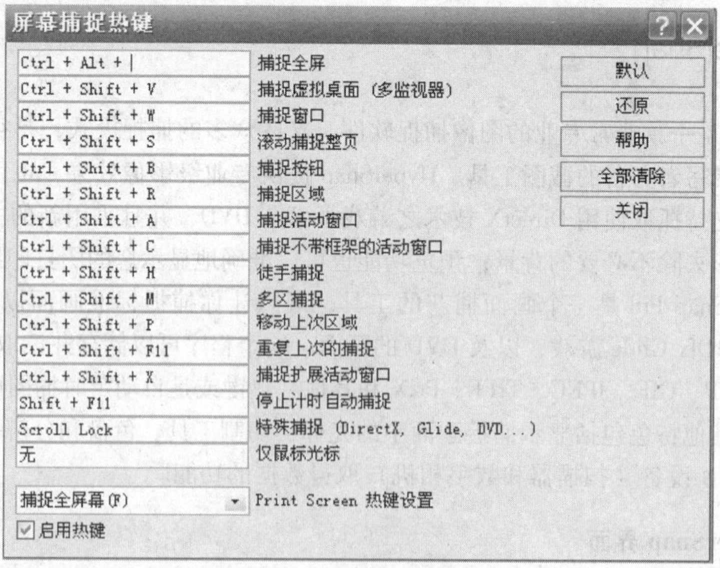

图6-10 配置热键命令选项

缺省情况下快捷键定义参见图6-10，如果要改变热键，可单击要修改的按钮，屏幕出现热键选择对话框，在键盘上按所要的热键，单击"关闭"按钮完成。

（2）设置图像保存方式。选中"文件"菜单下的"另存为"命令选项，出现"另存为"对话框，你可以自由指定所抓图像文件存储的驱动器和路径，在"文件名"中可以指定自动命名的图像文件名的开头字母（系统缺省为snap），在"文件类型"中可以选择存储的格式，包括BMP、GIF、JPEG和PNG等格式。

6.3.2.3　HyperSnap 屏幕抓取方式

HyperSnap 常用的屏幕抓取有多种方式，如图6-11所示。

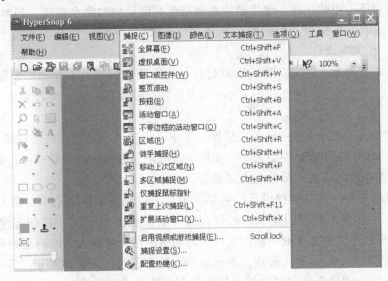

图6-11　捕捉菜单栏

（1）抓取全屏幕。按下热键"Ctrl + Shift + F"，或者用鼠标点击"捕捉"下的"全屏幕"菜单项，之后你会听到类似照相的"咔嚓"声，操作成功。

（2）抓取活动窗口。首先要使抓取的窗口成为活动窗口，然后按下热键"Ctrl + Shift + A"。

（3）抓取下拉菜单。当你需要抓取某个窗口中的下拉菜单时，有多种方法可以实现：先让 HyperSnap 最小化到任务栏上，再点击要抓取的菜单使之展开，然后按下热键"Ctrl + Shift + R"，屏幕上将出现一个十字形光标，移动此光标到起始位置用鼠标左键点击，再移动到菜单右下方再次点击；或者当菜单出现后直接按下窗口抓取热键"Ctrl + Shift + W"，你会看到一个闪动的矩形框，点击左键即可抓取该菜单。如果希望抓取多级子菜单中的某一级，应依次打开该级联菜单，按下热键"Ctrl + Shift + W"，当矩形框闪动时移动到希望抓取的子菜单上点击左键；如果希望抓取级联菜单的全部，则要用到其"多区域捕捉"功能，按下热键"Ctrl + Shift + M"，当屏幕上出现闪动矩形框时点击左键增加要抓取的区域，以便让各级菜单都被选中，然后按下回车键完成抓取。

（4）区域抓图。按下热键"Ctrl + Shift + R"，出现一个十字线，拖动鼠标选择要抓图的区域，之后你会听到类似照相的"咔嚓"声，操作成功。

（5）多区域抓图。上面介绍的抓取级联菜单仅仅是多区域抓图的一个简单应用，实际上这个功能相当强大，你可以将它和"区域抓图"结合使用以完成更复杂的抓取任务。例如，要在资源管理器中同时抓取某个文件（夹）的右键快捷菜单和该文件（夹）的图标，可以这样操作：首先用鼠标右键点击该文件（夹）弹出其快捷菜单，然后按下抓取热键"Ctrl + Shift + M"，点击菜单区域使它被选中，再按下鼠标右键不放手，会马上出现一个子菜单，从中点击"重启区域方式"后放开，此时出现十字形光标，用该光标点击文件图标的左上角和右下角各一次，使文件图标被选中（原来选中的菜单仍处于选中状态），最后按下回车键完成抓取。

在上述抓取过程中，只要还没有完成抓取，随时可按下 ESC 键放弃当前操作。

（6）抓取对话框中的按钮。如果希望抓取某个对话框中的命令按钮，当对话框出现后，把光标移到要抓取的按钮上，然后按下热键"Ctrl + Shift + B"，便会看到这个按钮被自动"按"了一下，抓取完成。

（7）抓取游戏画面。如果需要抓取游戏的一连串画面，并且不希望中断游戏并对所抓取的图像进行命名等操作，则要使用 HyperSnap 的特殊捕捉功能，还要设置让 HyperSnap 自动保存。

① 首先设置其"特殊捕捉"。在"捕捉"菜单下点击"启用视频或游戏捕捉"，在设置窗口中选中其提供的三种捕捉类型之一，如果不能确定到底使用的是哪一种，则最好三个一并选上，其他选项取默认值，最后点击"确定"。

② 设置自动保存。在"捕捉设置"对话框中点击"快速保存"选项，选上"自动保存捕捉后的文件"；如果不想使用其默认的保存文件名，点击"更改"按钮定位一个保存位置，然后在该按钮左边的文本框中输入文件名的前缀字母，并输入名称的起始和终止数字。

关闭捕捉设置对话框后进入游戏，当出现需要的画面时按下抓取热键"Scroll Lock"或"Print Screen"键，图像会自动被捕捉并依次保存下来。退出游戏后，在 HyperSnap 窗口中会看到抓取到的最后一幅图像，你可以按"PageDown"和"PageUp"键来回翻动，逐个查看所有抓取到的画面。

（8）抓取超长网页窗口。如果要抓取超过屏幕的超长网页（即要拖动滚动条才能查看所有内容的网页），可以使用 HyperSnap 的抓取"扩展活动窗口"功能来完成：启动 Hyper-Snap，切换到网页画面，按下热键"Ctrl + Shift + X"，会提示你输入要扩展的高度和宽度（单位为像素），其高度和宽度可以大于整个屏幕尺寸，然后按下"确定"，稍等片刻（等待时间长短取决于输入的高度和宽度）就会将超长网页抓取下来。

6.3.2.4 HyperSnap 实用技巧

（1）快速设置图片为墙纸。在 HyperSnap 中打开的图片，可以快速地把它设置为墙纸。操作方法很简单，在 HyperSnap 中打开一张图片，依次点击菜单栏中的"文件"—"设为墙纸"，在弹出的对话框中选择"拉伸"、"平铺"等选项，再点击"确定"，这张图片就设置成了桌面墙纸，如图 6 - 12 所示。

（2）将 HyperSnap 中的图片作为附件通过电子邮件发送。这个功能可以在图片文件没有被保存的情况下直接调用默认的客户端软件发送出去，截下一张图片之后，依次点击主菜单中的"文件"—"通过电子邮件发送"，这时软件会调出本机默认的电子邮件客户端软件，

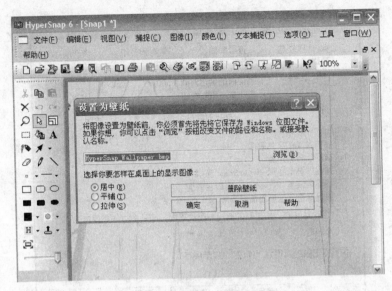

图6-12　将图片设为壁纸

比如"Foxmail"，图片已经成为新邮件的附件，只要填写好收件人的电子邮箱地址和主题等内容，点击"发送"就可以了。

（3）快速对多张图片进行浏览。我们都知道，在ACDSee这个软件中，如果打开了多张图片，可以按键盘上的"PageUp"或"PageDown"键对图片进行浏览；如果在HyperSnap中打开了多张图片，也可以按下"PageUp"或"PageDown"键对图片进行浏览。

（4）批量抓取图像。HyperSnap一次只能抓一幅图像，后面捕捉的会自动覆盖前面捕捉的内容，让我们很不方便。HyperSnap也允许我们批量捕捉多幅图像，并可以自动把它们命名为Snap01、Snap02……齐排列，随便抓多少张都可以。不过，这些文件都是临时性文件，如果你在未经编辑的情况下便全部关闭，那这些文件会被自动清除。所以我们最好让它们在抓取后自动保存起来：单击"捕捉"—"捕捉设置"，再选中"快速保存"，勾选"自动将每次捕捉的图像保存到文件中"，并设置文件名及保存的路径及起止数字即可。

（5）去除截图中的光标。安装好HyperSanp后，软件默认截图中有光标指针，如何去掉它呢？点击菜单栏中的"捕捉"—"捕捉设置"，再点击"捕捉"选项卡，如图6-13所示，把"包括光标指针"前的对钩去掉即可。在同一个选项卡内，可以对"窗口捕捉时自动滚动窗口"设置，因为有的窗口需要向下拉才能看到下面的部分，而如果选中"窗口捕捉时自动滚动窗口"，软件在截图时就会自动向下滚动。

（6）使用图像菜单。HyperSnap不仅仅是一个抓图软件，同时它也是一个非常好的图像处理软件，它还在"图像"菜单下提供了剪裁、更改分辨率、比例缩放、自动修剪、镜像、旋转、修剪、马赛克、浮雕和尖锐等功能。

（7）给图片盖上自己的印章。有时出于宣传的需要，很想给自己的图片加上一个标注，比如注上作者名、截取日期、版权声明之类的信息。HyperSnap可以满足我们的需要：先打开一个图像，然后选择"图像"—"水印"（或单击工具栏上的水印工具），在弹出的窗口中单击"新建水印"命令打开"编辑水印"窗口。在"图像"选项卡里导入自己

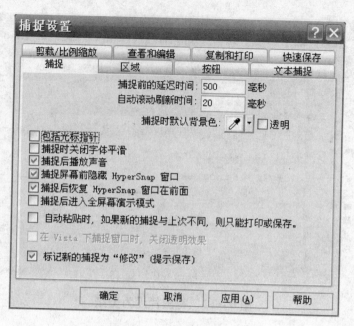

图 6 – 13　捕捉选项卡

的卡通图片，钩选"水印中使用此图像"，并给此水印起一个名字即可把导入的卡通图片作为水印。再单击"编辑"命令，选择"布置"标签，再钩选"自动将此水印添加到所有捕捉的图像上"复选框即可。

（8）改变抓取图片的颜色。一般我们抓图都是抓取真彩图片，但有时候需要改变图片的颜色，例如很多报纸杂志在排版时采用的是灰度图。在 HyperSnap 中抓到图后，存盘前，注意在"颜色"菜单栏中选择相应的命令调整图片颜色，再存盘即可。

（9）设置图像分辨率。在 HyperSnap 中允许我们设置图像分辨率：选择"选项"—"默认图像分辨率"命令，在打开的"图像分辨率"窗口中设置"水平分辨率"和"垂直分辨率"，并选中"用作将来捕捉屏幕图像的默认值"选项，以后抓取的图像就是我们设置的分辨率大小。

（10）在捕捉的图像上添加文字。有些时候需要在捕捉的图像上添加一些说明文字，HyperSnap 中也提供了这一功能：抓取图像后，单击左边绘图工具栏上的大写字母 A，在图像上拖动鼠标，选择合适的矩形区域，然后释放鼠标，在弹出的文本工具对话框中输入文字。然后在"文本工具"对话框中单击"字体/颜色"按钮可以设置字体的颜色和字体的样式。同样，在 HyperSnap 中也提供了文字的左对齐、居中和右对齐，其操作与在 Word 中的操作相同。

● 如果没有看见该工具栏，则可以在显示菜单下，单击"绘图工具栏"，在 HyperSnap 窗口上显示绘图工具箱。

● 在"文本工具"对话框中输入文字后，不关闭该对话框，将鼠标放到已输入文字的图片上，然后使用鼠标移动文字框，可以调整输入文字到一个最恰当的位置。

6.4　图形图像编辑工具

图形图像编辑工具被广泛应用于广告制作、平面设计、影视后期制作等领域。常用编辑工具有：Photoshop、光影魔术手、美图秀秀等。而在线图片制作工具由于能轻松地浏览管理、处理制作和分享图片而受到大家的欢迎，如阿里妈妈广告牌 DIY。

6.4.1　Photoshop

6.4.1.1　Photoshop 功能简介

图像编辑是图像处理的基础，可以对图像做各种变换，如放大、缩小、旋转、倾斜、镜像、透视等，也可进行复制、去除斑点、修补、修饰图像的残损等。这在婚纱摄影、人像处理制作中有非常大的用场，去除人像上不满意的部分，进行美化加工，得到让人非常满意的效果。

图像合成则是将几幅图像通过图层操作、工具应用合成完整的、传达明确意义的图像，这是美术设计的必经之路。Photoshop 提供的绘图工具让外来图像与创意很好地融合。

校色调色是 Photoshop 中深具威力的功能之一，可方便快捷地对图像的颜色进行明暗、色编的调整和校正，也可在不同颜色之间进行切换，以满足图像在不同领域如网页设计、印刷、多媒体等方面应用。

特效制作在 Photoshop 中主要由滤镜、通道及工具综合应用完成。包括图像的特效创意和特效字的制作，如油画、浮雕、石膏画、素描等常用的传统美术技巧都可借由Photoshop 特效完成。而各种特效字的制作更是很多美术设计师热衷于 Photoshop 研究的原因。

Photoshop 的应用领域很广泛，在图像、图形、文字、视频、出版各方面都有涉及。

6.4.1.2　Photoshop 的工作界面

Photoshop 的工作界面如图 6 - 14 所示。

（1）菜单栏。Photoshop 中的菜单栏同 Windows 窗口相同，其作用主要包括对工作环境的设置，文件的打开、保存与关闭，提供帮助信息和提供各种滤镜等。另外，还包括对图像进行处理的各种命令，不过大部分命令都可以在主窗口的其他各个部分找到。

（2）属性栏。属性栏的使用很简单，当用户选定某个工具时，该工具的属性就会相应地出现在属性栏里了。

（3）工具栏。工具栏中的工具可以用来选择、绘画、编辑和查看图像，选取前景和背景色，创建快速蒙版以及更改显示模式。大多数工具都有相关的画笔和选项面板，可以限定工具的编辑、绘画效果。

Photoshop 的工具栏如图 6 - 15 所示。

（4）状态栏。状态栏在程序窗口底部，用来显示相关的信息。例如，图像的当前放大

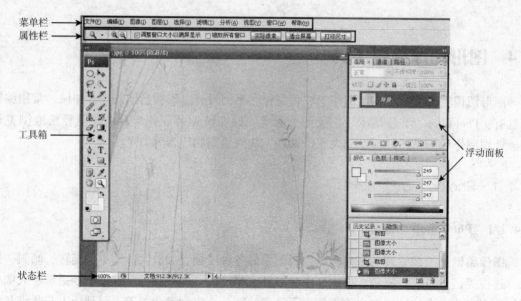

图 6-14　Photoshop 工作界面

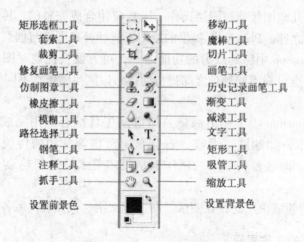

图 6-15　常用工具栏

倍数和文件大小，以及使用当前工具的简要说明。要显示或隐藏状态栏，选取"窗口/状态栏"命令即可。单击预览栏右边的黑三角，然后选择弹出菜单中的选项，相应的信息就会在预览栏中显示。

6.4.1.3　Photoshop 的基本操作

（1）新建文件。在 Photoshop 中新建文件时，可以选择菜单中的"文件/新建"命令，或者按"Ctrl + N"键，都能弹出新建文件对话框，如图 6-16 所示。

在"新建"对话框中，我们可以设置文件的名称、尺寸、图像的分辨率、颜色模式、背景内容等参数。

（2）打开或关闭文件。

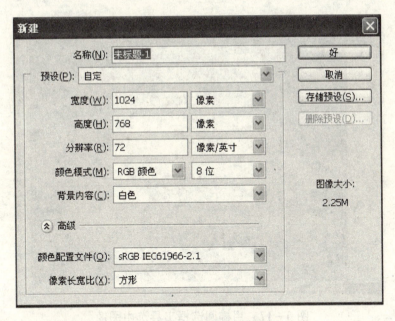

图 6 – 16　新建文件对话框

① 打开文件。选择菜单中的"文件/打开"命令（Ctrl + O）。若要指定打开文件的格式，可在下拉框中选择，然后就会显示出当前目录下这种格式的文件。在 Photoshop 的主界面空白处单击，也会弹出打开对话框。

② 关闭文件。选择菜单中的"文件/关闭"命令（Ctrl + W），或单击图像右上方的关闭图标。

（3）保存文件。选择菜单中的"文件/存储"命令（Ctrl + S）；或者选择菜单中的"文件/存储为"命令（Ctrl + Shift + S）。可以将修改过的文件改变路径、文件名后再保存，这样不会覆盖原文件。

6.4.1.4　选择类工具

（1）矩形选框工具。包括矩形选框工具（默认状态）、椭圆选框工具、单行选框工具、单列选框工具、切换选框工具。

① 创建选区。按住鼠标左键拖动，选择适当区域后释放左键。

② 属性栏。

- 选区设置：创建新选区，添加到选区 Shift。
- 羽化：用于羽化区域的边界，使之与背景融合，产生过渡模糊的效果。羽化的效果由羽化半径（0 ~ 250 像素）来决定。
- 样式：正常、约束长宽比、固定大小。
- 消除锯齿（椭圆选框工具）。

下面以羽化一幅图片为例来说明各属性值的含义。

◆ 导入一张图片。点一下椭圆选框工具，然后用鼠标在图片中间拖一个框，如图 6 – 17所示。

图 6 – 17　用椭圆选框工具选中图像

◆ 选择菜单栏中的反向工具，这时候就多了一个方形的框在外，如图 6 – 18 所示。

图 6 – 18　反向工具栏

◆ 在选择菜单栏中选择羽化工具。在弹出的面板上输入数值 20（这个数字可以根据自己需要的羽化效果来填），点击"确定"按钮后，按下 Delete 键删除。然后在图片任意地方点击一下，取消选区。最终效果如图 6 – 19 所示。

（2）套索工具。

① 套索工具：选中需要的区域。

② 多边形套索工具：在创建选区过程中，按 Backspace 键，可以依次撤销所绘的线段。

图 6 – 19　羽化图片后的效果

③ 磁性套索工具：跟踪图像中颜色的对比值，以便自动确定选区的边缘。

（3）魔棒工具。根据颜色的相似性，选择颜色一致的区域。

6.4.1.5　图像修饰工具

（1）修复画笔工具。用于校正瑕疵，使它们消失在周围的图像中，还可以利用图像或图案中的样本像素来绘画，并可将样本像素的纹理、光照、透明度和阴影与源像素进行匹配，从而使修复后的像素不留痕迹地融入图像的其余部分。

（2）修补工具。使用修补工具可以从图像的其他区域或使用图案来修补当前选中的区域，与修复画笔工具相同之处是修复的同时也保留原来的纹理、亮度、层次等信息。

下面我们用一个具体的例子来说明修补工具的用法。

- 打开一张图片，如图 6 – 20 所示。

图 6 – 20　图片素材

● 选中修补工具，在图片选中 123456 所在的区域，按住鼠标左键不放，向右拖动修补工具选中的区域，最终效果如图 6 – 21 所示。

图 6 – 21　修补工具处理后的效果

（3）仿制图章工具。利用仿制图章工具可以准确复制图像的一部分或全部，从而产生某部分或全部的图像拷贝，它是修补图像时常用的工具。例如原有图像有折痕，可用此工具选择附近颜色相似的像素来进行修复。

下面我们用一个具体的例子来说明仿制图章工具的用法。

● 打开一张图片，如图 6 – 22 所示。

图 6 – 22　仿制图章素材

● 选中仿制图章工具，设置主直径为 20，按住 Alt 键，在图片中的树干处点击一下，如图 6 – 23 所示。

● 在数字所在的地方进行涂抹，最终效果如图 6 – 24 所示。

图6-23 用仿制图章工具选中区域

图6-24 仿制图章工具处理后的效果

6.4.1.6 绘图工具

（1）画笔工具（快捷键为B）。画笔工具用来绘制出边缘柔软的效果。画笔工具绘制出来的颜色是工具箱中的前景色。画笔工具的选项栏如图6-25所示。

图6-25 画笔工具选项栏

单击工具选项栏中画笔后面的预视图标或小三角，可出现一个弹出式调板，可选择预设的各种画笔，选择画笔后再次单击预视图标或小三角，弹出式调板将关闭。

在其选项栏中可选择不同的混合模式、画笔的不透明度和流量的百分比，还可以选用喷枪效果。

（2）橡皮擦工具。橡皮擦工具可以将图像擦除至工具箱中的背景色。在模式后面的弹出式菜单中可选择不同的橡皮擦类型：画笔、铅笔和块。当选择不同的橡皮擦类型时，工具选项栏中的设定项也是不同的。选择"画笔"和"铅笔"选项时，与画笔及铅笔的用法相似，只是绘画和擦除的区别。选择"块"，就是一个方形的橡皮擦。

（3）背景色橡皮擦工具。背景色橡皮擦工具可以在去掉背景的同时保留物体的边缘。通过定义不同的"取样"方式和设定不同的"容差"数值，可以控制边缘的透明度和锐利程度。背景色橡皮擦工具在画笔的中心取色，不受中心以外其他颜色的影响。

（4）魔术橡皮擦工具。魔术橡皮擦工具可根据颜色近似程度来确定将图像擦成透明的程度。当使用这个工具在图层上单击，工具会自动将所有相似的像素变为透明。如果当前操作的是背景层，操作完成后变成普通层。

6.4.2　光影魔术手

光影魔术手（nEO iMAGING）是一个对数码照片画质进行改善及效果处理的软件，简单、易用，每个人都能制作精美相框、艺术照、专业胶片效果，而且完全免费。不需要任何专业的图像技术，就可以制作出专业胶片摄影的色彩效果，是摄影作品后期处理、图片快速美容、数码照片冲印整理时必备的图像处理软件。

（1）软件界面。启动光影魔术手后，界面如图 6 - 26 所示。最上面一排是各种菜单：文件、编辑、查看、图像、调整、效果、工具、礼物和帮助。下面一排是常用工具的快捷方式。

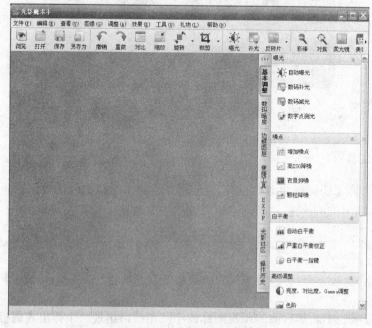

图 6 - 26　光影魔术手界面

（2）浏览。照片浏览功能可以直接浏览照片缩略图，方便管理与编辑。点击浏览工具快捷键，选择一个图片文件夹，就可以浏览该文件夹中的图片，如图 6 – 27 所示。

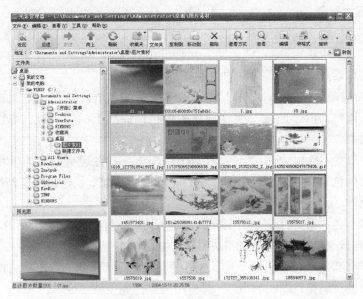

图 6 – 27　浏览界面

点击编辑，即可进入编辑界面，对图片进行编辑。

（3）改变图片位置和大小。

① 缩放。点击对比工具，再点击缩放工具，可以改变图片的大小。

② 旋转图片。点击旋转图标后，出现旋转对话框，共有五种旋转方式，选择镜像对折的第二种，效果如图 6 – 28 所示（下面我们用对比工具来查看各种图片处理效果，左边为原图，右边为处理后的效果图）。

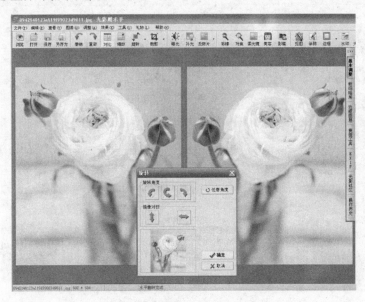

图 6 – 28　图片旋转后的效果

③ 裁剪图片。点击裁剪图标后，出现裁剪对话框，选择自由裁剪，然后拖出相应选区，点击确定。

（4）调整图片颜色。

① 色阶。色阶命令可以精确调整图像中的明、暗和中间色彩，既可用于整个彩色图像，也可在每个彩色通道中进行调整。"色阶"对话框中的图示表示了图像每个亮度值所含像素的多少，最暗的像素点在左边，最亮的像素点在右边。

② 曲线。曲线命令与色阶命令都是用于调整图像的色调，但"色阶"仅对亮部、暗部和中间灰度进行调整，而"曲线"允许调整图像色调曲线上的任一点，可以校正图像，也可以产生特殊效果。

③ 色相/饱和度。色相/饱和度命令有两个功能：一是在现有图像的色相值和饱和度基础上来调整图像的色彩；二是在保留图像核心亮度值的基础上，通过指定新的色相值和饱和度来给图像着色。

④ 色彩平衡。色彩平衡的滑尺可调整相应颜色及其互补色的比例，滑尺的右边是该滑尺对应的基色，左边是该颜色的补色，拖动滑块图像增加某方向的颜色，而减少另一个方向的色彩。

对话框的下半部分"色调平衡"中，"暗调"、"中间调"、"高光"的选择可针对图像的不同色调部分进行调整；"保持亮度"选项用来确保亮度值不变。

⑤ 亮度/对比度命令。亮度用来调节图像的亮度（0～100）。对比度用来调节图像的对比度（0～100），向左移动滑块就会使图像的亮区更亮，暗区更暗，从而增加图像的对比度；向右移动就会使图像的亮区和暗区都向灰色靠拢，直至完全变成灰色。

一般说来，减少图像的亮度，增加图像的对比度，可以使图像的层次感更强。亮度/对比度命令适用于粗略地调整，但使用简单。

下面以色彩平衡和单色为例。

· 色彩平衡。点击图像菜单中的色彩平衡工具，如图6-29所示。

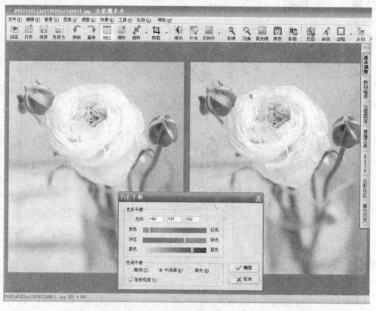

图6-29　图片调整曲线后的效果

● 单色。选择单色中的紫色，效果如图6-30所示。

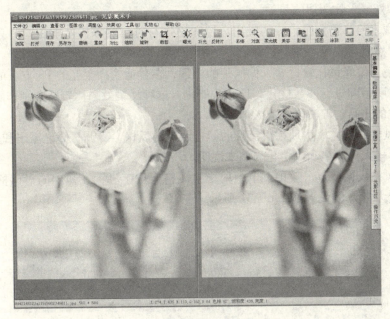

图6-30　图片调整单色后的效果

（5）调整图片效果。

① 数码补光。当背光拍摄的照片出现黑脸的情况，或者照片出现曝光不足的情况，利用数码补光功能，暗部的亮度可以有效提高，同时，亮部的画质不受影响，明暗之间的过渡十分自然，暗部的反差也不受影响。并且，特殊的补光算法在高反差的边缘也不会有光晕的现象产生。

② 数码减光。有的照片拍摄的时候离得太近打了闪光，结果有的部分太亮了，看不清原来的颜色；有的照片，天空明明应该很蓝的，但拍出来却不是特别蓝。对于这类局部曝光过度的照片，推荐用户使用"数码减光"。与"数码补光"类似，只有很简单的两个参数，可以在不影响正常曝光内容的情况下，把照片中太亮的部分给"还原"回来。与"数码补光"一样，在简化操作的同时，效果也十分明显，过渡很均匀，不会出现边界光晕。

③ 反转片效果。模拟反转片的效果，是光影魔术手最重要的功能之一。经过处理后的照片反差更鲜明，色彩更亮丽。算法经多次改良后，暗部细节得到最大程度的保留，高光部分无溢出，红色还原十分准确，色彩过渡自然艳丽。提供多种模式供用户选择，其中人像模式对亚洲人的肤色进行了优化，不会出现肤色偏黄现象。

④ 反转片负冲。即正片负冲，效果受人为影响的因素很大。主要特色是画面中同时存在冷暖色调对比。亮部的饱和度有所增强，呈暖色调但不夸张，暗部发生明显的色调偏移。这是最近网上比较流行的一种PS手段。如果用户手动调节参数，建议完成后再跟着做一个自动曝光以提高明暗对比。

⑤ 对焦魔术棒。对焦魔术棒应用于突出显示重点图像的场合。在编辑窗口中打开图像，由于图像的背景很杂乱，为突出显示人物，特应用对焦魔术棒进行处理。方法是，单击右侧

栏中的对焦魔术棒，打开对焦魔术棒窗口。当打开此窗口时，全图处于模糊状态。此时可使用对焦魔术棒恢复人物图像的显示。

⑥ 着色魔术棒。着色魔术棒的应用环境和操作与对焦魔术棒基本相同。只是将背景变为灰色图像，然后再着色。

⑦ 柔光镜。柔光镜比较适合人像照片的处理，在普通模糊柔光的 PS 方法的基础上进行了改良。针对明暗部进行参数优化，比较智能化。这种滤镜效果比较适合制作雨雾蒙蒙的风景、光线朦胧的小品、浪漫风格的人像等。

⑧ 影楼风格人像。模仿现在很流行的影楼照片的风格，冷调、高光溢出和柔化。

下面以影楼人像风格和风格化为例来说明。

• 影楼风格人像。点击效果菜单中的影楼风格人像工具，在弹出的对话框中选择色调为冷蓝，设置力量为 85%，如图 6-31 所示。

图 6-31 影楼风格人像效果

• 风格化。点击效果菜单中的风格化，一共有铅笔素描、浮雕画、纹理化、电视扫描线和 LOMO 风格模仿。选择铅笔素描，效果如图 6-32 所示。

（6）边框。

① 轻松边框。轻松制作多种相片边框，如胶卷式、白边式等。

② 花样边框。提供大量花哨的边框素材，形状多变，生动有趣，并且不断有新边框提供下载。

③ 撕边边框。提供大量撕碎边缘效果的边框素材，可以自由调节边框的颜色。

④ 多图边框。快速把多张照片组合成一张图。适合制作商品展示或人物个性照片。

下面以撕边边框和多图边框为例来说明。

• 撕边边框。可以选择一种边框样式，并且可以调整底纹的颜色和透明度，如图 6-33 所示。

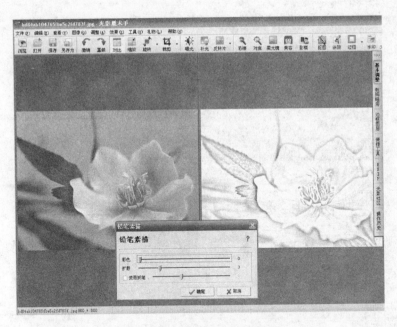

图 6 – 32　图片风格化效果

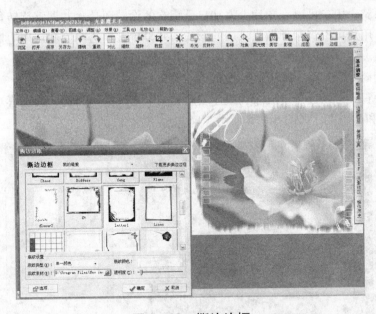

图 6 – 33　撕边边框

- 多图边框。点击右边的＋号添加图片，然后选择一种边框样式，如图 6 – 34 所示。

（7）图层。

① 文字标签。用户可设定 5 个签名及背景，文字背景还可以任意设定颜色和透明度。

② 自由文字与图层。用户可以在图片上添加文字，并且可以更改文字样式和颜色。

③ 水印。在照片的任意位置印上自己设计的水印，支持 PNG、PSD 等半透明格式的文件。

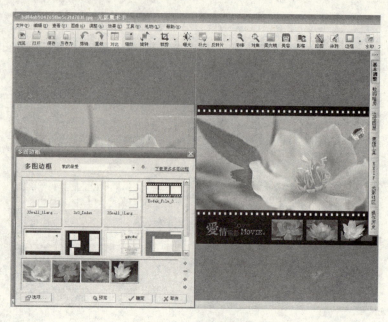

图 6-34　多图边框

④ 趣味涂鸦。用户可以在图片上添加自己喜欢的涂鸦图片，并调整旋转角度和透明度。

⑤ 日历。用户可以将相片做成日历的形式，并设置日期透明度和启用边框。

⑥ 大头贴。用户可以将相片做成大头贴，并选择自己喜欢的样式。

下面以趣味涂鸦和大头贴为例介绍图层的操作。

● 趣味涂鸦。可以选择单次涂鸦或连续涂鸦。以连续涂鸦为例，添加喜欢的涂鸦图片，设置旋转角度和透明度，如图 6-35 所示。

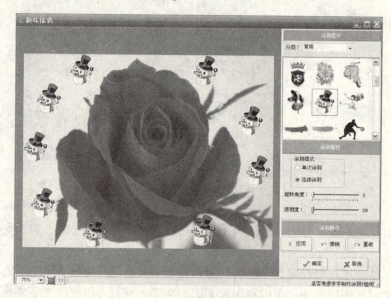

图 6-35　趣味涂鸦工具栏

● 大头贴。打开一张相片，在大头贴的下拉框中选择"质感"。选择一种样式，在图片选区中调整图片选区的位置。效果如图 6 - 36 所示。

图 6 - 36　将图片做成大头贴

6.4.3　阿里妈妈广告牌 DIY

6.4.3.1　阿里妈妈广告牌简介

　　广告牌制作即 Banner Maker，面对总是缺乏新意的广告牌设计，你是否曾幻想着有一天从一个平凡人蜕变成设计大师？Banner Maker 的诞生无疑为众多平凡人铺就了一条蜕变的捷径——站在设计大师的肩膀上完成自己的作品，这样史无前例的创举，在这里，您可以轻松成就。Banner Maker 是一个网络广告牌在线即时生成工具，你无须任何设计经验，即可以使用大量精致动画模板，进行修改、添加、DIY 自己的设计作品。Banner Maker 为您提供了易于使用的编辑工具，通过选择和新建模板，利用大量效果、字体、图案等获得创意，它全新的广告生成概念将助你快速生成完美绝伦的动画广告牌以及各种自定义的广告牌。对用户来说，Banner Maker 既是一份十项全能的"商务套餐"——各种功能配套齐全，又是一道超级美味的"自助大餐"——一切功能随用户所需自由搭配。

　　除了可以设计出美妙绝伦的广告牌以外，淘宝店家还可以通过 Banner Maker 制作极具个性的店招、公告、电子贺卡、喜帖等。无须任何基础，只要你会打字就可以制作出只属于自己的独特设计了！格式输出：Flash 动画、swf 文件，还可以输出静态图片（jpg、png）。

　　点击"下载 Flash 动画"，下载到本地电脑。可以上传至网页，也可以直接复制一列代码放入您的网页、Blog、个人网站、社区，通过 MSN、QQ、旺旺、雅虎通等发给朋友分享您的设计，也可以下载图片使用。

　　进入阿里妈妈网站，点击广告牌 DIY，进入如图 6 - 37 所示的界面。可以选择别人的模板，也可以自己设计。

图 6 − 37　广告牌 DIY 界面

6.4.3.2　选择别人模板制作广告牌

（1）点击选择别人模板后，可以看到各种分类的模板，如图 6 − 38 所示。

图 6 − 38　各种分类模板

（2）选择"凯悦思设计"模板，点击开始制作，进入制作界面如图 6 − 39 所示。

图 6 - 39　广告牌编辑界面

（3）选择"凯悦思设计"文字选区，在右边添加文字处进行编辑，将文字改为：欢迎光临紫竹的小店，选择动画效果为淡入效果，文字颜色为绿色，并且调整文字大小。链接 URL 为：http：//shop10000000. taobao. com。选择店铺网址选区，在右边文字编辑处将其改为自己店铺的地址，如：shop10000000. taobao. com，并将颜色改为绿色。链接 URL 为：http：//shop10000000. taobao. com，将"更多网址"改为：用心服务，诚信经营，并将颜色设置为白色。效果如图 6 - 40 所示。

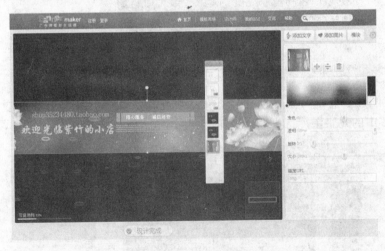

图 6 - 40　继续编辑文字

（4）由于用的是别人的模板，所以图片不能修改。到此我们的设计就完成了。点击设计完成按钮。点击预览，可以看到刚才设计的模板效果，如图 6 - 41 所示。

（5）可以按照广告牌下面的代码提示将相应代码复制到博客、论坛、空间或者自己的页面中。

图 6 - 41   最终设计效果

6.4.3.3   自己设计广告牌

（1）点击自己设计，进入尺寸界面。在预设尺寸中选择 360 * 190，进入编辑界面如图 6 - 42 所示。

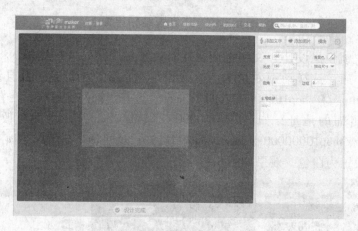

图 6 - 42   编辑界面

（2）设置图片。点击背景，选择静态背景。在其中选择两张图片，改变大小和位置。选择其他/标签中的几张图片，再选择按钮工具栏中的一种按钮。效果如图 6 - 43 所示。

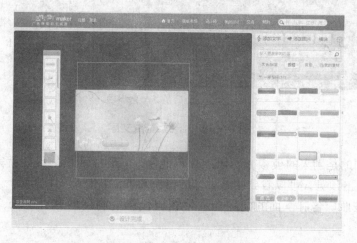

图 6 - 43   设置按钮界面

（3）点击添加文字，选择动态文字和静态文字，添加欢迎光临紫竹的小店、诚信经营和点击进入等文字。效果如图6-44所示。

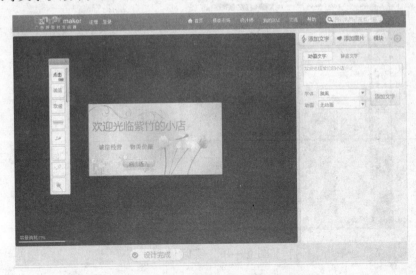

图6-44　添加文字后的效果

（4）点击设计完成即可生成广告牌。点击预览，查看最终效果，如图6-45所示。

图6-45　最终设计效果

（5）可以按照广告牌下面的代码提示将相应代码复制到博客、论坛、空间或者自己的页面中。

6.5　图形图像处理案例分析

6.5.1　用Photoshop抠图

（1）打开一张图片素材，点击缩放工具，选择实际像素，如图6-46所示。

（2）选择橡皮擦工具中的魔术橡皮擦工具，用背景魔术擦工具点击图片上不要的区域，细节部分可以用橡皮擦工具进一步处理，效果如图6-47所示。

图 6-46　实际像素

图 6-47　背景魔术擦工具处理后的效果

（3）打开一张背景素材，如图 6-48 所示。

（4）用移动工具将人物图层拖到背景图层上面，如图 6-49 所示。

（5）选择文件菜单中的另存为命令，选择保存格式为 JPEG，文件名为 Flower。JPEG 选项为品质 12 最佳。最终效果如图 6-50 所示。

图 6 – 48　素材

图 6 – 49　移动图片后的效果

图 6 - 50　最终效果

6.5.2　用光影魔术手抠图

（1）打开一张图片素材，如图 6 - 51 所示。

图 6 - 51　图片素材

（2）点击抠图工具栏，出现抠图界面。用鼠标左键选取要抠取的图像区域，用鼠标右键选取不要的图像区域，如图 6 - 52 所示。

图 6 –52　抠图工具栏

（3）点击替换背景，在加载背景中选择一张背景图片，效果如图 6 –53 所示。

图 6 –53　加载背景后的效果

（4）调整图片大小，点击边框素材，为图片添加一个撕边边框，保存图片后，最终效果如图 6 –54 所示。

图 6 - 54   最终效果图

本章小结

本章主要介绍了图形图像处理技术。从了解图形图像基本知识入手，逐一介绍图形图像的浏览、捕捉和编辑。首先介绍的是图形图像浏览工具 ACDSee，其次是图形图像捕捉工具 QQ 和 HyperSnap，最后是图形图像编辑工具 Photoshop、光影魔术手和在线图片制作阿里妈妈广告牌 DIY。通过这一系列的介绍，能够完成查看图片、截取图片和编辑图片等工作。

实践内容

1. 给出两张图片素材，分别为素材一（见图 1）和素材二（见图 2）。利用一种图片编辑工具，将素材一的白色背景去掉，然后放入素材二中。

图 1   素材一

图 2　素材二

2. 利用阿里妈妈网站自己 DIY 一个广告牌，如图 3 所示。

图 3　广告牌

思考题

1. 如何截取电影中的图片？
2. 抠图的原理是什么？
3. 用阿里妈妈网站 DIY 的广告牌如何添加到网页中？

第7章 视频音频处理技术

【学习目标】了解视频、音频和流媒体的基本知识；掌握音频、视频和流媒体的文件格式；了解音频、视频处理所需的硬件和软件；掌握音频、视频的采集、编辑、播放和格式的转换方法；掌握网络视频的发布方法。

【技能目标】对各种文件格式类型能够作出准确判断的能力；根据不同的需求配置不同的声卡或采集卡，完成音频、视频的处理能力；对不同类型文件格式之间的转换技巧；对网络视频发布的能力。

【工作任务】使用会声会影软件，完成视频的采集、编辑、播放和格式转换；使用 GoldWare 软件，实现音频的采集、编辑、播放和格式转换；在互联网上发布视频，实现在线观看网络视频。

7.1 视频处理技术

视频处理技术包括视频的采集、视频的编辑、视频格式的转换等方面的内容。

7.1.1 视频的基本知识

视频（Video）是由一幅幅单独的画面序列所组成，这些单独的画面就是组成视频的基本单元，称为帧（Frame）。当视频帧以足够的速度连续播放时，这些视频帧的画面效果会叠加在一起，在人眼观察角度就会形成一种连续活动的效果，这就是"视觉暂留"现象，这本是人眼功能的一个弱点，却被巧妙地用于观察动态影像。

常见的视频源有电视、摄像机、录像机、激光视盘 LD 机、VCD 机等，当每秒钟播放的帧画面到达一定数值以后（例如 20 帧/秒左右），画面的运动效果就流畅起来。如果是从追求画面播放效果的角度看，这个数值是越大越好（如高速摄像机达 150 帧/秒），但帧率大会导致信息量加大，如果放到电脑中去，会占据过大的存储空间。

电视的传播介质是电缆或无线电波。由于电视原始信号信息量很大，必须采用特殊的手段才能传输。又由于各国政治、经济等原因，致使现今世界各国使用的电视制式标准有多种。制式的区分主要在于其帧频（场频）的不同、分辨率的不同、信号带宽以及载频的不同、色彩空间的转换关系不同等，但主要的（指使用范围广泛度来说）有 PAL 制、NTSC 制和 SECAM 制三种。

PAL（Phase-Alternative Line，简称 P 制）是德国（当时的西德）于 1962 年制定的，其帧率为每秒 25 帧，每帧 625 行。德国、英国等一些西欧国家以及中国、朝鲜、中国香港等国家和地区采用这种制式。

NTSC（National Television Systems Committee，简称 N 制）是 1952 年美国国家电视标准委员会定义的彩色电视广播标准，美国、加拿大等大部分西半球国家、日本还有中国台湾等采用 NTSC 制，帧率为每秒 30 帧，每帧 525 行。

SECAM（法文：Sequential Coleur Avee Memoire）是法国制定的，称为顺序传送彩色与存储制。法国采用这种制式。

7.1.2 视频的文件格式

目前常用的数字视频有 MPEG、AVI、MOV、AVS、RM 等。

（1）MPEG 文件。MPEG 是动态图像专家组（Moving Pictures Group）的英文缩写，这个专家组始建于 1988 年，专门负责为 CD 建立视频和音频标准，其成员均为视频、音频及系统领域的技术专家。MPEG 的缔造者们原先打算开发四个版本：MPEG – 1 ~ MPEG – 4，以适用于不同带宽和数字影像质量的要求。后由于 MPEG 被放弃，所以现存只有三个版本的 MPEG：MPEG – 1，MPEG – 2，MPEG – 4。总体来说，MPEG 在三方面优于其他压缩/解压缩方案：一是由于在一开始它就是作为一个国际化的标准来研究制定的，所以 MPEG 具有很好的兼容性；二是 MPEG 能够比其他算法提供更好的压缩比，最高可达 200∶1；三是 MPEG 在提高压缩比的同时，使数据的损失很小。

（2）AVI 文件。AVI 是 Audio Video Interleaved 的缩写，它是 Microsoft 公司开发的一种符合 RIFF 文件规范的数字音频与视频文件格式，原先用于 Microsoft Video for Windows 环境，现在已被 Windows、OS/2 等多数操作系统直接支持。AVI 文件格式允许音频和视频交错在一起同步播放，支持 256 色和 RLE 压缩，但 AVI 文件并未限定压缩标准。因此，AVI 文件格式只是作为控制界面上的标准，不具有兼容性，用不同压缩算法生成的 AVI 文件，必须使用相应的解压缩算法才能播放出来。常用的 AVI 播放驱动程序，主要是 Microsoft Video for Windows 或 Windows 操作系统中的 Video，以及 Intel 公司的 Indeo Video。AVI 文件目前主要应用在多媒体光盘上，用来保存电影、电视等各种视频信息，有时也出现在 Internet 上，供用户下载并欣赏新影片的精彩片断。

（3）MOV 文件。MOV 文件是 Apple 公司在其生产的 Macintosh 机中推出的视频文件格式，其相应的视频应用软件为 Apple's QuickTime for Macintosh，该软件的功能与 Video for Windows 类似。随着大量原本运行在 Macintosh 上的多媒体软件向 Windows 环境移植，导致了 QuickTime 视频文件的流行。同时 Apple 公司也推出了适用于 PC 机的视频应用软件 Apple's QuickTime for Windows，因此在 MPC 机上也可以播放 MOV 视频文件。

MOV 格式的视频文件可以采用不压缩或压缩的方式，其压缩算法包括 Cinepak、Intel Indeo Video R3.2 和 Video 编码。其中，Cinepak 和 Indeo Video R3.2 算法的应用和效果与

AVI 格式类似，而 Video 格式编码适合于采集和压缩模拟视频，并可从硬件平台上高质量回放，从光盘平台上回放质量可调，这种算法支持 16 位图像深度的帧内压缩和帧间压缩，帧率可达 10 帧/秒以上。

（4）DAT 文件。DAT 文件是 VCD 和卡拉 OK CD 数据文件的扩展名，也是基于 MPEG 压缩技术的一种文件格式。

（5）AVS 文件。AVS 是 Intel 和 IBM 公司共同研制的数字视频交互 DVI 系统动态图像文件格式，AVS 必须在 DVI 硬件系统的支持下才能读写，这样系统的造价较高。后来 Intel 公司又推出了 Indeo 系统，它可以在 Microsoft 公司的 Video for Windows 支持下，用软件播放 AVS 文件。

（6）RM 文件。RM 是 Real 公司流媒体格式视频文件，目前在网络上传输音/视频等多媒体信息主要有下载和流式传输两种方案。A/V 文件一般都较大，所以需要的存储容量也较大；同时由于网络带宽的限制，下载常常要花数分钟甚至数小时，所以这种处理方法延迟也很大。流式传输时，声音、影像或动画等时基媒体由音视频服务器向用户计算机连续、实时传送，用户不必等到整个文件全部下载完毕，而只需经过几秒或几十秒的启动延时即可进行观看。当视频等时基媒体在客户机上播放时，文件的剩余部分将在后台从服务器内继续下载。流式不仅使启动延时呈十倍、百倍地缩短，而且不需要太大的缓存容量。流式传输避免了用户必须等待整个文件全部从 Internet 上下载才能观看的缺点。

7.1.3 视频的采集与编辑

7.1.3.1 视频卡

在计算机中，视频卡是实现图像处理功能的重要硬件，从计算机的多媒体功能开始出现到现在逐渐普及，出现了许多种类和品牌的视频卡。大体上可分为视频叠加卡、视频捕捉卡、电视编码卡、视频压缩卡、视频解压卡、电视接收卡和 1394 卡。

（1）视频叠加卡。此类卡能将视频信号与 VGA 信号叠加，将视频显示在计算机的显示屏上。这类卡还可以具有视频捕捉功能，捕捉静态图像还可以，但捕捉动态图像就较差了，如画面太小或者帧率太低以至于捕捉的动态图像有停顿、不流畅的感觉。实际应用中多结合其他功能如做成电视卡，用于在操作电脑的同时观看小窗口的电视影像。

（2）视频捕捉卡。视频捕捉卡将模拟视频信号数字化，不但能实现单帧图像捕捉，更能实现动态画面的连续捕捉，可支持全帧率（如 PAL 制 25 帧/秒，NTSC 制 30 帧/秒）捕捉动态影像，画面可达 720×576（PAL 制）。

视频捕捉卡一般用于将视频捕捉后，以 AVI 文件形式存储于计算机硬盘中，以便于后期编辑，所以也称该类卡为编辑卡。这类卡档次分布很多，从几千元的普通型到几十万元的高档型均有。

（3）电视编码卡。电视编码卡的功能是将计算机 VGA 信号转换成模拟视频信号，这正与视频叠加卡相反。利用电视编码卡可将计算机显示器上的内容输送到普通电视上或通过录像机记录下来。这类卡设计的初衷是要用家用电视代替昂贵的计算机显示器或是需要将计算机中处理的图像输出到传统视频设备中，如早期有些视频字幕机等。但是由于计算机中

VGA 信号是逐行扫描，而电视信号是隔行扫描，要想做到 VGA 转换成视频（Video）不是很容易的，有些电视编码卡往往会产生抖动的情况。现在，市场上很多普通的电脑显示卡也具有 Video 输出功能，但效果往往不太令人满意。

（4）视频压缩卡。视频压缩卡的功能是将模拟视频数字化，并由专门的硬件转换成 MPEG 等压缩格式的动态影像文件，还可以捕捉静态图像。这种卡刚出现时价格很高，现在市场上从几百元到几千元甚至更高的产品都有，当然性能相差也很大，有的可以选择压缩成 MPEG - 1 格式（352×288、25HZ、PAL 制；352×240、30HZ、NTSC 制）或 MPEG - 2 格式。MPEG - 1 格式可以很容易制作成 VCD 光盘，MPEG - 2 格式可制成 DVD 光盘。视频压缩卡大量应用于录像带转制 VCD 等。一些压缩卡还可以采集 AVI 文件，有一定的编辑功能。

（5）视频解压卡。视频解压卡也称视频解压缩卡，计算机流行之初，这种卡占有很重要的地位。解压卡能将计算机中的压缩影像文件（如 VCD 光盘的 DAT 文件）还原成动态影像。DAT 文件是由 MPEG - 1 标准形成的。解压卡由专门完成硬件解压缩的集成电路完成影像还原，当时解压卡的主要集成电路都是由美国、日本等公司制造的，如美国 C - Cube 公司的 CL 系列产品。现在由于计算机 CPU 等性能的提升，用软件配一台 CPU 就可以完成解压缩的工作了，现在市场上已经看不到解压缩卡了。

（6）电视接收卡。电视接收卡也称电视卡，这种卡具有接收电视信号的高频头以及其他电路，连接闭路电视信号或外接天线后，就可以在计算机显示器上全屏或小窗口观看电视影像了。很多电视卡也可以通过视频输入端子连接其他视频源（如录像机、摄像机等），在计算机上观看这些设备提供的动态影像。电视卡往往还有一些其他辅助功能，如捕捉静止图像，甚至动态影像至计算机硬盘。但这些功能往往性能较差，例如捕捉的动态画面窗口较小，帧率较低或是捕捉的文件格式不能被一些编辑软件识别等。

（7）1394 卡。数字摄像机是近年发展很快的一种新型的视频设备，它具有很多突出的优点。最重要的是拥有了数字摄像机，就可以使用一个叫做 1394 卡的接口设备，将数字摄像机中的数码视频直接传送到计算机中去，对于这类用户，在投资很少的前提下，也能够得到质量很好的视频源。现在 1394 接口卡在很多笔记本电脑都已成为标准的配置，另外，很多新型主板也具有这类接口，这类接口的传送速率甚至比 USB2.0 还要高很多，是数字摄像机、高级数码相机等设备标准的接口。

随着计算机系统性能的提高，现在以双核 64 位 CPU 为平台的高性能计算机处理视频，已经达到比较理想的效果，具有很强的使用价值。

视频卡历经了几个发展过程。早期的视频卡不但价格昂贵，性能也比较低，比如很多视频卡支持捕捉的窗口很小，帧频率比较低，安装也比较困难，需要手工设置。随着各专业技术的进步，视频卡的性能与计算机的性能同步发展。现在市场上，视频卡的种类繁多，功能各异，性能也比当初有了很大的提高，价格也逐渐趋于合理。对于普通用户和业余爱好者而言，如果具备一定的硬件条件，完全可以自己制作出个性化的视频作品。

7.1.3.2 视频卡的工作原理

如图 7 - 1 所示为视频采集卡的工作原理框图。视频采集卡一般具有多种视频接口，可以接收来自影碟机、录像机和摄像机等多种视频信号，通过视频软件可以选择所需的视频源。

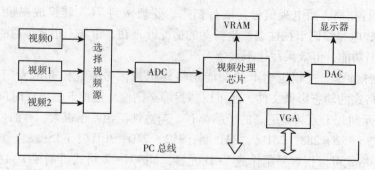

图 7 - 1　视频采集卡工作原理

视频源信号首先经过 A/D 转换，然后送到多制式数字解码器进行解码。视频解码器（ADC）是一个模数转换器，其任务是对视频信号进行解码和数字化。采用不同的颜色空间可选择不同的视频输入解码器芯片。

经解码后得到 YUV 信号，再转换可变成 RGB 信号。RGB 信号被送入视频处理芯片，对其进行剪裁等处理。视频处理芯片是用于视频捕获、播放、显示的专用控制芯片，主要功能可分为 PC 总线接口、视频输入剪裁、变化比例、与 VGA 信号同步、色键控制以及对帧存储器 VRAM 的读写和刷新控制。

视频输出的 RGB 信号与 VGA 显示卡引过来的 RGB 信号是完全同步的，用适当的方法交替切换两路信号，即可实现两路输出的叠加。通过上述方式得到的 RGB 信号经过 DAC 变成模拟信号，并在显示器的窗口中显示。

7.1.3.3　视频的编辑

计算机技术与影视制作技术的结合是电影发展史上的一座里程碑。数字视频编辑技术不仅让人们体验到前所未有的视觉冲击效果，也为人们的日常生活带来了无穷的乐趣。在 PC 机上配置视频编辑软件就可以轻松地完成复杂的视频后期制作。目前在 PC 机上流行的视频编辑软件有：微软公司的 Windows Movie Maker、Adobe 公司的 Premiers、友立公司的会声会影、品尼高公司的 Pinnacle Studio 和 Pinnacle Edition 以及屏幕录像工具 Hypercam 等。

友立会声会影 Video Studio 10 是一个家用级的视频编辑软件，可以让用户轻松地创建带有生动的标题、视频滤镜、转场和声音的家庭视频作品。用户可以将选中的转场效果放在素材之间，就可以使图像进行淡化、翻页等，还可以加入旁白、音乐等。用户还可以将影片中的所有轨道合起来成为一个视频项目文件（扩展名为 *.VSP），其中包含了制作的所有视频和音频文件，最后，再经过渲染就可以输出独立播放的数字电影文件。会声会影 Video Studio 10 受到了人们的普遍欢迎，如图 7 - 2 所示。

会声会影支持 DV 捕获、DV 设备控制和 DV 录制，利用这些功能，可以便捷地使用数码摄像机将视频文件传输到计算机系统中。下面主要介绍一下如何通过会声会影 10 完成视频的采集与编辑。

（1）启动会声会影程序，如图 7 - 2 所示。

（2）选择"会声会影编辑器"按钮，进入主界面，如图 7 - 3 所示。

图 7 - 2　会声会影启动界面

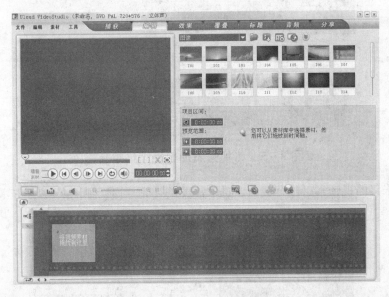

图 7 - 3　会声会影主界面

（3）开始采集视频素材。把 DV 和电脑用 1394 卡连接，然后打开 DV 到播放档位，但不开始播放。选择"捕获"按钮，设置采集生成文件的路径到一个剩余空间大于 20G 的硬盘。在浏览窗口下面使用按钮操作找到要采集的视频起点开始播放捕获，如图 7 - 4 所示。

（4）把采集的视频拖曳到视频编辑轨道，然后选中视频编辑，如图 7 - 5 所示。

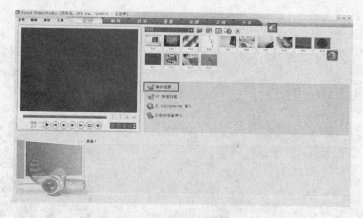

图7-4 视频采集"捕获"界面

图7-5 将视频添加到视频编辑轨道

（5）对采集的视频素材进行裁剪，选取需要的视频片段，如图7-6所示。

图7-6 视频裁剪

（6）可以添加片头片尾，和拖曳视频是一样的，当然也可以调用其他视频，如图 7 - 7 所示。

图 7 - 7　添加片头

（7）添加字幕，单击"标题"按钮，然后编辑字幕内容，如图 7 - 8 所示。

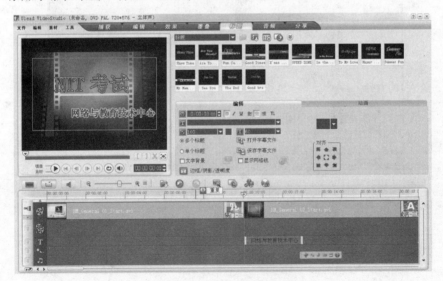

图 7 - 8　添加字幕

（8）添加音频，单击"音乐"按钮，然后将音频拖曳到音频轨道上，如图 7 - 9 所示。

（9）输出 DVD，先单击"分享"按钮，然后选择 创建光盘，依次单击下一步就可以完成光盘刻录了，如图 7 - 10 所示。

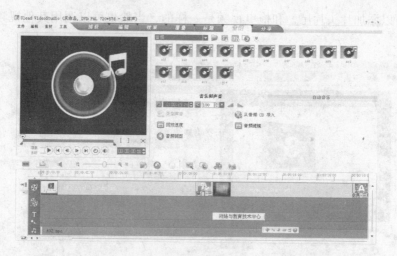

图 7 - 9　添加音频

图 7 - 10　刻录光盘

7.1.4　视频的播放与转换

7.1.4.1　视频的播放

（1）暴风影音。暴风影音是一款优秀的播放软件，它支持的视频文件格式多达 585 种，界面简洁，功能齐全，播放效果清晰流畅，而且支持在线影视。

使用暴风影音播放 VCD/DVD 的步骤如下：

① 双击"暴风影音"图标，启动"暴风影音"，如图 7 - 11 所示。

图 7 –11　暴风影音主界面

② 将光盘放入光驱中，选择"文件"菜单中的"打开碟片/DVD"选项。

使用暴风影音播放视频文件的步骤如下：

① 在暴风影音的主界面上选择"文件"菜单中的"打开文件"选项；

② 在弹出的对话框中选择用户所需要播放的视频文件；

③ 单击"打开"按钮即可播放视频文件了。

（2）其他播放软件。

① Windows 提供的媒体播放器，叫做 Windows Media Player（见图 7 –12）。如支持列表播放、音频均衡器、支持最流行的换肤等，并且它还支持 Windows 特有的 WMV 格式视频文件或 WMA 音频文件，是 Windows 操作系统中使用非常广泛的一款播放软件。

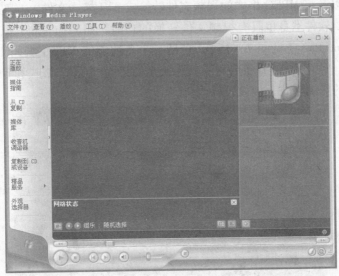

图 7 –12　Windows Media Player 主界面

② RealPlayer SP（S 代表社会化（Social），P 代表便携化（Portable））（见图 7 - 13），是 RealNetworks 公司正式发布的最新产品。作为 RealPlayer 家族最新一代播放器，不仅延续了一贯的技术领先，以人为本的产品理念，而且将视频下载、格式转换、移动设备传输等新增实用功能集成一体，实现了真正的"一站式"服务。除此之外，RealPlayer SP 顺应社会化媒体发展潮流推出的视频分享功能，支持开心网、Facebook 等主流 SNS 社交平台，轻松上手，简单易用。

图 7 - 13　RealPlayer SP 主界面

7.1.4.2　视频的转换

在某些时候，我们需要将某种视频文件转换成其他格式，如用编辑卡捕捉的 AVI 文件经过非线性编辑之后，需要转换成 MPEG 文件，才能制作成 VCD 或 DVD 光盘。转换可以使用硬件和软件两种方法。硬件转换的效果好，速度最快，但需要额外的设备投资。能够实现视频文件转换的软件很多，如视频转换大师（见图 7 - 14）就有一个工具，能将 AVI 文件转成 MPEG 文件，以及将 MPEG 格式的视频文件转换成 AVI 格式文件。

很多视频编辑软件本身也具有视频文件转换的功能，如 Premiere 6.0、会声会影。专门的软件有 TMPGEnc Plus（见图 7 - 15），它是一个多功能的 MPEG 编码工具软件，支持将 AVI 转换成 VCD、SVCD、DVD 等各种格式，甚至能将 MPEG - 2 格式和 VCD 光盘上的 DAT 格式转换成不同的压缩格式，效果较好。

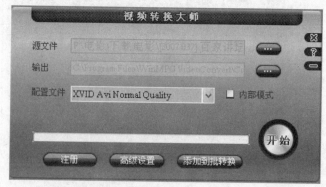

图 7 - 14　用视频转换大师将 AVI 转换为其他格式

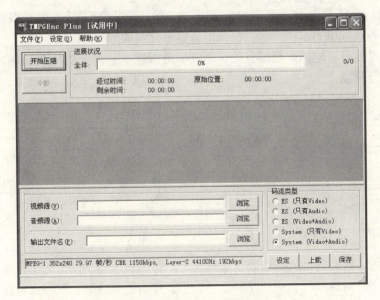

图 7 – 15   MPEG TMPGEnc Plus

7.2   音频处理技术

音频（声音）是表达思想和情感的必不可少的媒体，是多媒体信息的重要组成部分。声音的种类有很多，从人的说话声、乐声到风声、雨声，当它与文字、图像等结合在一起传递信息时，计算机世界变得丰富多彩。

7.2.1   音频的基本知识

自然界中的声音是由于物体的振动产生的，通过空气传递振动，最后这种机械运动被传递到人的耳膜而被人感知。听觉是人类感知自然的一种重要手段，所以音频也就成为多媒体范畴中的一个重要部分。

7.2.1.1   音频的基本信息

声音是多媒体中最敏感的元素，多媒体应用的很多方面都需要用到声音。声音可以是按钮的反馈声、背景音乐、解说词、电影或动画配音、特殊效果等。从听觉角度讲，声音媒体具有三个要素：音调、音强和音色。

（1）音调。音调与声音的频率有关，频率越高，音调越高。所谓声音的频率是指每秒中声音信号变化的次数，用 Hz 表示。例如，20Hz 表示声音信号在 1 秒钟内周期性地变化 20 次。并不是所有频率发出的声音信号都能够被人感觉到，人的听觉范围大约为 20 ~ 20 000Hz，这个频率范围内的信号被称为音频或声音。

（2）音强。音强又称为响度，它取决于声音的振幅。振幅越大，声音就越响亮。

（3）音色。音色是由混入基音的泛音所决定的。每个人讲话的声音以及钢琴、提琴、笛子等各种乐器所发出的不同声音，都是由音色不同造成的。

声音的质量与声音的频率范围有关，即频率范围越宽，声音的质量就越好。表 7-1 是几种常见的声音频宽。

表 7-1　　　　　　　　　　　　几种常见的声音频宽　　　　　　　　　　　单位：Hz

声音类型	宽频	声音类型	宽频
电话语音	200 ~ 3 400	调频广播	20 ~ 15 000
调幅广播	50 ~ 7 000	带宽音响	20 ~ 20 000

7.2.1.2　音频的产生

在计算机内，所有的信息均以数字形式表示。各种命令是不同的数字；各种幅度的物理量是不同的数字；声音信号也用一系列数字表示，称为数字音频，其特点是保真度好，动态范围大。

在数字音频技术中，首先将幅值连续的模拟电压信号即模拟量表示的音频信号按一定的频率（称为采样频率）进行采样，即把时间 L 连续的信号，变成在时间上不连续的信号序列。然后把采样得到的表示声音强弱的模拟电压信号用数字表示，这一过程称为数字化过程。在用数字表示音频幅度时，只能把无穷多个电压幅度用有限个数字表示，就可把某一幅度范围内的电压用一个数字表示，称之为量化。

数字音频是通过采样和量化把模拟量表示的音频信号转换成由许多二进制数 1 和 0 组成的数字音频信号。采样和量化过程所使用的硬件是模拟到数字的转换器（A/D 转换器），在数字音频回放时，由数字到模拟的转换器（D/A 转换器），将数字音频信号转换成原始的模拟电信号。

影响数字音频质量的参数有采样频率和量化级。采样频率是对原始模拟信号每秒钟进行采样的次数。采样频率越高，声音"回放"出来的质量也越高，但是要求的存储容量也越大。常用的音频采样率有：8kHz，11.025kHz，22.05kHz，16kHz，37.8kHz，44.1kHz，18kHz。其中最常用的两种采样频率是 22.05kHz 和 44.1kHz。量化级也称量化数据位数，是每个采样点能表示的数据范围，其常用的二进制位有 8 位、16 位和 32 位。以 8 位的量化级为例，每个采样点可以表示 2^8（256）个不同的量化值；量化级为 16 位，则对应有 2^{16}（65536）个不同的量化值。量化级越高，则数据量越大，音质越好。

7.2.2　音频的文件格式

在计算机中存储声音信息的文件格式主要有：

（1）PCM 编码格式。PCM 是把模数转换得到的二进制数直接记录下来而形成的文件格式。PCM 编码最大的优点是音质好，最大的缺点是体积大。Audio CD 就采用了 PCM 编码，一张光盘的容量只能容纳 72 分钟的音乐信息。

（2）WAV 格式。WAV 是 Microsoft 公司开发的一种声音文件格式，也叫波形声音文件。由于 Windows 本身的影响力，这个格式已成为事实上的通用音频格式。基于 PCM 编码的

WAV 被作为一种中介格式，大多数压缩格式的声音都是在它的基础上经过数据的重新编码来实现的，各种压缩格式的声音信号在压缩前和回放时都要使用 WAV 格式，只不过感觉不到罢了。

（3）MP3 编码格式。MP3 是 MPEG Audio Layer – 3 的简称，是 MPEG – 1 的衍生编码方案，可以做到 12∶1 的惊人压缩比并保持基本可听的音质。MP3 之所以能够达到如此高的压缩比例同时又能保持相当不错的音质，是因为使用了知觉音频编码技术，也就是利用了人耳的特性，削减音乐中人耳听不到的成分，同时尽可能地维持原来的声音质量。

（4）WMA 格式。WMA 是 Windows Media Audio 编码后的文件格式。WMA 格式是以减少数据流量但保持音质的方法来达到更高的压缩率目的，其压缩率一般可以达到 18∶1。WMA 支持网络流媒体播放，还支持防复制功能，支持通过 Windows Media Rights Manager 加入保护，可以限制播放时间、播放次数、播放机器。

（5）ASF 格式。ASF（Audio Steaming Format）支持音频、视频及其他多媒体类型，而 WMA 是只包含音频的 ASF 文件。ASF 格式在录制时可以对音质进行调节，同一格式，音质好的可与 CD 媲美，压缩比较高的可用于网络广播。由于 Microsoft 公司的大力推广，这种格式在高音质领域直逼 MP3，并且压缩速度比 MP3 提高 1 倍，在网络广播方面可与 Real 公司相竞争。

（6）RA、RM、RMX 格式。RA（RealAudio）、RM（RealMedia，RealAudio G2）、RMX（RealAudio Secured）是 Real Media 面向音频方面的，是由 Real Networks 公司开发的，特点是可以在非常低的带宽下（低达 28.8kbps）提供足够好的音质。这三种格式都属于网络流媒体格式，大部分音乐网站都采用了这三种格式。

（7）VOC 格式。VOC 文件是 Creative 公司的波形音频文件格式，也是声霸卡（Sound Blaster）使用的音频文件格式。每个 VOC 文件由文件头块（Header Block）和音频数据块（Data Block）组成。文件头块包含一个标识、版本号和一个指向数据块起始的指针。数据块分成各种类型的字块，如声音数据，静音，标识，ASCII 码文件，重复的结束、重复以及终止标志，扩展块等。

利用声霸卡提供的软件可以实现 VOC 和 WAV 文件转换：程序 VOC2WAV 可以将 VOC 文件转换成 Microsoft 的 WAV 文件；程序 WAV2VOC 可以将 Microsoft 的 WAV 文件转换成 VOC 文件。

（8）MIDI 文件格式。记录 MIDI 音乐的文件格式，与波形文件相比，它记录的不是实际声音信号采样、量化后的数值，而是演奏乐器的动作过程及属性，因此数据量很小。

在以下两种情况下，使用 MIDI 文件比使用 WAV 文件更合适：需要播放长时间高质量音乐；需要以音乐作背景音响效果，实现音乐和语音的同时输出。

7.2.3 音频的采集与编辑

7.2.3.1 声卡

声卡是处理各种类型数字化声音信息的硬件，多以插件的形式安装在微机的扩展槽上，也有的与主板集成在一起。声卡是音频卡（或声音卡）的简称。

第一块声卡是在 1987 年由 AdLib 公司设计制造的，当时主要用于电子游戏，作为一种技术标准，它几乎被所有电子软件采用。随后，新加坡 Creative 公司推出了声卡系列产品，广泛地被世界各地计算机产品选用，并渐渐形成这一领域的新标准。声卡的出现，不仅为电脑进入家庭创造了条件，而且也有力地推动了多媒体计算机技术的发展。

声卡的主要功能是：音频录制与播放，编辑与合成，提供 MIDI、CD - ROM 接口及游戏接口，文语转换和语音识别等。

声卡的分类主要根据数据采样量化的位数来分，通常分为 8 位、16 位和 32 位等几类。位数越高，量化精度越高，音质就越好。

7.2.3.2 声卡和音箱的选配

声卡、音箱的选配应视用户而异，用户可分为以下几种：

（1）入门型。这类用户一般都是对声音要求较低的办公人员或在校学生，他们平时仅做一些文字处理工作，对声音没有过高的要求。因此，用户只要挑选集成声卡的主板就可以了。最常见的便是 AC'97，而少数主板则集成了硬件声卡芯片。相比而言，采用硬件芯片的集成声卡比 AC'97 好。

在与这类声卡的音箱搭配上，如果条件允许，可以考虑选配 2.1 产品。例如漫步者的 R201 音箱、爱国者的 SP1812、轻骑兵的 C3300 等。这类音箱的性能都相差不大，而且性价比很高。

（2）普通型。此类用户一般都不满足于集成声卡的效果，希望得到效果更好一些的声音。所以，这类用户可以考虑购买创新 SB0090 这类产品。

和这类声卡相搭配，有很多性价比很高的音箱。例如漫步者 C3 或轻骑兵 V23SE2，及其升级版音箱都是不错的选择。

（3）"发烧友"型。对于喜欢用电脑来听音乐和欣赏 DVD 大片、体验其 5.1 声道震撼效果的用户，可以选用创新的 Sound Blaster X-Fi Elite Pro，搭配惠威的 M60 - 5.1（HiVi M60 - 5.1）音箱。惠威推出的顶级扬声器及套件是很多音乐发烧友的最爱。

7.2.3.3 音频的采集

数字音频的采集方式有很多种，可以通过声卡转换，或者使用软件采集。这里介绍一种专业的数字音频采集方式，使用 GoldWare 软件来采集数字音频。

（1）启动 GoldWare，选择"文件"菜单中的"新建"命令创建一个声音文件，如图 7 - 16 所示。

（2）在设备控制器窗口中，单击红色录制按钮 ，即可录制音频，如图 7 - 17 所示。

（3）在"文件"菜单中选择"保存"命令，将录制好的音频保存为所需要的文件格式。

7.2.3.4 音频的编辑

（1）单击"文件"菜单中的"打开"命令，选择需要编辑的音频文件，如图 7 - 18 所示。

（2）单击右键选择所要编辑的声音文件区域，如图 7 - 19 所示。

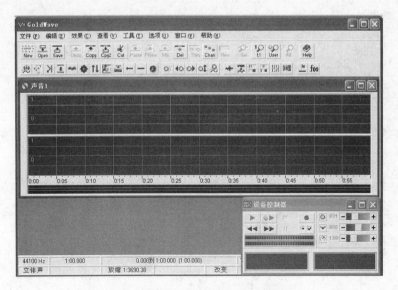

图 7 -16 GoldWare 主界面

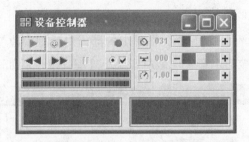

图 7 -17 设备控制器面板

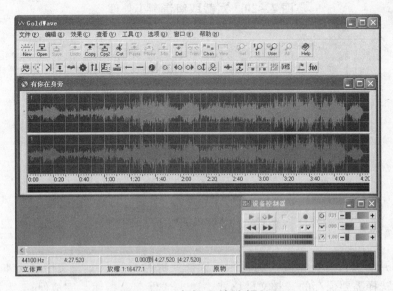

图 7 -18 音频文件编辑处理

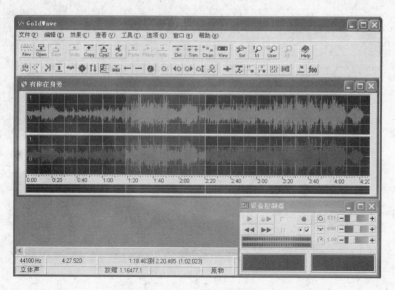

图 7 – 19　选定音频片段

（3）单击工具栏中的调整按钮 ，将所要编辑的区域截取下来，以便放大编辑。

（4）单击工具栏中的渐小按钮 ，在弹出的渐出对话框中改变声音减小的数量级，如图 7 – 20 所示；将编辑区域的声音文件做声音减小处理，变化后如图 7 – 21 所示。

图 7 – 20　对截取声音渐小处理

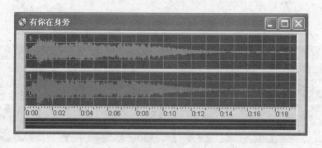

图 7 – 21　被截取声音渐小处理的波形效果

（5）单击工具栏中的回声按钮 ，增加声音文件的回响效果，如图 7 – 22 和图 7 – 23 所示。

（6）在对声音文件进行相应的编辑后，选择要保存的目录，在文件名文本框中输入保存的文件名，选择需要保存的音频文件格式，单击"保存"按钮，完成保存。

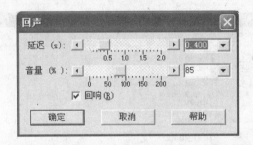

图 7 – 22 回响效果设置

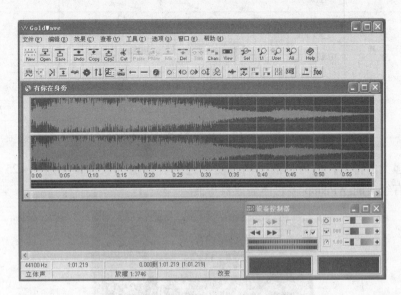

图 7 – 23 设置回响后的音频波形

7.2.4 音频的转换与播放

7.2.4.1 音频文件的转换

音频的转换方式有很多种，其中最简便的方法就是利用数字音频编辑工具进行"另存为"操作。例如 Goldware 软件，打开一种音频文件之后，点击"文件"菜单中的"另存为"命令，打开"另存为"对话框，如图 7 – 24 所示。在保存类型中选择用户需要转换的文件类型，单击"保存"按钮，文件即可得到相应的转换。

类似支持多种音频文件格式转换的编辑软件还有很多。例如，Premiere，Media StudioPro 5.0，AmazimgMIDI 1.60 等。其转换的方法与上述方法类似，这里就不列举了。

7.2.4.2 音频文件的播放

音频播放器种类繁多，播放器的选择一般考虑以下两点：一是播放时占用系统资源的多少；二是支持多少音频文件类型。综合以上两个因素，千千静听是一款非常不错的，而且完全免费的音乐播放软件，集播放、音效、转换、歌词等众多功能于一身。其小巧精致、操作

图 7 – 24　文件格式的转换

简捷、功能强大的特点，成为目前国内最受欢迎的音乐播放软件，如图 7 – 25 所示（类似的播放器还有经典的 Winamp 多媒体播放器等）。

图 7 – 25　千千静听播放器

在"添加"菜单中选择"文件"命令，在弹出的"打开"对话框中选择所要播放的音频文件，将音频文件添加到"播放列表"中，双击列表中的音频文件可直接播放。

7.3　流媒体处理技术

视频信息的数据量非常大，如 1 分钟的 AVI 视频文件占磁盘空间约 240MB，如此大的文件要在 Internet 上传输，对于浏览者来说是不能忍受的。如何解决人们对网络视频的需求与网络带宽之间的矛盾呢？流媒体技术应运而生。

7.3.1 流媒体的基本知识

流媒体是从英语 Streaming Media 翻译过来的，它是一种可以使音频、视频和其他多媒体信息能够在 Internet/Intranet 上以实时的、无须下载等待的方式进行播放的技术。流媒体指在 Internet/Intranet 中使用流式传输技术的连续时基媒体，如音频、视频或多媒体文件。流式媒体在播放前并不下载整个文件，只将开始部分内容存入内存，流式媒体的数据流随时传送随时播放，只是在开始时有一些延迟。流媒体实现的关键技术就是流式传输。

流式传输定义很广泛，现在主要指通过网络传送媒体（如视频、音频）的技术总称。其特定含义为通过 Internet 将影视节目传送到 PC 机。实现流式传输有两种方法：实时流式传输（Realtime Streaming）和顺序流式传输（Progressive Streaming）。一般来说，如视频为实时广播，或使用流式传输媒体服务器，或应用如 RTSP 的实时协议，即为实时流式传输。如使用 HTTP 服务器，文件即通过顺序流发送。采用哪种传输方法依赖你的需求。当然，流式文件也支持在播放前完全下载到硬盘。

在采用流式传输方式的系统中，用户不必等到整个文件全部下载完毕后才能看到其中的内容，而是在使用者的计算机上创建一个缓冲区，在播放前预先下载一段资料作为缓冲，这样只需经过几秒或几十秒的启动延时，就可以在用户的计算机上使用相应的播放器或其他软硬件，对压缩的动画、视频、音频等流式多媒体文件解压后进行播放和观看，流媒体文件的剩余部分将在后台服务器内继续下载。这种边接收边处理的方式，很好地解决了多媒体信息在网络上的传输问题。使用者可以不必等待太长的时间，就能收听、收看多媒体信息，并且在此之后一边播放，一边接收。流式传输避免了用户必须等待整个文件全部从 Internet 上下载才能观看的缺点。

7.3.2 流媒体文件的格式

到目前为止，互联网上使用较多的流媒体格式主要有 Real Networks 公司的 Real System、Microsoft 公司的 Windows Media Technology 和 Apple 公司的 QuickTime，它们是网上流媒体传输系统的三大主流。

（1）Real System。Real Networks 公司在 20 世纪 90 年代中期首先推出了流媒体技术，其产品线相当齐全，从创作、传送、伺服、到后端的下载、播放，Real Networks 在每一个环节都有对应的产品。

Real Networks 采用了使用 RTSP 协议（Real-Time Streaming Protocol）的 Real Server 替代使用 HTTP 协议的 Web Server，取得了比 Web Server 既快又稳定的效果。采用 Sure Stream 技术，自动持续地调整数据的流量，以适应实际应用中各种不同网络带宽的需求，轻松地在网上实现视频、音频和三维动画的播放。

客户端播放软件 Real Player 用于播放 RM、RA 等格式的流媒体文件，在 Realone Player 版本中通过 SMIL（Synchronized Multimedia Integration Language，同步多媒体综合语言）加强了流格式在 HTML 中的运用，结合 RealPix 和 RealText 技术达到了一定的交互能力和媒体控制能力。Real System 对应的流媒体文件格式包括 RM、RA、RP、RT 和 RMVB 等。

在兼容性方面，Real Networks 是唯一可以跨越 Windows、Mac、Linux、Silaris 操作系统的流媒体服务平台。

（2）Windows Media Technology。微软一开始对流媒体的前景并不看好，到 1997 年看见 Real Networks 成功后，也推出了在 Windows NT 上的 Netshow，随后推出了 Windows Media Player。

Microsoft 公司的 Windows Media 平台也提供了颇为完整的产品线，从制作端的 Windows Media Author、Windows Media ASF Indexer，到编码用的 Windows Media Encoder、伺服传送内容用的 Windows Media Server，还有保护知识产权的 Windows Media Rights Manager，其核心是 MMS 协议和 ASF 数据格式。

MMS 用于网络传输控制。ASF 是一种包含音频、视频、图像，以及控制命令、脚本等多媒体信息在内的数据格式，通过分解成一个个的网络数据包在互联网上传输，实现流式多媒体内容发布。Windows Media 对应的流媒体文件格式是 ASF、WMV 和 WMA 等。

Windows Media 在交互能力方面是三者中最弱的，其 ASX 格式交互能力不强，支持的操作系统也只有 Windows 系列，优点是费用最少。

（3）QuickTime。Apple 公司的 QuickTime 是数字媒体领域事实上的工业标准，但直到 1999 年的 QuickTime 4.0 版本才开始支持真正的流式播放。在 QuickTime 平台上可以使用多种媒体技术来共同制作媒体内容，它在交互性方面是三者之中最好的。

QuickTime 的服务器部分是基于标准的实时传输协议/实时流协议（RTP/RTSP）的 QuickTime（Darwin）Streaming Server，播放器是 QuickTime Player，对应的流媒体文件格式是 MOV 和 QT。

7.3.3 流媒体的应用

流媒体作为一种新兴技术在互联网上无处不在：远程教育、视频点播、互联网直播、视频会议和远程医疗等，所有这些给人类社会文化、观念、思维方式、行为模式以及生活方式都带来了巨大的变革。

（1）远程教育。知识经济时代的网上教育突破了传统"面授"教学的局限，为学习者提供了时间分散、资源共享、地域广阔、交互式的教学新方式。从技术上讲，远程教育系统是建立在现代传媒技术基础上的多媒体应用系统，它通过现代的通信网络将教师的图像、声音和电子教案传送给学生，也可以根据需要将学生的图像、声音回送给教师，从而模拟出学校教育的授课方式。对于教师来讲，无须做过多的准备，授课方法基本与传统授课方法相同，只不过面对的是摄像头和计算机而已；对于学生而言，只要一台电脑、一根网线便可轻松地参与进来。除去实时教学以外，大型企业可以利用基于流技术的远程教育系统作为对员工进行培训的手段。

（2）视频点播（VOD）。VOD（Video on Demand）是视频点播技术的简称，也称为交互式电视点播系统，即根据用户的需要播放相应的视频节目。在 VOD 技术的发展过程中，我们不得不面对的一个问题就是容量庞大的音视频信息传输，而流媒体的出现完全改变了这一被动局面，由于流媒体经过了特殊的压缩编码，使得它很适合在互联网上传输。节目内容除了影视节目、音乐、卡拉 OK、教学外，还可以提供文本、图像等各种文件的共享，并有方便的检索功能，让你快捷地找到自己想点播的内容。目前，很多大型的新闻娱乐媒体都在 Internet 上提供基于流技术的音频、视频节目，如国外的 CNN、CBS 以及我国的中央电视台、北京电视台等。因此，有人将这种 Internet 上的播放节目称之为"Webcast"。

（3）互联网直播。随着互联网的普及和网民数量的增加，从互联网上直接收看体育赛事、重大庆典和新闻成为很多网民的愿望。而很多厂商也希望借助网上直播的形式将自己的产品和活动传遍全世界，这也许是任何一种媒体都不能达到的。流媒体犹如一针强心剂加速了互联网直播的形成，它可以在低带宽环境下提供高质量的影音，像 Real 公司的 SureStream 流技术可以保证不同连接速率下的用户可以得到不同质量的影音效果。现在中央电视台、PPStream、沸点频道都采用互联网直播的形式不间断地向用户提供高清晰的电视节目。

（4）视频会议。视频会议系统是指通过现有的各种电气通信传输媒体，将人物的静态/动态图像、语音、文字、图片等多种信息分送到各个用户的计算机上，使得在地理上分散的用户可以共聚一处，通过图形、声音等多种方式交流信息，增加双方对内容的理解能力。这种先进、实用、低廉的信息交流平台一经问世便得到社会各界的关注，一些机关、企业、高校纷纷建立视频会议系统，为信息的快速交流提供了可靠的保障。

（5）远程医疗。远程医疗是指通过互联网和多媒体技术在相隔较远的求医者和医生之间进行双向信息传送，完成求医者的信息搜集、诊断以及医疗方案的实施等过程。与传统的"面对面"的医疗模式相比，它使得高水平的医疗服务能在更广的范围内进行共享，让更多的人享受高水平的医疗服务。

7.3.4　网络视频的发布

下面介绍一下将制作完成的视频上传到互联网，我们以在优酷网上传视频为例。

（1）首先打开优酷网站 http：//www.youku.com/，选择 ⬆上传视频，如图 7-26 所示。

图 7-26　优酷网主页

（2）注册一个新用户，如果已经注册可直接登录，如图 7 - 27 所示。

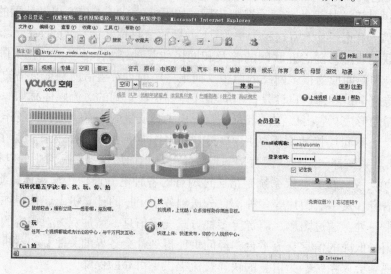

图 7 - 27　优酷网用户登录界面

（3）选择所需上传的视频文件，并填写相应的信息，然后点击"开始上传"按钮，如图 7 - 28 所示。

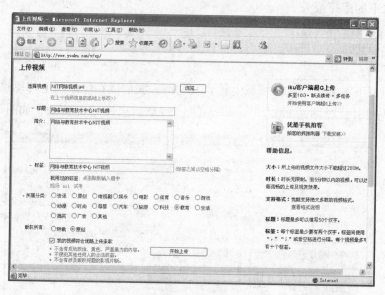

图 7 - 28　视频上传

（4）上传完成后，可以根据需要继续上传视频文件，此时网络视频发布完成，如图 7 - 29 和图 7 - 30 所示。

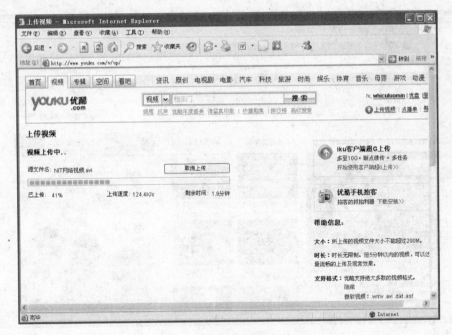

图 7 − 29　视频上传中

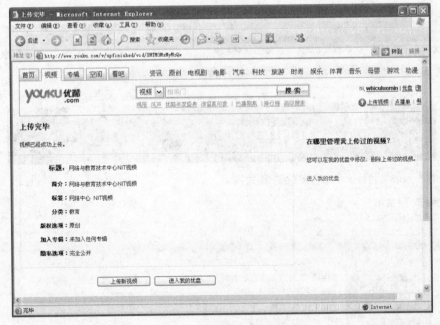

图 7 − 30　视频上传成功

（5）网络视频发布成功后，用户可以在优酷网主页搜索框中输入视频的文件名，如关键字为"网络与教育技术中心 NIT 视频"，单击"搜索"按钮，搜索到文件后即可实现在线观看该视频，如图 7 − 31 至图 7 − 33 所示。

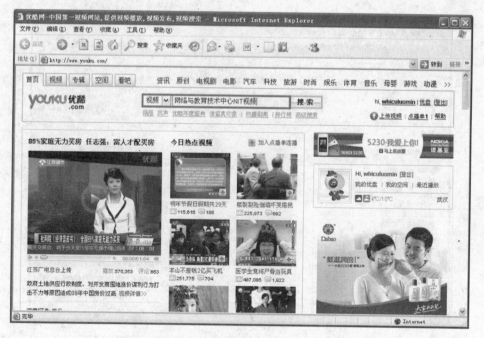

图 7 –31　在优酷网中搜索网络视频

图 7 –32　搜索到上传的网络视频

图 7－33　进入网络视频播放页面

---------------------------------- · **本章小结** · ----------------------------------

本章介绍了音频、视频的基本概念，视频卡的工作原理，音频和视频的采集、编辑、播放和转换方法。通过对音频处理软件 GoldWare、视频处理软件会声会影的介绍，读者能够独立完成音视频的处理。同时也介绍了流媒体的基本概念，并以优酷网为例，上传发布视频，实现在线观看网络视频。

实践内容

1. 登录优酷网站（www.youku.com），寻找关于"大学校园生活"、"大学生自习室"的视频短片，并在线观看。

2. 自己制作一个视频或音频短片（不少于 10 秒），发布到视频网站（如优酷、土豆等网站），并记录视频地址。

思考题

1. 列举常见的音频、视频和流媒体文件格式。

2. 简述视频卡的工作原理，并画出工作原理框图。

3. 简述网络视频的发布流程。

第 8 章
信息安全与电脑病毒防护

【学习目标】了解信息安全的定义、属性、模型及常用的信息安全技术；了解密码技术的概念及原理、典型密码算法过程，掌握安全密码设置技巧；了解内容安全的概念及常用的内容安全技术；了解信息安全管理体系和我国信息安全等级保护制度，了解相关信息安全法律法规；了解计算机病毒的概念和特性，掌握计算机病毒的防护方法。

【技能目标】具备信息安全防护的基本技能，了解信息安全的相关应用技术。

【工作任务】根据企事业单位信息安全要求制定信息安全管理体系，实现企事业单位内部信息安全等级保护；及时更新病毒库，做好计算机病毒的防护。

8.1 信息安全概述

8.1.1 信息安全的定义

对于信息安全，国内没有一致的定论。中国工程院认为，信息安全保密内容分为实体安全、运行安全、数据安全和管理安全四个方面。国家信息安全等级保护条例中认为，计算机信息人机系统安全的目标是着力于实体安全、运行安全、信息安全和人员安全维护。我们可以看出，以上观点均是从信息安全分层结构（内容安全、数据安全、运行安全、实体安全）提出的，主要面向应用的信息安全框架。从信息安全的属性角度来看，信息安全包括机密性、完整性和可用性。因此，我们认为信息安全是指防止信息资源被故意或非授权泄露、更改、破坏，或者信息被非法系统辨认、控制和否认，即确保信息的完整性、秘密性、可用性、可控性和不可否认性。

信息安全分层结构观点和信息安全的属性观点，只是从不同的角度来分析，其实质是统一的。

实体安全（物理安全）就是指保护计算机硬件、网络设施以及其他媒体免遭地震、水灾、火灾、有害气体和其他环境事故破坏的措施和过程。它包括保证系统不以电磁等方式向外泄露信息和提供基本的服务等。

运行安全就是为了保障系统功能的安全实现，提供一套安全措施，如风险分析、审计跟踪、备份与恢复、应急等措施来保护信息处理过程的安全。

数据安全就是指保证数据源不被伪造，在传输、存储等过程中不被获取并解析和非法修改以及发布者无法否认所发布的信息内容。

内容安全是要：（1）防止阻断信息传输系统，使得被传播的内容不能送达目的地；（2）防止删除局部内容，或附加特定内容；（3）防止对传递信息进行捕获并解析；（4）防止路由欺骗，域名欺骗。

信息安全是一门涉及计算机科学、网络技术、通信技术、密码技术、信息安全技术、应用数学、数论、信息论等多种学科的综合性学科。

信息作为一种资源，它的普遍性、共享性、增值性、可处理性和多效用性，使其对于人类具有特别重要的意义。信息安全的实质就是要保护信息系统或信息网络中的信息资源免受各种类型的威胁、干扰和破坏，即保证信息的安全性。根据国际标准化组织的定义，信息安全的含义主要是指信息的完整性、可用性、保密性和可靠性。信息安全是任何国家、政府、部门、行业都必须十分重视的问题，是一个不容忽视的国家安全战略。

我国的改革开放带来了各方面信息量的急剧增加，并要求大容量、高效率地传输这些信息。为了适应这一形势，通信技术发生了前所未有的爆炸性发展。目前，除有线通信外，短波、超短波、微波、卫星等无线电通信也正在越来越广泛地应用。进入21世纪后，不管是机构还是个人，正把日益繁多的事情托付给计算机来完成，敏感信息正经过脆弱的通信线路在计算机系统之间传送，专用信息在计算机内存储或在计算机之间传送，电子银行业务使财务账目可通过通信线路查阅，执法部门从计算机中了解罪犯的前科，医生们用计算机管理病历，所有这一切，最重要的问题是不能在对非法（非授权）获取（访问）不加防范的条件下传输信息。

传输信息的方式很多，有局域计算机网、互联网和分布式数据库，有蜂窝式、分组交换式、卫星电视会议、电子邮件等多种传输技术。信息在存储、处理和交换过程中，都存在泄密或被截收、窃听、篡改和伪造的可能性。不难看出，单一的保密措施已很难保证通信和信息的安全，必须综合应用各种保密措施，即通过技术的、管理的、行政的手段，实现信源、信号、信息三个环节的保护，借以达到秘密信息安全的目的。

8.1.2 信息安全的发展历程

信息安全概念的出现远远早于计算机的诞生，但计算机的出现，尤其是网络出现以后，信息安全变得更加复杂，更加"隐形"了。现代信息安全区别于传统意义上的信息介质安全，是专指电子信息的安全。

随着IT技术的发展，各种信息电子化更加方便地获取、携带与传输，相对于传统的信息安全保障，需要更加有力的技术保障，而不单单是对接触信息的人和信息本身进行管理，介质本身的形态已经从"有形"到"无形"。在计算机支撑的业务系统中，正常业务处理的人员都有可能接触、获取这些信息，信息的流动是隐性的，对业务流程的控制就成了保障涉密信息的重要环节。

从信息安全的发展历程来看，安全保障的理念分为以下几个阶段：

（1）面对信息的安全保障。计算机网络刚刚兴起时，各种信息陆续电子化，各个业务系统相对比较独立，需要交换信息时往往是通过构造特定格式的数据交换区或文件形式来实现，这个阶段从计算机诞生一直延续到互联网兴起的 20 世纪 90 年代末期。

面对信息的安全保障，体现在对信息的产生、传输、存储、使用过程中的保障，主要的技术是信息加密，保障信息不外露在"光天化日"之下。因此，信息安全保障设计的理念是以风险分析为前提，如 ISO13335 风险分析模型，找到系统中的"漏洞"，分析漏洞能带来的威胁，评估堵上漏洞的成本，再"合理"地堵上"致命"漏洞，威胁也就消失了。

然而风险的大小、漏洞的危害程度是随着攻击技术的进步而变化的，在大刀长矛的冷兵器时代，敌人在几十米外你就是安全的，到了大炮、机枪的火器年代，几百米、几十公里都可能成为攻击的对象，而到了激光、导弹的现代，即使你在地球的另一端，也可能随时成为被攻击的对象。所以面向信息的安全，分析的漏洞往往是随着攻击技术发展、入侵技术进步而变化的，一句话，就是被动地跟着攻击者的步调，建立自己的防御体系，是被动的防护。更为严酷的是：随着攻击技术的发展，你与敌人的"安全距离"越来越大，需要你的眼睛具有越发强大的目力——因为监控不到敌人的动向，你就无从谈起安全。

在信息安全的阶段，安全技术一般采用防护技术，加上人员的安全管理，出现最多的是防火墙、加密机等，但大多边界上的防护技术都属于识别攻击特征的"后升级"防护方式，也就是说，你在攻击者来之前升级自己了，就可能防止它的入侵，若没有来得急升级，或者没有可升级的"补丁"，你的系统就危险了。面对加密技术的暴力破解也随着计算机的速度发展，让加密系统的密钥长度越来越长。

（2）面向业务的安全保障。如果说对信息的保护，主要还是从传统安全理念到信息化安全理念的转变过程中，那么面对业务的安全，就完全是从信息化的角度考虑信息的安全。到了 2004 年和 2005 年，互联网已经深入到社会的各个角落，网络成了人们工作与生活的"信息神经"，人们发现各种工作已经脱离传统的管理模式，进入到世纪初还是梦想的"无纸化"办公时代，此时计算机的故障、网络的中断已经不再是 IT 管理部门的小事件，往往是整个企业的大故障，有些金融、物流、交通等企业，网络的故障完全可以导致企业业务的中断，企业的停业。

此时，需要保护的信息不再只是某些文件，或者某些特殊权限目录的管理，而是用户的访问控制、系统服务的提供方式，此时要保障的不再只是信息，而是整个业务系统，以及业务的 IT 支撑环境，业务本身的安全需求，超过了信息的安全需求，安全保障自然也就从业务流程的控制角度考虑了，这个阶段我们称为面向业务的安全保障。

从美国的 SOX 法案要求对系统信息的审计，到日益完善的各种行业信息系统保障技术要求，都不再是针对某些安全新技术，而是面对整个信息系统的保障要求。在国内比较突出的就是公安部发布的非涉密信息系统的等级保护，国家保密局发布的涉密信息系统的分级保护，相继颁布了技术与管理标准，并建立完善的测试、评估标准，并对一些涉及国家经济基础性产业的基础信息系统，如交通、金融等，要求强制性保护。

系统性的安全保障理念，不仅是关注系统的漏洞，而且从业务的生命周期入手，对业务流程进行分析，找出流程中的关键控制点，从安全事件出现的前、中、后三个阶段进行安全保障。具体的保障设计，"花瓶模型"给了我们一个清晰的设计框架，把安全保障分为防护技术、监控手段、审计威慑三个部分，其中防护技术沿用信息安全的防护理念，同时针对

"防护总落后于攻击"的现状，全面实施系统监控，对系统内各个角落的情况动态收集并掌握，任何的风吹草动都及时察觉，即使有危害也减少到最小程度，攻击没有了"战果"，也就达到了防护的目的。另外，针对网络事件的起因多数是内部人员，采用审计技术可以取证追究，是震慑不法小人的恶意滋生的"武器"。

面向业务的安全保障不只是建立防护屏障，而是建立一个立体的"陆海空"防护体系，通过更多的技术手段把安全管理与技术防护联系起来，不再是被动地保护自己，而是主动地防御攻击，也就是说，面向业务的安全防护已经从被动走向主动，安全保障理念从风险承受模式走向安全保镖模式。

（3）面向服务的安全保障。随着网络上业务系统越来越多，各个业务系统的边界逐渐模糊，系统间需要相互融合，数据需要互通交换，若能把多个业务系统的开发与运营统一到一个管理平台上来，不仅方便新业务的开发，而且可以缓解日益严重的运营维护危机，此时Web2.0技术出现了，不仅继承了免客户端维护的 B/S 架构，而且可以方便交互的方式促使业务模式的开发，很多软件公司把它作为 SOA（面向服务的架构）的实现基础。

说到 SOA，也许是触动安全保障进一步转型的根源。

SOA 是一个面向业务用户角度的开发构架，面向服务就是从最终用户的角度看待业务，IT 部门就是提供这种服务——用来支撑用户的各种业务流程实现。Web2.0 是支持其实现的一个技术，而 SOA 的真正意图，是"生产"出业务实现的各种标准构件，方便的"软件积木"，在实现新业务时，只要利用"积木"重新构造一下就可以了，不仅可以大大降低开发的工作量，也大大提高了开发的效率。

SOA 是一种软件技术的新思路，是从传统的模块化编程、面向对象的编程中一步一步走过来的，如果说模块化结构思想是过程与函数等"代码片段"的打包，那么面向对象编程就是把过程与数据共同打包的"程序片段"，而 SOA 的目标就是把不同程序片段组成的业务中的"流程片段"，或者是流程组件打包，实现软件开发不再是专业软件人员的工作，而是业务使用人员的"自助式组装"，实现软件开发的 DIY（Do It Yourself）。所以说，SOA 思想是软件业真正把软件推广为"全民化"的梦想。

软件开发的模式改变了，对业务流程的分析方式也就不同了，因为"流程片段"对于使用者来说是组件积木，也是只关心其外部功能的"黑箱"，安全保障不仅是组件间的环节控制，对组件本身的安全同样需要。对单个业务的安全保障需求演变为对多个业务交叉系统的综合安全需求，IT 基础设施与业务之间的耦合层度逐渐降低，安全也分解为若干单元，安全不再面对业务本身，而是面对使用业务的客户，具体地说就是用户在使用 IT 平台承载业务的时候，涉及该业务安全保障，由此，安全保障也从面向业务发展到面向服务。

面向服务的安全保障还有一层含义，随着业务的增多，IT 支撑平台成为公共的技术设施，安全的保障也分为公共网络的基础安全与业务本身的控制安全，而这两种安全需要有机结合，最终都是为了一个目标，就是为客户提供安全、可靠的业务服务。

近日，国外网站评选出影响信息安全的十大事件，涵盖从加密、入侵检测到安全团队组织等，从另外一个侧面也反映出信息安全的发展历程。这十大里程碑事件是：

（1）公共密钥加密。Whifield Diffie 在 1975 年创造了"公钥"一词来描述他作为"巡游密码专家"所采用的一种加密方法。这种公钥既可以用来加密也可以用来解密，现在，这种密钥也被用来验证发件人的身份信息和验证数据的完整性。Diffie 富有远见的公钥加密概念已被普遍认为是数据安全领域的一次灵感爆发。

（2）入侵检测专家系统。早在 1984 年，在斯里兰卡（SRI）国际公司就职的两专家便提出了 IDES（Intrusion Detection Expert System，入侵检测专家系统），他们还为 DEC 的 TOPS－20 操作系统构建了一个 IDES 原型。在 IDES 安全模型中，提出了非常规行为与普通的误操作之间建立关联。现在，这一安全模型在 IDS 产品中被广泛应用。

（3）事故响应及安全团队论坛。事故响应及安全团队论坛（The Forum for Incident Response Security Teams，FIRST）成立于 1990 年，它汇聚了全世界很多遭受蠕虫攻击的政府、企业和安全厂商的事故响应团队，提倡信息共享。但是，他们也面临不少困难，需要克服语言、时差所导致的沟通障碍。现在，FIRST 已经拥有全球 180 个成员组织，共同分享着关于安全威胁的各种资讯和信息。

（4）利用虹膜扫描进行生物认证。和每个人的指纹都是独一无二的一样，人眼中的虹膜图案也是因人而异。英国科学家约翰·道格曼（John Daugman）在 1991 年哈佛教书期间发明了"虹膜识别算法"，它奠定了今天所有自动虹膜扫描系统的基础。目前，全球已有 3 000 万人在使用这种技术进行身份认证。

（5）防火墙。在 20 世纪 80 年代的时候，互联网开始迅速发展起来，与此同时，互联网上各个组织都越来越清醒地发现，它们需要一种方法来关闭自己的大门，只允许被授权的用户进行访问。在这样的背景下，防火墙的概念也就被人提出来了，几位颇有眼光的专家在研发防火墙方面也发挥了重要作用，构成了今天无数防火墙产品或理念的基础。与此形成鲜明对比的是，现在的人们开始反感防火墙带来的种种不便，有些人甚至认为它会阻碍电子商务的进一步发展。

（6）用于分析网络的安全管理工具。1995 年，以免费版的形式发布了 SATAN（The Security Administrator Tool for Analyzing Networks）软件。这是一种可帮助系统管理员自动检测已知漏洞的工具。后来，这个工具引发了不少争议，因为这个扫描程序既可提供给好人使用，也能被坏人利用。这场争议还让 Farmer 丢掉了他在 SGI 的工作，不过，SATAN 仍然存在，只是不再有什么进展。SATAN 作为最早的一批漏洞扫描程序之一，它对于漏洞评估工具的发展来说，起到了无可替代的作用。

（7）安全套接层。20 世纪 90 年代中叶网景（Netscape）的首席科学家设计出了安全套接层 SSL（Secure Socket Layer）。SSL 可以对 Web 浏览器与服务器之间的通信进行隐私保护和加密，这种技术极大地促进了电子商务的发展。安全套接层也是首次让基于神秘算法的加密技术和认证技术开始为公众服务。

（8）通用标准。通用标准的制定工作起始于 20 世纪 90 年代，当时一批关系友好的国家打算寻找一种用于评估计算机系统安全，并降低重复产品测试成本的通用方法与合格鉴定流程。这一通用标准在 1998 年获得突破，加拿大、法国、德国、英国和美国签署了关于测试方法和实验的通用标准协议。今天，许多国家的政府都在用通用标准来评估产品的安全性，尽管还有人持不同声音，但是现在已有 25 个国家成为通用标准的成员国。

（9）开源入侵检测系统软件。SNORT 是一款开源入侵检测系统软件（IDS，Intrusion Detection System），它在 1998 年首次被发明，并立刻在全球范围内引发了对于 IDS 的热情，激励了无数的开源人士共同将其改进成了一套完美的开源入侵防御系统（IPS，Intrusion Prevention System）。

8.1.3　信息安全威胁

安全威胁可分成故意的和偶然的两类。故意威胁又可进一步分成被动威胁和主动威胁两类。被动威胁只对信息进行监听，而不对其修改和破坏；主动威胁则对信息进行故意篡改和破坏，使合法用户得不到可用信息。

（1）基本的安全威胁。

- 信息泄露。信息泄露给未经授权的实体。这种威胁主要来自窃听、搭线等信息探测攻击。
- 完整性破坏。数据的一致性由于受到未经授权的修改、创建、破坏而损害。
- 拒绝服务。对资源的合法访问被阻断。如攻击者对系统进行大量的、反复的非法访问尝试而造成系统资源过载，无法为合法用户提供服务。
- 非法使用。未经授权或以非授权方式使用信息资源。

（2）主要的可实现的威胁。主要的可实现的威胁可以直接导致某一基本威胁的实现，主要包括渗入威胁和植入威胁。

① 主要的渗入威胁有：

- 假冒。即未经授权实体以一定的方式使安全守卫者相信它是一个合法的实体，从而获得合法实体对资源的访问权限。
- 旁路。攻击者通过各种手段发现一些系统安全缺陷，并利用这些安全缺陷绕过系统防线渗入到系统内部。
- 授权侵犯。对某一资源具有一定权限的实体，将此权限用于未经授权的目的，也称"内部威胁"。

② 主要的植入威胁有：

- 木马。它是一种基于远程控制的黑客工具，具有隐蔽性和非授权性的特点。
- 陷门。在某个系统或某个文件中预选设置"机关"，使得当提供特定的输入时，允许违反安全策略。

另外，还有一些潜在的安全威胁，在此不一一讲述。

8.1.4　信息安全技术

8.1.4.1　信息安全的属性

所有的信息安全技术都是为了达到一定的安全目标，其核心包括保密性、完整性、可用性、可控性和不可否认性五个安全目标。

保密性（Confidentiality）是指阻止非授权的主体阅读信息。它是信息安全一诞生就具有的特性，也是信息安全主要的研究内容之一。更通俗地讲，就是说未授权的用户不能够获取敏感信息。对纸质文档信息，我们只需要保护好文件，不被非授权者接触即可。而对计算机及网络环境中的信息，不仅要制止非授权者对信息的阅读，也要阻止授权者将其访问的信息传递给非授权者，以致信息被泄露。

完整性（Integrity）是指防止信息被未经授权的篡改。它是保护信息保持原始的状态，使信息保持其真实性。如果这些信息被蓄意地修改、插入、删除等，形成虚假信息将带来严重的后果。

可用性（Usability）是指授权主体在需要信息时能及时得到服务的能力。可用性是在信息安全保护阶段对信息安全提出的新要求，也是在网络化空间中必须满足的一项信息安全要求。

可控性（Controlability）是指对信息和信息系统实施安全监控管理，防止非法利用信息和信息系统。

不可否认性（Non-repudiation）是指在网络环境中，信息交换的双方不能否认其在交换过程中发送信息或接收信息的行为。

信息安全的保密性、完整性和可用性主要强调对非授权主体的控制。而对授权主体的不正当行为如何控制呢？信息安全的可控性和不可否认性恰恰是通过对授权主体的控制，实现对保密性、完整性和可用性的有效补充，主要强调授权用户只能在授权范围内进行合法地访问，并对其行为进行监督和审查。

除了上述的信息安全五性外，还有信息安全的可审计性（Audiability）、可鉴别性（Authenticity）等。信息安全的可审计性是指信息系统的行为人不能否认自己的信息处理行为。与不可否认性的信息交换过程中行为可认定性相比，可审计性的含义更宽泛一些。信息安全的可鉴别性是指信息的接收者能对信息的发送者的身份进行判定。它也是一个与不可否认性相关的概念。

8.1.4.2 信息安全的原则

为了达到信息安全的目标，各种信息安全技术的使用必须遵守一些基本的原则。

（1）最小化原则。受保护的敏感信息只能在一定范围内被共享。履行工作职责和职能的安全主体，在法律和相关安全策略允许的前提下，为满足工作需要，仅被授予其访问信息的适当权限，称为最小化原则。敏感信息的"知情权"一定要加以限制，是在"满足工作需要"前提下的一种限制性开放。可以将最小化原则细分为"知所必须"和"用所必须"的原则。

（2）分权制衡原则。在信息系统中，对所有权限应该进行适当的划分，使每个授权主体只能拥有其中的一部分权限，使他们之间相互制约、相互监督，共同保证信息系统的安全。如果一个授权主体分配的权限过大，无人监督和制约，就隐含了"滥用权力"、"一言九鼎"的安全隐患。

（3）安全隔离原则。隔离和控制是实现信息安全的基本方法，而隔离是进行控制的基础。信息安全的一个基本策略就是将信息的主体与客体分离，按照一定的安全策略，在可控和安全的前提下实施主体对客体的访问。

在这些基本原则的基础上，人们在生产实践过程中还总结出一些实施原则，它们是基本原则的具体体现和扩展。包括：整体保护原则、谁主管谁负责原则、适度保护的等级化原则、分域保护原则、动态保护原则、多级保护原则、深度保护原则和信息流向原则等。

8.1.4.3　信息安全技术的类型

针对信息安全的属性，人们从不同角度研究和发展信息安全技术。

（1）数据加密技术。所谓数据加密就是将被传输的数据转换成表面上杂乱无章的数据，只有合法的接收者才能恢复数据的本来面目，而对于非法窃取者来说，转换后的数据是读不懂的毫无意义的数据。我们把没有加密的原始数据称为明文，将加密以后的数据称为密文，把明文变换成密文的过程叫加密，而把密文还原成明文的过程叫解密。加密和解密都需要有密钥和相应的算法，密钥一般是一串数字，而加解密算法是作用于明文或密文以及对应密钥的一个数学函数。在密码学中根据密钥使用方式的不同，一般分为两种不同的密码体系，即对称密钥密码体系和非对称密钥密码体系。对称密钥密码体系在加密和解密过程中使用相同的密钥，而非对称密钥密码体系在加密和解密过程中使用的是不同的密钥，一般用公钥进行加密，而用与之对应的私钥进行解密（也可以用私钥进行加密，而用与之对应的公钥进行解密）。

（2）完整性鉴别技术。目前，对于动态传输的信息，许多协议确保信息完整性的方法大多是收错重传、丢弃后续的办法，但黑客的攻击可以改变信息包的内容，所以应采取有效的措施来进行完整性控制。目前主要的完整性鉴别技术有：报文鉴别、校验和、加密校验和、消息完整性编码 MIC 等。

（3）访问控制技术。访问控制是策略（Policy）和机制（Mechanism）的集合，它允许对限定资源的授权访问。它也可保护资源，防止那些无权访问资源的用户的恶意访问或偶然访问。然而，它无法阻止被授权组织的故意破坏。图 8-1 是一个客户/服务器访问控制模型。

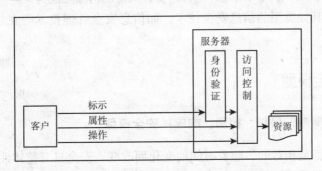

图 8-1　客户/服务器模式中的访问控制模型

访问控制是信息安全保障机制的核心内容，它是实现数据保密性和完整性机制的主要手段。它是对信息系统资源进行保护的重要措施，也是计算机系统中最重要和最基础的安全机制。

（4）防火墙技术。防火墙技术，最初是针对 Internet 网络不安全因素所采取的一种保护措施。顾名思义，防火墙就是用来阻挡外部不安全因素影响的内部网络屏障，其目的就是防止外部网络用户未经授权的访问。目前，防火墙采取的技术，主要是包过滤、应用网关、子网屏蔽等。

（5）身份认证技术。身份认证技术是指计算机及网络系统确认操作者身份的过程所应用的技术手段。信息系统中，对用户的身份认证手段大体可以分为两种：仅通过一个条件的符合来证明一个人的身份称之为单因子认证；由于仅使用一种条件判断用户的身份容易被仿冒，可以通过组合两种不同条件来证明一个人的身份，称之为双因子认证。身份认证技术从是否使用硬件来看，可以分为软件认证和硬件认证；从认证需要验证的条件来看，可以分为单因子认证和双因子认证；从认证信息来看，可以分为静态认证和动态认证。身份认证技术的发展，经历了从软件认证到硬件认证，从单因子认证到双因子认证，从静态认证到动态认证的过程。常用的身份认证方式有：用户名/密码方式、IC 卡认证、生物特征认证、USB Key 认证、动态口令/动态密码、数字签名等。

（6）防病毒技术。从防病毒产品对计算机病毒的作用来讲，防病毒技术可以直观地分为：病毒预防技术、病毒检测技术及病毒清除技术。计算机病毒的预防技术就是通过一定的技术手段防止计算机病毒对系统的传染和破坏。实际上这是一种动态判定技术，即一种行为规则判定技术。也就是说，计算机病毒的预防是采用对病毒的规则进行分类处理，而后在程序运作中凡有类似的规则出现则认定是计算机病毒。具体来说，计算机病毒的预防是通过阻止计算机病毒进入系统内存或阻止计算机病毒对磁盘的操作，尤其是写操作。计算机病毒的检测技术是指通过一定的技术手段判定出特定计算机病毒的一种技术。它有两种：一种是根据计算机病毒的关键字、特征程序段内容、病毒特征及传染方式、文件长度的变化，在特征分类的基础上建立的病毒检测技术；另一种是不针对具体病毒程序的自身校验技术，即对某个文件或数据段进行检验和计算并保存其结果，以后定期或不定期地以保存的结果对该文件或数据段进行检验，若出现差异，即表示该文件或数据段完整性已遭到破坏，感染上了病毒，从而检测到病毒的存在。计算机病毒的清除技术是计算机病毒检测技术发展的必然结果，是计算机病毒传染程序的一种逆过程。目前，清除病毒大都是在某种病毒出现后，通过对其进行分析研究而研制出来的具有相应解毒功能的软件。这类软件技术发展往往是被动的，带有滞后性。而且由于计算机软件所要求的精确性，解毒软件有其局限性，对有些变种病毒的清除无能为力。

另外还有一些其他类型的信息安全技术，如信息安全管理技术等在后面章节均有介绍，在此不一一讲述。

8.1.5　信息安全模型

8.1.5.1　P2DR（策略、保护、检测、响应）安全模型

信息安全程度都是相对的，随着时间的变化而改变。安全具有整体性，包括物理层、网络层、系统层、应用层以及管理层五个方面。系统的安全由安全的软件系统、防火墙、网络监控、信息审计、通信加密、灾难恢复和安全扫描等多个安全组建来保证。

P2DR，即策略、保护、检测、响应模型（见图 8 - 2），可以表示为：

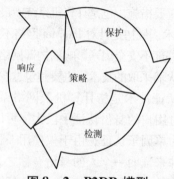

图 8 - 2　P2DR 模型

安全＝风险分析＋执行策略＋系统实施＋漏洞检测＋实时响应

安全策略是 P2DR 安全模型的核心，所有的保护、检测、响应都是依据安全策略来实施的，安全策略为安全管理提供管理方向和支持手段。策略体系的建立包括安全策略的制定、评估和执行。

保护就是采用一切手段保护系统的保密性、完整性、可用性、可控性和不可否认性。通常采用静态安全技术及方法来实现，主要有防火墙、加密及认证等方法。保护主要在边界提高抵御能力，边界保护技术可分为物理实体的保护技术和信息保护技术。物理实体的保护技术主要是对有形的信息载体实施保护，使之不被窃取、复制或丢失，技术种类有磁盘信息消除技术、室内防盗报警技术、密码锁、指纹锁、眼底锁。信息保护技术主要是对信息的处理过程和传输过程实施保护，使之不被非法入侵、外传、窃听、干扰、破坏或拷贝。

检测是动态响应和加强保护的依据，是强制落实安全策略的工具，通过不断地检测和监控网络及系统，来发现新的威胁和弱点，通过循环反馈来及时作出有效的响应。检测的对象主要针对系统自身的脆弱性和外部威胁；检测的内容包括检查系统存在的脆弱性，在计算机系统运行过程中检查、测试信息是否发生泄露、系统是否遭到入侵，并找到泄露的原因和攻击的来源。例如，计算机网络入侵检测、信息传输检查、电子邮件监视、电磁泄漏辐射检测、评比效果测试、磁介质效果验证。

在检测到安全漏洞之后必须作出及时正确的响应，从而把系统调整到安全状态；对于危及安全的时间、行为与过程，及时作出处理，杜绝危害进一步扩大，使系统力求提供正常的服务。

8.1.5.2　PPDRR 安全模型

PPDRR 模型包含五个主要部分：Policy（策略）、Protection（保护）、Detection（检测）、Response（响应）和 Restore（恢复）。保护、检测和响应组成了一个所谓的"完整的、动态的"安全循环，人、政策和技术是其三大要素，如图 8－3 所示。

图 8－3　PPDRR 安全防护模型

网络安全的主要内涵是：鉴别、保密、完整性、可用性、不可抵赖性、责任可核查性和可恢复性。研究的重点领域有：关键基础设施的网络安全、内容的信息安全和电子商务的信息安全。

在系统遭到破坏之后，应尽快恢复，以减少系统暴露时间。信息安全保障体系的建设策略是建立信息安全防护能力，要具备隐患发现能力、网络反应能力、信息对抗能力。

预警：根据以前掌握系统的脆弱性和了解当前的犯罪趋势，预测未来可能受到的攻击和危害。

反击：利用高技术工具，提供犯罪分子的线索、犯罪依据，依法侦查犯罪分子、处理犯罪案件，要求形成取证能力和打击手段，依法打击犯罪和网络恐怖主义。

实时防御系统：入侵检测、应急响应、灾难恢复、防守反击。

常规评估：利用脆弱性数据库检测与分析网络系统本身存在的安全隐患，为实时防御系统提供策略调整依据。

基础设施：由攻击特征库、隐患数据库以及威胁评估数据库等基础数据库组成，支撑实时防御系统和常规评估系统的工作。

8.2 密码技术

8.2.1 密码技术概念及原理

8.2.1.1 密码学基本概念

密码学（Cryltology）是结合数学、计算机科学、电子与通信等诸多学科一体的交叉学科，是研究信息系统安全保密的一门科学，包括密码编码学（Cryptograply）和密码分析学（Cryptanalytics）两个分支。密码编码学主要研究对信息进行编码，实现对信息的隐蔽；而密码分析学则相反，主要研究加密消息的破译或消息的伪造。这两者天生就相互对立，但是正是这种对立促使密码学不断地发展。

一个完整的密码系统至少由明文、密文、密码方案和密钥四个部分组成。

（1）信息的原始形式称为明文（Plaintext，通常记作 P；也记作 M，Message）。

（2）经过变换加密的明文称为密文（Ciphertext，通常记作 C）。

（3）密码方案是通过密码算法（Cryptography Algorithm）达到加密变换与解密变换目的的具体规则。用某种方法伪装明文以隐藏它的内容的过程称为加密（Eocryption，通常记作 E），而把密文转变为明文的过程称为解密（Decryption，通常记作 D）。

（4）密钥（Key，通常记作 K），是唯一能控制明文与密文之间变换的关键。密钥是由使用密码体制的用户随机选取的，它通常是一随机字符串。

图 8-4 描述了明文 P 经过加密后变成密文 C，然后再同密文 C 经过解密后得到明文 P 的过程。

图 8-4 加密、解密全过程

8.2.1.2　密码体制的分类

密码体制的分类方法有很多，最常见的是以下两种：

（1）对称密码体制（Symmetric System），就是加密密钥和解密密钥相同，或者虽然不相同，但由其中的任意一个可以很容易地推出另一个，又称传统密钥体制、秘密密钥体制或单钥密钥体制。如本书后面将介绍的 DES 就是采用对称密码体制的典型例子。

（2）非对称密码体制（Asymmetric System），就是加密密钥和解密密钥不相同，并且从一个很难推出另一个，又称公开密钥体制。公开密钥体制用一个密钥进行加密，而用另一个进行解密。其中的加密密钥可以公开，又称公开密钥（Public Key），简称公钥；解密密钥必须保密，又称私人密钥（Private Key），简称私钥。如本书后面将介绍的 RSA 就是采用非对称密码体制的典型。

8.2.2　对称加密算法

对称加密算法（Symmetric Algorithm），也称传统密钥算法，其加密密钥与解密密钥相同或很容易相互推算出来，因此也称之为秘密密钥算法或单钥算法。这种算法要求通信双方在进行安全通信前，协商一个密钥，用该密钥对数据加密和解密。整个通信的安全性完全依赖于密钥的保密。

对称加密算法的主要优点是运算速度快、硬件容易实现，其缺点是密钥的分发与管理比较困难，特别是当通信的人数增加时，密钥数目急剧膨胀。因为每两个人需要一个密钥，当 n 个人互相之间通信时，需要 $n(n-1)/2$ 个密钥。如一个公司有 100 个人，就需要分发和管理近 5 000 把密钥。

8.2.3　非对称加密算法

非对称加密算法（Asymmetric Algorithm）也称公开密钥算法（Public Key Algorithm）。公开密钥体制把信息的加密密钥和解密密钥分离，通信的每一方都拥有这样的一对密钥。其中加密密钥可以像电话号码一样对外公开，由发送方用来加密要发送的原始数据；解密密钥则由接收方秘密保存，作为解密时的私用密钥。公开密钥加密算法的核心是一种特殊的数学函数——单向陷门函数。即该函数从一个方向求值是容易的，但其逆变换却是极其困难的，因此利用公开的加密密钥只能作正向变换，而逆变换只有依赖于私用的解密密钥这一"陷门"才能实现。

公开密钥体制最大的优点就是不需要对密钥通信进行保密，所需传输的只有公开密钥。这种密钥体制还可以用于数字签名，即信息的接收者能够验证发送者的身份，而发送者在发送签名的信息后不可否认。公开密钥体制的缺陷在于其加密和解密的运算时间比较长，这在一定程度上限制了它的应用范围。公开密钥体制在理论上被认为是一种比较理想的计算密码的方法，但现在真正实用的公开密钥算法还不是很多，目前公认比较安全的要算 RSA 算法及其变种 Rabin 算法。

8.2.4 密钥与密码破译方法

在用户看来，密码学中的密钥，十分类似于使用计算机的口令。正如不同计算机系统使用不同长度的口令一样，不同的加密系统也使用不同长度的钥匙。一般来说，在其他条件相同的情况下，钥匙越长，破译密码越困难，加密系统就越可靠。从窃取者角度来看，主要有如下两种破译密码的方法：

（1）密钥的穷尽搜索。破译密文最简单的方法，就是尝试所有可能的钥匙组合。在此假设破译者有识别正确解密结果的能力。虽然大多数的密钥尝试都是失败的，但最终总会有一个密钥让破译者得到原文。这个过程称为密钥的穷尽搜索。

密钥穷尽搜索的方法虽然简单，但效率很低，甚至有时达到不可行的程度。如 PGP 使用的 IDEA 加密算法使用 128 位密钥，因此存在着 2^{128} 种可能性。即使破译者能够每秒尝试 1 亿把钥匙，也需要 10^{14} 年才能完成。但是如果加密系统钥匙生成的概率分布不均匀，比如有些钥匙的组合根本不会出现，而另一些组合则经常出现，那么可能的钥匙数目则减小了很多，搜索到密钥的速度就会大大加快。例如，UNIX 用户账号用 8 个字符的口令来保护，理论上总共就有 126^8 个组合，如果每秒尝试 1 亿次，也要花上 20 年时间，但如果用户只用数字的话，钥匙组合数目就只有 10^8 个了，口令被人猜出来的几率就大大增加了。因此，在设置口令时，尽量使用各种字母、符号和数字的组合，不要使用常用单词、日期等简单的口令。

（2）密码分析。大多数的密码算法的安全性是建立在算法的复杂性及数学难题难度的基础上的，也就是说只是破解难度很大，并不是不可能破解。并且许多算法的复杂度和强度并未达到设计者期望的那么高。因而随着数学方法研究的不断深入和计算机运算能力不断增强，特别是 Internet 带来的强大的分布计算能力，使得即使在没有钥匙的情况下，也会有人解开密文。经验丰富的密码分析员，甚至可以在不知道加密算法的情况下破译密码。这也说明，加密算法的保密，并不能提高加密的可靠性。

在不知道钥匙的情况下，利用数学方法破译密文或找到秘密钥匙的方法，称为密码分析。密码分析有两个基本目标：一是利用密文发现明文；二是利用密文发现钥匙。常见的密码分析方法有：

① 已知明文的破译方法。在这种方法中，密码分析员掌握了一段明文和对应的密文，目的是发现加密的钥匙。在实际中，获得某些密文所对应的明文是可能的。例如，电子邮件信头的格式总是固定的，如果加密电子邮件，必然有一段密文对应于信头。

② 选定明文的破译方法。在这种方法中，密码分析员设法让对手加密一段分析员选定的明文，并获得加密后的结果，目的是确定加密的钥匙。

③ 差别比较分析法。这种方法是选定明文的破译方法的一种，密码分析员设法让对手加密一组相似却差别细微的明文，然后比较它们加密后的结果，从而获得加密的钥匙。

不同的加密算法，对以上这些攻克方法的抵抗力是不同的。难以攻克的算法称为"强"的算法，易于攻克的算法称为"弱"算法。当然，两者之间没有严格的界限。

除了一次性密码簿外，所有的加密算法都无法从数学上证明其不可攻克性。因此，设计一个"强"的新加密算法是十分困难的。在如何设计可靠的加密算法方面，一般人知之甚少，仅有的一点知识也已经被保密部门定为"绝密"而掩藏起来。历史上有过很多加密算法，虽经过审查、通过，并已具体实现，但最后发现仍然有破绽。

判断加密方法是"强"还是"弱"，唯一方法就是公布它的加密算法，等待和企求有人能够找出它的弱点。这种同行鉴定的办法虽然不完美，但远比把算法封闭起来、不让人推敲好。读者不要轻信任何自称发明了新加密算法的人，尤其是他拒绝透露其加密算法具体内容的时候。真正的加密安全性，必须要建立在公开和广泛同行鉴定、检查的基础上。

除了对密钥的穷尽搜索和进行密码分析外，在实际生活中，对手更可能针对人机系统的弱点进行攻击以达到其目的，而不是攻击加密算法本身。例如：可以欺骗用户，套出密钥；在用户输入密钥时，应用各种技术手段，"窥视"或"偷窃"钥匙内容：利用加密系统实现中的缺陷或漏洞，对用户使用的加密系统偷梁换柱；从用户工作、生活环境的其他来源获得未加密的保密信息，比如进行"垃圾分析"；让通信的另一方透露密钥或信息；胁迫用户交出密钥等。虽然这些方法不是密码学所研究的内容，但对于每一个使用加密技术的用户来说，是不可忽视的问题，甚至比加密算法本身更为重要。

8.2.5 数字签名

数字签名（Digital Signatures）技术即进行身份认证的技术。在数字化文档上的数字签名类似于纸张上的手写签名，是不可伪造的。接收者能够验证文档确实来自签名者，并且签名后文档没有被修改过，从而保证信息的真实性和完整性。在指挥自动化系统中，数字签名技术可用于安全地传送作战指挥命令和文件。数字签名技术是保证信息传输的保密性、数据交换的完整性、发送信息的不可否认性、交易者身份的确定性的一种有效的解决方案。

完善的签名应满足以下三个条件：一是签名者事后不能抵赖自己的签名；二是任何其他人不能伪造签名；三是如果当事人双方关于签名的真伪发生争执，能够在公正的仲裁者面前通过验证签名来确认其真伪。

8.2.5.1 数字签名的含义和功能

数字签名是通过一个单向函数对要传送的报文进行处理得到的用以认证报文来源并核实报文是否发生变化的一个字母数字串。

在传统的商业系统中，通常都利用书面文件的亲笔签名或印章来规定契约性的责任，在电子商务中，传送的文件是通过电子签名证明当事人身份与数据真实性的。数据加密是保护数据的最基本方法，但也只能防止第三者获得真实数据。电子签名则可以解决否认、伪造、篡改及冒充等问题，具体要求：发送者事后不能否认发送的报文签名、接收者能够核实发送者发送的报文签名、接收者不能伪造发送者的报文签名、接收者不能对发送者的报文进行部分篡改、网络中的某一用户不能冒充另一用户作为发送者或接收者。

8.2.5.2 数字签名的实现方法

实现数字签名有很多方法，目前数字签名采用较多的是公钥加密技术，如基于 RSA 数据安全公司（RSA Date Security）的公钥密码学标准（Public Key Cryptography Standards，PKCS）、Digital Signature Algorithm、X. 509、PGP（Pretty Good Privacy）。1994 年美国标准与技术协会公布了数字签名标准（DSS）而使公钥加密技术广泛应用。公钥加密系统采用的是非对称加密算法。

（1）用非对称加密算法进行数字签名。此算法使用两个密钥：公开密钥和私有密钥，分别用于对数据的加密和解密，即如果用公开密钥对数据进行加密，只有用对应的私有密钥才能进行解密；如果用私有密钥对数据进行加密，则只有用对应的公开密钥才能解密。

签名和验证过程：发送方首先用公开的单向函数对报文进行一次变换，得到数字签名，然后利用私有密钥对数字签名进行加密后附在报文之后一同发出。接收方用发送方的公开密钥对数字签名进行解密变换，得到一个数字签名的明文。发送的公钥是由一个可信赖的技术管理机构即验证机构（Certification Authority，CA）发布的。接收方将得到的明文通过单向函数进行计算，同样得到一个数字签名，再将两个数字签名进行对比，如果相同，则证明签名有效，否则无效。

这种方法使任何拥有发送方公开密钥的人都可以验证数字签名的正确性。由于发送方私有密钥的保密性，使得接收方既可以根据验证结果来拒收该报文，也能使其无法伪造报文签名及对报文进行修改，原因是数字签名是对整个报文进行的，是一组代表报文特征的定长代码，同一个人对不同的报文将产生不同的数字签名。这就解决了银行通过网络传送一张支票，而接收方可能对支票数额进行改动的问题，也避免了发送方逃避责任的可能性。

（2）用对称加密算法进行数字签名。对称加密算法所用的加密密钥和解密密钥通常是相同的，即使不同也可以很容易地由其中的任意一个推导出另一个。在此算法中，加、解密双方所用的密钥都要保守秘密。由于计算速度快而广泛应用于对大量数据如文件的加密过程中，如 RD4 和 DES。

签名和验证过程：利用一组长度是报文的比特数（n）两倍的密钥 A，来产生对签名的验证信息，即随机选择 2n 个数 B，由签名密钥对这 2n 个数 B 进行一次加密变换，得到另一组 2n 个数 C。发送方从报文分组 M 的第一位开始，依次检查 M 的第 i 位，若为 0 时，取密钥 A 的第 i 位，若为 1 则取密钥 A 的第 i+1 位，直至报文全部检查完毕。所选取的 n 个密钥位形成了最后的签名。接收方对签名进行验证时，也是首先从第一位开始依次检查报文 M，如果 M 的第 i 位为 0 时，它就认为签名中的第 I 组信息是密钥 A 的第 i 位，若为 1 则为密钥 A 的第 i+1 位，直至报文全部验证完毕后，就得到了 n 个密钥。由于接收方具有发送方的验证信息 C，所以可以利用得到的 n 个密钥检验验证信息，从而确认报文是否是由发送方所发送。

这种方法由于它是逐位进行签名的，只要有一位被改动过，接收方就得不到正确的数字签名，因此其安全性较好，其缺点是：签名太长（对报文先进行压缩再签名，可以减少签名的长度）；签名密钥及相应的验证信息不能重复使用，否则极不安全。

8.2.5.3 数字签名的算法及数字签名的保密性

数字签名的算法很多，应用最为广泛的三种是 Hash 签名、DSS 签名和 RSA 签名。

（1）Hash 签名。Hash 签名不属于强计算密集型算法，应用较广泛。很多少量现金付款系统都使用 Hash 签名。Hash 签名算法的速度较快，可以降低服务器资源的消耗，减轻中央服务器的负荷。Hash 的主要局限是接收方必须持有用户密钥的副本以检验签名，因为双方都知道生成签名的密钥，较容易攻破，存在伪造签名的可能。如果中央或用户计算机中有一个被攻破，那么其安全性就受到了威胁。

（2）DSS 和 RSA 签名。DSS 和 RSA 采用了公钥算法，不存在 Hash 的局限性。RSA 是最流行的一种加密标准，许多产品的内核中都有 RSA 的软件和类库，早在 Web 飞速发展之前，RSA 数据安全公司就负责数字签名软件与 Macintosh 操作系统的集成，在 Apple 的协作软件 PowerTalk 上还增加了签名拖放功能，用户只要把需要加密的数据拖到相应的图标上，就完成了电子形式的数字签名。RSA 与 Microsoft、IBM、Sun 和 Digital 都签订了许可协议，使在其生产线上加入了类似的签名特性。与 DSS 不同，RSA 既可以用来加密数据，也可以用于身份认证。和 Hash 签名相比，在公钥系统中，由于生成签名的密钥只存储于用户的计算机中，安全系数大一些。

数字签名的保密性很大程度上依赖于公开密钥。数字认证是基于安全标准、协议和密码技术的电子证书，用以确立一个人或服务器的身份，它把一对用于信息加密和签名的电子密钥捆绑在一起，保证了这对密钥真正属于指定的个人和机构。数字认证由验证机构 CA 进行电子化发布或撤销公钥验证，信息接收方可以从 CA Web 站点上下载发送方的验证信息。Verisign 是第一家 X. 509 公开密钥的商业化发布机构，在它的 Digital ID 下可以生成、管理应用于其他厂商的数字签名的公开密钥验证。

8.2.6 安全密码的设置技巧

如今，几乎每个人都要与密码打交道，无论是网上的账号还是网下的账号都涉及密码的安全问题。随着网络的普及，个人的相关账号也越来越多，因此为了便于记忆，大多数用户都把密码设置得很简单，这样就为个人账户留下了巨大的安全隐患。现将密码设置的相关隐患总结如下：

（1）密码和用户名相同。如用户名和密码都是 11111。几乎所有盗取密码的人，都会以用户名作为破解密码的突破口。

（2）密码为用户名中的某几个邻近的数字或字母。如用户名为 nihao520，密码为 ihao 或 520。如果您的用户名是字母和数字组合，如 nihao520，那么别人要盗取您的密码时，肯定会以用户名中的字母或数字来试密码。

（3）密码为连续或相同的数字。如 123123 等。几乎所有黑客软件，都会从连续或相同的数字开始试密码。如，先试 111、1111……9999999999，然后再试 123、321、234、1234……如果您的密码是 111111、123456 或 654321，甚至用不着黑客软件也能在片刻试出。

（4）密码为连续或相同的字母。如 aaaaaaa 等。字母虽然比数字多，但是先试相同的字母如 aaaaa，再试连续的字母如 abcd，黑客软件所用时间也不会太多。

（5）将用户名颠倒或加前后缀作为密码。如用户名为 test，密码为 test123、aaatest、tset 等。以用户名 test 为例，黑客软件在尝试使用 test 作为密码之后，还会试着使用诸如 test123、test1、tset、tset123 等作为密码。黑客软件破解这种口令，几乎不需要时间。

（6）使用姓氏的拼音作为密码。在不少黑客软件中，百家姓往往都被一一列出，并放在字典的前列。只需片刻即可破解您的密码。以姓氏或姓名的拼音作为密码还存在一种危险：想盗您密码的人如果探听到您的真实姓名，就很有可能用您姓名中的拼音组合来试密码。

（7）使用自己或亲友的生日作为密码。由于表示月份的只有 1～12 可以使用，表示日期的也只有 1~31 可以使用，至于年份，目前大多数人是 19 开头，也就是说只有后两位不能确认，因此表达方式只有 $100 \times 12 \times 31 \times 2 = 74\,400$ 种，即使考虑到年月日共有六种排列顺序，一共也只有 $74\,400 \times 6 = 446\,400$ 种。按普通计算机每秒搜索 3 万~4 万种的速度计算，破解您的密码最多只需 10 秒。

（8）使用常用英文单词作为密码。黑客软件一般都有一个包含 10 万~20 万个英文单词及相应组合的字典库。如果您的密码在这个库中，那么即使字典库中有 20 万单词，再考虑到一些 DES（数据加密算法）的加密运算，每秒搜索 1 800 个，也只需要 110 秒。

（9）使用 8 位以下的数字作为密码。数字只有 10 个，8 位数字组合方式只有 $10^8 = 100\,000\,000$ 种可能性，按普通计算机每秒搜索 3 万~4 万种的速度计算，黑客软件只需要不到 3 小时就可以破解您的密码了。

（10）使用 5 位以下的小写字母加数字作为口令。小写字母加数字一共 36 位，组合方式只有 $36^5 = 60\,466\,176$ 种可能性，按普通计算机每秒搜索 3 万~4 万种的速度计算，黑客软件只需要 25 分钟就可以破解密码。

如果您的密码符合以上 10 种的一种，那么您的密码存在很大安全隐患，请务必修改。因此为了保证密码的安全度，最好使用无实际意义的尽量多的组合，以增加破解难度。例如，UNIX 用户账号用 8 个字符的口令来保护，理论上总共就有 126^8 个组合，如果每秒尝试 1 亿次，也要花上 20 年时间，但如果用户只用数字的话，钥匙组合数目就只有 10^8 个了，口令被人猜出来的几率就大大增加了。因此，在设置口令时，尽量使用各种字母、符号和数字的组合，不要使用常用单词、日期等简单的口令。

8.3　内容安全技术

8.3.1　内容安全的概念

内容安全是随着互联网出现和广泛应用才出现的一个计算机安全术语。它泛指一切有关进入和离开公司（或个人）网络的信息内容的安全。它包括监控互联网访问和信息应用的多种技术，其根本目标也有两方面的意思：一是禁止或消除不适当的内容（如垃圾邮件）进入用户网络；二是防止公司或个人的敏感信息或数据泄露给外界。当前内容安全的威胁主要是由垃圾邮件、间谍/广告软件、即时通讯以及 P2P 文件共享带来的。

8.3.1.1　垃圾邮件的威胁

大量的垃圾邮件已经成为接收者的噩梦。据统计，几乎 50% 的邮件流量是垃圾邮件。每天 150 亿份电子邮件被发送，约 70 亿份邮件是垃圾。每天要处理这么多垃圾邮件将花费大量的人力和物力，降低人们的生产力。垃圾邮件不仅浪费人们的时间，还消耗有用的 IT 资源，例如存储空间、CPU、网络带宽等。垃圾邮件还成为病毒传播的"帮凶"。病毒开发者逐渐利用垃圾邮件技巧，不仅利用垃圾邮件的转发和传播技术，而且利用各种手段引诱受害者打开恶意的病毒文件和利用邮件连接到色情或者反动的网站地址，或者通过它导致商业信息的泄露。

8.3.1.2 "坏"软件的威胁

"坏"软件，当前主要是指间谍软件和广告软件，就是在没有经过用户同意的情况下，私自收集个人、公司或组织信息的软件，然后转发给有兴趣的人或组织（广告软件的目的）。我们定义间谍/广告软件是按照该软件能做"什么"，而不是"怎样传播"（如病毒）。

现在的 IT 行业和消费者群体已经看到了"坏"软件的安全问题。"坏"软件的主要危险是用户根本不知道它的存在和它可能造成的潜在伤害。秘密安装在机器上的坏软件可以导致很多问题，包括个人隐私的泄露、商业保密资料的丢失、性能下降、网络堵塞、生产力下降等。

8.3.1.3 即时通讯、P2P 的威胁

几乎 80% 的即时通讯发生在公共的 IM 网络上，因此，敏感的公司或个人信息潜在地通过第三方的 IM 服务器传输。尽管 IM 通讯本身是比较个人的，但是他们并没有加密或数字签名，因此很容易出现网络偷听、篡改和冒名等攻击，最糟糕的是，现在的即时通讯客户软件中，例如缓冲区溢出、DOS 攻击和加密较弱等严重的安全弱点经常被发现。黑客能利用这些安全弱点，偷窃 IM 密码、读取敏感的公司数据和访问私人网络，甚至占用别人的机器发送大量的垃圾邮件。据调查，15% 的即时通讯用户承认接受过未知的文件。毫不奇怪，许多病毒能从公共的即时通讯网络蔓延。和即时通讯一样，P2P 文件共享也无法避免病毒和间谍/广告软件发布到 P2P 网络。由于 P2P 网络中的节点既是客户端又是服务器，下载的同时要上传文件，因此网络带宽的使用是相当大的，容易导致网络阻塞。此外，还有一个重要的法律问题，就是关于版权软件、音乐、电影、色情资料和图片的共享。许多国家已经颁布法律禁止利用 P2P 网络发布版权音乐和电影等。

8.3.2 内容过滤

8.3.2.1 内容过滤的含义

内容过滤是一个计算机安全术语。通常，它包含两个方面的意思：一是过滤互联网请求从而阻止用户浏览不适当的内容或站点；二是过滤"进来"的其他内容从而阻止潜在的攻击进入用户的网络系统。这两层意思是最基本的，也是最重要的。但是，随着信息技术的发展，为了保护个人、公司、组织内部的数据安全，内容过滤的含义近年来有所扩展，也包括对发出的信息数据的过滤，从而避免个人或公司的敏感数据等通过互联网暴露给外界。因此，现在的内容过滤技术是一个双重概念：既过滤进来的内容也是过滤出去的内容。只有具备这个含义的内容过滤解决方案才能真正保护互联网内容的安全。

实际应用中，内容过滤解决方案包括一系列安全工具：Web 过滤器、垃圾邮件过滤器、反病毒工具、防火墙、入侵检测系统、应用过滤器、发送内容过滤器、Web 访问和监控系统等。这些工具集成一起共同完成如下的功能：（1）识别，即能通过 IP 地址识别用户；（2）监控，即能跟踪用户的网上行为，如浏览的网页和下载的文件等；（3）控制，即限制网络的访问和阻止特定的行为；（4）度量，即记录日志和储存访问的数据以及访问日期和时间；（5）报告，即基于日志信息形成报告。

8.3.2.2　内容过滤的基本方法

大体上说，当前的内容过滤技术可归为三类：一是基于内容的过滤技术；二是基于源的过滤技术；三是组合的过滤技术。

（1）基于内容的过滤技术。基于内容的过滤技术产品检查"进来的"和"出去的"内容，从而决定能否接收该内容。这些产品利用许多方法，比如寻找关键词、分析图像和寻找已知的"不想要的内容"特征等。

①关键词过滤。关键词过滤器扫描下载到用户的互联网内容，检查是否能在内容中找到预设的关键词，如果该内容包含关键词，就禁止该内容。这种过滤器常常在发送请求之前就检查请求内容以免搜索引擎找到"不想要"的内容。关键词过滤的效率是非常高的，比较适合于老的、能力不强的个人计算机系统。但是，关键词过滤技术有很多问题，它们仅仅检查文本内容，不能过滤色情图片等非文本内容；它们不能从上下文的意思来区别一个词的可接受性。因此，极有可能错误地阻止合法的内容。当一个禁止的关键词包含在另一个短语中时，也会被错误地阻止。

②短语过滤。短语过滤是关键词过滤的扩展。短语过滤不单独地考虑每个词，而是将它们作为短语的一部分。这种方法允许我们按照它们各自的意义来区分"豪乳"和"乳癌"这样的短语。虽然它比关键词过滤有一定的提高，但它依然还有一些问题。比如，到底多少"禁止的"短语出现后就禁止该内容；此外，枚举所有不同的"禁止的"短语是根本不可能的。

③特征过滤。许多公司已经开发基于内容特征的过滤产品。特征分析是相当费时的，可能导致难以接受的慢速。为了解决速度问题，特征分析一般都在后台进行，如果没有通过可接受测试，就将该内容加到黑名单，以后再访问该内容就能比较快地作出反应。

④图像分析。上述的过滤技术都是分析文本内容，实际上，图像分析技术也是很需要的。这种方法试图检查进来的内容是否包含一些裸体的、色情的图片。它一般包括三个步骤：首先肤色过滤器检查是否图像包含大面积的肤色像素，然后自动分割和计算图像的视觉签名，最后参照预设的"禁止的"图像和目标区域来匹配新的图像，从而决定是否禁止该内容。这种技术费时且相当困难，技术上很难区别艺术和色情作品，甚至也很难区别色情图片和海滩上拍的家庭照片。

（2）基于源的过滤技术。依靠消息中的 URL 或者数据包中的 IP 地址，基于源的过滤技术能利用这些包含在请求或响应中的地址来过滤内容。

①数据包过滤。所有的内容作为 IP 数据包在互联网上传输。每一个数据包都包含它的源 IP 地址和目标 IP 地址。数据包过滤机制检查每个数据包中的源 IP 地址，如果它们从被禁止的站点而来，就禁止。

数据包过滤技术常常由硬件来完成，如防火墙、交换机或路由器等网络硬件。数据包过滤技术的主要问题就是它的粒度和对网络硬件的影响。每个 IP 地址表示一个特定的计算机，而不是一个网址。通过特定的 IP 地址来过滤网站可能阻止该计算机上的其他合法的站点。此外，实现包过滤技术的网络硬件包含有限的存储空间，不可能存储日益更新增长的"禁止的" IP 列表。因为这些问题，包过滤技术没有普及，主要集中在 ISP 和公司级使用。

② URL 过滤。最普通、最有效的源过滤技术就是 URL 过滤。URL 过滤提供比包过滤更

精细的控制。因为它过滤单个的网页而不是整个计算机系统。URL 过滤结合"白名单"和"黑名单"一起来决定是否禁止内容。白名单包含适当的、用户想要的、允许访问的站点。黑名单包含被禁止的站点列表。

很显然，URL 过滤有严重的局限性。仅仅能访问白名单中的站点是过分严格的，导致不能访问其他的合法内容。当仅仅已知的"好"网址能被访问时，这种技术是 100% 有效的。在黑名单技术中，维护所有的被禁止的站点是不可能的任务。有效的使用需要经常地更新该列表。

③ 组合的过滤技术。商业的过滤产品常常结合上述的多种技术来提高效果。例如，一个产品可能主要利用黑名单技术，但是也用关键词过滤技术来限制还没能区别的不适当的网址的访问。这种组合方法允许大量的互联网访问，然而还能阻止一些不想要的内容。但是，它也继承了两种技术的缺点。例如，需要更新的黑名单和可能错误地阻止了合法的内容。

8.4 信息安全管理体系

8.4.1 信息安全管理体系概述

信息安全管理体系是针对企业整体或特定范围内建立信息安全方针和目标，以及完成这些目标所用方法的体系。为了建立和维护信息安全管理体系，国内外出台了许多相关的标准，在这些标准中明确了确定信息安全管理体系范围、制定信息安全方针、明确管理职责、以风险评估为基础选择控制目标与控制方式等活动建立信息安全管理体系。目前国际上主流的信息系统管理体系的标准有 ISO/IEC 的国际标准 17799，英国标准协会（BSI）的 7799 系列，美国国家标准和技术委员会（NIST）的特别出版物 NIST SP 800 系列。在我国，公安部出台了信息安全等级保护制度。本书将对 ISO/IEC 和我国信息安全管理体系分别进行介绍。

8.4.2 ISO/IEC 17799

ISO/IEC 17799 是国际标准组织 ISO/IEC 所制定的国际标准。它建立了启动、实施、维护和改进信息安全管理的指导方针和通用原则，范围包括安全策略、信息安全组织机构、资产管理、人力资源安全、物理与操作环境安全、通信与操作管理、访问控制、信息系统获取、开发与维护、信息安全事件管理、业务持续性管理、符合性 11 项安全控制内容、39 个主要安全类和 133 个具体控制措施的信息安全管理控制措施集合。ISO/IEC 17799 充分体现了三分技术、七分管理的思想。

（1）安全策略。建立安全方针文档，为信息安全提供管理方向和支持。

（2）人力资源安全。为了降低人为错误、窃取、欺骗及滥用相关设施的风险，来确保使用者意识到信息安全的威胁。采用签署保密协议、定期的安全教育培训、安全事故与教训总结、惩罚措施等减少人为造成的风险。

（3）物理与环境安全。防止对关于 IT 服务的未经许可的介入，损伤和干扰服务；避免对信息及其处理设施的破坏或窃取。

（4）通信与操作管理。确保信息处理设备的正确和安全的操作；降低系统失效的风险；

保护软件和信息的完整性；维护信息处理和通信的完整性和可用性；确保网络信息的安全措施和支持基础结构的保护；防止资产被损坏和业务活动被干扰中断；防止企业间的交易信息遭受损坏、修改或误用。

（5）访问控制。控制访问信息；阻止非法访问信息系统；确保网络服务得到保护；阻止非法访问计算机；检测非法行为；保证在使用笔记本电脑和远程网络设备时信息的安全。

（6）信息系统获取、开发与维护。确保信息安全保护深入到操作系统中；阻止应用系统中的用户数据的丢失、修改或误用；确保信息的保密性、可靠性和完整性；确保 IT 项目工程及其支持活动在安全的方式下进行；维护应用程序软件和数据的安全。

（7）信息安全事件管理。安全事故就是能导致资产丢失与损害的任何事件，为把安全事故的损害降到最低的程度，追踪并从事件中吸取教训，企业应明确有关事故、故障和薄弱点的部门，并根据安全事故与故障的反应过程建立一个报告、反应、评价和惩戒的机制。

（8）业务持续性管理。要降低对正常活动的阻碍与防止关键企业活动受到严重故障或灾害的影响。

（9）符合性。避免违背刑法、民法、条例，遵守契约责任以及各种安全要求；确保信息安全管理体系符合安全方针和标准；使系统审查过程的绩效最大化，并将干扰因素降到最小。

8.4.3 信息安全等级保护

我国目前的信息安全管理体系的主要思路是采用信息安全等级保护的思想。信息安全等级保护是指对国家秘密信息、法人和其他组织及公民的专有信息与公开信息，以及存储、传输、处理这些信息的信息系统分等级实行安全保护，对信息系统中发生的信息安全事件等级响应、处置。由公安部主持制定、国家质量技术监督局发布的中华人民共和国国家标准 GB17895 – 1999《计算机信息系统安全保护等级划分准则》将信息系统安全分为五个等级。

第一级：自主保护级。信息系统受到破坏后，会对公民、法人和其他组织的合法权益造成损害，但不损害国家安全、社会秩序和公共利益。

第二级：系统审计保护级。信息系统受到破坏后，会对公民、法人和其他组织的合法权益产生严重损害，或者对社会秩序和公共利益造成损害，但不损害国家安全。

第三级：安全标记保护级。信息系统受到破坏后，会对社会秩序和公共利益造成严重损害，或者对国家安全造成损害。

第四级：结构化保护级。信息系统受到破坏后，会对社会秩序和公共利益造成特别严重损害，或者对国家安全造成严重损害。

第五级：访问验证保护级。信息系统受到破坏后，会对国家安全造成特别严重损害。

针对每级系统，从技术和管理两方面分别提出考核要求。技术方面具体考核指标有身份认证、自主访问控制、数据完整性、审计等；管理方面具体考核指标有管理制度、人员录用、安全意识教育与培训等。

等级保护不同级别的要求具有逐级增强的特点。不同级别的信息系统，安全防护能力、对抗能力和恢复能力也相应的不同；较高级别的系统能够应对更多的威胁，对同一个威胁有更为周密的应对措施。

等级保护根据信息系统的综合价值、综合能力保证的不同要求以及安全性破坏可能造成的损失来确定相应的保护等级。采取分级分类的原则，根据不同的信息系统保护需求，构建一个完整的信息安全保护体系。

8.4.4　信息安全法规

随着全球信息化和信息技术的不断发展，信息化应用的不断推进，信息安全显得越来越重要，信息安全形势日趋严峻：一方面信息安全事件发生的频率大规模增加；另一方面信息安全事件造成的损失越来越大。另外，信息安全问题日趋多样化，客户需要解决的信息安全问题不断增多，解决这些问题所需要的信息安全手段不断增加。确保计算机信息系统和网络的安全，特别是国家重要基础设施信息系统的安全，已成为信息化建设过程中必须解决的重大问题。正是在这样的背景下，信息安全被提到了空前的高度。国家也从战略层次对信息安全的建设提出了指导要求。

为尽快制定适应和保障我国信息化发展的计算机信息系统安全总体策略，全面提高安全水平，规范安全管理，国务院、公安部等有关单位从 1994 年起制定发布了一系列信息系统安全方面的法规，这些法规是指导我们进行信息安全工作的依据。

8.5　计算机病毒防护

8.5.1　计算机病毒的定义和特性

8.5.1.1　计算机病毒的定义

计算机病毒就是对计算机资源进行破坏的一组程序和指令集合。改组程序或指令集合能通过某种途径潜伏在计算机存储介质或程序里，当达到某种条件时即被激活。它用修改其他程序的方法将自己的精确拷贝或者可能演化的形式放入其他程序中，从而感染它们。之所以叫做病毒是因为它就像生物病毒一样具有传染性。与医学上的病毒不同的是，它不是天然存在的，而是某些人利用计算机软、硬件所固有的脆弱性，编制的具有特殊功能的程序。计算机病毒具有独特的复制能力。

8.5.1.2　计算机病毒的产生

病毒不是来源于突发或偶然的原因。一次突发的停电和偶然的错误，会在计算机的磁盘和内存中产生一些乱码和随机指令，但这些代码是无序和混乱的。病毒则是一种比较完美的、精巧严谨的代码，按照严格的秩序组织起来，与所在的系统网络环境相适应和配合起来。病毒不会通过偶然形成，并且需要有一定的长度，这个基本的长度从概率上来讲是不可能通过随机代码产生的。现在流行的病毒是由人为故意编写的，多数病毒可以找到作者和产地信息，从大量的统计分析来看，病毒作者主要情况和目的是：一些天才的程序员为了表现自己和证明自己的能力，出于对上司的不满，为了好奇，为了报复，为了祝贺和求爱，为了得到控制口令，为了软件拿不到报酬预留的陷阱等。当然也有因政治、军事、宗教、民族、专利等方面的需求而专门编写的，其中也包括一些病毒研究机构和黑客的测试病毒。

8.5.1.3 计算机病毒的特性

（1）寄生性。计算机病毒寄生在其他程序之中，当执行这个程序时，病毒就起破坏作用，而在未启动这个程序之前，它是不易被人发觉的。

（2）传染性。计算机病毒不但本身具有破坏性，更有害的是具有传染性，一旦病毒被复制或产生变种，其速度之快令人难以预防。传染性是病毒的基本特征。

（3）潜伏性。有些病毒像定时炸弹一样，让它什么时间发作是预先设计好的。比如黑色星期五病毒，不到预定时间一点都觉察不出来，等到条件具备的时候一下子就爆炸开来，对系统进行破坏。一个编制精巧的计算机病毒程序，进入系统之后一般不会马上发作，可以在几周或者几个月内甚至几年内隐藏在合法文件中，对其他系统进行传染，而不被人发现。潜伏性愈好，其在系统中的存在时间就会愈长，病毒的传染范围就会愈大。

（4）隐蔽性。计算机病毒具有很强的隐蔽性，有的可以通过病毒软件检查出来，有的根本就查不出来，有的时隐时现、变化无常，这类病毒处理起来通常很困难。

（5）破坏性。计算机中毒后，可能会导致正常的程序无法运行，把计算机内的文件删除或受到不同程度的损坏。通常表现为：增、删、改、移。

（6）可触发性。病毒因某个事件或数值的出现，诱使病毒实施感染或进行攻击的特性称为可触发性。为了隐蔽自己，病毒必须潜伏，少做动作。如果完全不动，一直潜伏的话，病毒既不能感染也不能进行破坏，便失去了杀伤力。病毒既要隐蔽又要维持杀伤力，它必须具有可触发性。病毒的触发机制就是用来控制感染和破坏动作的频率的。病毒具有预定的触发条件，这些条件可能是时间、日期、文件类型或某些特定数据等。病毒运行时，触发机制检查预定条件是否满足，如果满足，启动感染或破坏动作，使病毒进行感染或攻击；如果不满足，使病毒继续潜伏。

8.5.2 常见计算机病毒

8.5.2.1 CIH 病毒

CIH 病毒是一位名叫陈盈豪的大学生编写，从中国台湾地区传入大陆地区的。CIH 的载体是一个名为"ICQ 中文 CH_ at 模块"的工具，并以热门盗版光盘游戏和 Windows95/98 为媒介，经因特网各网站互相转载，使其迅速传播。目前传播主要通过 Internet 和电子邮件。CIH 属于文件型病毒，使用面向 Windows 的 VxD 技术编制，主要感染 Windows98/98 下的可执行文件，并且在 DOS、Windows 3.2 及 Windows NT 中无效。

8.5.2.2 宏病毒

宏病毒是一种使用宏编程语言编写的病毒，主要寄生于 Word 文档或模板的宏中。一旦打开这样的文档，宏病毒就会被激活，进入计算机内存，并驻留在 Normal 模板上。以后，所有自动保存的文档都会感染上这种宏病毒，如果网上其他用户打开了感染病毒的文档，宏病毒又会转移到他的计算机上。

宏病毒通常使用 VB 脚本影响微软的 Office 组件或类似的应用软件，大多数通过邮件传播。目前发现的几种主要宏病毒有：Wazzu、Concept、13 号病毒、Nuclear、July killer。

8.5.2.3 蠕虫病毒

蠕虫（Worm）病毒是通过分布式网络来扩散传播特定的信息或错误，进而造成网络服务遭到拒绝并发生死锁。

蠕虫病毒不改变文件和资料信息，一般除了内存不占用其他资源。"蠕虫"由两部分组成：一个主程序和一个引导程序。主程序一旦在机器上建立就会去收集与当前机器联网的其他机器的信息。随后，它尝试在这些远程机器上建立其引导程序。正是这个一般称作引导程序或"钓鱼"程序的小程序，把"蠕虫"带入了它感染的每一台机器。

8.5.2.4 木马

木马，也称特洛伊木马，名称源于古希腊的特洛伊木马神话。通过对以往网络安全事件的分析统计可以发现，有相当部分的网络入侵是通过木马来进行的。

木马的危害性在于它对电脑系统强大的控制和破坏能力，窃取密码、控制系统操作、进行文件操作等。一个功能强大的木马一旦被植入你的机器，攻击者就可以像操作自己的机器一样控制你的机器，甚至可以远程监控你的所有操作。

8.5.3 常用病毒防护软件

目前常用的病毒防护软件主要有瑞星、金山毒霸、诺顿、卡巴斯基、江民等杀毒软件和一些防火墙软件等。限于篇幅，在此只以瑞星 2009 杀毒软件为例介绍病毒防护软件。

8.5.3.1 瑞星 2009 杀毒软件功能介绍

2008 年 12 月 16 日，"瑞星全功能安全软件 2009"正式发布，它基于瑞星"云安全"技术开发，实现了彻底的互联网化，是一款超越了传统"杀毒软件"的划时代安全产品。该产品集"拦截、防御、查杀、保护"多重防护功能于一身，并将杀毒软件与防火墙的无缝集成为一个产品，实现两者间互相配合、整体联动，同时极大地降低了电脑资源占用。

瑞星 2009 拥有三大拦截、两大防御功能：木马入侵拦截（网站拦截＋U 盘拦截）、网络攻击拦截、恶意网址拦截；木马行为防御，出站攻击防御。这五大功能都是针对目前肆虐的恶性木马病毒设计，可以从多个环节狙击木马的入侵，保护用户安全。

（1）三大拦截功能。

① 木马入侵拦截。

● 木马入侵拦截（U 盘拦截）通过对木马行为的智能分析，阻挡 U 盘病毒运行。通过对木马病毒传播行为的分析，阻止其通过 U 盘、移动硬盘入侵用户电脑，阻断其利用存储介质传播的通道。木马入侵拦截（U 盘拦截）取代了原来的 U 盘监控，控制范围更广，能够更好地控制执行区域。当木马入侵拦截（U 盘拦截）范围内的程序试图自动运行或直接运行的时候，进行拦截，并提示用户。

● 木马入侵拦截（网站拦截）利用分析网页脚本的行为特征，阻挡网页挂马。目前，有90%以上的病毒通过网页挂马传播，瑞星2009特别加入了以"网页脚本行为特征"为分析基础的木马入侵拦截（网站拦截）技术，它可以分析所有加密、变形的网页脚本，直接探测这些脚本的恶意特征，从而比原有的特征码拦截效果更好。同时，用户可以根据自己需求，设置独特的行为检测范围，使木马入侵拦截（网站拦截）可以最大限度地保护系统。

木马入侵拦截（网站拦截）突破了原来网页脚本扫描只能通过特征进行查杀的技术壁垒。解决了原网页脚本监控无法对加密变形的病毒脚本进行处理的问题。由于采用的是行为检测查杀，对于网页挂马一类的木马有很好的防御和处理能力。此功能是支持瑞星"云安全"计划的主要技术之一。

② 网络攻击拦截。将网络中存在危险的攻击数据包拦截在电脑之外。入侵检测规则库每日随时更新，拦截来自互联网的黑客、病毒攻击，包括木马攻击、后门攻击、远程溢出攻击、浏览器攻击、僵尸网络攻击等。网络攻击拦截作为一种积极主动的安全防护技术，在系统受到危害之前拦截入侵，在不影响网络性能的情况下能对网络进行监测。

网络攻击拦截也是网络监控的一项基本功能，能够防止黑客/病毒利用本地系统或程序的漏洞，对本地电脑进行控制。通过使用此功能，可以最大限度地避免因为系统漏洞等问题而遭受黑客/病毒的入侵攻击。

一旦网络监控检测到黑客/病毒入侵，如2003蠕虫王攻击，则会拦截入侵攻击并提示相关信息。

③ 恶意网址拦截：依据瑞星"云安全"成果，对恶意网址进行屏蔽。依托瑞星"云安全"计划，每日随时更新恶意网址库，阻断网页木马、钓鱼网站等对电脑的侵害。用户可以通过这个功能屏蔽不适合青少年浏览的网站，给孩子创建一个绿色健康的上网环境。因为网址过滤下包含了"网站黑名单"与"网站白名单"。用户可以把可疑或不适合浏览的网络地址设置到"网站黑名单"中，把信任的网络地址设置到"网站白名单"中。此外，恶意网址拦截功能也可针对具体的端口号、代理以及可疑程序进行监控。

（2）两大防御功能。

① 木马行为防御。通过基于行为分析的内置规则和用户自定义规则，对木马破坏系统的动作进行拦截。通过对木马等病毒的行为分析，智能监控未知木马等病毒，抢先阻止其偷窃和破坏行为。此部分分为瑞星内置规则和用户自定义规则。内置规则是瑞星根据多年反病毒经验的汇总，而用户自定义规则是根据不同用户的需求和实际情况而自行编辑的。用户可以将自己编辑的规则上传给瑞星，如果该规则应用范围较广，瑞星可将用户自定义规则升级为瑞星内置规则。

② 出站攻击防御。阻止电脑被黑客操纵，变为攻击互联网的"肉鸡"，保护带宽和系统资源不被恶意占用，避免成为"僵尸网络"成员。使用"出站攻击防御"功能，可以对本地与外部连接所收发的SYN、ICMP、UDP报文进行检测。

在瑞星2009中，"智能主动防御"更开放、更智能、更灵活。尤其是其中的"系统加固"和"应用程序控制"，可以加固系统的脆弱点，抵御恶意程序的侵害。

● 系统加固。针对恶意程序容易利用的操作系统脆弱点进行监控、加固，以抵御恶意程序对系统的侵害。系统加固对系统动作、注册表、关键进程和系统文件进行监控，防止恶意程序对操作系统进行修改系统进程，操作注册表，破坏关键进程和系统文件等危险行为。

通过对目前主流病毒进行研究，瑞星 09 版系统加固增加了对"修改系统日期及时间"、"关闭电脑"、"摄像头控制"、"安装驱动"和"底层磁盘访问"等常见恶意行为的监控，病毒进行这些操作时会自动报警，大大加强了系统的安全性。

● 应用程序控制。为高级用户提供个性化的系统级程序控制，可以添加对程序的"文件访问"、"注册表访问"、"系统动作设置"和"启动程序"操作，监控程序的运行状态，拦截进程的异常行为，为用户提供个性化的保护。

8.5.3.2 瑞星 2009 界面介绍

（1）首页。如图 8-5 所示，首页部分显示了病毒库发布版本、上次全盘查杀日期以及工作模式和当前用户。另外通过单击"设置"可以对瑞星软件进行相关的设置，如图 8-6 所示。

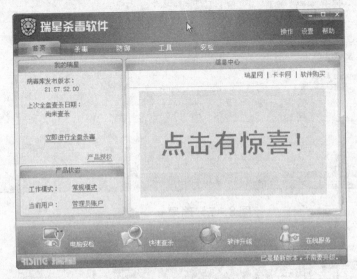

图 8-5　瑞星——首页

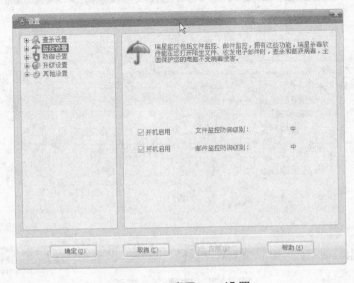

图 8-6　瑞星——设置

（2）杀毒。通过单击首页面的杀毒选项便可进入杀毒界面，如图 8 - 7 所示。杀毒界面左边，用户可以选择查杀目标区域，选择好后，单击"开始查杀"按钮便开始对所选目标区域进行查杀，如图 8 - 8 所示。

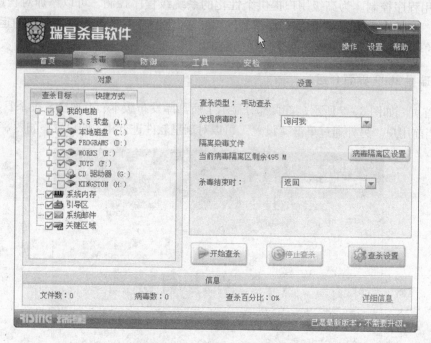

图 8 - 7　瑞星——杀毒

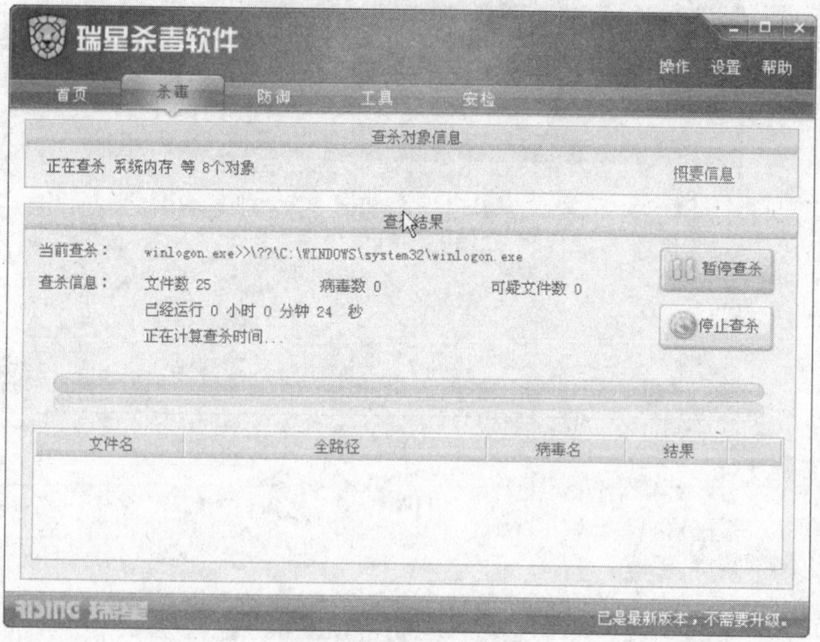

图 8 - 8　瑞星——查杀

（3）防御。单击"防御"选项便可进入防御界面，如图 8 - 9 所示。

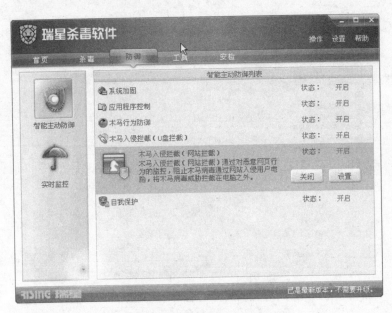

图 8 - 9　智能主动防御

防御界面下有两个选项："智能主动防御"和"实时监控"。单击"智能主动防御"，如图 8 - 11 所示，可对"系统加固"、"应用程序控制"、"木马行为防御"、"木马入侵拦截（U 盘拦截）"、"木马入侵拦截（网站拦截）"和"自我保护"进行开启或关闭以及相关设置。单击"实时监控"，如图 8 - 10 所示，可对"文件监控"和"邮件监控"进行开启或关闭以及设置。

图 8 - 10　实时监控

（4）工具。单击"工具"选项，可打开如图8-11所示的界面。

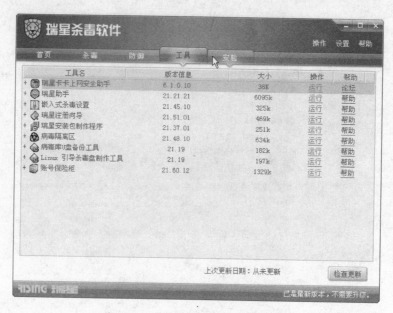

图8-11　瑞星——工具

在该界面中，集成了一些实用工具，如瑞星卡卡上网安全助手、账号保险柜等。单击"检查更新"可以获取瑞星更新的一些工具，如图8-12所示。

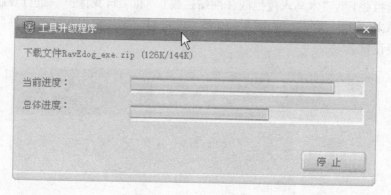

图8-12　工具升级

（5）安检。如图8-13所示，单击"安检"选项后可以查看当前电脑的安全等级，以及提高电脑安全等级的相关建议。

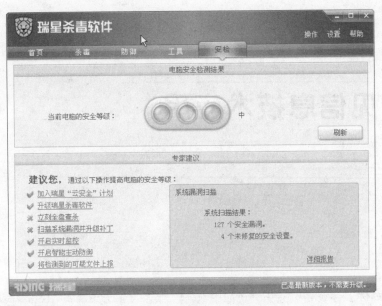

图 8 - 13　瑞星——安检

本章小结

　　本章从信息安全的定义入手，分析了信息安全的五个重要属性，包括保密性、完整性、可用性、可控性和不可否认性，并针对五个属性讲述了实现五个属性的相关信息安全技术，如密码技术等；介绍了信息安全管理体系的建设以及我国信息安全等级保护体系；最后介绍了计算机病毒的定义、特点及防护。

实践内容

1. 安装360、瑞星、金山中的一款软件，进行配置，并对U盘进行扫描和杀毒操作。
2. 登录瑞星网站，查看最新一期病毒防御报告，从病毒属性的几个方面分析其中一种病毒。
3. 按照密码设置相关技巧，修改QQ、邮件等密码，使之更加安全。

思考题

1. 简述信息安全的定义和属性。
2. 试比较对称加密和非对称加密的异同点。
3. 简述内容安全的相关技术。
4. 简述计算机病毒的概念及特点。
5. 列举几种常用的防毒杀毒软件，熟练掌握一种杀毒软件的配置和使用。

第9章 常见信息技术应用

【学习目标】掌握常见信息技术的应用领域；了解电子商务的发展历程、发展趋势和运作原理；了解电子政务的工作原理；了解传统行业使用信息技术。

【技能目标】能将信息技术应用到生活、工作和学习中来；结合某具体行业，分析信息技术在其中的应用；淘宝开店、在线购物的能力。

【工作任务】在线购物、利用第三方平台在线开店；办公系统的使用；信息资源建设和管理。

信息技术的应用包括计算机硬件和软件，网络和通信技术，应用软件开发工具等。计算机和互联网的普及以来，人们日益普遍地使用计算机来生产、处理、交换和传播各种形式的信息（如书籍、商业文件、报刊、唱片、电影、电视节目、语音、图形、影像等）。

在企业、学校和其他组织中，信息技术体系结构是一个为达成战略目标而采用和发展信息技术的综合结构。它包括管理和技术的成分。其管理成分包括使命、职能与信息需求、系统配置和信息流程；技术成分包括用于实现管理体系结构的信息技术标准、规则等。由于计算机是信息管理的中心，计算机部门通常被称为"信息技术部门"。有些公司称这个部门为"信息服务"（IS）或"管理信息服务"（MIS）。另一些企业选择外包信息技术部门，以获得更好的效益。

9.1 电子商务

9.1.1 电子商务概述

9.1.1.1 认识电子商务

电子商务，（Electronic Commerce，EC）通常是指在全球各地广泛的商业贸易活动中，在因特网开放的网络环境下，基于浏览器/服务器应用方式，买卖双方不谋面地进行各种商贸活动，实现消费者的网上购物、商户之间的网上交易和在线电子支付，以及各种商务活动、交易活动、金融活动和相关的综合服务活动的一种新型的商业运营模式。"中国网络营销网"指出，电子商务涵盖的范围很广，一般可分为企业对企业，或企业对消费者两种。另外还有消费者对消费者这种大步增长的模式。随着国内 Internet 使用人数的增加，利用 Internet 进行网络购物并以银行卡付款的消费方式已渐流行，市场份额也在迅速增长，电子商务网站也层出不穷。

首先将电子商务划分为广义和狭义的电子商务。

(1) 广义的电子商务定义为，使用各种电子工具从事商务或活动。这些工具包括从初级的电报、电话、广播、电视、传真到计算机、计算机网络，到 NII（国家信息基础结构——信息高速公路）、GII（全球信息基础结构）和 Internet 等现代系统。而商务活动是从泛商品（实物与非实物，商品与非商品化的生产要素等）的需求活动到泛商品的合理、合法的消费除去典型的生产过程后的所有活动。

(2) 狭义电子商务定义为，主要利用 Internet 从事商务或活动。

电子商务是在技术、经济高度发达的现代社会里，掌握信息技术和商务规则的人，系统化地运用电子工具，高效率、低成本地从事以商品交换为中心的各种活动的总称。这个分析突出了电子商务的前提、中心、重点、目的和标准，指出它应达到的水平和效果，它是对电子商务更严格和体现时代要求的定义，它从系统的观点出发，强调人在系统中的中心地位，将环境与人、人与工具、人与劳动对象有机地联系起来，用系统的目标、系统的组成来定义电子商务，从而使它具有生产力的性质。

9.1.1.2 电子商务的分类

电子商务主要分为：B2B、B2C、C2C、C2B 等模式。

(1) B2B。B2B（Business to Business）是指商家（泛指企业）对商家的电子商务，即企业与企业之间通过互联网进行产品、服务及信息的交换。通俗的说法是指进行电子商务交易的供需双方都是商家（或企业、公司），她（他）们使用了 Internet 的技术或各种商务网络平台，完成商务交易的过程。这些过程包括：发布供求信息，订货及确认订货，支付过程及票据的签发、传送和接收，确定配送方案并监控配送过程等。

B2B 又可写作 B to B，但为了简便干脆用其谐音 B2B（2 即 two）。B2B 的典型是中国供应商、阿里巴巴、中国制造网、敦煌网、慧聪网、电子商务学吧等。B2B 按服务对象可分为外贸 B2B 及内贸 B2B；按行业性质可分为综合 B2B 和垂直 B2B，垂直 B2B 有中国化工网和鲁文建筑服务网。

(2) B2C。B2C（Business to Customer）是指商家对消费者的电子商务，是我国最早产生的电子商务模式，以 8848 网上商城正式运营为标志。B2C 模式主要有以下几种类型：

① 综合商城。代表网站有淘宝、天河城、正佳广场等。

商城，谓之城，自然城中会有许多店，综合商城就如我们平时进入天河城、正佳、新大新等现实生活中的大商城一样。商城一楼可能是一级品牌，二楼是女士服饰，三楼是男士服饰，四楼是运动/装饰，五楼是手机数码，六楼是特价……将多个品牌专卖店装进去，这就是商城。而后面的淘宝商城也自然是这个形式，跟传统无异，它有庞大的购物群体，有稳定的网站平台，有完备的支付体系，诚信安全体系（尽管目前仍然有很多不足），促进了卖家进驻卖东西，买家进去买东西。如同传统商城一样，淘宝自己是不卖东西的，只是提供了完备的销售配套。

而线上的商城，在人气足够、产品丰富、物流便捷的情况下，其成本优势、24 小时的不夜城、无区域限制、更丰富的产品等优势，体现着网上综合商城即将获得交易市场的一个角色。

这种商城在线下是以区域来划分的，每个大的都市总有三五个大的商城。而互联网这一领域，也注定了三五家综合商城独大，目前是淘宝一家独大的尴尬境地。其实相似的有拍拍、易趣和有啊等。

② 专一整合型。代表网站有赛 V 网。

赛 V 网主要从事体育用品网上销售、导购、新闻资讯、赛事报道等的大型体育综合门户网。北京赛威网信息技术有限公司是一家富有创新性的综合性企业，他们把先进的电子商务模式与传统零售业进行创新性融合，用现代化网络平台和呼叫中心的方式为客户服务，主要做体育品牌用品业务，做到只做正品，假一罚十，十分注重客户服务。公司依托赛 V 网，以网络营销和网站推广为主要手段，主要靠先进的营销理念，高效完善的配送方式，全新的经营模式，为消费者提供高品质的完美购物体验。

③ 百货商店。代表网站有亚马逊、当当、卓越、线上的沃尔玛等。

商店，谓之店，说明卖家只有一个；而百货，即是满足日常消费需求的丰富产品线。这种商店有自有仓库，会库存系列产品，以备更快的物流配送和客户服务。这种店甚至会有自己的品牌，就如同线下的沃尔玛、屈臣氏和百佳百货等。

而这里选择当当和卓越为案例分析，是在电子商务领域一直致力于发展而规模和效益还不是很大的公司的代表，因为各自有库存，配送等环境的差异，会给每个平台赋予各自不同的元素，也就是说是有品牌效应的。有了品牌效应，其实这种模式的网店可以是多家的，不仅仅三五家，可以是一个倍数。可能消费者会因为某一个体验，较小的价格差异，或是一次不好的购物体验，而使得会选择尝试其他家的可能。其中，当当、卓越都试过店中店的模式，不过比较失败，可能有向商城转化的迹象。

④ 垂直商店。代表网站有麦考林、红孩子、京东、国美、360 商城、笑购网等。

垂直商店，服务于某些特定的人群或某种特定的需求，提供有关这个领域或需求的全面产品及更专业的服务体现。如麦考林定位于 18～25 岁的年轻女性群体无店面销售载体。红孩子起步时就以母婴市场切入。如京东，做线上的国美，专业于销售电器或 3C 产品，这种商城的产品存在着更多的相似性，要么都是满足于某一人群的，要么是满足于某种需要，或某种平台的（如电器）。

我们发现一个现象，比如京东、红孩子，以近期的市场动向来看，都开始了扩大产品线。如红孩子网站以原有的母婴市场，拓展到以家族为单位的购物平台，京东商城通过低价的电器、3C 产品吸引了大批的购买者，然后通过丰富产品线，添加、推荐利润空间更大的产品以谋求盈利。很明显，它们都在向综合商店转型。而另一个现象，像麦考林、优歌网等针对人群细分的垂直商店，是将自己形成品牌的趋势。

⑤ 导购引擎型。代表网站有爱比网。

网民可以通过这里分享到其他网民的产品体验点评，比友们也热衷于将自己用过的产品体验告诉给更多的比友。

作为 B2C 的上游商，给商家们带去客户，是建立在消费者的角度做服务，这是王道。

爱比网力争成为电子商务有效的流量采购平台，并以降低高品质 B2C 商家们的营销成本。

（3）C2C。C2C（Consumer to Consumer）是指消费者对消费者的电子商务。C2C 同 B2B、B2C 一样，都是电子商务的几种模式之一。C2C 商务平台就是通过为买卖双方提供一个在线交易平台，使卖方可以主动提供商品上网拍卖，而买方可以自行选择商品进行竞价。C2C 的典型是百度 C2C、淘宝网、拍拍网等。

（4）C2B。C2B（Customer to Business）模式指的是消费者对企业的电子商务，这是电子商务领域新出现的模式。

C2B 模式是先在网上聚合一个庞大用户群，形成一个社区。以团购等形式，用户获得批发商的价格。

国内做得比较好的 C2B 网站有摇篮网、宝宝树、豆瓣网等。

9.1.1.3　电子商务的发展现状

（1）电子商务在欧美的发展。以欧美国家为例，可以说电子商务业务开发的如火如荼。在法、德等欧洲国家，电子商务所产生的营业额已占商务总额的 1/4，在美国则已高达 1/3 以上，而欧美国家电子商务的开展也不过才十几年的时间。在美国，美国在线（AOL）、雅虎、电子港湾等著名的电子商务公司在 1995 年前后开始赚钱，到 2000 年创造了 7.8 亿美元，IBM、亚马逊书城、戴尔电脑、沃尔玛超市等电子商务公司在各自的领域更是取得了令人不可思议的巨额利润。欧美国家电子商务飞速发展的因素有以下几点：

① 欧美国家拥有电脑的家庭、企业众多，网民人数占总人口的 2/3 以上，尤其是青少年，几乎都是网民，优裕的经济条件和庞大的网民群体为电子商务的发展创造了一个良好的环境。

② 欧美国家普遍实行信用卡消费制度，建立了一整套完善的信用保障体系，这解决了电子商务的网上支付问题。细致说来，欧美国家的信用保证业务已开展有 80 年的时间。在欧美国家，人们可自由流动，不用像中国一样受户口的限制，为方便生活起居，每个人都有一个独一无二的，不能伪造并伴随终生的信用代码，持此信用卡进行消费，发卡银行允许持卡人大额度透支，但持卡人需在规定时间内将所借款项归还。如果某企业或个人恶意透支后不还款，那也就意识着以后他无论走到何地，他的信用记录上都会有此污点，不论他想贷款买房，购车或办公司，银行都不会贷款给他，这在贷款成风的西方世界是极其可怕的！因此，西方人普遍将信用看做自己的第二生命，谁也不愿意贪小利失大义，当在网上购物时，他们会在点击物品后直接输入密码，将信用卡中的电子货币划拨到网站上，商务网站在确认款到后，立即组织送货上门。

③ 欧美国家的物流配送体系相当完善、正规，近年来大型第三方物流公司的出现，使得不同地区的众多网民，往往能在点击购物的当天或转天就可收到自己所需的产品。这要得益于欧美国家近百年的仓储运输体系的发展史。以美国为例，第二次世界大战后，许多企业将军队后勤保障体系的运作模式有效地加以改造运用到物资流通领域中来，逐渐在全国各地设立了星罗棋布、无孔不入的物流配送网络。即使在电子商务业务还未广泛开展的十多年前，只要客户打电话通知要货，几乎都可以享受免费的送货家政服务。美国联邦快递、UPS（联邦包裹快递）等是大型物流公司的典范，专门负责为各个商家把产品送到顾客手中，有了这样庞大的完善的物流配送体系，当电子商务时代到来后，美国只需将各个配送点用电脑

连接起来，即顺理成章地完成了传统配送向电子商务时代配送的过渡，电子商务活动中最重要最复杂的环节——物流配送问题就是这样轻而易举地解决了。

（2）电子商务在中国的发展。自1994年中国接入国际互联网以来，我国互联网已经历15个年头。与此同时，作为互联网产业最重要、发展最健康的分支，电子商务也自1997年起，不经意间跨入了第12个年头，也将圆满地落下第一个轮回的帷幕。如果说美国电子商务是"商务推动型"，那么中国电子商务则更多的是"技术拉动型"，这是在发展模式上中国电子商务与美国电子商务的最大不同。在美国，电子商务实践早于电子商务概念，企业的商务需求"推动"了网络和电子商务技术的进步，并促成电子商务概念的形成。当Internet时代到来的时候，美国已经有了一个比较先进和发达的电子商务基础。在中国，电子商务概念先于电子商务应用与发展，"启蒙者"是IBM等IT厂商，网络和电子商务技术需要不断"拉动"企业的商务需求，进而引致中国电子商务的应用与发展。了解这一不同点是很重要的，这是中国电子商务发展的一大特点，也是理解中国电子商务应用与发展的一把钥匙。

据中国互联网信息中心统计，经过15年的发展，截至2009年6月，中国互联网人数已达3.38亿。在这15年里，中国互联网产业经历了门户、SP、搜索、网游、Web 2.0、电子商务六大主流，互联网也渐由新闻娱乐应用向电子商务与生活服务应用为主转变。从1995年被看做中国最早的一家网络公司的瀛海威成立，中国的互联网企业经过15年的发展，已经形成年直接营业收入逾百亿的庞大产业规模，而且也间接带动了IT、信息产业、家电、物流、展会、金融、广告、包装等诸多行业的发展，这其中电子商务类企业贡献尤为显著。

近年来，随着我国互联网基础设施的完善、互联网用户爆炸性的增长、互联网应用的普及，使得我国互联网市场取得了迅猛发展，我国"互联网大国"的规模已经初显。无疑，今后将是互联网和移动网络的天下，而这里面，电子商务与移动电子商务，将是重要组成部分。

12年来，作为与国民经济制造业领域、流通领域和生活服务业最密切的电子商务，不仅自身形成了产业规模庞大、就业人数众多、经济带动性强的电子商务子产业，而且很大程度上促进了国民经济产业制造业、流通业与服务业的转型与升级。

我国有着4 300多万家中小企业，其应用电子商务的方式主要以B2B为主，以B2M、B2C和B2G等为辅。而与传统贸易方式相比，电子商务具有交易成本低、交易效率高、交易覆盖广、交易协调性强、交易透明度高等一系列明显的交易优势。利用遍及全球的互联网这一独特平台，电子商务突破了传统的时空观念，缩小了生产、流通、分配、消费之间的距离，大大提高了物流、资金流和信息流的有效传输和处理，开辟了世界范围内更为公平、公正、广泛、竞争的大市场，为制造者、销售者和消费者提供了能更好地满足各自需求的极好机会。

甚至有专家预言：中国互联网下一个15年是电子商务的15年。电子商务正在引发一场"按需定制"的生产模式革命、"线上销售"的销售模式革命、"创业式"的就业模式革命、"货比三家"的消费模式革命、"无领式"的生活模式革命。

我国电子商务发展大致划分为五个阶段：

① 萌芽与起步期（1997～1999年）。特征：业内公认的说法是，国内第一批电子商务网站的创办时期始于1997年起步的3年。当时互联网全新的引入概念鼓舞了第一批新经济的创业者，他们认为传统的贸易信息会借助互联网进行交流和传播，商机无限。于

是，从 1997 年到 1999 年，美商网、中国化工网、8848、阿里巴巴、易趣网、当当网等知名电子商务网站先后涌现。数据：据中国 B2B 研究中心调查显示，在目前已经成立的电子商务网站当中，有 5.2% 创办于 20 世纪 90 年代。该阶段无疑是我国电子商务的萌芽与起步时期。

② 冰冻与调整期（2000～2002 年）。特征：2000～2002 年，在互联网泡沫破灭的大背景下，电子商务的发展也受到严重影响，创业者的信心经受了严峻的挑战，尤其是部分严重依靠外来投资"输血"，而自身尚未找到盈利模式具备"造血"功能的企业，经历了冰与火的严峻考验。于是，包括 8848、美商网、阿里巴巴在内的知名电子商务网站进入残酷的寒冬阶段，而依靠"会员 + 广告"模式的行业网站集群，则大都实现了集体盈利，安然度过了互联网最为艰难的"寒潮"时期。数据：据中国 B2B 研究中心调查显示，在这三年间创建的电子商务网站不到现有网站总数的 12.1%。无疑，该阶段是我国电子商务的冰冻与调整时期。

③ 复苏与回暖期（2003～2005 年）。特征：电子商务经历低谷后，在 2003 年一场突如其来的"非典"后，出现了快速复苏回暖，部分电子商务网站也在经历过泡沫破裂后，更加谨慎务实地对待盈利模式和低成本经营。数据：据中国 B2B 研究中心调查显示，目前现有电子商务网站总数占现有网站总数的 30.1%，应用电子商务的企业会员数量开始明显增加，2003 年成为不少电子商务网站尤其是 B2B 网站的"营收平衡年"，该阶段无疑是我国电子商务的复苏与回暖时期。

④ 崛起与高速发展期（2006～2007 年）。特征：互联网环境的改善、理念的普及给电子商务带来巨大的发展机遇，各类电子商务平台会员数量迅速增加，大部分 B2B 行业电子商务网站开始实现盈利。而专注 B2B 的网盛生意宝与阿里巴巴的先后上市成功引发的"财富效应"，更是大大激发了创业者与投资者对电子商务的热情。IPO 的梦想、行业良性竞争和创业投资热情高涨这"三驾马车"，大大推动了我国行业电子商务进入新一轮高速发展与商业模式创新阶段，衍生出更为丰富的服务形式与盈利模式，而电子商务网站数量也快速增加。数据：据中国 B2B 研究中心调查显示，仅 2007 年，国内各类电子商务网站的创办数量就超过了现有网站总数的 30.3%。该阶段正是我国电子商务的崛起与高速发展时期。

⑤ 转型与升级期（2008～2009 年）。特征：全球金融海啸的不期而至，全球经济环境迅速恶化，致使我国相当多的中小企业举步维艰，尤其是外贸出口企业随之受到极大阻碍。作为互联网产业中与传统产业关联度最高的电子商务，也难免独善其身。受产业链波及，外贸在线 B2B 首当其冲，以沱沱网、万国商业网、慧聪宁波网、阿里巴巴为代表的出口导向型电子商务服务商，纷纷或关闭、或裁员重组、或增长放缓。而与此同时，在外贸转内销与扩大内需、降低销售成本的指引下，内贸在线 B2B 与垂直细分 B2C 却获得了新一轮高速发展，不少 B2C 服务商获得了数目可观的 VC 的资本青睐，传统厂商也纷纷涉水，B2C 由此取得了前所未有的发展与繁荣。而 C2C 领域，随着搜索引擎巨头百度的进入，使得网购用户获得了更多的选择空间，行业竞争更加激烈化。数据：据中国 B2B 研究中心调查显示，仅在此两年不到时间内创建的电子商务网站占现有网站总数的 22.3%，且有 75.4% 的电子商务网站专注于细分行业的 B2C。该时期电子商务行业优胜劣汰步伐加快，模式、产品、服务等创新层出不穷。无疑，该阶段是我国电子商务的转型与升级时期。

9.1.1.4 电子商务发展的瓶颈

（1）网络自身有局限性。有一位消费者在网上订购了一个新款女式背包，虽然质量不错，但怎么看款式都没有网上那个中意。许多消费者都反映实际得到的商品不是在网上看中的商品。这是怎么回事呢？其实在把一件立体的实物缩小许多变成平面画片的过程中，商品本身的一些基本信息会丢失；输入电脑的只是人为选择商品的部分信息，人们无法从网上得到商品的全部信息，尤其是无法得到对商品的最鲜明的直观印象。

（2）搜索功能不够完善。当在网上购物时，用户面临的一个很大的问题就是如何在众多的网站找到自己想要的物品，并以最低的价格买到。搜索引擎看起来很简单：用户输入一个查询关键词，搜索引擎就按照关键词到数据库去查找，并返回最合适的 Web 页链接。但根据 NEC 研究所最近研究结果表明，目前在互联网上至少有 10 亿网页需要建立索引。而现有搜索引擎仅仅能对 5 亿网页建立索引，仍然有一半不能索引。这主要不是由于技术原因，而是由于在线商家希望保护商品价格的隐私权。因此当用户在网上购物时，不得不搜寻下去，直到找到满意价格的物品。

（3）交易的安全性得不到保障。电子商务的安全问题仍然是影响电子商务发展的主要因素。由于 Internet 的迅速流行，电子商务引起了广泛的注意，被公认为是未来 IT 业最有潜力的新的增长点。然而，在开放的网络上处理交易，如何保证传输数据的安全成为电子商务能否普及的最重要的因素之一。调查公司曾对电子商务的应用前景进行过在线调查，当问到为什么不愿意在线购物时，绝大多数的人担心遭到黑客的侵袭而导致信用卡信息丢失。因此，有一部分人或企业因担心安全问题而不愿意使用电子商务，安全成为电子商务发展中最大的障碍。

（4）电子商务的管理还不够规范。电子商务的多姿多彩给世界带来全新的商务规则和方式，这更加要求在管理上要做到规范，这个管理的概念应该涵盖商务管理、技术管理、服务管理等多方面，因此要同时在这些方面达到一个比较令人满意的规范程度，不是一时半刻就可以做到的。另外电子商务平台的前后端相一致也是非常重要的。前台的 Web 平台是直接面向消费者的，是电子商务的门面，而后台的内部经营管理体则是完成电子商务的必备条件，它关系到前台所承接的业务最终能不能得到很好的实现。一个完善的后台系统更能体现一个电子商务公司的综合实力，因为它将最终决定提供给用户的是什么样的服务，决定电子商务的管理是不是有效，决定电子商务公司最终能不能实现盈利。

（5）税务问题。税务（包括关税和税收）是一个国家重要的财政来源。由于电子商务的交易活动是在没有固定场所的国际信息网络环境下进行，造成国家难以控制和收取电子商务的税金。

（6）标准问题。各国的国情不同，电子商务的交易方式和手段当然也存在某些差异，而且我们要面对无国界、全球性的贸易活动，因此需要在电子商务交易活动中建立相关的、统一的国际性标准，以解决电子商务活动的互操作问题。中国电子商务目前的问题是概念不清，搞电子的搞商务，搞商务的搞电子，呈现一种离散、无序、局部的状态。

（7）配送问题。配送是让商家和消费者都很伤脑筋的问题。网上消费者经常遇到交货延迟的现象，而且配送的费用很高。业内人士指出，我国国内缺乏系统化、专业化、全国性的货物配送企业，配送销售组织没有形成一套高效、完备的配送管理系统，这毫无疑问地影响了人们的购物热情。

（8）知识产权问题。在由电子商务引起的法律问题中，保护知识产权问题又首当其冲。由于计算机网络上承载的是数字化形式的信息，因而在知识产权领域（专利、商标、版权和商业秘密等）中，版权保护的问题尤为突出。

（9）电子合同的法律问题。在电子商务中，传统商务交易中所采取的书面合同已经不适用了。一方面，电子合同存在容易编造、难以证明其真实性和有效性的问题；另一方面，现有的法律尚未对电子合同的数字化印章和签名的法律效力进行规范。

（10）电子证据的认定。信息网络中的信息具有不稳定性或易变性，这就造成了信息网络发生侵权行为时，锁定侵权证据或者获取侵权证据难度极大，对解决侵权纠纷带来了较大的障碍。如何保证在网络环境下信息的稳定性、真实性和有效性，是有效解决电子商务中侵权纠纷的重要因素。

（11）其他。例如目前网上商品价格参差不齐，主要成交类别商品价格相差较大；网上商店服务的地域差异大；在线购物发票问题大；网上商店对订单回应速度参差不齐；电子商务方面的法律，对参与交易的各方面的权利和义务还没有进行明确细致的规定。

9.1.1.5 电子商务的发展趋势

（1）电子商务应用呈现较高普及化、常态化趋势。近年来，电子商务服务已全面覆盖商业经济各个方面：不管是国民经济的制造业领域，还是服务业的流通领域；无论企业应用、个人应用，还是政府采购；无论内贸服务，还是跨国外贸服务；无论是基于互联网的电子商务，还是基于移动互联网的电子商务。所有这些，历经12年来，都在各级政府、行业主管部门、行业协会和电子商务服务企业、电子商务应用企业、电子商务配套服务企业的共同努力下，取得了令人注目的发展成绩。当前的电子商务应用，已呈现出了较高的普及化与常态化趋势。

（2）企业电子商务应用呈现产业链与供应链全流程化趋势。不仅在企业商机与贸易撮合方面，即从发布商机、寻找客户开始，一直到洽谈、订货、在线付收款、开具电子发票以至于到电子报关、电子纳税等，都能够通过电子商务平台完成。而且，电子商务平台服务还能覆盖某行业或某领域产业链，甚至能全面应用于企业从采购、研发、生产、招商、市场、零售、企划、行政、财务、人力、设计等几乎所有企业的常规部门。

不难预测，电子商务企业尤其是专业化电子商务企业，其所扮演的角色将不仅满足于一般的信息发布与交易平台，更将扮演"第三方行业综合服务商"的重要角色，这其中包括信息平台、交易平台、信誉评级、行业媒体、咨询机构、会展服务商、信息化服务商，甚至融资促进平台等。

（3）移动电子商务成为电子商务发展新驱动力。在经历了对网络广告、SP、网游、垂直搜索、Web2.0、B2C电子商务等热门市场争夺之后，随着3G时代的到来，中国电子商务已步入了对移动电子商务市场进行抢滩布局的新阶段。各家具备前瞻意识的电子商务公司开始在移动支付、移动IM、移动搜索、移动旺铺、移动定位等领域抢先战略布局。

以阿里巴巴集团为例，由于B2B、B2C、C2C、支付宝等模式具可移植性，能迅速应用于手机电子商务。早在2004年，其与英特尔合作建设中国首个手机电子商务平台；2007年8月，推出阿里旺旺移动版，实现线上线下互联互通；2008年2月，淘宝网、支付宝进入移动电子商务领域（手机版淘宝网、手机支付宝）。无独有偶，网盛生意宝也宣布拟将一款名为"生意搜"的电子商务搜索产品搬上3G手机，进行移动电子商务的战略布局。

（4）电子商务平台与搜索引擎平台呈融合化趋势。中小企业开展网络营销有三大必备途径：一是电子商务；二是搜索营销；三是网络广告。而以往，这三类平台往往是被对立甚至孤立起来的，但随着电子商务的深入发展与应用，这三大平台已呈现出"融合化、互补化、一体化"的趋势。

早在2005年8月，阿里巴巴集团收购中国雅虎起，就意识到搜索引擎在电子商务产业链中的重要作用。而百度推出"有啊"进军电子商务，以及生意宝推出生意搜电子商务搜索，更是见证了这一趋势的必然性。

（5）电子商务的安全、诚信与立法等问题逐步完善。随着阻碍电子商务发展的网络普及、在线结算、物流配送的"三座大山"的逐步移除，特别是随着3G时代的到来，中国已经进入电子商务快速发展的时期。但与此同时，快速发展的电子商务也存在不容忽视的问题。

相比于欧、美、日、韩等国，中国电子商务仍处于起步阶段，虽然市场潜力巨大，但还有不少瓶颈问题有待突破，如网上交易的安全问题、电子合同的法律问题、网络信用问题等。

值得欣慰的是，政府部门与所有电子商务服务商都在为搬除这些"绊脚石"而努力着。在过去12年，我国出台了10余部电子商务相关的法律法规。目前，有关部门和机构对商家进行认证以及评级、国家及地方日益完善的电子商务立法、交易金第三方保管及交易纠纷的协调仲裁等，这些措施将有效地保证电子商务的健康发展。

电子商务的基础设施将日趋完善。我国电子商务的发展将具备良好的网络平台和运行环境。消费者的上网费用将越来越低廉。移动电子商务将快速发展。移动通信将成为进行电子商务的主要媒体。

电子商务的支撑环境将逐步规范和完善。网民的消费观念和行为将发生变化，对电子商务的接受程度将不断提高。电子商务的法律环境，安全性、物流体系将更完善，这些都有利于电子商务的快速发展。

（6）线上电子商务平台与线下实体平台呈融合化趋势。随着电子商务服务多元化的发展，以及产业链上下游控制的内在需要，近年来逐渐呈现出线上电子商务平台向线下实体平台扩张的趋势。这在弥补纯线上平台服务能力的同时，也使得电子商务平台的盈利模式由单一走向多元化，而行业准入门槛随之进一步提高。

在B2B领域，5家B2B电子商务上市公司在线下展览或买家见面会和认证服务中均有覆盖。有些还在行业咨询调研服务、自办发行线下刊物有所尝试。在B2C与C2C领域，一些行业领先的B2C企业，如当当网、京东商城等，也从依托第三方物流渐加大对物流的资金投入，在主要城市自建物流，向线下实体扩张。

反之传统产业的制造商（如家电领域的创维、海信）与渠道商（如家电领域的苏宁、国美）大规模介入B2C市场，纷纷借自建网上商城，进军网络直销领域。甚至像慧聪网、环球资源，本身就是从线下商情刊物和行业会展公司向线上B2B转型而来，且其目前大部分营业收入还来自线下业务。

无疑，那些能提供更为全面服务的电子商务平台，对于用户而言，会更有吸引力。当然，不论以何种方式提供服务，都想借此抢占更多的市场份额，加强自身核心竞争力。

（7）传统行业电子商务应用的逐步普及。企业发展电子商务的深度将进一步拓展，随着电子商务技术创新与集成度的提高，企业电子商务将向纵深挺进，新一代的电子商务将浮出水面。

（8）电子商务系统的智能化、集成化逐步提高。电子商务企业将从网上商店和门户的初级形态，过渡到将企业的核心业务流程、客户关系管理、供应链管理等进行集成，使产品和服务更贴近用户需求，互动、实时成为企业信息交流的共同特点，网络将成为企业资源计划、客户关系管理及供应链管理的中枢神经。

总之，中国作为发展中国家，要顺利开展电子商务活动，还存在许多障碍。随着国家信息化的加强，企业信息化程度的提高，将会逐步缩短中国与发达国家的差距，应该说，中国电子商务的发展困难还不少，但前景非常光明。

9.1.2 电子商务案例分析

9.1.2.1 淘宝网简介

淘宝成立于 2003 年 5 月 10 日，由阿里巴巴集团投资创办。经过 6 年的发展，截至 2009 年 6 月淘宝拥有注册会员 1.45 亿人，2008 年实现年交易额 999.6 亿元人民币，是亚洲最大的网络零售商圈。

2008 年，"大淘宝战略"应运而生，秉承"开放、协同、繁荣"的理念，通过开放平台，发挥产业链协同效应，大淘宝致力于成为电子商务的基础服务提供商，为电子商务参与者提供水、电、煤等基础设施，繁荣整个网络购物市场。

为社会创造 100 万直接就业机会是大淘宝最重要的目标。截至 2008 年年底，已经有 57 万人通过在淘宝开店实现了就业（国内第三方机构艾瑞统计），带动的物流、支付、营销等产业链上间接就业机会达到 162 万个（国际第三方机构 IDC 统计）。

推动"货真价实、物美价廉、按需定制"网货的普及是大淘宝的使命。通过压缩渠道成本、时间成本等综合购物成本，淘宝帮助更多的人享用网货，获得更高的生活品质；通过提供销售平台、营销、支付、技术等全套服务，大淘宝帮助更多的企业开拓内销市场，建立品牌，实现产业升级。

大淘宝的出现将为整个网络购物市场打造一个透明、诚信、公正、公开的交易平台，进而影响人们的购物消费习惯，推动线下市场以及生产流通环节的透明、诚信，从而衍生出一个"诚信、透明、责任和全球化"的新商业文明。

9.1.2.2 淘宝网购物流程

（1）登录淘宝网，网址是：http://www.taobao.com/。

（2）在首页的右上角点击"免费注册"。进入选择注册方式页面，选择一种注册方式，比如邮箱注册，如图 9-1 所示。

图9-1　选择注册方式

（3）填写用户名，用户名一旦填写好后，按照淘宝的规定不能更改。接下来就可以按照提示一步一步地按要求填写相关个人资料。密码的设置，要复杂一点，如用不同的英文字母加数字，以防止被网上骗子和电脑黑客盗用密码，蒙受不必要的经济损失。

（4）填写完相关资料后点击同意以下服务条款，提交注册信息按钮，提交完成后需要激活才能使用。

（5）激活账号。登录注册时填写的邮箱，进入后可以看到淘宝系统发送的激活邮件。

（6）打开邮件，点击邮件中的确认按钮，完成账户激活，如图9-2所示。

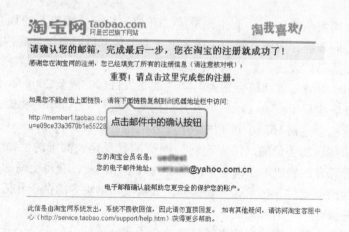

图9-2　激活账户

（7）根据邮箱中的链接，跳转到淘宝的页面，完成注册。

（8）选购商品。可以通过搜索、分类目录查找、店铺查找、淘宝推荐等多种方式寻找商品。可以根据不同的选项，快速查找自己想要的商品。

（9）当找到自己需要的商品的时候可以点击"立刻购买"来进行商品购买，如果还想继续购买其他商品的话可以将现在的商品先放入购物车。在商品图片的下方还有一个收藏该宝贝的按钮，点击后可以对这件商品进行收藏，以便以后快速查找，如图9-3所示。

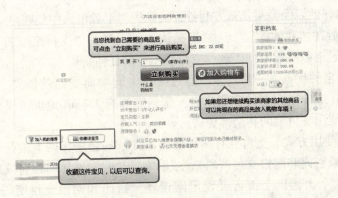

图 9 – 3　购买商品

（10）点击购买后进入确认购买信息环节。填写完相关信息以后点击确认无误购买按钮，进入支付环节。

选购完需购买的所有商品后，进入购物车后，确认商品无误后点击立即购买，如图 9 – 4 所示，然后确定收货地址。

图 9 – 4　立即购买

（11）网上支付。这个时候，如果是第一次买宝贝，一定担心：我把费用付了，收不到货物怎么办？这时候就要用到支付宝啦！如图 9 – 5 所示。什么是支付宝？支付宝网站（www.alipay.com）是国内先进的网上支付平台，由全球最佳 B2B 公司阿里巴巴公司创办，致力于为网络交易用户提供优质的安全支付服务。支付宝是一种促进网上安全交易的支付手段。支付宝与国内网上支付领先的银行深入合作，共同保障网络购物安全。支付宝安全购物流程，为买卖双方提供支付信用中介，确保网上购物诚信安全。

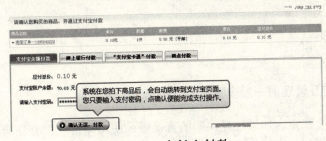

图 9 – 5　支付宝付款

① 支付宝的好处。保障买卖双方利益，买家先将汇款汇入中间账户（支付宝），在收到卖家发来的货品后在"我的淘宝"一栏里确认收货，再由"支付宝"打款给卖家，如遇交易不成功，可通过退款手续拿回汇款，支付宝不收取任何费用。

② 使用支付宝的优点。一是安全。通过支付宝购物而受到的损失，支付宝全额赔付。二是简单。E-mail 地址作为支付宝账户名。您只需拥有 E-mail 地址，轻点鼠标即可完成支付。三是免费。使用支付宝购物全部免费。

③ 支付宝的使用方式。支付宝有两种使用方式：一是选择网上银行付款，开通网上银行（设定网银登录密码和网银支付密码），或购物付款时，选择网银付款即可。二是选择支付宝账户余额付款，开通网上银行（设定网银登录密码和网银支付密码），再开通支付宝（设定支付宝登录密码和支付宝支付密码），然后在淘宝网上将网银卡里的钱充值到支付宝中。支付宝购物的两种方法都是先打款给支付宝，然后买家确认收货后，淘宝才会打款给卖家。付款前首先应该有支付宝并绑定自己的淘宝账号，支付宝的注册和淘宝的注册类似，在此就不再赘述了。

④ 支付宝充值的步骤：第一，在已登录的"我的支付宝"页面最下方，点击"支付宝账户充值"进入（另注：进入支付宝账户提现，会将您不用的余额转回银行卡中）；第二，进行账户充值，填写好充值金额、选择银行后，按右下方"下一步"；第三，点击"去网上银行充值"，进入网上银行；第四，自动进入网银后，输入支付卡号（你的银行卡号）、验证码，按"提交"；第五，输入预留信息；第六，输入网银支付密码、验证码，按"提交"；第七，充值成功。这些都操作成功，就可以使用支付宝账户余额付款了。确认价格无误，输入支付宝支付密码，此时是将款打给支付宝系统中，并没有打给卖家。

（12）完成上述操作后，初步交易结束，等待卖家发货，买家付款后，会马上在这笔交易后面显示，"买家已付款，等待卖家发货"。

卖家发货后会在网上操作确认发货，此时商品交易后面会显示，"卖家已发货，等待买家确认"。

当买家收到商品后，确认商品无误，进入"我的淘宝"页面上会有提示您付款的信息，或进入到左侧"我是买家"，点击"已买到的宝贝"，在"已买到的宝贝"的此商品交易后面，点击"卖家已发货，等待买家确认"进入付款页面，再次输入支付宝支付密码，确认（如需退款，请不要确定此步骤）。

注意：确认付款是支付宝保障消费者利益的一种支付方式，请消费者在确认付款前先确认是否收到货，若使用快递公司或 EMS 送货方式的必须当场验货确认签字。

此时支付宝将款打给卖家，交易成功，交易后面会显示"评价"，可以对此次交易进行评价。

9.1.3　淘宝网上开店

9.1.3.1　网上开店及管理的一般步骤

首先，注册淘宝账户，如果已经注册的直接登录使用即可。没有注册的就需要重新注册了，注册操作在前面章节中已经介绍过了，在这里就不再赘述了。

开店之前首先要通过身份认证，登录成功后在首页顶部可以看到我的淘宝。点击进入我的淘宝。进入我的淘宝后，在页面中可以看到"想卖宝贝请进行支付宝认证，请点击这里"，点击这个链接进入支付宝，如图9-6所示。

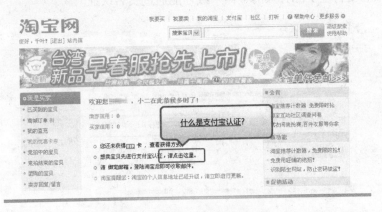

图9-6　进入支付宝认证

进入我的支付宝后可以看到"申请认证"的链接，点击进入，选择所在地，选择身份认证方式，然后点击"立即申请"，如图9-7所示。确认无误后，支付宝会向刚才填写的银行卡内汇入一笔确认资金，如图9-8所示。

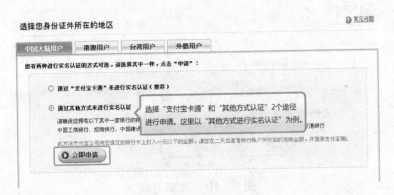

图9-7　选择认证方式

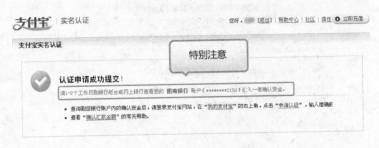

图9-8　认证申请提交成功

等支付宝汇入确认资金后，登录支付宝进入"我的支付宝"确认汇款金额，点击"申请认证"。查看填写的银行卡上，支付宝打入的金额数，点击"输入汇款金额"进入输入金额页面，如图9－9所示。在文本框中输入收到的准确金额后点击确定。系统进行信息审核，要输入的金额和支付宝实际打入的金额一致才能通过实名认证。

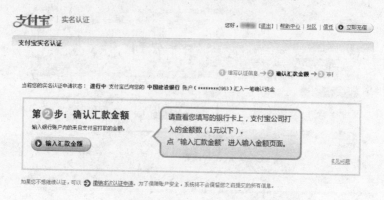

图9－9　输入汇款金额

支付宝实名认证通过后就能在淘宝开店了，登录淘宝后点击"我要卖"，发布产品页面，选择宝贝的发布方式，如图9－10所示。选择宝贝类别，点击"好了，去发布宝贝"，填写宝贝基本信息后点击确定发布宝贝，如图9－11所示。

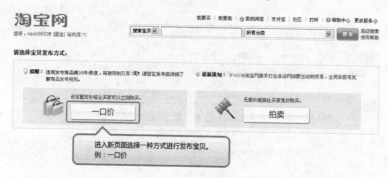

图9－10　发布方式

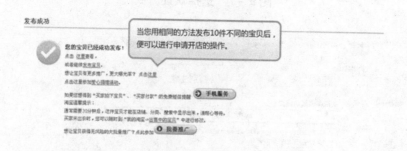

图9－11　发布成功

当发布的宝贝超过 10 件的时候便可以进行申请开店了。在"我的淘宝"下方点击"免费开店"的链接，如图 9-12 所示。进入填写店铺基本信息页面，填写完自己店铺的基本信息后确认提交，如图 9-13 所示。提交成功后，网店就创建好了，淘宝会给你的店铺分配一个地址，记住这个地址以便以后进行推广等，如图 9-14 所示。

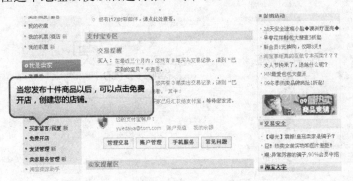

图 9-12　免费开店

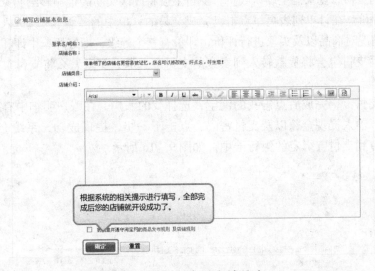

图 9-13　填写店铺信息

图 9-14　店铺创建成功

当买家登录你的店铺购买了宝贝后，可以在已卖出的宝贝中查看。登录我的淘宝，点击已卖出的宝贝，进入订单列表。根据买家要求以及协商，找到合适的物流公司发货，完成后，在订单列表找到已发货的订单点击发货如图 9-15 所示。选择发货物流公司，并输入运单号码，以备查询物流信息，点击确定完成发货操作。

图 9 – 15　发货操作

买家在收到货物后登录淘宝确认收货，支付宝会将此次交易的金额转给卖家，卖家可以对此次交易进行评价。在订单列表页，点击已完成交易的订单中的"评价"，进入评价页面，根据此次交易的情况对商品以及买家进行评价，评价有三个等级，即好评、中评和差评。

交易完成后支付宝会将货款转入到卖家的支付宝，那么卖家怎么将支付宝中的钱提取出来呢？

首先登录支付宝，完成后点击我的淘宝，选择我的账户，在账户明细中有一个提现的链接，点击进入。输入提现金额以及支付密码，点击下一步，提现成功，系统会在 1 ~ 2 个工作日内将该款打到支付宝绑定的银行卡中，如图 9 – 16 所示。

图 9 – 16　提现操作三

9.1.3.2　淘宝网上开店及管理的案例分析

在网络购物风靡的同时，网上开店成为很多年轻人热捧的创业途径。究竟开网店能获得多大利润？在对淘宝网上级别最高的双金冠卖家和为数不多的五皇冠卖家调查发现，五皇冠卖家一年的净利润能达到 100 多万元，双金冠卖家更是发展成数百人的集团化经营模式。

（1）以"找乐"心态网上创业。在淘宝网上，卖家的信用额度根据顾客好评不断升级，从红心升至钻石，再到皇冠，最后可以达到金冠，而每次升级还需要五个阶段。目前，淘宝网上双金冠卖家有 3 家，五皇冠的女装卖家有 11 家，还有不少综合销售女装、化妆品和食品的五皇冠卖家。多数五皇冠卖家的累计信用在 20 万以上，也就是说网店的总交易量也至少达到了 20 万单以上。

柠檬绿茶是淘宝网上第一家双金冠网店。店主张定华是上海人，毕业于上海中医药大学中药系。2003 年大学毕业后，张定华进入上海一家保健品公司做电话销售和客户咨询师。由于对化妆品感兴趣，工作之余她开了家化妆品网店。"2003 年网购在中国还处于萌芽期，我只是抱着娱乐的心态兼职开店，无心插柳。"

同样以找乐心态开店的还有五皇冠卖家"亮亮金鱼草"的店主祁俊。祁俊是南京女孩，2005 年，上大学三年级的她在淘宝开起了网店，当时空闲时间多，开店是为了打发时间。祁俊的亲戚经营一家化妆品商店，祁俊以此为货源，做化妆品生意，后来逐渐引进服装、饰品等。

（2）"妇唱夫随"成网店扩张主要模式。淘宝网上五皇冠以上级别的店铺都具有一定规模，从货源、销售到售后，形成了公司化管理模式，一些网店还建起工厂。不少网店最初是妻子创业，发展到一定规模后丈夫加入，以"妇唱夫随"的方式将网店做大。

张定华的丈夫叫王维栋，行内朋友都习惯称他俩"男柠檬"、"女绿茶"。最初的网店只有张定华一人经营，一年后小店生意挺火，王维栋辞去收入丰厚的欧莱雅集团财务主管职务，和张定华一起经营"夫妻店"。两人的分工也渐渐明确，张定华负责采购和销售等业务工作，王维栋负责人事和行政等管理工作。

祁俊的"亮亮金鱼草"也是一家夫妻店，最初他们的店里只有五六十种商品，一天销售额五六百元，纯利润 100 元左右。而经营了 3 年多，网店经营范围从化妆品到服装、饰品等女性用品一应俱全。

（3）从红心到皇冠的攻坚阶段。评价网店级别高低的直接依据是信用额度，信用额度高的网店不仅可以层层升级，还能赢得顾客信任，相反信用额度低的卖家生意则不好做。淘宝网公关部负责人卢先生说，最初的积累信用成为网店最艰难的经营阶段。

张定华夫妇为了给网店积累信用，不惜花上血本。张定华说，创业初期是 0 信用，为了让顾客放心，同时提升知名度，他们就在上海人民广场和静安寺开了两家化妆品实体店。而进货和租门店都需要资金，最困难时，一个好友以自己的房子为抵押，贷款借给他们 5 万元，帮他们渡过难关。另外，积累信用时的另一个重要方面是与供应商建立良好的信任与合作关系。供应商也给"柠檬绿茶"很大支持，许多产品都是到货结款、售完结款或者月结，使"柠檬绿茶"利用资金周转的时间差，算计着过日子。

（4）五皇冠卖家日销 2 万元商品。淘宝网上的店铺做到五皇冠，客源和供货商已非常稳定，利润也很可观。祁俊的"亮亮金鱼草"开业四年来，目前每天销售 2 万元商品，其中利润为 10% ~ 15%，相当于每天净赚 2 000 ~ 3 000 元，一年下来，店铺最高能赚 110 万元左右。

根据淘宝网的信用记录，能算出祁俊经营网店以来所赚的钱数。淘宝网为防止卖家制造虚假信用，规定当月里，同一买家在同一店铺购买 6 件以上商品，给的好评最高只能计 6 分；同一买家在 14 天内买同一店铺的同一商品时，不管买多少，只能生效一个好评。按好评得 1 分，中评不得分，差评扣 1 分的规定，"亮亮金鱼草"的信用总计 207 010 分，也就是交易量至少在 207 010 件。"亮亮金鱼草"商品的平均价格按 100 元计算，每件商品利润 10% ~ 15%，每件商品的利润为 10 ~ 15 元，207 010 件商品的最高利润达 300 万元以上。把店铺做到五皇冠以后，祁俊的网店也已经非常成形了。目前网店有十二三名员工、二十几个供货商，网店共有 3 000 多种商品。

双金冠的"柠檬绿茶"已开始集团化经营，现在团队近 300 人，下设零售事业部、B2B事业部、采购中心、仓储物流中心等十几个部门。网店设有一家饰品旗舰店、一家居家用品旗舰店和一家服装旗舰店。网店日均发送 2 000 多个包裹，日均完成 10 000 笔以上的交易，日销售商品数量超过 2 万件。

（5）要将网店做成网上"沃尔玛"。开网店四年多，祁俊的身价已达到 300 万元以上。她计划开办自己的工厂，生产服装、彩妆和美体用品等，掌控生产环节能给她缩减不少成本开支。

张定华夫妇将网店开成"淘宝第一店"，张定华说，她希望成立一个人力资源培训公司，对想通过电子商务创业的个人、开始电子商务运作的传统企业，或对想从事电子商务工作的毕业生、下岗人员培训，帮助淘宝卖家做高端培训或者人力资源管理咨询，把"柠檬绿茶"的实践经验教给大家。另外，她还想成立一个电子商务外包公司，帮助企业在互联网上规范运作电子商务，包括开店、创建网站、销售、市场推广、网络营销等都可以提供完整的外包服务。

金融危机也给网店带来机遇。张定华说，金融危机后许多大企业纷纷裁员，"柠檬绿茶"利用这个时机，积极寻找供应商。目前"柠檬绿茶"的销售范围囊括了女装、化妆品、珠宝、食品、家居用品和玩具等，张定华的理想是将网店做成网上的沃尔玛超市，不仅商品种类齐全，而且具有更大的规模和影响力。

9.2　电子政务

9.2.1　电子政务概述

自 20 世纪 90 年代电子政务产生以来，关于电子政务的定义有很多，并且随着实践的发展而不断更新。

联合国经济社会理事会将电子政务定义为，政府通过信息通信技术手段的密集性和战略性应用组织公共管理的方式，旨在提供效率、增强政府的透明度、改善财政约束、改进公共政策的质量和决策的科学性，建立良好的政府之间、政府与社会、社区以及政府与公民之间的关系，提供公共服务的质量，赢得广泛的社会参与度。

世界银行则认为电子政府主要关注的是政府机构使用信息技术（比如万维网、互联网和移动计算），赋予政府部门以独特的能力，转变其与公民、企业、政府部门之间的关系。这些技术可以服务于不同的目的：向公民提供更加有效的政府服务、改进政府与企业和产业界的关系、通过利用信息更好地履行公民权，以及增加政府管理效能。因此而产生的收益可以减少腐败、提供透明度、促进政府服务更加便利化、增加政府收益或减少政府运行成本。

据美国锡拉丘兹大学市民社会与公共事务教授波恩汉姆（G. Matthew Bonham）和美国国会图书馆研究员赛福特（Jeffery W. Seifert）等人对发达国家电子政务的研究综述，电子政务对于不同的人来说意味着不同的事物，它可以通过行为进行阐述，比如公民通过政府所提供的信息获取创业、就业信息，或者通过政府网站获得政府所提供的服务；或者在不同的政府机构之间创造共享性的数据库，以便在面对公民咨询的时候能够自动地提供政府服务。这种行为方式的描述，意味着电子政务对于不同的受益者而言是不同的，从共性上来看，它整合的是政府服务体系和服务手段，是政府服务形态在通信信息技术革命情况下的自然演化和延伸。

因此我们可以将电子政务界定为：运用计算机、网络和通信等现代信息技术手段，实现政府组织结构和工作流程的优化重组，超越时间、空间和部门分隔的限制，建成一个精简、高效、廉洁、公平的政府运作模式，以便全方位地向社会提供优质、规范、透明、符合国际水准的管理与服务。

电子政务作为电子信息技术与管理的有机结合，成为当代信息化的最重要的领域之一。所谓电子政务，就是应用现代信息和通信技术，将管理和服务通过网络技术进行集成，在互联网上实现组织结构和工作流程的优化重组，超越时间和空间及部门之间的分隔限制，向社会提供优质和全方位的、规范而透明的、符合国际水准的管理和服务。

9.2.2 电子政务的类别

G2G：政府间电子政务。

B2G：政府－商业机构间电子政务。

C2G：政府－公民间电子政务。

在现代计算机、网络通信等技术支撑下，政府机构日常办公、信息收集与发布、公共管理等事务在数字化、网络化的环境下进行的国家行政管理形式。它包含多方面的内容，如政府办公自动化、政府部门间的信息共建共享、政府实时信息发布、各级政府间的远程视频会议、公民网上查询政府信息、电子化民意调查和社会经济统计等。

在各国积极倡导的"信息高速公路"的应用领域中，"电子政府"被列为第一位，可见政府信息网络化在社会信息网络化中的重要作用。在政府内部，各级领导可以在网上及时了解、指导和监督各部门的工作，并向各部门作出各项指示。这将带来办公模式与行政观念上的一次革命。在政府内部，各部门之间可以通过网络实现信息资源的共建共享联系，既提高办事效率、质量和标准，又节省政府开支、起到反腐倡廉作用。

政府作为国家管理部门，其本身上网开展电子政务，有助于政府管理的现代化。我国政府部门的职能正从管理型转向管理服务型，承担着大量的公众事务的管理和服务职能，更应及时上网，以适应未来信息网络化社会对政府的需要，提高工作效率和政务透明度，建立政府与人民群众直接沟通的渠道，为社会提供更广泛、更便捷的信息与服务，实现政府办公电子化、自动化、网络化。通过互联网这种快捷、廉价的通信手段，政府可以让公众迅速了解政府机构的组成、职能和办事章程，以及各项政策法规，增加办事执法的透明度，并自觉接受公众的监督。同时，政府也可以在网上与公众进行信息交流，听取公众的意见与心声，在网上建立起政府与公众之间相互交流的桥梁，为公众与政府部门打交道提供方便，并从网上行使对政府的民主监督权利。

在电子政务中，政府机关的各种数据、文件、档案、社会经济数据都以数字形式存储于网络服务器中，可通过计算机检索机制快速查询、即用即调。经济和社会信息数据是花费了大量的人力、财力收集的宝贵资源，如果以纸质存储，其利用率极低，若以数据库文件存储于计算机中，可以从中挖掘出许多有用的知识和信息，服务于政府决策。

9.2.3　我国电子政务的发展现状

电子政务不仅仅能够增强我国政务透明度、提高政府服务质量，而且能够服务于我国的民主政治建设。电子政务的建设，为公众参与政府决策提供了很多便捷的渠道，在互联网普及的地方，政府网站已逐步成为政府与公众之间重要的交流渠道。通过政府网站，政府能够加强与公众沟通和民意征集，让人民群众更大范围地参政议政，并在做好服务的同时接受公众监督。从目前的发展情况看，国内各政府职能部门的网络基础建设已经初具规模，不同部门的局域网已经基本搭建完成，甚至有些地区已经形成了城域网的基本雏形。从具体应用效果看，政府内部通过网络化沟通和信息共享，办公效率大有提高。虽然，近几年我国电子政务取得了长足的进展，但也存在着不少问题，制约着我国电子政务的进一步发展。

（1）政府对电子政务的系统性及其在信息化建设当中的地位认识不够，缺乏明确的发展策略。我国在发展电子政务方面存在不少错误认识。一种是把电子政务仅仅当做政府部门的计算机化，不重视软件的开发和政府业务流程的整合，而是用计算机系统去模仿传统的手工政务处理模式，结果很多政府部门的计算机设备成为高级打字工具，没有发挥应有的作用。另一种是简单地把电子政务等同于政府上网，以为把政府一些政策、法规、条例搬上网络就万事大吉，没有把传统的政务工具同网络服务有机地结合起来。对电子政务的系统性及其在信息化建设当中的地位缺乏认识。

（2）电子政务的发展存在重新建轻整合，重电子轻政务的现象。"电子政务"的关键是"政务"，而不是"电子"。但不少领导者只是把电子政务当成一种新技术。以为只要投资，有了硬件设备就算建成电子政务。事实上，电子政务最需要的是强有力的统一领导；否则，利益冲突无法协调，标准规范无法统一，系统无法一体化，资源（包括信息）无法共享，重复建设无法避免。因而，把电子政务落到实处的关键还是在"政务"上，"电子"只是为政务提供支撑和服务。提高电子政务水平的关键不在于技术，而在于对政府行为、公共管理行为的研究和改进。

（3）保障电子政务发展的法律、法规还不完善。电子政务的发展离不开良好的法律法规环境。世界主要发达国家，为了促进电子政务的发展，都制定或修改了相关法律。然而，我国在保护电子政务信息安全方面的电子政务立法一直是滞后的。我国目前电子政务的法律法规很不健全，只是由行政机关对互联网管理出台了一些限制性的行政法规。政府信息化缺乏基本的法律和制度保障。如缺少政府信息公开法、政府信息资源管理法。原有的一些法律已不能适应信息化发展的要求。法律法规的欠缺势必阻碍电子政务建设的进程。

（4）电子政务的发展缺乏统一规划，领导机构不健全。目前我国电子政务的发展缺乏宏观规划，国家没有提出明确的电子政务发展目标，也没有制订相应的发展规划。各地电子政务的建设是各自为政，采用的标准各不相同。机构还很不健全，作用也很有限。主要表现在：一是体制不顺。如国家信息办公室归国务院领导，但地方政府的信息办公室（或称信息中心）则有的地方归政府办公室领导，有的地方归科技部门领导，有的地方属于政府的职能部门，有的地方则成了事业单位。二是职能不清。本来政府部门的电子政务领导机构应统一领导、管理电子政务工作。但是，现在普遍担负不起这个任务。即政府对公众的电子政务和政府对企业的电子政务服务等，尚无职能部门管理。这些都是制约我国电子政务发展的重要原因。

9.2.4 电子政务案例分析

随着信息化技术的不断向前发展，电子政务已经成为社会发展和变革的一个重要的标志。历史进入国家的"十一五"建设时期，国家提出了大力发展电子政务基础平台的倡导。湖北省作为华中地区经济强省，于 2006 年率先全面建设综合省级电子政务系统。通过电子政务系统的建设，提高政府监管能力、政府工作效率，也提高了政务工作的透明度；通过科技手段，全面加强党和政府的执政能力。该项目在湖北省委省政府的领导下，在湖北省信息产业厅领导直接领导下，经专家认真研究论证，确定了通过中间件技术，采用当前国际流行的多层架构，实现省电子政务中心、省级应用和数据体系，以及与 124 个省级职能部门、1个省级中心、17 个地市州全面进行在线数据交换的综合省级电子政务系统。该系统依托湖北省电子政务外网，采用整合方式搭建省级平台，实现从网络上的省电子政务中心和各直属机构、各地市州之间的广泛连接和通信。建立省级数据中心，通过前置系统与各分支系统形成数据交换连接，实现全省范围内各直属机构之间、各应用之间、各地市州之间以及不同的系统层次之间可靠的数据交换，为联合业务系统提供数据支撑，并将系统的服务范围拓展到全省范围内。在此基础上，建立健全一批基于全省电子政务平台的应用系统，达到电子政务系统建设最终服务于民的宗旨。

下面以湖北省人民政府网站作为案例，网站地址 www.hubei.gov.cn，对网站的在线服务功能进行分析如下：

（1）办事大厅。电子政务的一大功能，就是把政府的事务公开，让老百姓能"清清楚楚、明明白白"地监督政务，促进阳光政府建设。

目前，在湖北省政府门户网站上，对 30 多种市民和企业办事事项，提供了从网上受理、表格下载、在线咨询、监督投诉、状态查询、在线申报的全流程服务框架模式，在线查询项目达 50 种。

（2）省长信箱。政府部门网上受理群众的投诉，政府官员与群众就热点、难点问题网上交流——电子政务的推行，搭建起了政府与民众交流的平台。

今天，您要是对湖北省经济社会发展有什么意见或建议，有什么事要向各部门负责人或省长反映，可以向省政府门户网站设立的"厅局长信箱"或"省长信箱"写信，如图 9-17 所示。这些信息，会通过系统，直接传递到各个部门并形成互动。2009 年头 3 个月，省长信箱共收到 4 000 多封信，比上年全年还多。

图 9-17 省长信箱

（3）政务公开。过去，财政资金情况、人员编制情况被作为敏感信息藏着掖着，不要说普通百姓，连部门内部不管钱、不管人的干部职工也不了解。这样做的一大弊端是，编外人员越来越多，吃空饷的人浑水摸鱼，财政不堪重负。

后来，湖北省财政厅和湖北省编办共建财政与编制公开信息系统，财政资金使用情况和省直部委机构、编制、人员情况在网上公开，开创了全国先例，如图9-18所示。这一信息公开，日均点击量高达5万，网民的监督，为湖北省清理了1 000余名吃空饷者，财政负担大大减轻，百姓拍手叫好。

图9-18　政务公开

湖北省将进一步加大政务信息公开的力度，重点是把老百姓最关心的行政许可过程、收费、土地审批、药品价格、安全事故处理、公务员任职、重大项目招投标等在电子政务系统上公开，使其置于社会监督之下。

今后，凡具有对企业处罚职能的省直部门，其作出的处罚行为也将上网公开。首批纳入的单位有建设、交通、文化、卫生、公安、消防、工商、税务、质监、药监、安监、环保、检验检疫、商务、海关等部门，以及法院和检察院。

9.3　办公自动化系统

9.3.1　办公自动化系统简介

办公自动化系统（Office Automation System，OAS），本意为利用技术的手段提高办公的效率，进而实现办公的自动化处理。采用Internet/Intranet技术，基于工作流的概念，使企业内部人员方便快捷地共享信息，高效地协同工作；改变过去复杂、低效的手工办公方式，实现迅速、全方位的信息采集、信息处理，为企业的管理和决策提供科学的依据。一个企业实现办公自动化的程度也是衡量其实现现代化管理的标准。OA从最初的以大规模采用复印机等办公设备为标志的初级阶段，发展到今天的以运用网络和计算机为标志的现阶段，对企业办公方式的改变和效率的提高起到了积极的促进作用。

OA软件解决企业的日常管理规范化、增加企业的可控性、提高企业运转的效率的基本问题，范围涉及日常行政管理、各种事项的审批、办公资源的管理、多人多部门的协同办公，以及各种信息的沟通与传递。可以概括地说，OA软件跨越了生产、销售、财务等具体的业务范畴，更集中关注于企业日常办公的效率和可控性，是企业提高整体运转能力不可缺少的软件工具。

9.3.1.1 办公自动化发展的阶段

（1）工具阶段。纸张信息数字化，纯文字、表格处理、存储、查询。

（2）MIS阶段。数字信息采集汇总，流程、表单管理，局域共享，C/S结构为主流。

（3）网络协同工作时代。互联网环境，对信息全方位、多角度共享及协同要求，基于智能、门户、管理及业务一体化整合，B/S结构为主流。

虽然诸如Lotus 1-2-3和MS Office系列的许多应用软件可以提高办公效率，但是这仅仅是针对个人办公而言。办公自动化不仅兼顾个人办公效率的提高，更重要的是可以实现群体协同工作。协同工作意味着要进行信息的交流，工作的协调与合作。由于网络的存在，这种交流与协调几乎可以在瞬间完成，并且不必担心对方是否在电话机旁边或是否有传真机可用。这里所说的群体工作，可以包括在地理上分布很广，甚至分布在全球各个地方，以至于工作时间都不一样的一群工作人员。

办公自动化可以和一个企业的业务结合得非常紧密，甚至是定制的。因而可以将诸如信息采集、查询、统计等功能与具体业务密切关联。操作人员只需点击一个按钮就可以得到想要的结果，从而极大地方便了企业领导的管理和决策。

办公自动化还是一个企业与整个世界联系的渠道，企业的Intranet网络可以和Internet相联。一方面，企业的员工可以在Internet上查找有关的技术资料、市场行情，与现有或潜在的客户、合作伙伴联系；另一方面，其他企业可以通过Internet访问你对外发布的企业信息，如企业介绍、生产经营业绩、业务范围、产品/服务等信息，从而起到宣传介绍的作用。随着办公自动化的推广，越来越多的企业将通过自己的Intranet网络连接到Internet上，所以这种网上交流的潜力将非常巨大。

9.3.1.2 办公自动化的分类

目前企业的办公自动化程度可以划分为以下四类：

（1）起步较慢，还停留在使用没有联网的计算机，使用MS Office系列、WPS系列应用软件以提高个人办公效率。

（2）已经建立了自己的Intranet网络，但没有好的应用系统支持协同工作，仍然是个人办公。网络处在闲置状态，企业的投资没有产生应有的效益。

（3）已经建立了自己的Intranet网络，企业内部员工通过电子邮件交流信息，实现了有限的协同工作，但产生的效益不明显。

（4）已经建立了自己的Intranet网络；使用经二次开发的通用办公自动化系统；能较好地支持信息共享和协同工作，与外界联系的信息渠道畅通；通过Internet发布、宣传企业的产品、技术、服务；Intranet网络已经对企业的经营产生了积极的效益。现在正着手开发或已经在使用针对业务定制的综合办公自动化系统，实现科学的管理和决策，增强企业的竞争能力，使企业不断发展壮大。

办公自动化已经成为企业界的共识。众多企业认识到尽快进行办公自动化建设，并占据领先地位，将有助于保持竞争优势，使企业的发展形成良性循环。

办公自动化的实施应该考虑企业的实际情况，主要是企业的经济实力。按照上述分析，第一类企业进行办公自动化建设就需要较多投入，既要搭建企业 Intranet 网络，又要开发办公自动化系统，需要企业有较强的经济实力才能完成；而对于第二、第三类企业，由于企业Intranet 网络已经存在，只是没有或没有好的办公应用系统，所以只需投入相对网络投资少得多的资金即可开发通用办公自动化系统，产生较高的投资回报，即便一步到位开发综合办公自动化系统其投资也要比网络投资少得多，而产生的经济效益更高；对于第四类企业，由于其办公自动化基础好，只需较少的投资即可达到目前办公自动化的最高水平。

9.3.2　应用案例

9.3.2.1　广东省公安厅办公自动化系统构建案例

（1）项目背景。广东省公安厅一直以来都非常注重信息管理系统的建设，非常注重员工特别是机关各级管理人员的培养，已取得了明显的效果，但是随着机关的高速发展和管理需求的不断扩大，对信息进行有效整合和利用在机关内部管理中的作用越来越大，广东省公安厅原办公系统基于 CS 方式，经过几年的应用现有系统的一些不足体现出来了。例如缺乏多种类信息（数据、多媒体信息）的交换方式，缺乏对办公数据的归纳整理，缺乏对冗余数据的整合，缺乏对数据信息的有效共享利用，缺乏知识管理，这些正是支撑政府不断发展的有效的信息平台。

充分利用计算机网络技术，全面、系统地建设一套适合机关现实管理需要，能够确保公文高效运转，有效整合各种管理信息，提高内部管理效率和减轻工作人员工作负担的办公自动化系统就成为广东省公安厅从管理上适应机关高速发展的迫切要求。

（2）项目需求。广东省公安厅机关在正式推广前进行几个处室的试运行，并将试运行的要求进行整理，形成适合广东省公安厅各处室应用的办公自动化系统，厅机关在系统的功能上分为三大部分：流转应用、Office 应用和系统管理。

流程应用是指用户在日常办公中，需要涉及流程的应用。如：收文发文、通知、值班日志等。Office 应用是指用户的日常办公中需要用到的，不需要涉及流程的应用，比如：工作日志、日程安排、留言本等。在系统中支撑着这两类应用的系统级数据称之为系统资源。管理工具则管理着所有的系统资源，从而起到管理整个系统的作用。

（3）实现功能。公安厅机关办公自动化系统采用 BS 方式，客户端利用 IE（浏览器）该问，系统主界面分为三个显示功能区：工作区、快捷操作栏、导航栏。

待办事务及待办工作的提醒在中间区域提醒，因此中间区域也是用户的主工作区（最大椭圆所示），上面椭圆所示部分是快捷操作栏和菜单栏，左侧是系统的导航栏，如图 9-19 所示。

主工作区显示了当前用户的日程和待办事项等信息，通过点击相应的链接，可以进入链接所指的事项。所有红色的数字表示该事项的数量。快捷操作栏和菜单栏提供了进入各个模块的入口。在本系统各个模块的主页面，都有这两个工具栏，可以很方便地根据需要随时切换到其他模块的主页面。导航栏对各个功能模块进行了分类显示，用户可以找到自己所需的功能模块点击进入。

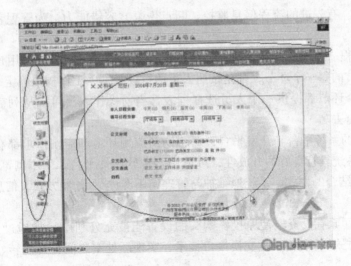

图 9 - 19　办公自动化系统主界面

广东省公安厅对其办公系统的要求，归纳起来有以下几点：

- 实现在国际先进通信平台上建成计算机信息交换平台及办公自动化；
- 有先进的流程信息监控、断点恢复、容错能力，为管理者提供高效的管理工具；
- 可保留公文所有的修改痕迹；
- 支持工作过程的统计以及查询功能；
- 支持 Internet/Intranet 结构的应用；
- 采用友好的图形化窗口用户操作界面，支持鼠标操作，可操作性强，而且操作界面应简洁、直观，有利于简化操作，并提高操作效率；
- 具备完整的操作权限管理办法；
- 强大的在线帮助功能。

（4）主要特点。

① 集成统一的工作环境。系统的设计目标就是从办公习惯出发，尽可能简化用户操作，使用户以尽可能少的操作步骤得到尽可能多的信息，使初学者仅需简单的培训，即可基本了解和使用本系统。

② 文件修改痕迹保留技术（支持 Word 内嵌）。对于发文系统，在审核修改稿件时，可以保留修改痕迹。而且，不同人的修改痕迹可以用不同的颜色加以区分，同时附加签名。这样，在日后阅读痕迹稿时，可以清晰地再现和区分不同的人所做的修改，从而明确了文件的处理责任。

③ 为各级领导及员工提供常见意见列表。可从中选择公共意见或个人意见，省略输入工作，方便领导和员工办公。

④ 跟踪信息管理。对文件传递过程中的每个环节进行自动跟踪，以表格的形式记录各环节的办理人、发出日期、所做操作等。每个环节均可查看到公文在整个运转过程中的流转情况。

⑤ 接收文件主动提示。发送方在文件正常发出后，同时发送待办事宜信息提示给接收人。

⑥ 流程监控。有先进的流程信息监控、断点恢复、容错能力，为管理者提供高效的管理工具。

⑦ 灵活的流程、组织、人员管理。公文系统具有灵活的流程设置，用户可根据情况自行定制。公文运转的每一个环节，都是按照人员的行政级别、工作权限确定分送关系的。也就是说，在每一个环节都提供一个人员选择列表，当前操作人员可以从列表中选择任一个人，将文件分送出去。

⑧ 采用开放的系统平台和开发平台，对不同的应用环境和应用需求都有良好的可扩充性和适应能力。系统具有良好的开放性，可适用多种软硬件平台，采用浏览器/服务器与客户/服务器结构相结合的方式，系统地维护与管理使用客户/服务器方式，信息检索使用浏览器/服务器方式。

⑨ 保护公安厅原有投资，使原投资购买的设备能被充分利用（如通过公文传输平台、电子邮局或其他方式），利用数据交换接口技术，实现厅处室之间公文流转、处理、归档的自动化。

（5）项目收益。

① 信息化认识能力。人员的信息化认识停留在初步 OA 应用阶段，日常工作在原应用系统中对 OA 的认识还停留在原系统的认识中，但在推广新的厅机关办公自动化系统时需要人员对工作岗位及工作习惯重新认识、重新总结，使工作人员不得不从工作的实际需要出发，重新理解及提炼工作岗位上信息化的实现方式及需求，因此在信息化认识上人员从被动地接受方式转变为主动分析方式，对工作岗位上的工作重新定位、重新总结。

② 主动学习意识。针对厅机关办公自动化系统的实施、推广、培训，让人员的学习意识及对新事物接受的能力随办公自动化系统的推广及应用，让人员建立起学习的信心，对新事物不再是抗拒或抵触的心态，人员信心的建立让他们在日常工作中更主动地去学习信息化以及和日常工作有关的新事物及技术。

结合厅机关的实际情况，对本项目的目标界定为建设和实现适合全厅机关各处运行的"通用办公自动化系统"，再结合各处的个性化需求，提高厅机关日常管理工作的信息化水平。在厅机关办公自动化系统建立之后，能够使厅机关日常工作效率更高，并通过对厅机关办公自动化系统的推广，进一步地提升厅机关工作人员的信息化水平。

9.3.2.2　中石油宁夏石化分公司

中国石油天然气股份有限公司宁夏石化分公司是全国最大的百万吨尿素生产企业之一，公司拥有两套大化肥装置，总资产 29.1 亿元，员工 1 333 人。

1999 年，公司信息中心和北京三维天地计算机技术开发有限公司紧密合作，在公司范围内实施了以三维天地 SuperOA. iMatrix 办公自动化系统为蓝本的宁夏石化办公自动化工程，取得了显著的效果。该系统基于 Lotus Notes 平台，利用它的电子邮件系统、多媒体文档管理数据库、多级别安全机制、内置的工作流开发环境、与 Internet 无缝集成、双向复制同步和对移动办公的支持等先进技术，为公司实现从文件管理到知识管理的跨越奠定了坚实的基础。

本系统采用模块化、面向对象式设计，以电子邮件和网络协议为基础，以工作流应用和非工作流应用为分类，以各部门的业务流程和彼此的联系为主线。

按信息的流动层次分，可以分为协议层、管理层、内部信息处理层和信息发布共享层。协议层是整个系统的信息基础设施，完成信息的路由和存储；管理层控制信息的共享和用户的权限；内部信息处理层完成各办公单位自身内部的事务处理，形成内部信息和外部共享信息，并通过共享信息层将共享信息发布出去；信息发布共享层完成资源的共享。

按模块所体现的管理职能划分，可以分为公共信息子系统、行政办公子系统、党群工作子系统、生产技术子系统、企业经营子系统、基本建设子系统、仪器设备管理子系统，如图 9 – 20 所示。

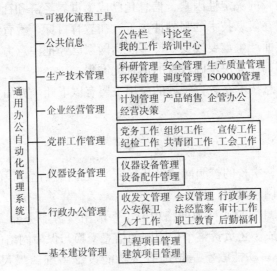

图 9 – 20　宁夏石化 OA 系统功能模块

在实施办公自动化工程之前，公司的公文收发和报表传递都依靠手工进行，效率低下，且信息的利用率不高。

现在，各职能用户根据权限分别使用相应的管理功能，将行政办公、基本建设、设备管理、企业经营、知识资源等各类文件、报表、知识纳入集中统一的管理体系中，这些资源既可以高度共享，又可以设定权限进行预定范围的共享。由于系统提供了较为灵活的文件格式自定义功能，用户可以随时增加要管理的文件资料，并对文件进行自由分类映射、全文索引、模糊搜索、邮件发送、信息发布等操作，大大地提高了企业的信息利用水平。

1999 年下半年，公司进行了企业重组，由于采用了灵活的可视化工作流方案，只需要将原有的流程图提取出来而不必修改源程序，就能够适应企业重组带来的管理上的变化。由于系统的各模块不是按照具体的科室单位划分信息单元，而是按照管理职能分工的不同来设置模块，所以，只需进行简单的重新设置就可以迅速适应这种人事、职能的变更，系统又通过格式定义功能让使用者自己定义办公管理的广度、深度。文件格式可以和工作流程进行预定捆绑，并可以设置编辑权限和创建权限，体现了系统的灵活性和伸缩性。

目前，宁夏石化分公司各行政处室、专业科室都使用了 SuperOA 系统进行办公管理，大大提高了办公的效率和信息利用水平，使公司办公管理水平迈上了一个新台阶。

9.4 信息技术在教育领域的应用

进入 21 世纪以来，以多媒体技术和网络技术为核心的信息技术正在以超乎人们想象的速度向前发展，并进入到社会的各个领域和环节。整个社会正处在由工业化社会向信息化社会过渡的关键时期，各行各业正在加快从资本、体力密集型向知识、智力和技术密集型转变。科技已成为经济增长的决定性因素，信息化已成为世界经济和社会发展的共同趋势。在这种情况下，教育也将在信息技术的强烈冲击下，在教育目标、教育结构、教育内容、教育手段乃至教学评价等方面产生重要改变。许多发达国家已经把注意力放在下一代人的信息素质的培养上，世界各国都在加快基础教育的信息化进程。

迄今为止，我国信息技术在教育领域的应用主要有以下几个方面：

9.4.1 校园网建设

在很长一段时间内，学校的校园网建设几乎成了教育信息化建设的替代词，各个学校主要从以下几方面对校园网建设进行投资：

（1）信息中心。信息中心或称为网络中心，一般由资源服务器、Web 服务器、数据库系统及主干交换机等构成。它负责整个校园网的信息交换与保障网络的正常运作。

（2）多功能教室。多功能教室是指配有多功能投影系统或大尺寸彩色电视系统的教室。多功能投影系统是以计算机为核心的，包括多媒体投影机、录像机、影碟机、视频展示台、功率放大器、大屏幕和控制系统等设备的视听演示系统。它可与校园网或闭路电视系统相连，同时计算机还能供讲课者使用，用于演讲、学术报告、普通课件演示及计算机教学等。

（3）计算机网络教室。计算机网络教室是指计算机教室连成的局域网，是目前学校应用得最多的局域网，教学内容直接从网络上发布。在某些计算机网络教室中，另配有音视频通道，可将教师用机或学生用机屏幕上的内容通过该通道广播到其他机器上，并支持分组。因此通常也称为多媒体电子教室。这类教室主要用于信息技术课教学、学生上机练习以及其他课程的辅助学习等。

（4）虚拟图书馆。将大量的图书资料以数字化的形式存储在资源服务器上，或通过Video 服务器提供各种多媒体信息资源。学生与教师通过计算机网络可以方便地对资料进行查询、检索和使用。

（5）电子备课室。为教师提供利用网络资源和各种工具进行课程设计与开发的环境。它由采集压缩系统、图像处理系统、光盘制作系统、教师备课系统、服务器和若干台多媒体计算机组成。

（6）学校办公网。通过在校园网上运行的综合信息管理系统，学校的教学管理和日常管理实现办公自动化。

（7）其他应用，如校园卡系统，利用校园网和智能卡（IC 卡）技术，形成学校内部完整的校园卡系统，通过一张 IC 卡，可以作为学生证、上机证、借书证、电话卡、就餐卡等，使学校全面实现电子信息化管理等。

校园网建设给学校传统教学模式带来了许多崭新变化，但无论从网络的建设、资源的开发、应用的选择、标准的指定等各方面，都需要相关部门的规范和指导，才能得到更好更健康的发展和应用。许多学校在建完校园网后，发现自己正面临教育资源、人力资源甚至应用软件的多种缺乏的局面。

9.4.2　多媒体课件制作技术的应用

随着多媒体技术的发展和课件制作工具软件的出现，多媒体课件的制作与应用在局部地区的个别学校得到应用和普及。个别学校已经将课堂多媒体组合教育方式和利用多媒体计算机个别交互学习方式结合到传统教育方式中。目前除了专业的软件技术公司能提供多媒体课件外，学校教师自己设计制作的课件也极大地丰富了教学资源。但从整体上，软件和教学资源的缺乏限制了校园网更好的应用和发展。目前，教育部已经开始在全国征集中小学的应用软件和演示资源，其中包括结合教学使用的多媒体素材、系列的网络课件以及一些优秀教师的课程实录，这些软件和资源经过专家评审，也将向中小学师生推荐。

9.4.3　基于 Internet 的网上教育的实现

Internet 应用的推广和普及使各类网站如雨后春笋般出现，网上学校和提供教育及教育相关资源的网站也正在逐渐增多和发展。很多校园网站和网上学校提供了较为丰富的教学资源，并提供了远程交互互动的教学功能；一些资源丰富、教育水平高、网络环境好的学校，还开展了与远郊区县甚至国外学校的远程教育。Internet 技术的发展带来了一种网络化的学习新文化，但其教学模式还只是传统教育模式在网络上的延伸。教育部正在对全国中小学教育网站进行征集和评审，挑选出内容好的、符合素质教育要求的、适合中小学生浏览的网站，链接到中国基础教育网（www.cbe21.com）上，使散落在各地的信息资源得以有效利用。

9.4.4　数字化技术的飞速发展给远程教育提供了新的契机

传统的远程教育的办学主体是广播电视大学，其教学模式主要是把具有丰富教学经验的教师的教学过程录制成电视录像带或录音带，利用已有的广播电视网或卫星微波传输技术来进行教学。随着数字化技术的飞速发展，远程教育开始建设以计算机网、卫星电视网、电信网三网合一的空间立体、开放的远程教育体系，从而克服以往模式的非双向性、非协作性、非个别化等缺点。目前国务院批准了教育部《面向 21 世纪教育振兴行动计划》，将"现代远程教育工程"作为振兴教育的六大工程之一。它以现有的中国教育科研网（CERNET）示范网和卫星视频传输系统为基础，进一步扩大中国教育科研网的传输容量和联网规模，并继续发挥卫星电视教育在现代远程教育中的作用，改造现有的广播电视教育传输网络，建设中央站，进行部分远程办学点的联网改造，构建远程教育的专用平台；建立教育软件和课件的开发中心、教育资源数据库和电子图书馆，实现全国教育资源的共享。

凡此种种现象的存在，都说明了在这个技术日新月异的信息时代，对现代教育技术的研究提出了更高的要求，对信息技术成果在教育领域应用也存在更大的挑战。作为教育界人士，应时刻注意：教育应不断地预测未来社会的需求，并且为满足这些需求而努力。未来技能的焦点将集中在思考、学习以及交流等方面，而基于信息技术的教学和学习是学生获得这些技能的关键途径。作为教育信息化解决方案的提供者和服务者，应时刻注意和预测教育的需求，不断地为教育寻求一个更为广泛的走向信息技术之路的基础，并为满足这些需求而努力。

9.5 信息技术与商业智能

9.5.1 商业智能概述

（1）商业智能的概念。商业智能（Business Intelligence）也称为 BI，通常被理解为将企业中现有的数据转化为知识，帮助企业作出明智的业务经营决策的工具。这里所谈的数据包括来自企业业务系统的订单、库存、交易账目、客户和供应商等来自企业所处行业和竞争对手的数据以及来自企业所处的其他外部环境中的各种数据。而商业智能能够辅助的业务经营决策，既可以是操作层的，也可以是战术层和战略层的决策。为了将数据转化为知识，需要利用数据仓库、联机分析处理（OLAP）工具和数据挖掘等技术。因此，从技术层面上讲，商业智能不是什么新技术，它只是数据仓库、OLAP 和数据挖掘等技术的综合运用。

（2）商业智能的主要功能。

① 终端用户查询和报告。专门用来支持初级用户的原始数据访问，不包括适应于专业人士的成品报告生成。

② 提供多维数据管理环境，其典型的应用是对商业问题的建模与商业数据分析。

③ 数据挖掘（Data Mining）。使用诸如神经网络、规则归纳等技术，用来发现数据之间的关系，作出基于数据的推断。

④ 数据仓库（Data Warehouse）和数据集市（Data Mart）。包括数据转换、管理和存取等方面的预配置软件，通常还包括一些业务模型，如财务分析模型。

⑤ 联机分析处理。联机分析处理（OLAP）的概念最早是由关系数据库之父埃德加·科德（Edgar F. Codd）于 1993 年提出的，他同时提出了关于 OLAP 的 12 条准则。OLAP 的提出引起了很大的反响，OLAP 作为一类产品同联机事务处理（OLTP）明显区分开来。

9.5.2 面向电子商务的商业智能管理系统的设计思想

面向电子商务的商业智能管理系统是基于智能管理系统和在线决策支持系统相结合的基础上，将智能化、集成化、网络化、协调化及在线决策支持的思想融入到传统的商业计算机管理系统之中，使其能够适应现代商业发展的规律与趋势，为经营决策者提供更好的经营管理环境和决策支持。

（1）智能化。商业智能管理系统是集合人工智能、知识工程、模式识别、机器学习、数据挖掘等技术，面向智能体的方法和技术应用于商业管理系统设计中，特别是从大量营销数据和市场信息中收集和挖掘知识以及适应市场的变化。

（2）集成化。通过方法集成与技术集成的有机结合，实现功能集成，使商业智能管理系统不仅具有信息管理功能，而且具有决策支持、信息管理及商务处理的功能。

（3）网络化。采用浏览器/服务器计算模式以及 Web 技术，面向电子商务设计基于 Intranet 的商业智能管理系统，实现与 Internet 的无缝连接，为发展电子商务活动，开拓信息高速公路上的网络市场提供条件。商业和企业的决策者最关心增加商家和企业的效益，增强商家和企业的竞争力，吸引更多的顾客，保留现有的用户和客户，缩短商品销售周期，增强商品供应链的管理，实现知识共享，将产品打入国际化市场，开展全球贸易，同时还能对各种突发事件具有迅速反应的能力和极强的适应能力，促进电子商务的顺利发展。因此，商业和企业的信息技术部门面临辅助决策者正确决策的需求，这就需要建立电子商务在线决策支持系统。

（4）协调化。采用广义管理模型、多媒体人机智能界面和多库协同软件等智能管理系统的关键技术，设计和实现商业智能管理系统，不仅可为商业管理决策人员提供友好、自然的人机界面，还可以实现人机合理分工、人机智能结合，提供计算机支持的商业人员协同工作环境，实现基于广义管理模型和智能优化的协调管理。

9.5.3　设计面向电子商务的商业智能管理系统的关键技术

（1）数据仓库技术。数据仓库是体系化环境的体现，它是面向主题的、集成的、稳定的、不同时间的数据集合，用于支持经营管理中决策的制定过程。数据仓库技术将分布在商业网络中不同信息岛上的数据集成到一起，存储在一个单一的集成关系型数据库中。利用这种集成信息，可以方便商家对信息的访问，更可使决策者对一段时间内的历史数据进行分析，研究事物的发展趋势。

（2）数据挖掘技术和数据导航技术。数据挖掘是按照既定的业务目标，对大量的数据进行探索，揭示其中隐藏的规律性，并进一步将其模型化的先进、有效的大量数据处理的方法。数据挖掘技术使数据仓库成为决策支持的最好的工具，能够帮助决策者从商业堆积如"山"、势如"洪水"的大量数据中挖掘出隐藏着的规律性，以便支持决策者及时作出正确而科学的经营管理决策。

（3）多库协同软件技术。为了实现商业智能管理系统的软件技术，对数据挖掘、广义模型、智能优化及多媒体人机智能界面提供软件支持，需要应用和开发多库协同软件的方法和技术。多库协同软件是智能管理系统的软件实现技术，是协同运行的、多库一体化的软件环境。它主要包括：多库协同器和数据库、知识库、模型库、方法库、图形库、图像库、音素库、语料库、文件库、动画库等及其相应的管理系统。

（4）智能优化技术。在实际系统的优化中，基于数学模型的优化方法往往难以实际应用，主要困难在于仅用数学模型难以描述实际的复杂系统，而且实际数据可能不准确、信息不充足。智能优化方法的类型取决于所采用的广义管理模型，当集成广义管理模型是由知识模型与数学模型构成时，相应的智能优化方法是知识推理与数学校算相结合的方法。典型的智能优化方法有启发式动态规划方法和自学非线性规划方法等，可用于商业智能管理系统的优化设计和运行。

（5）虚拟现实技术。虚拟现实技术是电子商务中的重要技术，是虚拟超市、虚拟商店和虚拟交易柜台的技术基础。它是人们利用计算机和信息技术，人工建造三维空间环境的技术，使参加者通过多感官获得与现实世界极其相似的三维环境空间感受。这一技术在商业智能管理系统中主要面向网络浏览部分，使顾客能够亲身感受商场的实时环境，实现在线实时参与，实时进行虚拟现实的视觉信息交互、声音信息交互等，在虚拟现实的三维环境内随需要进行各种商业活动和操作。

（6）多媒体人机界面技术。人机协调是商业智能管理系统设计和运行的关键问题。为了实现人机协调，在系统设计中要做到人机合理分工，而在实现中则要提供多媒体的人机智能界面，以便在系统运行中能够进行人机的友好交互，实现人机智能结合，人机协同工作。在多库协同软件支持下，可以为商业智能管理系统设计和实现可视化的多媒体人机智能界面，建立人机协调的商业智能管理系统。

（7）B/S 计算模式。商业智能管理系统不仅要为传统商业活动服务，而且要适应电子商务的需求，因而商业智能管理系统是基于 Internet 的，采用 B/S 的计算模式，或者是 B/S 和 C/S 二者相结合模式，或采用胖客户端模式。

（8）安全保密技术。电子商务技术使在网上交易的双方能够极其方便轻松地获得对方信息，但同时也增加了对某些敏感和有价值的数据被滥用的风险。交易双方都必须保证在 Internet 上进行的一切交易活动都是真实可靠的，因而电子商务系统必须保证网络安全的四大要素，即信息传输的保密性、数据交换的完整性、发送信息的不可否认性、证明交易的原始性。

9.5.4　面向电子商务的商业智能管理系统应用案例分析

（1）电子商务在线决策支持系统。电子商务在线决策支持系统和以前建立的 MIS、CIMS 等系统是不同的，以前的 MIS、CIMS 等系统通常是根据预先定义的任务编写的程序，执行确定型的计算机作业，其特点为运行数据是大量的，而业务处理范围却相对较小，实际上这也是由当初进行系统分析、设计时的要求决定的。在设计数据库时通常是根据实体关系图（E-R）使冗余最少，建立数量较多但又比较简单的数据库表，一般总是要向系统中标加数据。电子商务在线决策支持系统实际上是一种业务智能化系统（BIS），其特点如下：

① 能够面向非结构化或半结构化问题，对原来没有提出过的任务和查询作出反应，而这些问题可能还需要进行深入探索和分析，对其复杂的结论要能够充分地作出明确的描述。

② 主要是利用已有的数据，提出新的、有价值的信息，通常需要利用数据挖掘、数据切片、数据旋转和数据导航等技术。

③ 在线决策支持系统比一般的决策支持系统更好地适应电子商务的需要，使决策者能够从多个角度全面地观察事物，创立更加符合决策者思维过程的决策支持，辅助决策者在线进行复杂的数据和信息处理，及时地向决策者提供制定正确决策所需要的全部信息。

（2）电子商务订单实时智能处理。

① 电子商务订单实时智能处理流程分析。电子商务订单实时智能处理，一方面，遵循人工处理订单的过程，即获取分析订单信息，一为订单确定供货点，为订单确定第三方物流配送中心，在不能够满足客户的情况下，与客户协商；另一方面，结合人工处理电子商务订

单过程中供货点定位、第三方物流配送中心选择，以及与客户对话的经验、知识和规则，进行实时智能处理。处理流程如下：

首先，需要获取并分析客户的订购信息，明确客户订购的供货定位以及配送选择的要求。其次，需要为客户订购的商品确定合适的供货点。在为客户确定提供供货服务的供货点时，尽可能将配送地点相近的客户订购安排同一个供货点供货，形成供货点定位处理的规则库和知识库，实现客户订购的供货点定位智能处理。再其次，在供货情况以及供货点确定后，需要为客户订购的配送确定合适的第三方物流配送中心，结合人工确定第三方物流配送中心过程的经验和知识，形成第三方物流配送中心选择的规则库和知识库。最后，针对物流配送安排情况，在线实时与客户协商，用以接受客户订购还是客户放弃订购。这样处理顺序满足有货才可以配送的实际社会化物流配送处理。

② 电子商务订单实时智能处理的三层结构。从电子商务订单实时智能处理流程可以看出，电子商务订单实时智能处理由面向客户层的处理以及针对客户订购的物流配送安排处理两个核心处理组成，支撑这两大核心处理的规则库和知识库是实现智能处理的数据和知识基础。为此，电子商务订单实时智能处理在实现结构上采用三层结构：面向客户的交互层，物流配送安排的处理层，支撑智能处理的数据、知识和规则层。

面向客户的交互层主要负责与客户进行实时交互，包括获取客户订购信息，与客户协商订购的社会化物流配送能力的安排情况。在这一层次上，直接体现了电子商务订单处理实时性和智能性。不过，支撑与客户交互协商的是电子商务订单处理中的社会化物流配送服务能力的处理，也是电子商务订单处理的核心处理层。在电子商务订单核心处理层，主要实现考虑多因素的客户订购的供货问题实时智能处理和配送问题实时智能处理。这是电子商务订单实时智能处理的核心，也是电子商务订单实时智能处理的关键问题。为实现电子商务订单实时智能处理，在处理过程中需要知识和数据支撑用以解决供货、配送和协商问题，为此，形成电子商务订单实时智能处理数据、知识和规则层。

③ 电子商务订单实时智能处理目标。电子商务订单处理的智能性与科学性，实现考虑社会化物流配送能力安排的电子商务订单的智能处理。电子商务订单的实时处理，一方面是针对客户订购的社会化物流配送服务能力安排的实时处理；另一方面，在线实时获取客户的订购信息，更为重要的是提供针对社会化物流配送能力安排结果与客户在线实时协商。

------------------------------ 本章小结 ------------------------------

本章介绍信息技术在商业、教育、政府、企业等领域的具体应用，引领学生结合具体行业进一步了解信息技术的应用。

实践内容

1. 在凡客诚品（Vancl.com）、当当网（dangdang.com）或其他 B2C 电子商务网站上任选一件商品，体验在线购物的过程。

2. 在淘宝（taobao.com）、拍拍（paipai.com）、有啊（youa.com）或其他电子商务平台上开通网上店铺，并将店铺地址提交到 www.51xxjs.com 网站。

思考题

1. 请列举身边信息技术应用的案例，并分析之。
2. 电子商务的发展趋势是什么？电子商务如何与传统行业相结合？
3. 简述信息技术在教育领域的应用趋势。
4. 什么是商业智能？其工作原理是什么？

第10章 信息技术相关知识选读

信息技术的发展引起了人类社会全面而深刻的变革，促进了社会的进步，使人类社会由工业社会迈向信息社会。在信息社会，几千年来形成的信息传递方式、人际间的沟通方式和社会管理组织方式等诸多方面，都发生了极大的变化，并深刻地影响着社会经济生活的运行和民主政治建设的发展。对此，我们不仅要有一个充分的认识，而且要紧跟世界科学技术飞速发展的潮流，积极探索和研究在信息社会条件下，如何充分利用信息技术推进社会的发展与创新？本章将通过对几个信息技术的相关知识的分析，来回答这个问题。

10.1 信息技术是一把双刃剑[①]

信息技术并不仅仅是一种扩展人类信息器官的手段和工具体系，它还具有丰富的伦理和政治意义，信息技术体现着人类改造与控制自然的权利和体系。信息技术对人类社会发展的影响，并不能简单地一概论之。它引发了人类历史上的一场技术革命，促进了新兴产业的形成，改造了传统行业，使服务业迅速发展，但同时，它也带来了一系列的负面效应，给社会政治、经济以及文化、伦理道德等的发展提出了种种问题。

---

① 摘自柯平、高洁：《信息管理概论》，科学出版社 2009 年版。

10.1.1 信息技术的正面影响

信息技术扩展了人类器官功能，因此，信息技术的正面意义是毋庸置疑的。信息技术的正面影响深入到社会发展的各个领域、渗透到个人发展的各个角落。主要体现在以下方面：

（1）信息技术增加了政治的开放性和透明度。主要表现在以下几个方面：

① 信息化、网络化使得广大人民更加容易利用信息技术，通过互联网获取广泛的信息，并主动参与国家的政治生活。

② 政府纷纷在互联网上抢滩设点，将自己推向网络。目前，我国绝大部分政府已经建立了网站，各政府网站上发布了大量政府信息便于社会共享，各地政府网站已成为承载当地政府信息资源的主流网站。

③ 各级政府部门不断深入开发电子政务工程。政务信息的公开增加了行政的透明度，加强了政府与民众的互动；各政府部门之间的资源共享增强了各部门的协调能力，从而提高了工作效率；政府通过其电子政务平台开展的各种信息服务，包括面向个人的各种申请服务以及面向企业的征税等服务，为广大人民提供了极大的方便。

（2）信息技术促进了世界经济的发展。主要表现在以下几个方面：

① 信息技术的产生和发展给传统行业造成深远的影响。

传统行业为了适应互联网发展的要求，纷纷在网上提供各种服务，除了通过建立企业网站进行产品展示、企业宣传、客户服务等之外，网上书店、网上银行等都是传统行业与互联网结合的产物。

② 由它推出了一个新兴的行业——互联网行业。互联网直接"催生"的"互联网经济"（又称网络经济）与信息技术的关系是不言而喻的。

③ 基于互联网的电子商务模式，一改传统的商务模式，使得企业产品的营销与销售以及售后服务等都可以通过网络进行，企业与上游供货商、零部件生产商以及分销商之间也可以通过电子商务实现各种交互。企业和消费者之间、企业和政府之间也可以通过互联网进行更多的互动。电子商务对企业研发、生产、营销、销售、管理、财务的各个方面都产生了巨大影响。

（3）信息技术的发展造就了多元文化并存的状态。主要表现在以下几个方面：

① 信息技术使得文化产业迅猛地发展起来。

② 信息技术重要组成部分的互联网技术的发展，使得网络媒体开始形成并逐渐成为"第四媒体"。

③ 互联网更造就了一种新的文化模式——网络文化（Cyberculture）。

（4）信息技术改善了人们的生活。主要表现在以下几个方面：

① 从宏观角度而言，信息技术为整个社会的发展提供了很多有利因素，而作为社会中微小一分子的每一个普通个人也正享受着信息技术带来的各种便利。

② 信息技术使得远程教育也成为可能，从此异地教学逐渐风靡。

③ 虚拟现实（Virtual Reality）技术，使得人们可以透过互联网尽情游览缤纷的世界。

（5）信息技术推动信息管理进入了崭新的阶段。主要表现在以下几个方面：

① 信息作为一种资源，其各种功能并不能自然地发挥，而需要利用各种技术对其进行

必要的搜集、处理、存储和传播。

② 信息技术作为扩展人类信息功能的技术集合，它对信息管理的作用十分重要，是信息管理的技术基础。现代信息技术的发展使得信息管理的手段发生了质的变化。信息技术的进步，使得信息管理的手段逐渐从手工方式向自动化、网络化、智能化的方向发展，实现了对信息的全方位搜集、高速度精确处理、高密度存储和远距离传输，使人们能全面、快速而准确地查找所需信息，更快速地传递多媒体信息，从而更有效地利用和开发信息资源。

10.1.2　信息技术的负面影响

任何事物都有其两面性。信息技术给人类带来各种利益的同时，也引发了一系列问题。主要体现在以下几个方面：

（1）知识产权侵权。

① 信息技术给人类信息传播带来了质的飞跃，尤其是互联网的出现为作品的发表、传播和使用带来了很大的便利，但是，网络的自由和共享也给知识产权，尤其是著作权的保护带来了极大的挑战。

② 通过网络媒体进行的知识产权侵权，尤其是著作权侵权现象非常严重。

③ 互联网的发展和成熟还带来了其他的知识产权问题。网络传播中所需要的专业技术、计算机程序等可能涉及技术秘密或专利技术，网络域名则更与商标权和不正当竞争有关。这些年来，与网络域名有关的纠纷，如域名恶意抢注，将他人商标的图形设计成自己网页的图标而引起纠纷，域名与商标权、商号的冲突纠纷频频出现。

总之，信息技术引发的知识产权问题已经到了非常严峻的程度，各国的知识产权法律、法规都受到了前所未有的挑战。

（2）虚假信息泛滥。

① 互联网为人们提供了一个空前自由的交流空间，使得人们的话语权和知情权得到了充分的重视。但是，正是由于互联网的自由和开放性，它也成了制造和传播虚假的重要工具。

② 目前，网络信息的社会公信力低下。究其原因，就是网络信息处理的诸多环节失控造成的。这些环节中，最主要的是信息源复杂，难以管理。几乎任何个人都可以随意在网上发布信息。同时，我们也应该看到，虚假信息在经过"二次传播"之后，经过信息处理者的再次处理，又决定了这条信息的高度欺骗性……假信息往往又是同有害信息联系在一起的。有些不实信息甚至会引发社会的动荡不安。如此往复，使得人们不太敢相信任何的网上信息。

③ 网络上的虚假新闻泛滥，尤其是娱乐新闻的捕风捉影，几成顽症。小的网络媒体如此，各种小道消息恣意横行，一些大的新闻网站也未能免俗，在对新闻事实的辨别上缺少起码的判断。很多网络媒体不负责任地对待自己登载假新闻的行为，从某种意义上讲，也是网络虚假信息泛滥的一个重要成因。

④ 互联网上还有针对特定主体的虚假信息，这种信息可能造成名誉侵权或商誉侵权等民事纠纷。由于网络的开放性，使得虚假信息更是难以杜绝，网上信息鱼龙混杂，真假难辨，一条虚假信息小则引起一场诉讼官司，大则会引起经济震荡、政治不稳，其危害性令人

深恶痛绝。

（3）信息污染成灾。

① 随着信息技术日新月异的发展以及各种流通渠道的不断拓宽，人类社会知识信息的总量呈"爆炸式"增长，这其中，数以万计的信息中混入了大量干扰性、欺骗性、误导性甚至是破坏性的虚假伪劣等各种有害及无用信息，人们将其称之为信息"垃圾"，正是各种形形色色的信息"垃圾"造成了人类精神世界的信息污染。

② 互联网的出现更使得各类无用信息疯狂增长并高速传播，由于网上信息复制性强、传播速度快，大量的信息"垃圾"能在最短的时间内以最快的速度重复增长。由于网上信息加工处理快捷方便，大量信息在呈发散性传播过程中被更改甚至歪曲，变成了严重的信息污染。

③ 互联网是一块自由的沃土，任何人都可以轻易地通过网络发布信息、传递信息，因为缺乏对信息传递者的控制和规范，缺少"把关人"对信息内容的必要甄别，一些组织和个人趁机随心所欲、源源不断地向网上输送信息，使得网络媒体上的垃圾信息甚至黄色信息日趋泛滥。

④ 信息技术使得冗余信息大量产生，这些信息非但不能给人们以新的认识，而且还成为人们认识领域的障碍，给信息的甄选与鉴别带来困难，使得人们虽然身处"信息的海洋"，却很难找到自己需要的有用信息。网络技术的发展为大量垃圾邮件的产生提供了条件。

⑤ 网络黄毒成为全球公害。

⑥ 面对这样一个鱼龙混杂、泥沙俱下的网络媒体信息环境，很多网民感到无所适从，"信息污染综合征"患者不断增多。而暴露在网络环境下，尚未有很强的分辨能力的青少年、儿童，则更是为信息污染所害。

（4）信息安全问题凸显。

今天，计算机系统无时无刻不在经受着诸多安全问题的侵扰。很多计算机软件、系统本身漏洞百出，加上更新换代、层出不穷的网络病毒肆虐，技术精湛、危害严重的黑客横行，信息安全问题日渐凸显。

① 计算机技术、网络技术为代表的信息技术还处于发展的初级阶段，很多观点和想法都不甚成熟，因此不可避免地，一些厂家生产的信息系统、计算机软件本身就不合格，甚至漏洞百出。

② 病毒肆虐是信息安全问题的又一巨大威胁。人们对计算机病毒可谓深恶痛绝，而计算机病毒却恰恰是屡见不鲜。

③ 电脑黑客是信息安全隐患的又一"主角"。黑客利用自己的计算机技术和网络技术，通过破解计算机系统密码或者编写、发布病毒程序等方式，窃取或修改网络数据、攻击计算机网络系统、破坏系统的正常运行，甚至造成全世界网络的瘫痪。

④ 信息技术带来的问题还很多，诸如计算机诈骗、计算机偷窃、网络诽谤、网络恐怖主义等纷纷上演。

⑤ 信息技术，尤其是互联网的发展引起的文化侵入问题、数字鸿沟问题、信息霸权主义等问题，也不得不引起人们的思考。

但是，尽管信息技术带来了种种负面效应，其正面价值还是不能否定的。信息技术只有被用于正当的场合，才能发挥最大的作用。而如何使信息技术被合法开发和利用，则有赖于各国政府、广大科学家以及世界上所有人民的共同努力。

10.2　信息系统的道德问题及社会问题①

随着通信技术尤其是网络技术的迅猛发展，人类进入了信息社会，信息和知识越来越成为人们生产、生活中最为重要的因素，由此也引发了人类生产、生活各个领域的"革命"。其中，信息社会的伦理道德（在本文中叫做信息技术伦理道德）对于传统社会的伦理道德的"革命"日益凸显。计算机、网络等高科技给人类带来的好处自不必说，但是如果相应的伦理道德建设和教育薄弱，高科技也可造成灾难。

10.2.1　网络道德问题的表现方式

（1）网络犯罪行为。网络的快速、便利和虚拟的特点易于诱发犯罪。随着计算机信息与网络技术的应用，出现了一系列极端不道德的网络犯罪行为。如色情、暴力泛滥、软件盗版、计算机病毒传播、黑客骚扰等。一些人利欲熏心，把渲染色情与暴力的东西编入计算机程序，严重危害了青少年的身心健康。CHI 病毒的输入当时造成全球 3 000 多万台电脑失灵。至今，CHI 病毒每月 26 日还会在计算机中发作一次，给全球造成无法估量的经济损失。计算机黑客从最初的简单的恶作剧，发展到有意的计算机犯罪，如 2000 年，黑客把"网虫"病毒输入国际互联网，全球有几千万台电脑被感染，造成的经济损失达几十亿美元。可见，计算机犯罪已成为极为严重的社会问题。

（2）道德冷漠现象。这种现象产生的根源在于：人与人之间的依赖关系为人对网络的依赖关系所取代。随着高度信息化、自动化的网络社会中，"在家办公"、网上学校、电子商场、电子银行等的出现，人与人之间面对面的交往机会将大为减少，人们终日与个人终端打交道，这有可能导致人与人之间关系的疏远，导致个人产生紧张、孤僻、冷漠及其他健康问题。其具体的表现是：一些人整天沉溺于网络社会之中而不能自拔，以至于对现实社会生活中的他人与社会的幸福漠不关心。尤其是，在电子空间中，由于人们是以"符号"身份、在"不在场"的情况下进行交往，他感受不到对方作为一个活生生的人的反应，便以为不是在与人、而是在与机器打交道，往往会作出一些在物理空间难以作出的粗暴、无礼的行为，甚至认为盗窃、入侵等犯罪也不过是敲击了几下键盘、点击了几下鼠标而已。

（3）道德冲突现象。由于不同国家、民族、种族的人们接受的传统道德教育具有很大差异性，所以网络的发展会导致文化道德冲突。如有的国家允许色情信息和色情服务存在，可以在网上提供这类信息。所以说，网络的发展会带来道德冲突，而且这种冲突还呈现出扩大化的趋势。随着互联网的普及，各种带有地域性、局限性的网络规范可能无法相应适用到其他区域，因此注重国际化也是赋予网络伦理可操作性的一种必然趋势。

---

① 摘自颜琳：《论信息与网络时代的伦理道德问题》，http://www.hnuc.cn/Article/Files/2004 - 04 - 19/20044192431244160.shtml。

总之，以因特网技术为基础的这种更少人干预、过问、管理、控制的网络社会环境，必将对人们的道德水平、文明程度等进行一场新的考验。在这场考验中，许多传统道德津津乐道的东西，如许多空洞的号召说教，人为强加的规范约束、将难免为人们所"抹杀"。也许，我们只有站在更高的高度上，即在价值观、道德的角度上重新审视网络社会的道德现状，以及可能导致的良性发展趋势，及确立新的、真正合乎人性的、符合人的根本利益与需要的规范，才可能得到人们的认同、接受和遵循。

10.2.2　网络道德问题产生的原因

网络的出现，使得人们之间的交往、生活方式、生活内容、思想观念、价值取向等发生了一些变化，引起了一系列伦理问题，即网络伦理问题，究其原因，具有深刻的现实原因。

首先，是互联网自身的原因。在互联网建立之前，并没有充分的论证，更谈不上对网络辅以必要的人之关怀，这种缺乏论证的表现是：在科学发展的历程中，科技工作者和管理决策层往往有意无意把伦理因素忽略，因此引发了诸为伦理、法律等社会问题。事实上技术决不仅仅意味由所谓科学真理决定的正确无误的应用，科技的发展使风险内在于现代技术的构成要素。自然，这种风险也包括对伦理道德所造成的解构和重构。网络的快捷、便利和虚拟的特点易于导致大量的不道德、反道德的信息侵犯人们的道德心理，意志健全道德人格的形式导致群体道德水平下降。在熟人圈里，人们至少也要努力做得没有让人说三道四、指指点点之处，丢面子的缺德行为大多干不出来。但一旦进入周围没有熟人的公共社会，那条由熟人的目光、舆论和感情筑成的防线，是很容易崩溃的。

其次，是网络运行和存在的外部环境——现实社会。网络空间是虚拟的、数字化的，与现实的社会生活有着众多的差异。在全球性的因特网国际互联网络上，任何人都可以通过一台联网的计算机，与整个网络世界、与所有"网络人"进行交往。但是网络上的空间正是从现实社会分化而来，是现实社会中每一个体通过网络（也就是所谓的网民）创造的一个全新的生活空间，是在现实的基础上建立起来的，坐在计算机终端后面的仍然是现实生活中的个体。因此，凡是在实际生活中人们遇到的和即将遇到的各种各样的伦理问题、道德矛盾，在网络空间统统都会存在，并会受到网络虚拟化、数字化特点的影响，通过电子信息的方式得以放大，从而成为现行社会的伦理道德规范、乃至法律都难以调节与控制的难题。

最后，是网民的心理。目前，人们对自身存在的物理空间的认识已经达到了一定的高度，但有一点是不容忽视的，许多人还没有真正把网络视为人类的生存空间，这些人更多的停留在把网络视为一种技术、一种"媒体"的层面上。但实际上从信息技术、信息工业和信息进入我们生活的实际情况来看，以信息数字化为基础的现代信息内容的多媒体化、信息联系方式的网络化和信息使用方式的智能化为标志，特别突出地显示了信息的特征：信息资源的无损使用和无损分享发展为在世界范围内的信息即时共享；信息资源的积累性导致"信息爆炸"、"多媒体文件"和"虚拟现实"的出现；信息资源的公平性的深化极大地摆脱了由于信息传输不便给人的地域限制，引发了超越物理空间的电子空间的出现，展现了世界大同的美好前景。

而且与对生存空间观念上的淡薄相对应的另一个认识上的极端则是信息崇拜。如同所有的崇拜，信息崇拜也有意借助于愚忠与盲从。尽管人们并不了解信息对于他们有什么意义，以及为什么需要这么多信息，却已经相信我们生活在信息时代，在这个时代中我们周围的每一台计算机都成为时代信仰的"真十字架"——救世主的标志了。在这种观念的影响下，破坏网络环境的行为反而成为英雄壮举。比尔盖茨在《未来之路》所引用的一幅画更是精辟：一只正在操作网络的狗对身边的另一只狗说，在 Internet 上，没人知道你是一只狗。人的形象、身份、特性等的"数字化"，使一切好像是进入一个无踪迹可寻的黑暗世界。

10.2.3　网络道德问题的解决思路

首先，可借鉴外国的先进经验，建设网络伦理体系。目前在国际范围内，有关网络伦理问题的研究历史还不是很长，许多具体的伦理规范还没有得到系统的整理，但其取得的成果和进展还是可以作为我们进行网络伦理问题研究借鉴的资料。

网络本身是社会发展的产物，网络空间的意义也是社会所赋予的，它本身是虚拟的一个电子空间，由此引发的网络伦理也是社会伦理的一种延伸，不是独立于社会伦理之外的。那么，积极回流到传统伦理的范畴中，整合其中有用的资源，便是解决当下网络伦理困惑的一条新思路。

其次，制定行之有效的网络道德规范和网络法律规范。在信息网络时代，制定相应的道德规范来约束人们的行为，维持正常的网络秩序，是极为必要的。离开必要的道德规范，人们就会陷入无休止的争夺、互相欺骗、肆意破坏的境地，结果对谁都没有好处。当前很多国家都意识到制定网络道德规范的重要性。信息网络技术最为发达的美国，从20世纪90年代起就制定了各种计算机伦理规范。比如，美国计算机伦理协会就为计算机伦理学制定了10条戒律：（1）你不应当用计算机去伤害别人；（2）你不应当干扰别人的计算机工作；（3）你不应当偷窥别人的文件；（4）你不应当用计算机进行偷盗；（5）你不应当用计算机作伪证；（6）你不应当使用或拷贝没有付过钱的软件；（7）你不应当未经许可而使用别人的计算机资源；（8）你不应当盗用别人的智力成果；（9）你应当考虑你所编制的程序的社会后果；（10）你应当用深思熟虑和审慎的态度来使用计算机。又如美国南加利福尼亚大学关于网络伦理的声明指出了6种网络不道德行为的类型：（1）有意地造成网络交通混乱或擅自闯入网络及其相联的系统；（2）商业性或欺骗性地利用大学计算机资源；（3）偷窃资料、设备或智力成果；（4）未经许可而接近他人的文件；（5）在公共用户场合作出引起混乱或造成破坏的行动；（6）伪造电子邮件信息。这些规范基本上保证了当前计算机网络发展的需要。我们应借鉴和学习一些发达国家的有益经验，根据我国的实际情况，制定出适合我国国情的计算机伦理规范体系。

最后，引导人们树立正确的价值导向。计算机信息与网络技术是中性的，并没有好坏之分。它之所以会给人类带来一定的负面影响，原因在于人类对科学技术的滥用、误用。人们只看到了网络技术所带来的信息便捷、生活安逸及物质富有，把对精神境界的追求变成了对物质的贪欲。所以，应帮助人们矫正这种急功近利的价值观，树立正确的价值导向，从而实现人与社会的协调发展，实现个人利益与社会利益的有机结合。

"网络更美好"是人类的共同心愿，为此，我们不仅需要靠技术进步，而且需要加强网络道德的约束以及对法律更加完善的研究和构建。技术只有与道德法律相携手，才能创造出更加人性化的网络。在充分享受网络带来的美好生活的同时，我们应树立一种网络道德观，树立一种网络道德意识，"善待网络"。

10.3 计算机犯罪、破坏和其他行为①

第一台计算机诞生到现在短短的 50 年左右的时间，计算机已成为当今世界的核心技术。无论在我国还是在世界上其他国家，信息和电子通信技术在各种高技术中最普及、影响最大。计算机和基于计算机的信息通信技术代表着高效率、代表着社会进步已成为世界各国大多数生产企业、商业、运输业、政府、军队、医疗保健业、教育科研以至于日常生活的不可缺少的一部分。然而，正如英国促进科学协会主席尤因爵士 1932 年曾说过的那样，工程师的才能已经被严重滥用而且以后还可能被滥用。就某些才能而论，既存在眼前的负担，也存在潜在的悲剧。人类在道德上，对这样巨大的恩赐是没有准备的。在道德缓慢演进的过程中，人类还不能适应这种恩赐所带来的巨大责任。在人类还不知道怎样来支配自己的时候，他们已经被授予支配大自然的力量。目前，利用高技术和高智慧实施的智能犯罪日益猖獗，特别是计算机犯罪已成为现代社会人们普遍关注的一个严重的社会问题，它对社会造成的危害也越来越严重，必须引起高度的重视。

10.3.1 计算机犯罪的犯罪构成

10.3.1.1 计算机犯罪的主体

犯罪主体是达到法定责任年龄，能承担刑事责任能力的人。目前对计算机犯罪主体的认识众说纷纭，有的认为是特殊主体即"白领犯罪"，有的认为是一般主体，还有的认为是两者兼有。笔者对最后的观点持认同态度。计算机犯罪主体由一般主体和特殊主体构成。

计算机犯罪的一般主体，就是指达到法定责任年龄，具有刑事责任能力，实施计算机犯罪行为的人（包括自然人和法人）。计算机在计算机犯罪中一方面是作为不可或缺的犯罪工具即利用计算机操作实施犯罪；另一方面，计算机信息系统又成为罪犯的攻击对象，即计算机成为"受害者"。无论将计算机信息系统（包括内存数据和程序）安全作为攻击对象的犯罪还是以计算机为犯罪工具的计算机犯罪，犯罪主体并不都是特殊主体。因为大多计算机犯罪离不开两种方法：直接法和间接法。即或是行为人直接把计算机作为犯罪工具实施犯罪，实施这种犯罪行为的人当然要相当的计算机专业知识，故其犯罪主体只能是特殊主体；或是行为人通过中间人利用计算机实施的侵害计算机信息系统或其他严重危害社会的犯罪，其犯罪主体可以是一般主体。因为存在一种可能——中间人是具备计算机专业知识的人，但是并不知道自己的行为给犯罪分子钻了空子。

同时，计算机犯罪主体也包括特殊主体。计算机犯罪是一种新型犯罪，具有不同于其他普通刑事犯罪的特点，尤其是它明显地带有智能性。不可避免的，其犯罪主体有一部分是特殊主体，即具有一定的计算机专业知识，从事计算机信息系统操作、管理、维修以及其他有关人员。将"掌握计算机专业技术知识"作为认定计算机犯罪的特殊主体，有利于我国刑

---

① 摘自陈惠琳：《浅析计算机犯罪》，http://www.docin.com/p-10810957.html。

法理论进一步完善。从我国计算机犯罪的实践来看，金融系统的很多计算机罪犯是内部人员，对计算机信息构成威胁、破坏、入侵的"黑客"在计算机技术领域中也都是佼佼者。因此，笔者认为强调计算机犯罪主体的复杂性很有必要。

10.3.1.2　计算机犯罪的客体

刑法理论认为：犯罪客体是指犯罪行为所侵害的又为我国刑法所保护的社会关系。计算机犯罪的跨国性、广范围、犯罪结果的潜在性和隐蔽性等特点都使得计算机犯罪侵犯的客体变得复杂，社会危害性增大。计算机犯罪的客体是指计算机犯罪所侵害的，为我国刑法所保护的社会关系。由于计算机犯罪是以犯罪的手段和对象，不是以犯罪的同类客体为标准而划分的犯罪类型，因此计算机犯罪侵害的客体具有多样性。虽然我国刑法将计算机犯罪列入妨害社会管理秩序罪一章，但其侵害的客体不限于社会管理秩序，也涉及公共安全、公私财产所有权、国防利益等。

10.3.1.3　计算机犯罪主观方面

刑法理论认为：犯罪主观方面是指行为人实施犯罪时，对其实施的严重危害社会的行为及其造成的危害结果所持的心理态度。主要有犯罪故意和过失之分，其他的比如犯罪动机、犯罪目的等也是较为重要的因素。

计算机犯罪中的故意表现在行为人明知其行为会造成对计算机系统内部信息的危害破坏或其他严重危害社会的结果，他对此持希望或放任态度。计算机犯罪中的过失则表现为行为人应当预见到自己行为可能会发生破坏系统数据的后果或其他严重危害社会的结果，但是由于疏忽大意而没有预见，或是行为人已经预见到这种后果但轻信能够避免这种后果而导致系统数据的破坏。

计算机犯罪的主观要件中犯罪目的和犯罪动机也是判断罪与非罪、此罪与彼罪的重要因素。从计算机犯罪的目的和动机来说，无论犯罪人的主观动机如何，只要其存在着犯罪的故意，就必然要以侵害计算机系统内部的数据为目的，虽然犯罪人同时还可能具有其他的犯罪目的。因此，特定的犯罪目的是计算机犯罪构成的特别要件，这也是区分计算机犯罪同其他犯罪的标志。

10.3.1.4　计算机犯罪客观方面

刑法理论认为：犯罪客观方面是指行为人实施了什么样的行为，侵害的结果怎样，以及行为和结果之间的因果关系。计算机犯罪的客观方面是指刑法规定的，犯罪活动表现在外部的各种事实。其内容包括：犯罪行为、犯罪对象、危害结果，以及实施犯罪行为的时间、地点和方法等。在计算机犯罪中，绝大多数危害行为都是作为，即行为通过完成一定的行为，从而使得危害后果发生。也有一部分是不作为，如行为人担负有排除计算机系统危险的义务，但行为人拒不履行这种义务的行为至使危害结果发生的。从犯罪构成的客观方面来看，计算机犯罪是单一危害行为，即只要行为人进行了威胁或破坏计算机系统内部数据的行为或其他严重危害社会的行为，就可以构成计算机犯罪。与常规的犯罪相比，计算机犯罪在客观方面具有犯罪形式的极大隐蔽性、犯罪手段的多样性和危害结果的严重性特点。

基于以上剖析，笔者认为，真正意义上的计算机犯罪应该是指行为人利用计算机操作所实施的危害计算机信息系统（包括内存数据和程序）安全和其他严重危害社会的犯罪行为。目前较为流行的折中型观点将计算机犯罪定义为针对计算机或者以计算机作为工具的犯罪。这一定义虽然认识到计算机本身在犯罪中的重要地位，但它将计算机的犯罪工具作用与犯罪对象人为地割裂开来，从而使计算机犯罪于无所不包。实际上是没有能够正确把握计算机犯罪的犯罪构成，尤其是犯罪客观方面和客体。

10.3.2　计算机犯罪的种类、特点和犯罪动机

黑客（Hacker）本意是指在计算机程序设计领域中，非常熟悉计算机程序设计技术而热衷于编制新程序的电脑迷，而现在逐渐演变为一个未经许可"侵入"计算机程序系统的人，或是怀有恶意破坏计算机程序系统、编制计算机病毒的代称。而计算机黑客则正是计算机犯罪的主要来源。对黑客进入电脑系统的行为，一般可以划分为以下几类：一是"黑客非法侵入"，破坏计算机信息系统；二是网上制作、复制、传播和查阅有害信息，如传播计算机病毒、黄色淫秽图像等；三是利用计算机实施金融诈骗、盗窃、贪污、挪用公款；四是非法盗用使用计算机资源，如盗用账号、窃取国家秘密或企业商业机密等；五是利用互联网进行恐吓、敲诈等其他犯罪。随着计算机犯罪活动的日益新颖化、隐蔽化，未来还会出现许多其他犯罪形式。

计算机犯罪具有几个明显的特点：

（1）作案手段智能化、隐蔽性强。大多数的计算机犯罪，都是行为人经过狡诈而周密的安排，运用计算机专业知识所从事的智力犯罪行为。进行这种犯罪行为时，犯罪分子只需要向计算机输入错误指令，篡改软件程序，作案时间短且对计算机硬件和信息载体不会造成任何损害，作案不留痕迹，使一般人很难觉察到计算机内部软件上发生的变化。

另外，有些计算机犯罪，经过一段时间之后，犯罪行为才能发生作用而达到犯罪目的。如计算机"逻辑炸弹"，行为人可设计犯罪程序在数月甚至数年后才发生破坏作用。也就是行为时与结果时是分离的，这对作案人起了一定的掩护作用，使计算机犯罪手段更趋向于隐蔽。

（2）犯罪侵害的目标较集中。就国内已经破获的计算机犯罪案件来看，作案人主要是为了非法占有财富和蓄意报复，因而目标主要集中在金融、证券、电信、大型公司等重要经济部门和单位，其中以金融、证券等部门尤为突出。

（3）侦查取证困难，破案难度大，存在较高的犯罪黑数。计算机犯罪黑数相当高。据统计，99%的计算机犯罪不能被人们发现。另外，在受理的这类案件中，侦查工作和犯罪证据的采集相当困难。

（4）犯罪后果严重，社会危害性大。国际计算机安全专家认为，计算机犯罪社会危害性的大小，取决于计算机信息系统的社会作用，取决于社会资产计算机化的程度和计算机普及应用的程度，其作用越大，计算机犯罪的社会危害性也就越来越大。

从目前我国所破获的计算机犯罪案件中，犯罪嫌疑人普遍都是精通计算机的青年学生。究其犯罪动机，笔者认为有以下两个方面：一是行为人不是出于恶意，而是抱着好玩或显示自身的计算机技术特长，把入侵别人的电脑系统当做是对自己能力的一种挑战，入侵系统后并不实施破坏行动而退出，可称之为非恶意入侵者。二是行为人故意违反国家规定，入侵电

脑系统的目的是窃取商业情报、资料或国家秘密；或为显示自己的能力而制作、传播计算机病毒等破坏程序，导致系统瘫痪，这类黑客可称之为恶意入侵者。

10.3.3 国外计算机犯罪的立法考察

为了有效惩治和防范计算机犯罪，各国纷纷加快这方面的立法，这不仅因为立法是一个预防计算机犯罪发生的重要手段，还因为它是预防和遵守行为本身所需要公平前提的一个因素……没有界限，就很难确保不发生影响和侵犯别人的情况。自 1973 年瑞典率先在世界上制定第一部含有计算机犯罪处罚内容的《瑞典国家数据保护法》，迄今已有数十个国家相继制定、修改或补充了惩治计算机犯罪的法律，这其中既包括已经迈入信息社会的美、欧、日等发达国家，也包括正在迈向信息社会的巴西、韩国、马来西亚等发展中国家。

下面，选取几个有代表性的国家，对其计算机犯罪的立法作一扼要考察。

10.3.3.1 美国

美国是世界上计算机和互联网普及率最高的国家，就连欧洲的学者也承认，即使从一个真正欧洲人的角度出发，美国的法律也是非常重要的，因为主要的系统、用户和互联网的内容都是美国人的。因此，美国法律的修改或法律运用方式的修改都会对整个计算机王国产生影响。

美国的计算机犯罪立法最初是从州开始的。1978 年，佛罗里达州率先制定了计算机犯罪法，其后，其他各州均纷纷起而效之，现在，除了佛蒙特州以外，其他所有的州都制定了专门的计算机犯罪法。

在联邦一级，虽然早在 1979 年国会就曾讨论过计算机犯罪的立法问题，但直到 1984 年才制定了惩治计算机犯罪的专门法律——《伪造连接装置及计算机欺诈与滥用法》，其后分别于 1986 年、1988 年、1989 年、1990 年、1994 年、1996 年数次对其作出修订，一方面不断扩大该法的涵盖范围，另一方面也进一步明确一些术语，最后形成《计算机滥用修正案》（该内容后被纳入《美国法典》第 18 篇"犯罪与刑事诉讼"篇第 1030 条，题为"与计算机有关的欺诈及其相关活动"）。

此外，除了专门的计算机犯罪立法，美国联邦至少还有 40 个其他的法律可以用来指控某些与计算机有关的犯罪。这些法律包括：《版权法》、《国家被盗财产法》、《邮件与电报诈欺法》、《电信隐私法》、《儿童色情预防法》等。

10.3.3.2 英国

与美国的情况不同，英国不存在相应的州政府和联邦政府的法律，所有法律都适用于整个国家（虽然苏格兰的法律在许多方面不同，但在计算机滥用和相关方面的法律却相同）。有关计算机犯罪的立法，在英国经历了一个过程：1981 年，通过修订《伪造文书及货币法》，扩大"伪造文件"的概念，将伪造电磁记录纳入"伪造文书罪"的范围；1984 年，在《治安与犯罪证据法》中规定："警察可根据计算机中的情报作为证据"，从而明确了电子记录在刑事诉讼中的证据效力；1985 年，通过修订《著作权法》，将复制计算机程序的行为视为犯罪行为，给予相应之刑罚处罚；1990 年，制定《计算机滥用法》。

10.3.3.3 法国

法国 1992 年通过、1994 年生效的新刑法典设专章"侵犯资料自动处理系统罪"对计算机犯罪作了规定。根据该章的规定，共有以下三种计算机罪：（1）侵入资料自动处理系统罪；（2）妨害资料自动处理系统运作罪；（3）非法输入、取消、变更资料罪。

10.3.3.4 俄罗斯

俄罗斯 1996 年通过、1997 年生效的新刑法典也以专章"计算机信息领域的犯罪"为名对计算机犯罪作了规定。该法第 272 条规定了"不正当调取计算机信息罪"；第 273 条规定了"编制、使用和传播有害的电子计算机程序罪"；第 274 条规定了"违反电子计算机、电子计算机系统或其网络的使用规则罪"。

10.3.4 中国《刑法》中有关计算机犯罪的规定及其不足

第一，《刑法》第 285 条规定了"非法侵入计算机信息系统罪"。该罪是指违反国家规定，侵入国家事务、国防建设、尖端科学技术领域的计算机信息系统的行为。本罪所侵犯的客体是国家重要计算机信息系统的安全，犯罪对象是国家事务、国防建设、尖端科学技术领域的计算机信息系统。客观方面表现为违反国家规定，侵入上述三类计算机信息系统的行为。而主观方面只能是故意，即明知是该类系统而故意侵入。触犯本罪处 3 年以下有期徒刑或者拘役。

第二，《刑法》第 286 条规定了"破坏计算机信息系统罪"。该罪是指违反国家规定，对计算机信息系统功能进行删除、修改、增加、干扰，造成计算机信息系统不能正常运行，或者对计算机信息系统中存储、处理或传输的数据和应用程序进行删除、修改、增加的操作，或者故意制作、传播计算机病毒等破坏性程序，影响计算机系统正常运行，后果严重的行为。本罪所侵犯的客体是国家对计算机信息系统的管理制度。客观方面表现为行为人违反国家规定，破坏计算机信息系统，且后果严重的行为。主观方面只能是故意。触犯该罪的，处 5 年以下有期徒刑或者拘役，后果特别严重的，处 5 年以上有期徒刑。

我国已将对计算机犯罪的处罚提高到刑罚处罚的高度，从上述两罪看，其处罚不可谓不重，同时也显示了我国对计算机犯罪行为的处罚力度和决心，但是由于法律的制定具有一定的滞后性，因此在司法实践中对该类犯罪的处罚也存在一定的片面性和局限性。

（1）犯罪化的范围过窄。《刑法》第 285 条规定的非法侵入计算机信息系统罪，仅将犯罪对象限定为国家事务、国防建设和尖端科学技术领域的计算机信息系统，显然太窄，实际上，有些领域如金融、医疗、交通、航运等，其计算机信息系统的安全性也极其重要，非法侵入这些领域的计算机信息系统同样具有严重的社会危害性。《刑法》第 286 条只规定了用技术手段破坏计算机信息系统，且破坏的对象仅限于计算机软件，这就不能包括用物理手段来破坏计算机硬件或附件的行为，而后者也可能造成计算机系统不能正常运行或其他更严重的后果。还有，窃用计算机服务的行为目前也处于立法空白状态，我国《刑法》第 265 条规定对窃用通信系统的行为可依照《刑法》第 264 条关于盗窃罪的规定处罚，但该条并没有包括窃用计算机服务的行为。

（2）对"后果严重"一词没有准确的界定标准。如"破坏计算机信息系统罪"中"后果严重"一词的准确界定标准是什么，达到什么样的后果才称为严重，目前看不到明确的规定。

（3）犯罪构成的设计不合理。目前对计算机犯罪的主体仅限定为自然人，但从实践来看，确实存在各种各样的由法人实施的计算机犯罪。再者，《刑法》第 286 条规定的破坏计算机信息系统罪只限于故意犯罪，这是不够的，至少对于那些因严重过失导致某些重要的计算机信息系统遭破坏，造成严重后果的，应给予刑事制裁，否则达不到有效防治此类犯罪的目的。

（4）刑罚设置不够科学。计算机犯罪往往造成巨大的经济损失，其中许多犯罪分子本身就是为了牟利，因而对其课以罚金等财产刑自是情理之中。同时，由于计算机犯罪分子大多对其犯罪方法具有迷恋性，因而对其判处一定的资格刑，如剥夺其长期或短期从事某种与计算机相关的职业、某类与计算机相关的活动的资格，实乃对症下药之举。正因此，对计算机犯罪分子在课以自由刑的同时，再辅以罚金刑和资格刑，是当今世界各国计算机犯罪立法的通例，但我国《刑法》第 285、第 286 条对计算机犯罪的处罚却既没有规定罚金刑，也没有规定资格刑，这不能不说是一大缺憾。

（5）刑事诉讼法等相关法律有待健全。计算机犯罪的自身立法固然重要，但制定相关法律来确保这些法律的遵守和执行也同样重要。这方面我们面临的主要问题是：①我国现行《刑事诉讼法》规定的 7 种证据，并不包括电磁记录，实践中对于电磁记录的证据效力尚有分歧，应尽快明确；②计算机犯罪的跨国特征非常明显，在互联网上世界就如同一个小小的村落，这必将使此类犯罪的引渡问题空前增多，因而再度呼唤我国《引渡法》的出台；③由于《刑法》固有的属性，决定了它必须建立在其他相关的行政法律和民商法律之基础上，此即所谓的"刑法次要原则"，而目前我国在计算机领域里，相关的行政法律和民商法律还很不完善，应抓紧这方面的工作，以保证刑法与它们的彼此协调和正确定位。

10.4　当心"网络综合征"①

网络综合征（Net Synthesis）是人们由于沉迷于网络而引发的各种生理、心理障碍的总称。这是新近出现的疾病之一，目前各国正开展对它的研究。

现在研究焦点在成瘾性（依赖性）、人际关系（包括网友、网恋、现实生活中的人际障碍等）、创造毁灭欲和与此有关的抑郁症、躁狂症等，而对于由于辐射、荧屏闪烁、久坐、注视疲劳等造成的生理和心理疾病则因时间精力有限不予追踪。

专家发现，网络综合征患者由于上网时间过长，大脑神经中枢持续处于高度兴奋状态，会引起肾上腺素水平异常增高，交感神经过度兴奋，血压升高，植物神经功能紊乱。此外，还会诱发心血管疾病、胃肠神经官能症、紧张性头痛等病症。

10.4.1　青少年易感网络综合征

据最新统计，全世界 2 亿多网民中，就有 1 140 万人患有不同程度的网络综合征，主要表现就是在网上持续操作的时间失控。虽然，现在对网络综合征的种种表现还没有科学的界

---

① 摘自百度百科，http：//baike.baidu.com/view/95220.htm？fr=ala0_1。

定，但是人们因为过度依赖网络而产生的种种不良反应已经引起了医学界的关注。

患有网络综合征的人，初时是精神依赖渴望上网"遨游"；随后发展为躯体依赖，表现为情绪低落、头昏眼花、双手颤抖、疲乏无力、食欲不振等。在网络综合征患者中，青少年作为易感人群尤其引人注目。

10.4.1.1　原因：寻求刺激性格内向

据心理咨询中心的心理医生介绍，青少年之所以成为"网络综合征"的易感人群，是因为青少年好奇心强，对外界有强烈的探索欲望，然而，由于青少年心理发育还不成熟，自制能力差，容易由开始的好奇滑向沉溺的深潭。这一部分学生往往是因为追求刺激等陷入网络生活，他们喜欢的是网络游戏中化身英雄的感觉。而另有一部分学生因为性格内向，容易沉醉在自己的世界，而借由网络的虚拟生活来达到逃避世界的想法。他们性格沉静，着迷的不是网络游戏，而是聊天、BBS等，他们更乐于在网上展现另一种性格。他们似乎只有在网上的世界里，才能忘却烦恼，找到舒适与愉悦。

10.4.1.2　危害：影响学业情感淡漠

最新的一组统计数据表明，上网的青少年中，只有15%是真正在学习的，而其余85%的部分则在玩游戏、聊天或是浏览其他不健康的内容。因此，不少医生形象地将过度沉迷于网络的现象比喻为"吸毒"。不少问题学生即由此衍生。前段时间，上海高校的几十名大学生因为沉迷网络游戏而导致多门考试不及格被学校开除，一时之间引起社会轰动。网络游戏对缺乏自制力的青少年的不良影响可见一斑。

沉溺于网络而影响学业还只是网络综合征的一端，在某一医院的心理门诊还曾经有这样一个病例，那就是因为沉溺于网络而产生"情感淡漠症"。小李是一位17岁的高中生，以前一直是学校数一数二的尖子生，待人也彬彬有礼。但是自从姑妈给他买了一台电脑后，他一放学就钻到电脑房里不肯出来，一玩就是好几个小时，家人跟他讲话他也充耳不闻。后来，更是发展到不与家人交流，对家里人发脾气，对外人也不讲礼貌等。医生诊断他为"情感淡漠症"，因为他在网络世界"陷"得太深，而对外界刺激反应变慢，对周围事物不关心，淡化亲情和友情等。

医生介绍说，"网络综合征"是个人特质与因特网互动的结果。从生理角度来看，这种"网络综合征"，对人的健康危害很大，尤其会使人体的植物神经功能严重紊乱，导致头痛、失眠、心悸、多汗、厌食、恶心，以及情绪低落、思维迟钝、容易激怒、常感疲惫等症状，甚至会出现幻觉、痴迷和妄想，造成人体免疫力严重下降。

10.4.1.3　指引：为我所用有益身心

心理咨询中心的老师指出，网络是新世纪的宠儿，它在一定程度上满足了孩子喜欢交流、好奇、猎奇等诸多心理，也为将来更好地使用网络打下了基础。在信息时代，避开网络，弃之不用是不可想象的，也是不可能的。但是目前越来越多的青少年中了网络的"毒"，要防止网络综合征的发生，必须严格控制上网时间，每次上网时间不宜过长，更不能通宵上网。上网1个小时要活动一下身体，最好能做5分钟眼保健操。对于较小的孩子，父母最好与孩子一起上网，在上网过程中给予孩子必要的指导；对于大一点的孩子，父母要加强对网络的监管，并与孩子多交流，以保障孩子身心健康。

10.4.2 网络综合征的主要症状

网上曾经流传过一首歌，歌名是"网络综合征"。它形象说明了当代人的网络综合征表现。那么，"网络综合征"的症状有哪些？产生网络综合征的原因有哪些？沉迷于网络对人们带来什么不良影响呢？

医生认为网络综合征患者，因为网络操作时间失控，随着乐趣的增强，往往欲罢不能，难以自拔。患者初时只是精神上的依赖，渴望上网遨游冲浪，尔后可发展成为躯体的依赖，表现为情绪低落、头昏眼花、双手颤抖、疲乏无力、食欲不振等。究其原因，某一医院的医生认为主要有以下几点：

（1）电脑工作时，微波对身体有危害。电脑的辐射有两类：低能量的 X 射线和低频电磁声辐射。如果人们较长时间处于这种辐射环境中又没有进行必要的保健的话，就会引起中枢神经失调。

（2）长期操作，产生精神和心理压力。为避免出现差错，人们在操作电脑过程中往往注意力高度集中，眼、手指快速频繁运动，使得人的生理、心理都不堪重负，从而产生失眠多梦、神经衰弱、头部酸胀、机体免疫力下降等病症，甚至诱发一些精神方面的疾病。

（3）思维定式错位，造成的心理失衡。与人类交流需要协调各种关系、解决各种问题，而与电脑交流只需下达正确的命令，这样就容易使长期从事电脑操作的人养成要么坚持、要么放弃的思维定式，并推广到处理人际关系中，从而出现了"定式错位"。这种人容易丧失自信，工作难做好，因而加重了其内心的紧张、烦躁、焦虑和不安，最终导致身心疲惫，出现各种生理、心理症状。

（4）操作不当伤害身体。除了网络综合征，一般的电脑操作，如果操作不当，也容易对身体产生直接影响：

① 坐姿。使用电脑时一般都是保持着固定的姿势，时间长了就会出现腰酸颈直、头胀眼干、全身不适等症状。长时间连续操作、姿势不当还会引发颈椎病等。

② 击键。长期击键会对手指和上肢不利；人们在使用鼠标时，总是集中机械地活动一两个手指，长期密集、重复和过度的活动逐渐形成了手腕关节的麻痹和疼痛。随着电脑的普及，本不常见的"腕管综合征"的发病率在日益提高，而且病源大多都在这"鼠"上。

③ 用眼。在操作电脑时，我们总是"目不转睛"地盯着显示屏，较长时间接触电脑后，常感双眼干涩、酸胀、看不清东西，经常犯困等。可是经眼科医生检查，双眼视力、眼球、眼压都没有问题。许多眼科大夫将这一症状称为"网络综合征"之眼科新疾病。

④ 环境。若在网吧泡太长时间，还会受到"二手烟"的污染。网吧空间小，人员多，在室内抽烟，就会令上网的青少年成为"二手烟"的受害者。

10.4.3 如何摆脱网络综合征

一提到网络综合征，就有人谈网络色变，心惶惶地以为要弃网络不用才能幸免。实际上，医生认为大可不必紧张，现代社会的种种压力往往给人们带来这种或那种综合征，这都是一定范围内压力和矛盾的体现，一般而言，经过心理和生理的调试都能恢复过来。

（1）情绪转移法。某医院医生指出，"网络综合征"患者首先要加强自我保健意识，采取必要的预防措施。如工作前要适当准备，工作中要适当休息，工作后要适当放松，平时则要加强体育锻炼等。医学上有一种医疗方法叫做"情绪转移法"，可以转移情绪的活动很多，如运动、音乐等，可以根据自己的兴趣爱好以及对你的吸引力来选择。将情绪转移到这些活动上来，尽量避免不良情绪的强烈撞击，减少心理创伤，有利于情绪的及时稳定。

（2）运动是良方。医生极力推荐体育运动为第一良方。它的好处是强身健体，正好医治"网络综合征"患者整日泡网所带来的腰酸背痛、四肢无力、视力下降、食欲不振等。此外，体育运动带来的心理愉悦对于治疗网络综合征患者也有很好效果。如篮球、足球、排球等体育运动讲的是整体配合、团结协作，与队友行云流水般的配合所带来的快乐会将孤独、郁闷抛到九霄云外，而竞技所带来的胜利会让人信心倍增、勇气倍增、豪气倍增。即使是失败，也能激发人承认现实、奋起直追、超越自我。总之，体育运动可以让人感觉到现实的自我价值的实现，以及现实生命存在的意义，让人离开虚拟的网络世界。在请"网络综合征"患者参加体育运动的项目上最好选择其感兴趣的，如他没有感兴趣的项目，也可慢慢培养，让他在成就感和技术提高中建立兴趣。

（3）关怀为药引。此外，对网络综合征患者的治疗要注意以"爱心和关怀"为药引。沉溺于网络世界的人群大都性格内向、敏感、抑郁和缺乏社会交往，他们往往因为缺乏自信而采取回避现实的态度。患上"网络综合征"以后他们更加孤独、消极，此时，友爱和关心就是能让冰雪消融的阳光。因此，"爱心和关怀"就是让"网络综合征"患者这些离群的羔羊回到温暖的大家庭的最好的方法。因此，不要让网络综合征患者长时间待在一个课室或书房里，让他多接触外界，与同学、老师、老乡等一起打球、聊天、郊游、唱歌等。

（4）忌自暴自弃。对于患者自身来说也有很多功课要做，切不可自暴自弃。要积极调整身心、纠正错位的思维定式，并在此基础上处理好各种人际关系。要用其他活动来丰富业余生活，多参加锻炼、外出旅游、串门聊天等，不可陷入"非上网不可"的泥潭。此外，操作中要注意保护眼睛，经常远眺、眨眼、闭目静休，多做眼保健操等。而在饮食上应注意多吃些胡萝卜、豆芽、瘦肉、动物肝脏等富含维生素 A 和蛋白质的食物，经常喝些绿茶，这些都有益于电脑操作者的健康。

网络的世界很精彩，网外的世界更多姿。网络综合征患者走出网络的小天地，自可拥有世界的大舞台。

本章小结

本章通过选读材料，介绍了信息技术的发展给我们的生活和工作带来的深刻影响，我们要养成良好的信息素养，充分利用信息技术给我们工作和学习带来的便利，使它更好地为我们服务，同时要避免信息技术所带来的负面影响。

实践内容

1. 利用互联网，查询关于"信息技术与知识管理"、"信息技术与组织文化"等方面论文，并分析。

2. 利用互联网，查询"云运算"的相关知识，并分析信息技术与云运算。

思考题

1. 举例说明信息技术的正面效应和负面效应。
2. 如何避免网络综合征？
3. "网络文明，从我做起"，请分析如何创造文明的网络环境。

参 考 文 献

［1］中华人民共和国工业和信息化部．2006～2020 年国家信息化发展战略．中华人民共和国工业和信息化部网站，2006

［2］王旭东．论社会信息化的影响与冲击：从当代历史进程到世界史研究．中国科学院网站，2007

［3］中国互联网信息中心，CNNIC．互联网发展信息与动态．第 49 期．中国互联网信息中心网站，2009

［4］基温．电子商务信息检索．大连：东北财经大学出版社，2001

［5］严大香．社会科学信息检索．南京：东南大学出版社，2006

［6］朱江玲．网络信息资源检索与利用．北京：海洋出版社，2007

［7］宋文官．电子商务基础．大连：东北财经大学出版社，2004

［8］刘振西，李润松，叶茜．实用信息检索技术概论．北京：清华大学出版社，2006

［9］邰晓英．信息检索技术导论．北京：科学出版社，2007

［10］孙建军．信息检索技术．北京：科学出版社，2004

［11］韩国廷．实用信息检索技术．北京：化学工业出版社，2009

［12］林培光，康海燕．面向 Web 的个性化语义信息检索技术．北京：中国财政经济出版社，2009

［13］郑链．信息识别技术．北京：机械工业出版社，2006

［14］单承赣，单玉峰，姚磊．射频识别（RFID）原理与应用．北京：电子工业出版社，2008

［15］张铎．生物识别技术基础．武汉：武汉大学出版社，2009

［16］何杰．物流信息技术．南京：东南大学出版社，2009

［17］唐俊奇．常用工具软件．北京：地质出版社，2007

［18］吴瑛．平面图形图像处理．北京：中国水利水电出版社，2009

［19］孙广家．计算机图形学．北京：清华大学出版社，1998

［20］沈昌祥等．信息安全综述．中国科学 E 辑：信息科学，2007，37（2）

［21］夏雨．安全评估等级下的信息安全管理．天津大学学报，2009，7（4）

［22］高文涛．国内外信息安全管理体系研究．计算机安全，2008（12）

［23］张宏莉．信息内容安全的主要技术及国内外对比．计算机教育，2005（1）

［24］史艾武．应用安全与内容安全综述．计算机安全，2006（2）

［25］柯平，高洁．信息管理概论．北京：科学出版社，2007

［26］周颖，王保中．关于信息技术伦理道德问题的思考．吉林教育科学，2001（5）

［27］张天长，徐伟．计算机犯罪与防控．中国地质大学出版社，2008

［28］百度百科，http：//baike. baidu. com/view/95220. htm？fr = ala0_1

［29］颜琳．论信息与网络时代的伦理道德问题．http：//www. hnuc. cn/Article/Files/2004 － 04 － 19/200441922431244160. shtml

［30］豆丁网，http：//www. docin. com/p － 10810957. html